개정판

# 동남아시아사
― 전통 시대

최병욱 지음

**동남아시아사 – 전통 시대**

초판　1쇄 발행 / 2006. 9. 5
　　　3쇄 발행 / 2008. 2. 20
개정판 1쇄 발행 / 2015. 4. 28
　　　2쇄 발행 / 2018. 3. 30

지은이 / 최병욱
펴낸이 / 권오진
펴낸곳 / 도서출판 산인
　　　　출판등록 제 2017-000015
　　　　충청남도 아산시 도고면 아산만로 180번 길 46
　　　　tel. 041. 544. 1045 / fax. 041. 544. 1046
　　　　e-mail. sanin@saninbooks.com

디자인 / 장윤미
인쇄 / 우진테크

ISBN　979-11-951442-3-5 (94910)
　　　979-11-951442-2-8 (세트)

※ 이 책의 본문 용지는 그린라이트 80g, 표지는 말똥종이 209g을 사용하였습니다.
※ 이 책의 일부 또는 전부를 재사용하려면 반드시 저작권자와 출판사 양측에 동의를 받아야 합니다.
※ 책값은 뒤표지에 있습니다.

개정판

# 동남아시아사
## −전통 시대

최병욱 지음

도서출판 산인

## 개정판에 대하여

이 책의 초판본은 2006년 대한교과서 주식회사의 '세계 각국사 시리즈' 중 한 권으로 출판되었지만, 이 시리즈물을 모두 절판시킨다는 회사의 방침으로 인해 세상에 나온 지 몇 년 만에 3쇄를 끝으로 서점에서 자취를 감추었다.

이번에 개정본을 만들면서 나는 초판본을 처음부터 끝까지 직접 다시 타이핑했다. 문장, 어휘, 표기법도 손을 보았고 내용도 가감하였다. 단 머리말은 거의 그대로 두었다. 책의 사진은 모두(출처를 밝힌 두 장을 제외하고) 필자가 촬영한 것이다. 지도는 초판본의 것을 수정·보완하여 사용했다.

초판 발행 뒤 나는 행복했다. 동남아시아사에 대해 진지한 관심을 갖는 독자가 생각보다 많다는 사실을 알게 되었기 때문이다. 이 책이 우리의 역사 인식을 확대하는 데 조금이라도 보탬이 된다면 나로서는 더없는 영광이겠다.

아산 牛二齋에서

# 머리말

이 책은 필자가 1999년 가을 학기부터 2004년 가을 학기까지 고려대, 서울대, 연세대에서 강의한 내용을 중심으로 엮은 것이다. 특히, 2004년 가을 학기에 고려대 사학과 학생들을 대상으로 한 '동남아시아사' 수업이 이 책을 구성하는 결정적인 밑거름이 되었다. 나는 학생들의 반응을 살피며 책에 담을 내용을 취사선택하였고, 발표 및 토론을 통해 역사 속의 주요 이슈와 시대 구분 방법 등을 정리할 수 있었다. 또 과제물과 시험 답안지에 담긴 학생들의 보석 같은 아이디어를 건져 내는 일도 큰 기쁨이었다. 일일이 이름을 밝힐 수는 없지만, 그 학생들에게 고맙다는 말을 전하고 싶다.

반세기 전 홀(D. G. E. Hall)이 기념비적 역사서 *A History of South-East Asia* (이 책의 가치는 아직도 여전하니 동남아시아사를 더 깊이 알고 싶은 분은 꼭 이 책을 읽으시길 바란다)를 출판한 이래(1955), 영어권에서는 캐디(John Cady)의 *Southeast Asia, Its Historical Development* (1964), 밀톤 오스본(Milton Osborne)의 *Southeast Asia: An Introductory History* (1979, 조흥국 외 역, 『한 권에 담은 동남아시아 역사』, 2000), 사르데사이(D. R. Sardesai)의 *Southeast Asia Past and Present* (1989), 탈링(Nicholas Tarling, 편저)의 *Cambridge History of Southeast Asia* (1992) 등이 가장 많이 읽히는 통사서로 손꼽힌다.

그런데 이 책들은 역사서로서 굵직굵직한 발자취를 남겼음에도 불구하고 몇 가지 공통적 문제점을 가지고 있다. 첫째, 너무나도 방대한 내용을 담고 있기 때문에 영어권 대학생들조차도 읽어내기가 쉽지 않다는 것이다. 주제별 서술 방식을 취한 오스본의 책은 다소 가뿐해 보이지만 각 주제 속에서 다루고 있는 내용은 종횡무진 시공을 넘나들기 때문에 동남아시아사에 대한 편년체적 기본 지식 없이는 온전한 이해가 불가능하다. 예외적으로 사르데사이가 대폭 군살을 떼어내면서 대학생은 물론 일반인도 읽을 만하게 책을 구성했다. 그러나 손을 댄 곳이 전통 시대이기 때문에 대략 19세기를 전후로 한 '전통'과 '근현대'의 양적 불균형은 매우 심각하다. 둘째, 전통 시대 서술에서 1차 사료는 거의 이용되고 있지 못하다는 것이다. 물론 이 책들이 개설서이므로 1차 사료를 참고하지 않은 것을 크게 탓할 일은 못되지만 식민지 시대에 번역되고 연구된 사료 외에 동남아시아사를 구성할 필수적 사료 내용을 담지 못한 것은 아쉬움을 남긴다. 전통 시대 역사 내용을 풍요롭고 다채롭게 해 줄 중국인, 베트남인이 남긴 한자 사료를 이용할 수 있는 능력의 부재가 이들 저자의 한계이다. 셋째, 16세기에 서양인이 동남아시아에 들어온 이래로 20세기 독립 시기까지의 역사는 대부분 현지인 중심의 역사 대신 서양인의 식민지 경영사가 지면을 채우고 있다는 것도 우리가 기존 개설서에 대해 만족하지 못하는 이유가 된다.

아시아에서도 일본, 중국, 베트남 등에서 '동남아시아사'를 주제로 한 책들이 출판됐다. 하지만 필자가 알기에 아직 이들 중에 단독 저자에 의한 통사는 없는 것 같다. 전공별로 개별 지역 및 주제를 분담하는 공동 집필 형태인데 이는 동남아시아학의 전통이 깊은 일본에서도 마찬가지이다.

본서는 국가별 역사 서술을 기본으로 하여 시대와 권역, 주제를 결합하는 구성 방식을 취하였다. 본격적인 역사 서술에 들어가기 전에 먼저 '동남아시아의 특징'이라는 장을 두어 동남아시아의 문화적 배경이 되는 요소들을 소개했다. 동남아시아의 역사는 '전통 시대'와 '민족주의 시대'(근현대)로 나누고 두 시기 서술 분량의 균형을 유지하고자 했다. 그중 전통 시대를 다루는 이 책의 제1부에서는 역사의 기원이 되는 푸난, 참파, 스리비자야, 사일렌드라 등 4개의 초기 국가를 성립 순서대로 정리하였다. 제2부에서는 13세기까지의 베트남, 캄보디아, 태국, 버마, 인도네시아 각국사를 다루었다. 제3부에서는 14세기부터 19세기까지의 베트남, 캄보디아, 라오스, 태국, 버마 등 대륙부 동남아시아의 역사를, 제4부에서는 제3부와 같은 시기의 말레이시아, 싱가포르, 브루나이, 인도네시아, 필리핀 등 도서부 동남아시아의 역사를 서술하였다. 제1부를 제외하고 각 부 말미에는 리뷰를 두어 시대를 정리하고 역사적 의미를 부여하였다.

각국의 역사는 정치, 경제, 사회, 문화를 고르게 서술한다는 원칙을 견지하려고 노력하였다. 이런 4분법 서술은 우리에게 너무 익숙해서 자칫 구태의연한 방법인 듯 보이지만, 가장 합리적인 개설서 서술 방식이라고 나는 생각한다. 이러한 방식은 기존의 동남아시아사 개설서들이 자주 빠지는 함정 즉 지역, 시대, 국가에 따라 정치, 경제 또는 종교 및 식민지 경영사 중 어느 하나에 서술이 편중되곤 하는 문제점을 피해 가게 해 준다.

이 책은 검증된 개설서들을 주로 참고했다. 앞에서 소개한 영어권의 대표적 동남아시아사 저서 중에 홀, 캐디, 사르데사이의 책을 기본으로 하고 각국의 역사는 국제적으로 학계에서 인정받고 있는 연구서들을 참고하였다. 일본을 비롯한 다른 아시아권 국가나 비영어권(독일이나 프랑스 등) 국가의 서적들까지 참고하지 않은 것은 이 책의 한계라고 할 수 있다. 대신에 한문으로 된 중국, 베트남, 한국의 사료를 활용하고 우리나라에서 그동안 나온 동남아시아사 관련 연구 성과들을 최대한 반영하려고 노력하였다.

사진 자료는 될 수 있으면 본인이 직접 촬영한 것을 실었다. 그 외의 사진들은 다른 책의 것을 싣고 그 출전을 밝혔다. 유감스럽게도 버마, 브루나이, 라오스 3국은 아직 방문할 기회를 얻지 못한 데다가 다른 책에서도 적합한 사진을 찾을 수 없어서 사진을 싣지 못한 것이 아쉬움으로 남는다.

 국명, 지명, 인명 등을 표기한 것에 대해 몇 가지 양해를 구하고자 한다. 한글이나 외국어 모두 기본적으로는 국가 기관이 제정한 외국어 표기법을 따랐지만, 필자의 판단을 고집한 것도 있다. 예를 들어 '타이랜드(Thailand)'라는 국명을 한국에서는 '타이'로 표기하고 있는데 이는 명백한 오류이다. 하지만 '타이랜드'도 우리에게는 익숙하지 않기 때문에 관용적으로 사용되는 '태국'을 선택했다. 버마의 경우는 '미얀마'가 현재의 정식 국호이기는 하지만 과거사 서술에서는 '버마'라고 했다. 이 문제에 대해서는 본문에서 좀 더 해명하고 있음을 밝혀둔다. 인명과 지명은 될 수 있는 한 현지 발음에 가깝게 표기하는 것이 원칙이나 베트남어 외에 다른 언어의 정확한 발음법은 알지 못해서 일부 잘 알려진 현지어 발음의 인명, 지명을 제외하고는 대부분 영어식 발음을 따랐다.

 이 책이 나올 수 있도록 직접적인 도움을 주신 분들에게 감사를 드리면서 책 출판의 기쁨을 같이 나누고 싶다. 먼저 학부 시절부터 현재까지도 동남아시아사에 대해 가르침을 주고 계시는 은사 유인선 교수님께 감사드린다. 강원대학교 사학과의 송인서 교수님은 학문 인생과 관련된 다양한 문제들에 대해서 세심하게 배려해 주시고 도움을 주시는 분이다. 두 분 선생님 모두 기꺼이 초고를 읽어 주셨고 수많은 오류와 실수를 지적해 주셨으며 값진 조언도 아끼지 않으셨다.

 오랜 시간 참을성 있게 기다려 준 출판사 측에도 감사를 드린다. 특히, 이 책의 편집 담당자 박동규 대리님은 나의 어수선한 원고를 읽고 교정하였을 뿐만 아니라, 편집과 관련된 나의 수많은 요구 사항을 최선을 다해 수용해 주셨는데 이러한 노고와 아량에 감사드린다.

 글을 쓸 때 가장 가까이 있던 사람은 아내였다. 늘 진도를 궁금해하고 한 장 한 장이 끝날 때마다 '축하한다'며 기뻐해 준 마음이 고맙다. 글이 잘 안 풀릴 때면 내가 머릿속을 정리할 요량으로 횡설수설 늘어놓는 집필과 관련된 재미없는 이야기도 참을성 있게 들어 주면서 내가 슬럼프에 빠지지 않도록 도와주었다.

마지막으로, 부끄럽고 두렵다는 말을 빠뜨릴 수 없다. 세상에서는 흔히 나를 동남아시아사 전공자라고 하지만, 동남아시아를 조금이라도 아는 분이라면 이런 전공자는 있을 수가 없다는 걸 안다. 베트남 한 나라의 역사만도 그 부피가 한국 역사보다 작지 않은데, 베트남 역사 중 19세기 언저리의 극히 일부분에 대한 약간의 지식만을 가진 이 사람이 동남아시아 10개 나라의 역사를 다 알고 있는 듯 책을 썼으니 어불성설 아닌가? 기존의 동남아시아사 개설서를 보면서 내가 좀 아는 베트남 역사 부분에서는 잘못된 것을 볼 때마다 쓴웃음을 짓곤 했는데 이 책을 읽는 다른 지역의 전문가들도 그러하실 것으로 생각하니 벌써 부끄러워진다. 또한, 자칫 엉뚱한 기술이나 해석, 무분별한 생략으로 이 책을 읽는 독자들 특히 후학들을 혼란스럽게 하지나 않을까 하는 두려움도 생긴다.

많은 분의 질정을 바란다.

덕암산 아래 牛二齋에서

# 차 례

개정판에 대하여 _4
머리말 _5

## Ⅰ. 전통 시대의 면모와 초기 국가들

### 제1장 동남아시아의 특징 _19
19_ 다양성
26_ 공통점

### 제2장 동남아시아의 초기 국가들 _44
47_ 푸난
55_ 참파
63_ 스리비자야
66_ 사일렌드라

## Ⅱ. 동남아시아 : 13세기까지의 여정

### 제1장 베트남 - 황제의 나라 _73
73_ 신화와 역사의 혼재
75_ 어우락
76_ 남비엣
80_ 쯩 자매의 반란
82_ 사섭의 지배기
83_ 독립
85_ 장기 왕조의 발전

## 제2장 캄보디아 - 앙코르 제국으로의 발전 _92

92_ 국가의 기원
95_ 앙코르 왕국의 건설과 자야바르만 2세
98_ 비문의 시대
104_ 앙코르왓
107_ 앙코르톰
113_ 주달관이 본 13세기 말 앙코르의 사람들

## 제3장 태국 - 수코타이, 비문 속의 세계 _122

122_ 타이 민족의 형성
127_ 수코타이 왕국
129_ 람캄행 비문

## 제4장 버마 - 불교 왕조 파간 _137

137_ 버마족 국가의 형성
139_ 퓨족
141_ 아노라타 왕
145_ 파간의 발전
150_ 몽골과의 전쟁

## 제5장 인도네시아 - 자바 왕국에서 인도네시아 제국으로 _153

154_ 산자야·마타람 왕국의 부활 - 9세기
157_ 마타람 왕국의 동천 - 10세기
158_ 아이르랑가 시대의 번영
159_ 마타람 왕국의 분할 - 12세기
160_ 싱고사리 왕국과 컬타나가라 왕

## 리뷰 _163

# III. 대륙부 동남아시아의 발전

## 제1장 베트남 - 중국에 대한 저항과 남진 _169

169_ 유가 지식층의 성장

171_ 호씨 정권

173_ 명의 침입

175_ 저항 운동

177_ 레 왕조의 여러 면모

182_ 막당중의 찬탈

183_ 남북 분립

189_ 떠이썬 왕조

192_ 떠이썬의 몰락

193_ 쟈딘 정권

194_ 응우옌 왕조

205_ 주권 상실

## 제2장 캄보디아 - 생존을 위한 모색 _207

207_ 제국 쇠퇴의 원인

209_ 천도

211_ 서양인의 기록 - 16세기

213_ 메콩 델타 상실

214_ 서북부 지역 상실

215_ 짠 왕 시대

219_ 베트남화와 저항 운동

222_ 보호국 청원

### 제3장 라오스 - 란쌍 왕국의 역사 _224

224_ 라오족의 형성
226_ 란쌍
229_ 불교 발전
234_ 분열
236_ 아누 왕의 저항 운동
239_ 루앙프라방의 선택

### 제4장 태국 - 개방의 전통과 '자유'_242

242_ 아유타야 왕국의 발전
246_ 버마와의 전쟁과 나레수언 왕
248_ 아유타야의 멸망과 톤부리 왕조
250_ 방콕 왕조
254_ 라마 4세의 치세
258_ 라마 5세 - 쭐라롱꼰

### 제5장 버마 - 통합을 향한 노력 _262

263_ 페구 왕조
265_ 뚱구 왕조
266_ 꼰바웅 왕조
271_ 꼰바웅 왕조의 여러 면모
272_ 민돈 왕의 개혁

리뷰 _275

## IV. 도서부 동남아시아의 변화

### 제1장 말레이시아 - 타협과 공존의 역사 _281
- 281_ '황금의 땅'
- 282_ 말라카 왕국
- 287_ 포르투갈과의 전쟁
- 292_ 말라카 이후
- 295_ 말레이국연방으로의 길

### 제2장 싱가포르 - 도시국가의 신모형 _300
- 300_ 건설
- 303_ 다민족 사회
- 304_ 정치적 변천

### 제3장 브루나이 - 술탄 외교의 전통 _306

### 제4장 인도네시아 - 단일 공동체로의 여정 _311
- 311_ 마자파힛 왕국
- 315_ 마타람 왕국
- 316_ 연합 동인도회사의 성립
- 318_ 중국인
- 320_ 마타람 왕국의 쇠퇴
- 321_ 네덜란드 식민 지배의 시작
- 322_ 스탬포드 라플스
- 324_ 자바 전쟁
- 326_ 강제경작제도
- 328_ 자유의 시대

### 제5장 필리핀 - 기독교 국가로의 변화 _331
- 332_ 바랑가이
- 334_ 스페인의 도래
- 336_ 지배 체제
- 338_ 갈리온 무역
- 339_ 대농장 경영
- 342_ 저항 운동

### 리뷰 _345

### 부록
- 351_ 왕조 계보
- 361_ 동남아시아사 연표

참고 문헌 _365
찾아보기 _369

# I

# 전통시대의 면모와
# 초기 국가들

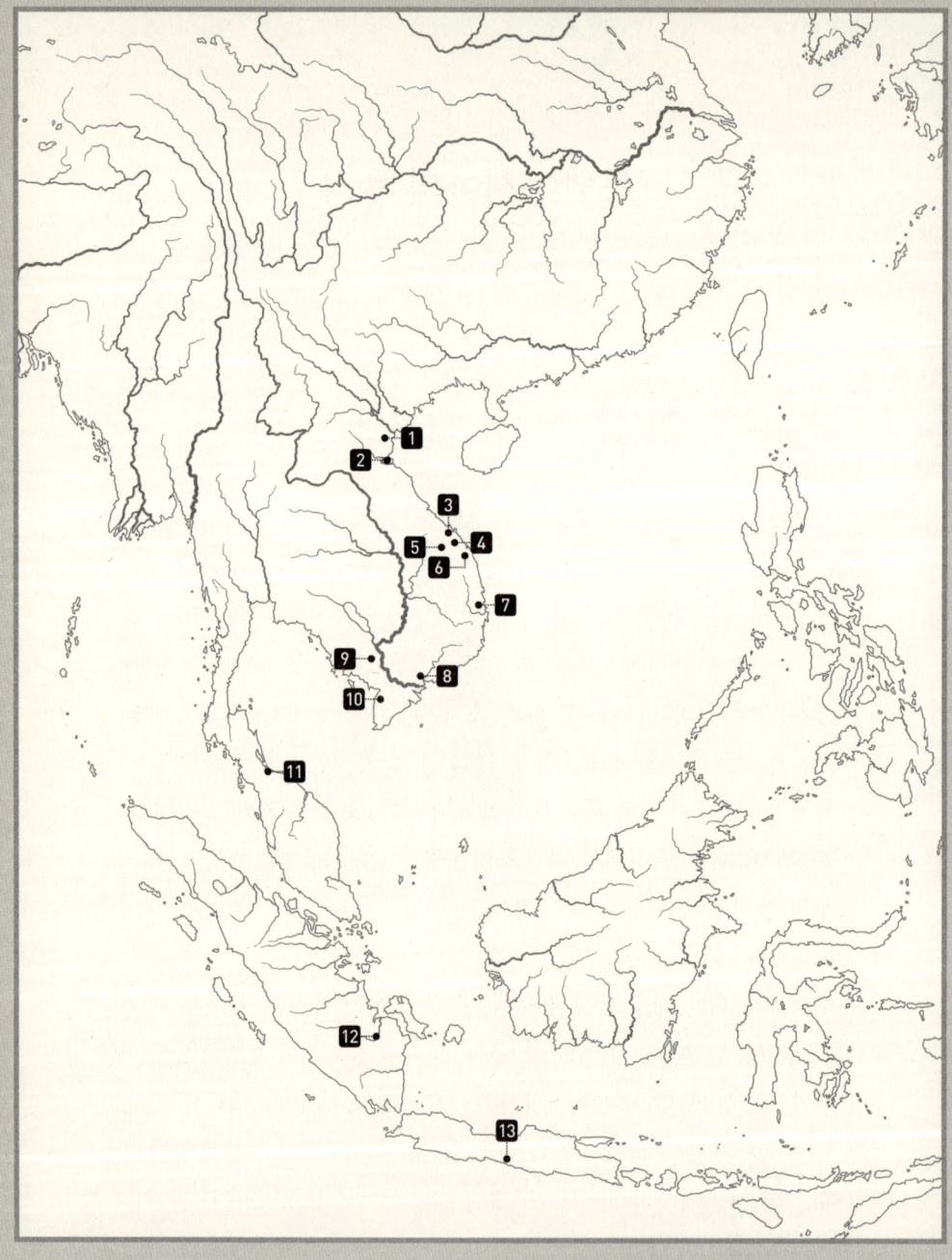

1 동썬
2 응애안
3 해운관
4 인드라푸라
5 미썬
6 싸후인
7 빈딘
8 껀저
9 비아다푸라
10 옥에오
11 파타니
12 팔렘방
13 보로부두르 사원

# 제1장
# 동남아시아의 특징

## 다양성

이 지구 위에 200여 개가 되는 나라들은 지역별로 무리 지어 나누어 볼 수 있으며 지역에 따라 비슷한 문화를 공유한다. 종교를 예로 들면 한국, 일본, 중국, 그리고 타이완과 홍콩을 포괄하는 동북아시아는 유교와 대승 불교를 공동의 문화적 요소로 보유하고 있고, 중동은 이슬람교가, 남아메리카는 가톨릭(이하 기독교)이 이에 해당한다고 할 수 있다. 그런데 인도, 파키스탄, 방글라데시, 네팔 등이 포함된 남아시아처럼 힌두교, 이슬람교, 불교 등으로 다변화되는 경우도 있다.

그러나 그 어느 지역도 동남아시아만큼 다양하고 복잡하지는 않다. 베트남, 캄보디아, 라오스, 태국, 버마, 말레이시아, 싱가포르, 브루나이, 인도네시아, 필리핀 등 아세안(ASEAN) 회원국 열 나라를 포괄하는 동남아시아는 이 지역의 공통적 면모를 한두 가지로 묶어서 나타내는 것이 가능한 일인가에 대한 논의가 아직도 계속될 만큼 문화의 양상이 복잡하다. 그래서 동남아시아를 편의상 유라시아 대륙의 일부인 대륙부 동남아시아(Mainland Southeast Asia)와 해안 지대 및 바다 한가운데 위치한 도서부 동남아시아(Insular 또는 Island Southeast Asia)로 나눌 정도이다. 전자에는 베트남, 캄보디아, 라오스, 태국, 버마가 포함되고, 말레이

시아, 싱가포르, 브루나이, 인도네시아, 필리핀이 후자에 속한다.[1]

동남아시아에는 유교, 대승불교, 소승불교, 이슬람교, 힌두교, 기독교 등 주요 종교가 모두 존재한다. 따라서 이곳에서 종교란 이 지역을 특징 짓는 공통적 요소라기보다는 이 지역을 구성하는 개별 요소일 뿐이다.

베트남은 유교의 영향이 강하고 대승불교가 보편적이다. 전통 시대에는 유가의 경전을 공부한 사람들이 과거 시험을 치르고 관리가 되었다. 유교가 많이 보급되었고 과거제가 있었던 한국 입장에서 보면, 무사들이 나라를 다스렸던 일본보다는 베트남에서 공통적인 점을 더 많이 발견할 수 있을 정도이다. 동남아시아에서 유일하게 베트남 사람은 젓가락을 사용해 왔는데, 이 또한 동북아시아적 요소이다. 이 때문에 베트남은 동남아시아 일부가 아니라 동북아시아의 일원이라는 주장도 있다. 그러나 지리적 요소나 언어, 민족 구성, 그리고 무엇보다도 역사적 경험을 놓고 볼 때 베트남은 동남아시아 국가라는 것이 베트남 내외를 막론한 일반적 견해이다.

베트남 서쪽으로 국경을 맞대고 있는 캄보디아와 라오스, 그리고 그 옆으로 이어지는 태국, 버마 등 4개 나라는 불교 국가적 모습이 두드러진다. 11세기경부터 동남아시아에는 소승불교가 빠르게 퍼져 나갔는데 이들 나라에서 불교는 일반인의 생활과도 밀접하게 관련되어 있다. 예를 들어 남자는 청소년기에 사찰에서 일정 기간 불교 수행을 하고 나오는 것이 그렇다. 촌락에는 불교 사원이 있어서 의례와 교육, 문화, 심지어는 정치의 중심지가 되며 사람들은 불교의 가르침 속에서 평생을 산다.

---

1) 최근 탄생한(2002) 동티모르를 동남아시아 국가로 보는 사람들도 있다. 동티모르는 인도네시아에서 독립했기 때문에 동남아시아 일원이라고도 할 수 있다. 그러나 일단 독립된 국가가 되고 나서는 그 지정학적 위치나 역사적 경험과 자연환경을 놓고 볼 때 동티모르는 동남아시아 국가라기보다는 태평양 쪽으로 인접한 파푸아뉴기니라든가, 오스트레일리아, 뉴질랜드를 포함하는 오세아니아 지역 국가로 간주해야 한다고 나는 생각한다. 그래서 이 책에서 동티모르는 동남아시아 국가로 다루지 않는다.

▎버마 불승 (만달레이, 2009. 2)

말레이시아는 버마, 태국과 국경을 맞대고 있으면서도 이슬람교가 국교로 인식되다시피 한 나라이다. 그 아래 바다 건너 인도네시아도 이슬람 인구가 절대적이며, 필리핀 남부까지 이슬람 문화권이 광범하게 퍼져 있다. 작은 나라이지만 동남아시아에서 가장 부유한 브루나이도 술탄이 지배하고 있는 이슬람 국가이다. 이슬람교는 13세기경부터 인도 상인을 통해 동남아시아에 전해져 동쪽을 향해서 전파되고 있었다.

그러던 중 16세기에 포르투갈, 스페인이 동남아시아에 들어와 기독교가 전해지자 유사 이래로 늘 적대적이었던 두 종교의 대결이 동남아시아에서도 나타나게 되었다. 포르투갈은 아직 이슬람화가 덜 진행되었던 말루쿠 제도와 현재 동티모르, 플로레스 같은 곳에서 기독교 전파에 성공했고, 스페인은 필리핀의 루손 지역에서 종교적 사명을 완수했다. 하지만 이들 성공은 곧 무슬림과의 종교적 충돌을 야기한 씨앗이기도 하다. 필리핀은 기독교의 비중이 크지만 무슬림과의 갈등이 심각하다.

▎부르나이의 이슬람 사원 (2010. 2)

싱가포르는 중국인, 말레이인, 인도인 등이 공존하는

다민족 국가이고 기독교, 이슬람교, 불교가 적당하게 조화를 이루고 있다.

힌두교의 영향은 인도네시아의 세계적 관광지인 발리 섬에 그대로 남아 있다. 힌두교는 앞에서 이야기한 3개의 대종교 즉 불교, 이슬람교, 기독교가 들어오기 이전에 동남아시아에 광범하게 퍼져 있었다.

힌두교와 불교는 모두 인도로부터 들어온 것이어서 동남아시아는 인도의 영향을 많이 받은 땅으로 인식되기도 했다. 그래서 동남아시아의 일부 지역을 서양인은 '인도보다 더 먼 데 있는 인도 같은 곳(Further Indies)'으로 부르기도 했다. 동남아시아 역사 연구자로 유명한 세데스(George Cœdès)는 '인도화된 국가들(Indianized States)'이라는 제목을 붙여 동남아시아 역사를 서술할 정도였다.

필리핀의 성당 (따알, 2003. 2)

동남아시아에서 융성했던 고대 왕국들을 살펴보면 인도의 영향은 크고 미치는 범위는 넓었음을 알 수 있다. 현재의 동남아시아 범주 내에서 가장 먼저 등장한 대규모의 고대 국가는 푸난이었다. 푸난은 기원후 약 1세기에 흥기해서 7세기경까지 존속했으며 현 베트남 남부의 서북쪽을 중심지로 캄보디아, 라오스, 태국 일부까지를 영향권 내에 두고 있었다. 중국과 인도 사이의 해상 무역 중개 지점에서 발전하던 푸난은 힌두교와 대승불교가 공존하는 문화를 발전시켰다. 건국 신화에 따르면, 인도의 한 브라만이 배를 타고 와서 왕이 되었다고 하는데 이는 인도의 영향을 암시한다. 푸난이 쇠퇴하고 첸라라고 하는 크메르 왕국이 현 캄보디아 지역을 중심으로 성장했고 앙코르 제국으로 발전했다. 12-13세기에 전성기를 구가했던 이 제국이 남긴 어마어마한 유적지 앙코르왓과 앙코르톰이 있는 캄보디아의 시엠립에 가서 이 도시 곳곳에 산재한 건축물들을 보면 힌두교와 불교가 절묘하게 조합되었다는 사실을 발견할 것이다. 7세기경부터 수마트라에서 번성하던 해양 국가 스리비자야에서는 대승불교가 발전했고, 8세기경부터 중부 자바에서 흥기한 사일렌드라가 남긴 보로부두르 사원은 대승불교 유산이다. 13세기부터 크게 발전한 마자파힛 제국에서 마지막 힌두교-불교 공존 전통이 보이고, 이후 도서부 동남아시아 지역은 이슬람화되었다.

그렇다고 해서 이들 동남아시아의 전통 문화가 인도의 복사본이라고 하는 것은 한국 문화를 중국 것의 복사본이라고 하는 것과 같다. 어떤 지역, 어떤 문화든지 외부로부터의 고급 문화 전파는 있는 일이자 있어야 하는 일이며 받아들이는 지역의 여건에 따라 적당히 변용되어 새로운 문화가 만들어지게 마련이다. 동남아시아에서도 인도 문화는 변용의 과정을 겪었다. 힌두적인 것과 불교적인 요소가 적절하게 섞인다거나 토착적(또는 먼저 들어온) 요소와 결합하는 현상은 흔히 찾아볼 수 있다.

토착이 외래와 결합한 예로 들 수 있는 것은 동남아시아에서 왕권이 신권과 동일시되는 현상이다. 우주의 중심인 수미산(메루 산)을 상징하는 앙코르왓의 중심부에 모신 비쉬누는 힌두교에서 말하는 창조의 신이지만 앙코르왓을 건설한 수리야바르만 2세이기도 하다. 앙코르톰의 거대한 보살상들은 그것을 만든 자야바르만 7세의 얼굴이다. 링가 숭배 의식도 마찬가지이다. 링가(linga)란 발기한 남근상으로서 창조 능력, 다산, 풍요 등을 의미한다. 특히 창조 능력은 링가의 핵심이다. 그래서 링가는 파괴를 통해 새로운 창조를 구현한다는 힌두 신 시바의 화신인 것이다. 이것이 인도 링가의 요체이다. 그런데 동남아시아에서는 링가가 왕의 상징이기도 했다. 왕은 곧 신으로 인식되던 세계에서 링가가 왕권을 상징하게 된 것이다. 신적 권위를 갖는 강력한 왕권과 빼어난 링가는 늘 함께

했다. 효과를 극대화한다는 의미에서 링가를 여성의 상징인 요니(yoni)와 결합해 놓는 경우도 많다.

베트남은 인도의 영향에서 예외적이었다. 현 베트남의 수도 하노이를 끼고 있는 홍하 델타에서는 이미 기원전 2세기경부터 중국의 본격적인 지배가 시작되었기 때문에 베트남이 중국 문화의 영향을 받게 된 것은 필연적이었다. 그러다가 10세기경 독립한 베트남은 중국 문물을 적극적으로 도입해 국가 체제를 정비하고 남쪽으로 영토를 팽창하며 중국 문물을 현 베트남의 중부와 남부 지역까지 전파했다.

그런데 베트남이 동남아시아로 분류되는 이유 중의 하나는 이 나라가 인도 문명권으로 진입하고 또 일정 부분 그 문화를 흡수했기 때문이다. 새로운 영토를 획득하고 현지인을 베트남화 했지만, 그 과정에서 참파나 크메르인의 영향을 받으면서 베트남은 고유의 동남아적 문화를 형성해 왔다. 사이공 중심지를 걷다 보면 참배객으로 붐비는 힌두 사원들을 발견할 수 있으며 메콩 델타에는 크메르 사원이 많이 남아 있다. 중부에는 참파 고탑이라든가 사원이 있어서 베트남 문화유산의 일부가 되어 있다. 북베트남에서도 우리 같은 동북아시아 문화권 사람이 보기에 좀 낯설어

링가의 여러 유형
(캄보디아 국립미술관, 2008. 4)

링가와 요니 (미썬, 중부 베트남, 2006. 1)

▌참파 고탑 (2001. 2)　　　　　　　▌일주사 (1994. 3)

보이는 것들이 있다. 예를 들어 옛 건축물에는 법륜, 태양, 용 등이 장식되어 있다. 이런 장식물은 한국이나 중국, 일본에서는 거의 보이지 않는다. 하노이에는 11세기에 세워졌다는 일주사(一柱寺)가 있는데, 연못 위에 기둥을 세우고 그 위에 법당을 만들어 관음보살을 모셨다. 왕이 꿈에서 연꽃 위의 관음을 보고 그렇게 만든 것이라고 한다. 법당은 연꽃이다. 그렇다면 기둥은 연 줄기를 상징할까? 아니면 단지 법당을 지탱하는 기둥일까? 이 사찰은 링가의 변형물이다. 링가 위에 관음보살이 앉아 있는 형상으로서 힌두교와 불교, 그리고 베트남인의 창의력과 건축 기술이 합쳐진 걸작이다.

## 공통점

이제부터는 동남아시아의 공통적 특성을 몇 가지 이야기해 보기로 하자. 이런 요소들을 통해서 우리는 동남아시아가 고유한 특징을 가지는 하나의 지역 또는 문화 단위일 수도 있다는 사실을 발견할 것이다.

첫째, 단일 문명권이 존재했을 가능성이다. 우리는 청동기 시대의 한 흥미로운 유물에 관심을 가질 필요가 있다. 동고(銅鼓 bronze drum)라고 하는 것으로서, 절구를 뒤집어 놓은 것 같이 생긴 이 정교한 유물은 표면 중앙에 태양 문양이 있다. 동고는 베트남의 중북부 지방 동썬(Đông Sơn 東山)이라는 곳에서 20세기 초에 대량으로 발견되어 베트남 청동기 시대를 대표하는 유물로 인정받는 듯했다. 그러나 이후 베트남 중남부는 물론이고 캄보디아, 라오스, 태국, 버마, 말레이시아, 인도네시아에서도 동고가 발견되었다. 북쪽으로는 중국 남부 3성(광동, 광서, 운남) 및 귀주, 사천 지역까지 분포되어 있으며 호남에서까지 발견되었다.

중국 남부와 귀주, 사천에서 동고가 발견된다고 하여 이 동고를 동남아시아에 대한 중국 영향의 증거물이라고 할 수는 없다. 왜냐하면, 동고가 발견된 이 지역은 고대 황하 문명에 기초한 중국 문화권이 전혀 아

▎동고 (상해 박물관, 1991. 7)

▌동고 표면 (인도네시아 국립박물관, 2005. 8)

니었기 때문이다. 현재의 중국 남부로부터 동남아시아에는 기원전 3세기 이전에 중국과 전혀 다른 문화권이 존재했고, 동고로 상징되는 광대한 단일 문화권역이 존재했을 수도 있다는 것이다. 동고는 인도와도 상관이 없다. 지금 말레이 반도와 인도네시아 사이의 평평한 해저(Sunda Platform)는 과거에 높이 올라와 있어서 말레이 반도와 인도네시아 군도는 육지로 연결된 한 덩어리였다. 지금도 배를 타고 쉽게 왕래할 수 있다. 대륙부와 도서부 사이에는 그래서 자연스럽게 사람과 물자의 이동이 이루어졌다.

둘째, 이 지역은 무역풍대에 속해 있다. 일 년 중 북동쪽과 남서쪽으로 주기적으로 바뀌어 부는 바람을 이용해 무역선들이 동서를 오가며 교역을 했고 이를 통해서 중국을 비롯한 동북아시아의 물자와 서역 물자가 교환되었다. 이 물자 교환의 중간 지점에 있었던 동남아시아는 무역의 중심지로도 발전했다. 대륙부로부터 길게 뻗어 내려온 말레이 반도는 해상 교역상들에게 성가신 걸림돌이 되지 않았다. 그들은 해안을 따라 안전하게 여행해 반도 남단의 말라카 해협이나 그 건너 순다 해협을 통과하기도 했지만 불과 44km의 육로로 샴 만과 인도양을 연결하는 크라 지협(地峽 Kra Isthmus)을 이용하기도 했다.

무역풍은 이 지역 내 교류도 활발하게 만들었다. 몇몇 고대 왕국 성립 사례에서 우리는 무역풍을 이용한 동남아시아 지역 내 이동과 접촉이 빈번했음을 짐작할 수 있다. 인도차이나 반도 중부 해안 지대를 끼고 흥성했던 참파를 세운 사람들은 말레이 반도에서 건너갔으며, 자바에서 성립한 사일렌드라 왕국은 인도차이나 반도에 있었던 푸난의 한 왕자가 세운 왕국이라고 전해진다. 15세기 초 말레이 반도 남단을 중심으로 흥기하기 시작한 말라카 왕국은 바다 건너 수마트라에서 온 인물이 세웠다. 필리핀의 마을은 바랑가이라고 부르는데, 바랑가이란 인도네시아 방면에서 이주해 온 사람들이 타고 온 배를 의미하는 단어이다. 화전을 일구느라고 인도네시아의 삼림 지대가 불타고 있을 때 피어나는 연기가 싱가포르, 말레이시아, 태국, 베트남 남부에까지 날아가 사람들 코로 들어가는 데는 동남아시아 무역풍의 작용이 있다. 동남아시아사 연구자로 유명한 안소니 리드(Anthony Reid)가 동남아시아를 '바람 아래 땅(The Lands Below The Winds)'이라고 즐겨 부르는 것은 무역풍을 염두에 둔 탓이다.

셋째, 전통 시대 이곳의 공통적인 산업은 벼농사였다. 이곳은 다양한 벼 품종의 산지이기도 하다. 예부터 동남아시아에는 우기에 수위가 증가하면서 함께 성장하는 까닭에 마치 물 위에 둥둥 떠 자라는 것 같아 보인다는 뜨는 벼(浮稻부도 floating rice)가 있었다. 중국 송대에 동남아시아로부터 수입되어 양자강 하류의 생산력을 급증시키는 데 기여했다는 점성도(占城稻)는 점성(占城, 참파의 중국식 이름)이 원산지라서 붙여진 이름이다. 19세기 들어 미국이 서부를 개척하는 과정에서 적당한 재배 작물을 물색하던 중 쌀에 주목하고 종자를 구하러 왔던 곳이 동남아시아이다. 그때 파견되었던 존 화이트(John White) 일행이 베트남 남부에서 가

져갔던 몇 가지 볍씨는 미국의 메사추세츠 주 살렘 시에 있는 피바디 박물관에 보관되어 있다.[2]

동남아시아는 연중 덥거나 온화하며 수량이 풍부하고 자연 재해가 별로 없어 벼농사에 유리하다. 쌀 생산은 인구를 부양하기에 충분했기 때문에 삶은 여유로웠고 인간 관계가 호의적이었다. 쌀은 생명의 원천이고 고유의 정령을 가진 존재로 간주되었다. 벼를 수확할 때 여성들이 조그마하고 머리가 둥근 낫으로 낟알이 붙은 부분만 조심스레 잘라내는 것도 이 때문이다. 정령과 접하는 이 낫은 동남아시아에서 토지의 신이라 여기는 뱀의 형상인 것으로 해석되기도 한다.[3] 베트남의 메콩 델타와 태국의 짜오프라야 강 유역, 그리고 버마의 이라와디 강 하류 델타에서 많은 쌀이 생산된다. 쌀을 주로 수출용으로 재배하는 미국이 부동의 쌀 수출 1위국이지만 태국과 베트남이 쌀 수출국 2, 3위를 다툰다. 1960년대까지는 이 경쟁국 대열에 버마도 있었다.

동남아시아가 경제적으로 어려울 때가 있었음에도 기아에 시달린다는 말은 들어 본 적이 없다. 이는 먹을 것이 많기 때문이다. 사마천의『사기(史記)』는 남쪽으로 운남과 광동, 광서 그리고 베트남의 홍하 델타에 이르기까지 당시 중원 문화에 속하지 않았던 이방에 대해서도 비교적 객관적으로 서술하여 그 위대성이 더 빛나는 책이다. 이 중 경제와 관련된 '화식열전(貨殖列傳)'에는 "초와 월 지역은 땅이 넓고 인구가 적으며 쌀로 밥을 해 먹고 물고기로 국을 끓이며 불로 땅을 갈고 물로 김을 매는데 과일은 고둥과 조개 위로 떨어지니 장사꾼을 기다리지 않고도 먹을 것이 족하다"고 했다. 이런 조건 때문에 초와 월에서는 "기근의 걱정이 없다"

---

2) Robert Hopkins Miller, *The United States and Vietnam 1787-1941* (Washington: National Defense University Press, 1990), p. 7.

3) 오스카 베켈 저 조흥국 역,『인도차이나』(서울: 주류성, 1997), p. 41.

고 사마천은 덧붙이고 있다.[4] 항우의 고향인 초는 별도로 하더라도 월은 복건, 광동은 물론 베트남 일부까지를 포괄하는 곳이었다. 사마천의 기술은 동남아시아를 묘사하는 데 그대로 들어맞는다. 이 중 '불이 땅을 갈고 물이 김을 맨다(火耕而水耨 화경이수누)'는 말은 화전을 일구고 벼를 심어 놓으면 물이 잡초를 죽인다는 뜻이다. 잡초 자라는 속도가 벼를 따라가지 못하는 고로 벼 그늘에 잡초의 성장이 더딘데, 여기에 물을 대면 잡초는 물속에서 죽어 없어진다. 이런 조건은 동남아시아 대부분 지역에서 여전하다.

다른 측면에서 보자면 동남아시아에서는 생존을 위한 경쟁이 그만큼 덜 필요했다는 말이고 이런 형편은 대규모의 국가 권력 또는 정교한 통치 체제가 늦게 등장한 이유가 되었다. 이른바 4대 문명권이라고 이야기되는 황하, 인더스와 갠지스, 메소포타미아, 나일 강 유역이 밀농사 지대였다는 사실을 기억할 필요가 있다. 이들 지역은 토지가 비옥하다고는 하지만 자연 재해가 잦고 사철 농사가 가능하지 않다. 그래서 식량 생산이 늘 인구를 부양해 주지 못하는 곳이기도 했다. 당연히 사람들끼리 경쟁이 심했고 국가 권력이 일찍 출현했다. 이와는 달리 동남아시아는 경쟁이 별로 필요 없는 곳이었다. 그래서 고대 국가의 형성이 비교적 늦었다.

넷째, 동남아시아에서는 정교한 관료제보다는 사적인 관계가 더 중시되는 인간 관계 또는 지배-피지배 관계가 일반적이었다. 이는 현재까지도 계속되는 현상으로서 이른바 '후견인-피후견인 관계(patron-client relationship)'로 즐겨 표현된다. 이 관계가 확대된 것이 국가이며 또 국제 질서이기도 했다. 중국의 영향을 많이 받았던 베트남을 제외하고 동남아시아 사회에서 국경의 개념은 거의 없었다. 어떤 권력 중심(power center)이 존재하면 그 권력의 힘이 미치는 범위까지가 국가였다. 그런데

---

4) 『史記』(北京: 中華書局, 2010), p. 3270.

그 권력의 한계 저편에 또 다른 권력 중심이 있게 마련이어서 양측의 권력이 동시에 미치는 중복 지대도 존재하고 반대로 어떤 권력도 미치지 않는 권력의 공백지도 널려 있다. 그런데 이런 힘의 배치는 수시로 변하는 것이어서 한 권력 중심의 세력 판도가 일정하지 않게 마련이었다. 지배 범위 내에서 권력 중심과 그보다 작은 권력 중심지 사이에는 위계 질서가 유지되는데 그 매개가 되는 것이 조공 체제(tributary system)였다. 구체적인 사례들은 각국 역사를 서술하면서 소개하겠다.

동남아시아에서 왕조의 교체는 다른 지역에서 또 다른 권력 중심이 성장하는 대신 기존의 권력 중심이 힘을 잃는 현상을 이른다. 뭇 별들이 반짝이는 밤하늘을 그려보면, 밝았던 별 하나가 서서히 흐려지고 대신 다른 별의 빛이 주변의 별들을 압도하며 눈부시게 밝아지는 현상이 왕조의 교체였다. 월터스(Oliver Wolters) 같은 학자는 동남아시아의 세계를 만달라(mandala)라는 불교 개념을 차용해 설명한다. 법 또는 질서를 의미하는 이 만달라적 완전 세계는 밤하늘에 밝은 별처럼 빛나는 권력 중심들을 둘러싸고 펼쳐져 있는 '왕들의 동심원들(circles of kings)'[5]이 도처에 흩어져 있는 조화로운 공존의 상태이다. 세력 판도의 변화로 한 동심원의 중심부가 다른 곳으로 옮겨 가는 것이 왕조의 교체로 이해될 수 있다. 그 뒤에는 다시 새로운 조화와 공존의 시대가 찾아온다.

이런 세계에서 국가는 왕의 통치력 또는 지배권이 미치는 범위이며 그 범위는 수시로 변화했다. 태국의 13세기 람캄행 대왕 비문에는 그 영역이 동쪽으로는 메콩 유역, 서쪽으로는 버마 지역, 남쪽으로는 말레이 반도, 북쪽으로는 운남 근처까지 이른다고 했지만, 이것은 당시 람캄행 대왕이 통치하는 수코타이 왕국의 영토 경계가 아니라 왕의 영향력 행사 범주인 것으로 이해해야 한다.

---

5) Oliver Wolters, *History, Culture, and Region in Southeast Asian Perspectives* (Southeast Asia Program Publications, Cornell University, 1999), p. 27.

지배의 대상은 지배 영역에 존재하는 인력(manpower)이지 땅(land)이 아니었다. 두 동심원이 있다고 할 때 그 둘 사이의 경계는 서로 중첩되기도 하지만 아무도 살지 않는 무인 지대인 경우도 흔했다. 전쟁의 목적은 땅을 차지하고 영토를 넓히는 데 있지 않고 인력을 확보하는 데 있었다. 승리자는 패자가 지배했던 인력을 끌고 가 자신의 땅에 심기도 했다. 이는 자연 지리적인 조건 때문이다. 동남아시아는 대부분 땅은 많되 인력이 부족했다. 사마천의 표현대로 '땅이 넓고 인구가 적은(地廣人希)' 형편이었다. 지배자로서는, 새로운 땅 그 자체보다 땅을 경작하고 개간할 인력이 더 필요했다는 것이다. "태국 왕이 지배하던 것이라고는 정글과 모기뿐이었다"[6]라는 지적은 동남아시아에서 땅보다 인력 획득이 중시될 수밖에 없었다는 형편을 강하게 웅변한다.

앞에서 동남아시아 왕권의 문제를 링가 숭배 의식과 연결해 잠깐 언급했지만, 왕을 신으로 생각하는 '신왕(神王 god-king)' 전통도 동남아시아에서 보편적이었다. 왕은 신적인 존재로 인식되기 위해서 다양한 장치를 사용했다. 신과의 교류를 뜻하는 각종 의식이 그러하고 복장, 건축도 중요한 도구였다. 심지어 전쟁까지도 우주의 조화를 구현하고 신의 가르침을 전하는 행위로 미화되었다. 왕을 신격화하는 의례를 일러 '데바라자 의식(devaraja cult)'이라 하는데 그 극치는 앙코르 시대에 나타났다.

이 신격화 의식이 왕을 신과 동일하게 여김을 의미하지 않는다는 반론도 만만치 않다. 데바라자 의식은 왕을 신격화하는 의식이라기보다 우주의 주재자인 신(데바라자)에 대한 극존의 존경 의식으로서, 단지 왕은 그 의식을 주재하는 가운데 신의 대리자 또는 신이 정통성을 부여한 존재로서의 권위를 극대화하는 작업이었을 뿐이라는 해석이다.[7]

---

6) Nicolas Gervaise, trans. by John Villiers, *The Natural and Political History of the Kingdom of Siam* (Bangkok: White Lotus, 1989), p. 27.
7) 조흥국, 「절대군주제 시대 태국의 왕권」, 소병준·조흥국, 『불교군주와 술탄』(서울: 전

그러나 원칙상으로는 왕이 설사 신 그 자체로 인식되지 않는다 하더라도 일반인에게는 그 구분이 모호할 수 있으며, 데바라자 의식이 노린 효과도 그것이었다고 나는 생각한다. 또 왕은 종종 자신을 신과 등치시키는 데까지 데바라자 의식을 이용하고 있었음도 분명하다. 예를 들어, 왕명으로 자주 등장하는 인드라바르만(Indravarman)에서 '인드라'란 불교에서 제석천(帝釋天)이라고도 번역되는 인도의 최고신이며, 수리야바르만(Suryavarman)에서 '수리야'는 태양신이다. 왕 이름 뒤에 붙는 '바르만(varman)'은 '보호'를 의미하는 단어로서 각각 '인드라의 보호를 받는 자' '수리야의 보호를 받는 자'로 해석되기 때문에 왕이 인드라나 수리야 그 자체는 아니다. 그런데 보호를 받는 대상은 인드라나 수리야보다 낮은 존재일 수도 있고, 높은 존재일 수도 있다. 뱀의 모습을 한 토지신 나가(naga)는 위기에 처한 부처를 보호한 존재로 인식됨을 상기한다면 보호받는 자의 위상은 훨씬 명확해진다. 또 이미 사망한 왕의 조상을 기리는 기념물에 해당 조상 또는 부모의 상징으로 시바나 비쉬누, 보살 등을 두는 것도 인간과 신을 동일화하려는 행위이다. 신 또는 보살의 아들(현재의 왕)이라면 그에게는 이미 신성이 부여되는 것이다. 앙코르왓을 세운 수리야바르만 2세가 자신의 사후 화장한 재를 묻을 이곳을 우주의 형상으로 만들어 놓고 메루 산을 상징하는 중앙탑 꼭대기에 비쉬누 상을 모셔 놓았던 행위는 자신을 비쉬누로 여기고 싶은 마음의 표현이다. 데바라자 의식의 원칙상의 논리는 어찌 되었든 간에 동남아시아의 왕은 자신이 선호하는 신을 닮으려 노력했고 그러다 보면 자신을 신격화하려는 욕구에 사로잡혔을 것이며 그러다가 스스로 자기가 신이라고 착각할 가능성도 있었다. 적절한 의식이나 세뇌, 그리고 종교적 열정 속에서 착각은 피통치자에게 더 쉽게 일어날 수 있다. 이런 착각 없이는 앙코르왓과 같

---

통과 현대, 2004), pp. 19-23.

▌앙코르왓 (2000. 2)

은 대규모 건축물을 기획할 수도 없고, 그것을 만드는 작업에 기꺼이 동원될 수도 없었을 것이다.

그러나 왕의 권위가 높다고 해서 신성불가침의 지위로 인식될 만큼 왕권이 공고했다는 뜻은 결코 아니다. 왕의 권위가 높을수록 기대치도 컸다. 기대를 충족시키지 못하는 경우에 왕권은 도전을 받으며 찬탈이라든지 내전 등의 형태로 왕권이 교체되는 경우가 많았다. 전 왕이 죽으면 계승권을 가지고 있는 자들 사이의 무력 경쟁에서 최후의 승리자가 왕위를 차지하는 것이 상례였으니 이런 인물이 왕이 된 직후 권위는 지극히 불안정할 수밖에 없었다. 자신을 향한 도전을 물리치고 절대적 존재가 되기 위해 왕권의 신성을 강화하는 의식이 더 필요했다. 지위는 높되 도전도 많이 받는 것, 이런 면모는 동남아시아 왕권의 역설이다.

왕과 신은 설사 같은 존재는 아니더라도 거의 동렬이며 그래서 이 두 존재와 관련된 각종 건축물은 왕의 묘소까지 포함해서 웅장하고 화려하다. 앙코르왓이 중국 어느 황제의 능보다도 규모가 크고, 중국의 영향을 많이 받았다는 베트남에서조차도 왕릉이 같은 시대 조선의 그것보다 넓고 구성이 주밀한 것은 동남아시아적 면모이다.

대신에 일반인의 가옥은 단출하다. 동남아시아에 보편적으로 존재하는 주상가옥(柱床家屋) 중에서 작은 것은 우리의 원두막 수준이다. 물론 수백 명이 들어가 앉을 만큼 큰 주상가옥도 있다. 단지 건축 자재는 목재와 나뭇잎, 풀잎이어서 왕궁과 사원이 육중한 돌이나 벽돌을 사용하는 것과 비교된다. 왕궁과 사원에는 황금 등을 이용한 화려한 치장이 뒤따르게 마련이어서 안소니 리드는 '가벼운 집과 고결한 사원(light houses noble temples)'[8]이라는 표현을 쓰기도 하지만 필자의 생각에는 '가벼운 집과 무거운 사원(light houses heavy temples)'이라는 대비가 더 적절하지 않을까 한다.

일반적으로 많이 이야기되는 주상가옥의 효용성으로 다음과 같은 것들을 들 수 있다. 이런 집은 땅으로부터 떨어져 있어서 통풍이 잘되고 습기를 피할 수 있기 때문에 쾌적하고 위생적이다. 그리고 범람으로 평지가 물에 찰 때를 대비하는 기능도 있다. 사나운 짐승으로부터도 비교적 안전하다. 이들 이유 위에 종교적 세계관이 더해진다. 가옥에서 맨 아래쪽은 동물이 사는 곳이고 그 위는 인간의 공간이며 다시 그 위에는 신이 산다는 믿음이다. 동남아시아인의 생활에서 신은 늘 고려의 대상이며 생활의 일부였다. 이는 현재도 마찬가지이다.

다음에 얘기할 동남아시아의 공통점은 여성의 사회적 역할이다. 인간 생활의 가장 기본이 되는 식량 생산 작업을 동남아시아에서는 주로 여성이 담당해 왔다. 기후 조건이 우호적이고 토양이 부드러워서 여성이 농사일을 충분히 감당할 만하다. 다산을 기원하는 의미에서 생산의 기능이 있는 여성이 파종에서부터 수확, 판매까지 담당했다. 재산 상속, 이혼 후

---

[8] Anthony Reid, *Southeast Asia in the Age of Commerce*, vol. one(Yale University Press, 1988), p. 62.

주상가옥 (시엠립, 캄보디아, 2000. 2)

주상가옥 (부온메투옷, 베트남 중부 고원, 2004. 6)

재산 분배, 양육권 등에서 동남아시아 여성은 유교 문화권 동북아시아 여성이나 기독교권 구미 여성보다 훨씬 많은 권리를 가지고 있었다. 경제 활동에서도 적극적이어서 외국인이 동남아시아를 찾았을 때 동남아시아 여성은 중요한 사업 상대였다는 기록도 많다. 17세기에 일본 상선을 타고 베트남에 갔던 진주 출신의 유생 조완벽(趙完璧)의 전언에 따르면, 비록 재상가의 여자라도 가마를 타고 와서 외국 상인과 물건 가격을 흥정했다고 한다.[9]

여성의 역할이 큰 것은 전쟁과도 관련이 있다. 동남아시아는 전쟁이 잦았던 곳이다. 정교한 국가 행정 체제가 부재하고 권력 중심이 끊임없이 이동하는 데 따른 세력 판도의 변화는 지배권의 확인을 위한 물리력 사용을 수반한다. 설사 강력한 국가가 수립되었다고 하더라도 다시 주변 국가와의 경쟁도 필수적이었다. 전쟁에서의 인력 동원 능력 및 승리가 왕 또는 지배자의 권위 유지와 증대에 관련되는 것이어서 전쟁이 다반사로 일어났다. 동남아시아 각국의 전통 시대 역사 서술이 종종 왕과 전쟁 이야기로 도배되는 것은 바로 이 때문이다. 남성은 늘 전쟁과 전쟁에 수반되는 노역 제공자로 대기하고 있어야 했으며 전쟁에서 소모되는 경우

---

9) 鄭士信, 『梅窓先生文集』 (서울대규장각 12395) 4, 30.

▍시장 (파간, 버마, 2009. 2)

가 많았다. 그래서 남성은 생산 활동에 지속해서 종사할 수 없었고 대신 여성이 그 업무를 떠맡게 된 것이다.

그런데 여성의 군사적 역할이 현저했다는 것도 동남아시아 여성의 독특한 점 중의 하나로 지적된다. 기원후 1세기 베트남에서는 쯩(Trưng 徵) 자매가 중국에 저항하는 군사를 이끌었고 왕이 되었다. 이 두 지도자뿐만 아니라 많은 여성이 저항군에 지휘관과 병사로 참여했으며, 3세기경에는 바찌에우(Bà Triệu)라는 여성도 중국 지배에 대한 저항군 지도자로 활약했다. 베트남은 물론이고 버마, 인도네시아의 역사 속에 여성 왕이 출현하며 여성으로 이루어진 왕실 호위병도 여러 곳에서 존재했다. 아체에서는 17세기 초 장총까지 든 여성 군인들이 있었음이 그림으로 남아 있고(Reid 1988: 168) 그보다 더 이르게 13세기 앙코르 제국의 전성기에는 왕이 궁궐 밖으로 행차할 때 창과 방패를 든 여성 부대가 뒤따르는 것을 중국인 주달관(周達觀)은 흥미롭게 지켜보고 있다.[10] 현대사에서도 여성이 전쟁에 참가한 사례는 얼마든지 있다. 특히 베트남 전쟁기 여성으로 구성된 관계로 이름 붙여진 '긴 머리 군대'라든가 남베트남민족해방전선(NLF) 군대 부사령관이었던 응우옌티딘(Nguyễn Thị Định)의 존재감은 컸다. 코라손을 비롯한 필리핀, 인도네시아 여성 대통령, 버마 민주화 운동 지도자 아웅산 수치 등도 동남아시아의 적극적 여성상의 면모를 구현한 인물로 이야기되는 경우가 많다.

그러나 내가 보기에는 이런 사례들이 동남아시아의 특수성으로 인용되기에는 불충분하다. 유교화가 진행될 대로 진행된 19세기와 20세기 초 한국과 중국에서 나타난 민비, 서태후 등 여성의 정치 활동은 그렇다고 하더라도 이슬람 문화권의 인도, 파키스탄, 방글라데시의 여성 대통령과 수상, 그리고 유럽 각국의 여왕, 여성 당수, 수상의 존재를 비롯하여 동서 각국의 혁명이나 전쟁 수행 때 여성 전사와 지도자들의 활동을 떠올려 본다면 동남아시아의 전쟁, 혁명, 그리고 정치에서 여성의 역할은 결코 더 현저한 것이 아니다. 동남아시아에서 여성의 활동은 잘 살펴보면 '사적 영역'에 집중되어 있다는 것, 이것이 훨씬 더 동남아적인 특징이다.

베텔을 씹는다든가 문신을 즐겨 하는 것도 동남아시아의 공통적 현상으로 자주 언급된다. 베텔을 씹는다는 것은 한자로 빈랑(檳榔)이라고 불리는 야자나무과 나무의 열매(areca nut)를 덩굴식물인 구장(蒟醬, 베텔) 나뭇잎에 싸서 씹는 행위를 이름이다. 종종 빈랑 열매까지 베텔 열매(betel nut)라고 부르는 경우도 있지만 두 나무는 엄연히 다르다. 석회 가루(조개류 껍데기를 빻은 것) 반죽을 조금 섞어서 씹기도 한다. 씹다 보면 입에 붉은 침이 고인다.

베텔을 씹는 데는 여러 가지 이유가 있다. 첫째로 이는 담배 피우기처

---

10) 주달관 저 최병욱 역, 『진랍풍토기』(광주: 산인, 2013), p. 234.

럼 심심한 입을 놀리지 않는 일종의 유희이다. 담배를 피울 때와 마찬가지로 약간 나른한 기분도 들게 해 주기 때문에 베텔은 기호품으로 인기가 있다. 담배가 소개되기 이전에는 이슬람 지역을 제외한 여타 세계에서 술이 그러한 역할을 주로 담당했지만, 동남아시아에서는 술보다 베텔이 인간 관계를 부드럽게 하는 사교 식품이었다. 워낙에 중요한 일상 용품이라 결혼할 때 혼수로도 반드시 챙겼다. 둘째, 베텔은 건강 식품이기도 하다. 베텔을 씹으면 입안이 개운하고 충치를 비롯한 각종 구강 질환을 예방하며 소화에도 도움이 된다. 이 때문인지 동남아시아 사람은 전통적으로 건강했다. 셋째, 미용상의 이유이다. 베텔을 씹으면 입술이 붉게 물들기 때문에 젊은 여성은 요즈음으로 치면 붉은 립스틱을 바르고 있는 것과 마찬가지의 효과를 본다. 어떤 이는 베텔 때문에 치아가 검게 물든다고 하여 이 효과에 의문을 던지기도 한다. 그러나 동남아시아인에게 흰 이는 야수, 개 또는 귀신이나 그대로 두고 쓰는 것으로 여겨졌다. 그래서 일부러 치아에 검은 물을 들이기도 할 정도였다.

중국과 인도에도 베텔은 생산되며 특히 중국 남부에서는 베텔 씹기도 발견되지만 그것은 이 지역이 동남아시아와 접해 있기 때문이거나 과거 이 지역에 살던 동남아인의 유습일 뿐이다. 베텔 씹기는 어디까지나 동남아시아의 보편적 습속으로 이해해야 한다. 지역에 따라 생산량과 질의 차이가 존재하기 때문에 이 물품은 예로부터 국제 교역의 중요한 품목이었다. 특히 중국인이 빈랑을 약재로 주목하면서 이 물자의 상품 가치가 커졌다.

문신은 동남아시아의 기후와 밀접한 관련이 있다. 날씨가 더우므로 온몸을 가리는 옷을 입을 필요는 없지만, 대신에 맨몸을 가리고 장식하는 일은 필요했을 것이다. 하지만 이보다 더 합리적인 설명은 물이 많고 수풀이 우거진 곳에서 생존을 위해 문신이 필요했다는 것이다. 『대월사기전서(大越史記全書)』라고 하는 베트남의 사서에 의하면, 옛사람들이 물가에 나갔다가 자꾸 악어에게 잡아먹히니 한 왕이 백성에게 문신을 권장했다고 한다. 온몸에 무서운 동물을 그려 넣어 사나운 동물을 위협하는 수단으로 삼았다는 것이다. 점차 문신은 용맹성의 상징으로 인식되고 전쟁에 자주 동원되던 대부분의 남성 사이에서 문신이 일반화되었다. 간혹 예외는 있지만, 여성은 문신하지 않았다. 유교, 불교, 이슬람교, 기독교 등의 대종교가 확산되면서 점차 문신 습속은 사라졌다.

동남아시아에서 보이는 공통적 현상 중 또 한 가지는 각국에 중국인(ethnic Chinese)이 많다는 것이다. 중국인이 동남아시아로 이주한 역사는 길다. 그러나 동남아시아에서 자신을 중국인이라고 여기는 사람들의 사회가 만들어지기 시작한 때는 대략 10세기 즉 중국에서 송 왕조가 들어선 이후라고 보는 것이 합당할 것이다. 송대에는 이전의 수, 당 시기에 비해 영토가 현저히 작아졌고 주변의 이민족 국가들에 많이 시달렸다. 이러는 가운데 유학이 보급되면서 중국인으로서의 의식이 성장하고 확산되었다. 외국으로 이주하는 사람들도 현지에 동화되기보다 중국인으로 남게 되는 경우가 많아졌다. 송이 몽골에 망하면서 해외 '중국인'은 더 늘어났다. 13세기에 건설된 앙코르톰의 부조에는 캄보디아에 사는 중국인의 모습이 새겨져 있다. 이미 중국인이 캄보디아에 많이 거주하고 있었다는 이야기이며 구별되는 존재였다는 증거이다.

이후 꾸준한 이민이 뒤따르고 중국인 사회가 성장했지만 동남아시아에서 중국인의 영향력이 확대된 데는 서양인의 동남아시아 지배가 중요했다. 원주민을 지배하기 위해서 서양인은 현지 사정을 잘 아는 협조자나 중간 매개자가 필요했다. 중국인은 기꺼이 그 역할을 떠맡았고 서양인은 식민지 지배에 중국인을 이용하는 것이 얼마나 효과적인지 금방 깨달았다. 중국인은 상업, 건설, 광업, 농업 등 분야에서 활발하게 활동하기 시작했고 그 노동력은 중국 본토에서 영구적으로 공급되었다. 식민 지배자와 중국인이 항상 밀월 관계에 있었던 것은 아니다. 성장하는 중국인 사회에 대한 우려와 그에 따른 탄압은 종종 있었고 중국인의 희생이 따랐다. 그럼에도 불구하고 동남아시아에서 중국인 사회가 성장한 결정적인 계기가 서양인의 도래였다는 사실은 변함이 없다. 급기야 서양인과 중국인은 동남아시아에서 새로운 나라를 건설하기에 이르렀으니(1819) 싱가포르가 바로 그 합작의 결과물이었다.

중국인은 출신 지역별로 모임을 만들고 상호 협조한다. 이 인적 구성망은 본국의 출신지에 연결되어 있다. 중국사 연구자 필립 쿤은 최근의 저서에서 이 연결선을 복도라는 의미의 단어 '코리도어(corridor)'라 이름 붙였는데[11] 대단한 통찰이라 아니할 수 없다. 동남아시아에는 중국 동남부 해안 지대에서 이주한 사람이 많은데 그들의 출신 지역별 모임(幫) 이름을 통해 '오방(五幫)'이 널리 알려져 있다. 오방은 복건(福建) 방, 광동(廣東) 방, 조주(潮州, 광동성 내에 있음) 방, 객가(客家, 북중국으로부터 남부 중국에 이주해 와서 살던 사람들) 방, 해남(海南) 방을 일컫는다. 동남아시아 각국마다 오방 중 특히 영향력이 강한 집단이 있다. 예를 들어 베트남에는 광동 출신, 태국에는 조주 출신, 인도네시아에는 복건 출신이 지배적이다.

중국인과 현지인 간의 혼혈이든가 혼혈은 아니더라도 현지화된 중국인도 많다. 이들은 현지 언어를 구사하고 현지 복식을 착용하면서 현지인임을 자처한다. 베트남의 민호엉(minh hương), 말레이시아와 싱가

▌ 복건 회관(호이안, 베트남, 2001. 2)

---

11) Philip Kuhn, *Chinese Among Others* (Lanham: Rowman & Littlefield, 2009), pp. 4, 49.

포르의 바바(baba), 인도네시아의 페라나칸(peranakan), 필리핀의 메스티조(mestizo) 등이 그들이다. 이들을 중국인과 같은 부류로 보는가 현지인으로 보는가는 각국에 따라 다르며 각국 내에서도 시대와 정치 상황에 따라 다르다.

마지막으로 식민지 시대의 경험과 민족주의에 관해 이야기하고 싶다. 하권에서 본격적으로 논의할 것이지만 '동남아시아 세계의 형성'과 관련해 몇 가지만 언급하고 넘어가기로 한다. 동남아시아의 모든 국가는 태국만을 제외하고 서양 세력에 의한 식민지 지배 경험을 공유한다. 베트남, 캄보디아, 라오스는 프랑스가, 버마, 말레이시아, 브루나이, 싱가포르는 영국이, 인도네시아는 네덜란드, 필리핀은 스페인과 미국이 차례로 소유했다. 아시아의 맹주를 자처한 일본이 서양인을 몰아내고 동양인을 해방한다는 구실로 제2차 세계대전 중에 이들 지역을 점령했다. 그래서 동남아시아의 공통된 경험 중에는 일본의 지배라는 요소도 추가되어야 할 것이다. 덧붙이면, 제2차 세계대전 말기 일본군의 무장 해제를 목적으로 '동남아시아 사령부(South East Asia Command)'가 스리랑카에 설치되면서 '동남아시아'라는 단어가 널리 사용되기 시작했음도 기억할 만하다. '동남아시아'의 영어 표기는 초기에 'South-East Asia'였던 적도 있지만, 요즘은 'Southeast Asia'로 굳어졌다.

식민 지배는 동남아시아 역사와 관련해서 몇 가지 중요한 의미를 갖는다. 우선, 동남아시아 각국의 영토가 분명해지기 시작했다. 예를 들어, 캄보디아와 태국의 국경선이 명확해지게 되었고, 인도네시아와 말레이시아는 국가의 영토가 확정되어 영토 개념의 구현체인 지도가 만들어졌다. 오래전부터 영토 개념이 비교적 분명했던 베트남에서는 이 주장이 적용되기 힘들다. 하지만 베트남에서 중국, 캄보디아, 라오스와의 경계가 명확해진 때가 프랑스 지배기라고 하는 사실은 부정할 수 없다. 영토의 개념과 더불어 그 영토 내부에 존재하는 여러 민족의 통합체인 '국민(nation, people)'이 생겨나고 그 국민을 한데 묶는 민족주의 (nationalism)가 발전하게 되었다. 버마에 거주하는 샨(Shan) 족과 버마 족(Burmans)이 자신을 버마 사람(Burmese)으로 생각하게 되고 태국의 타이족과 이곳에 여러 세대 거주하던 중국 조주 출신의 중국인이 자신들을 태국 사람 또는 태국 국민이라고 생각하게 되는 것, 자바인(Javanese) 과 순다인(Sundanese)이 인도네시아 사람이라고 불리게 되는 데 동의하게 되는 변화가 '국민' 및 '민족주의(또는 국민주의)'가 만들어지는 과정이다. 민족주의가 한자 문화권에서는 외세에 대한 저항 정신으로 많이 이해되지만 그보다는 한 영토 내에서 한 국민을 만들어 내는 통합의 개념임을 인식하는 것이 동남아시아 사회를 바라보는 데 긴요하다.

정도야 어떻든 민족주의의 발전으로 20세기 동안 동남아시아에는 10개의 국가가 성립했다. 이 국가들은 20세기 말까지 '한 개 지역의 구성원'이라고 하는 동질 의식을 강화해 왔다. 아마도 이런 의식의 배후에는 여태껏 말했던 동남아시아 사회의 동질적 요소들에 대한 자각이 있었다고 본다. 동질 의식의 확대가 아세안(ASEAN)이라고 하는 기구의 출현과 발전으로 나타났다. 이 기구는 1967년에 만들어져 하나하나 동남아시아 국가를 회원으로 흡수하다가 1999년 캄보디아가 마지막으로 가입함으로써 '아세안=동남아시아'라고 하는 등식을 완성했다.

제2장
# 동남아시아의 초기 국가들

　동고로 대표되는 청동기 문화가 광범하게 존재했음에도 불구하고 일정의 통치 체계를 가진 국가에 대한 흔적은 동남아시아에서 좀처럼 찾기 힘들다. 다양한 유적들은 곳곳에서 발견되지만, 유적의 건설 시기보다 선행하는 역사에 대한 정보는 적다.
　통상 쓰인 기록이란, 그 자체가 수천 년을 남아 그대로 전해지는 게 아니라 쓰인 것이 다시 쓰이는 일을 반복하면서 새로운 사실이 추가되고 심지어 삭제되고 창조까지 되면서 역사를 전하기 마련이다. 그런데 동남아

▮ 나뭇잎을 가공해 만든 기록물 (크메르 민속박물관, 짜빈, 베트남, 1997. 11)

시아에서는 그런 기록이 거의 남아 있지 않다. 그들도 분명 써서 남긴 기록이 있을 것이지만 기록의 보존 기간이 극히 짧은 까닭에 기록의 연속성이 좀처럼 유지되지 않았다. 동물 가죽에 쓰기도 했고, 나뭇잎, 풀잎을 가공한 종이류가 있었으나 동남아시아의 고온 다습한 기후를 오래 견뎌 내기 힘들었다. 중국에서 발명된 질기고 내구성이 강한 종이류 역시 동남아시아 기후에서는 생명력이 길지 못했다. 크고 단단한 유물 외에는 형태를 보존하고 있기가 힘들다. 철기 유물보다 자연의 위력에 내성이 강한 청동기 유물이 더 많이 발견되는 것도 기후 때문이다.

▎비문 (인도네시아 국립박물관, 2005. 8)

돌에 새겨 기록하는 방법은 많이 발달하였다. 현재 그나마 동남아시아의 자체 기록물로 남아 역사의 편린을 전하는 것은 이 석비들이다. 석비 표면의 글자들도 수백 년, 길다고 해 봐야 천 년에서 천오백 년을 넘기기 힘들지만, 다행히도 온전히 글자가 남아 있는 것들이 꽤 있다. 기록의 신빙성으로 보자면 원래 새겨 놓은 글이 그대로 전해졌기 때문에 후대의 첨삭이 가해질 수 있는 종이 위의 기록보다 더 가치가 높다고 할 수 있다. 그러나 비문의 기록은 앞에서 말한대로 역사의 편린 즉 '한 조각 물고기 비늘(片鱗)'만을 전할 뿐이다.

초기 동남아시아 국가의 면모에 대한 구체적인 정보는 외국인이 남긴 기록에 의존할 수밖에 없다. 그중에서 특히 기록 문화가 발전한 중국의 역사서 내지는 지리서가 유용하다. 중국에서는 전대의 왕조 역사를 다음 대의 왕조에서 서술해 전하는 역사 서술의 연속성이 유지되어 흔히 '25

사'라 불리는 대단한 기록물을 만들어 냈고, 각 시대의 사서에서는 '외국열전' 또는 '지리지'를 두어 중국과 관련되거나 중국이 인식하고 있던 나라들을 기록하고 있다. 그러나 오류가 많고 중국인 특유의 편견도 대단해서 매우 조심해 인용해야 할 사료이다.

『한서』에서부터 동남아시아에 존재했던 국가의 이름들이 나열된다. 이 책보다 앞서며 '25사'의 가장 첫머리에 있는 『사기』에서 사마천은 70개의 '열전' 중에 '남월열전(南越列傳)'을 두어 이 나라의 면모를 기록해 놓았다. 그런데 남월을 최초의 동남아시아 국가로 볼 것인가는 논란의 여지가 있으므로 베트남의 역사를 서술할 때 이 나라를 소개하도록 하겠다. 한대에는 무제(武帝, 기원전 141-87) 시기에 강력한 팽창 정책을 시행하면서 외국 지식이 급속도로 증대되었다. 특히 기원전 111년에 현 광동, 광서와 북베트남 지역을 지배하고 있던 남월을 멸하고 현재의 베트남 북중부에 해당하는 지역까지 7개 군(郡)을 설치해 내지화 작업을 했던 관계로 그 지배지 너머에 있던 동남아시아 여러 나라에 대한 관심이 높아지게 된 것이다.

『한서』 '지리지'에 보이는 다음과 같은 내용을 통해서 우리는 당시 동남아시아에 몇 개의 주목할 만한 나라가 중국의 이웃으로 존재하고 있었다는 사실을 알 수 있다:

[7군의 가장 남쪽에 있는] 일남(日南)으로부터는 막혔지만, [광동에 있는] 서문(徐聞)과 합포(合浦)에서 배를 타고 다섯 달 정도 가면 도원국(都元國)이 있고, 또 넉 달 정도 항해하면 읍로몰국(邑盧沒國), 또 20여 일을 가면 심리국(諶離國), 걸어서 10여 일을 가면 부감도로국(夫甘都盧國), 부감도로국에서 배를 타고 2개월여 가면 황지국(黃支國)이 있다.

위의 기사에서 궁극적인 기착지는 황지국으로, 인도 남부에 있었던 국가를 가리킨다. 일찍이 이 방면에서 큰 연구 성과를 낸 석전간지조(石田幹 之助 이시다 겐노스께)에 따르면, 황지국에 이르기까지 여정에서 언급되는 국가들은 현 인도네시아의 수마트라 및 버마 지역에 있었다고 한다.[12] 중국으로부터 배를 타고 이와 같은 여정을 따라 인도 방면으로 가자면 말라카 해협이나 순다 해협을 통과하는 경우가 많았는데 이 길목에 존재했던 피종(皮宗)도 『한서』에 언급된다.

인도인의 동남아시아 지역에 대한 기록은 이보다 조금 일찍 시작되었다. 인도의 아소카 왕(기원전 273-232) 사절단이 수반나부미에 파견되었다고 한다. '황금의 땅'이라고 번역되는 이곳은 버마 남쪽 해안 지대를 끼고 있던 국가를 가리킨다.

그러나 위치와 성격 등을 비교적 명확히 알 수 있는 국가는 대략 기원후 1세기부터 역사에 등장한 푸난이다. 이 장에서는 푸난과 더불어, 대륙부 동남아시아에서 출현한 또 다른 고대 국가 참파, 도서부 동남아시아의 초기 국가 스리비자야와 사일렌드라를 다루기로 하겠다. 이 국가들의 공통점은 우선 대륙부와 도서부의 거대 국가라는 것, 초기 동남아시아사의 흐름과 문화적 특성에 큰 영향을 끼쳤다는 것, 그러나 현재의 동남아시아 국가들을 구분하는 경계와는 많이 어긋나거나 사라진 국가여서 개별 역사에서 설명하기는 적당하지 않다는 것 등이다.

## 푸난(Funan)

푸난은 중국의 사서와 동남아시아의 비문에 역사적 실체가 함께 나타나고 다량의 유물도 출토되었다. 국가의 기원은 확실하지 않으나 대략 기

---

12) 石田幹之助, 『南海に關する支那史料』(東京: 生活社, 1945), pp. 14-23.

원후 1-2세기경에 눈에 띄게 발전하기 시작한 것 같다. 푸난의 중심부가 있었던 비아댜푸라(Vyadhapura)는 인도차이나 반도 남쪽 메콩 연안으로서 현 프놈펜보다 조금 아래쪽이었다. 그렇다고 해서 푸난인이 캄보디아인의 선조라고 단정하기는 힘들다. 캄보디아인은 티벳으로부터 내려온 몬-크메르어 계통 민족이지만 푸난인은 말레이계 선주민이었을 가능성이 높다.

푸난은 메콩 델타에서의 농업 생산과 더불어 해상 교역을 통해 발전한 나라였다. 푸난의 주요 항구였던 옥에오(Óc Eo)는 샴 만에 가까웠다. 인도와 중국을 잇는 무역선들이 이곳에 기착하곤 했으며 여기서 발견된 로마 시대의 금화는 동서 간 무역 교류의 길목에 푸난이 있었음을 알려주는 증거이다.

'푸난'은 캄보디아 수도인 프놈펜의 '프놈'과 같은 뿌리를 가진 단어이다. 이 단어의 의미는 '산'이고, 산은 신성한 정령이 사는 곳이며 그 정령은 해당 지역의 지배자를 보호하는 수호신으로 이해되었다. 산이 정령을 갖고 있다는 믿음은 동남아시아 사회만의 특징은 아니다. 우리나라 사람들만 해도 산 및 산의 정령이 갖는 보호자로서의 의미를 크게 부여해 왔다. 중국도 각지에 영산을 정해 놓고 황제가 직접 제사 지내는 의식이 있었다. 그러나 궁극적인 절대자는 하느님이지 산의 정령은 아니었다. 이에 비해 고대 동남아시아에서 정치 권력을 보호해 주는 산은 세계의 중심이며 그 산은 권력자와 일체화된다. 자연 재해가 적은 동남아시아에서 경외의 대상이 되는 것은 보편적인 하느님이 아니라 개별의 구체적인 신이었다. 산꼭대기에 시바 신상을 모시고 링가를 세우는 의식도 산을 중시하는 관념에서 나오는 행위이다. 힌두 신앙에서 우주의 중심 역시 산(메루 산)이며 신은 그곳에 있었다.

사료가 전하는 푸난의 전설에 따르면, 푸난은 원래 나가 신의 딸인 소마(Soma)가 지배하던 국가였다고 한다. 여기서 나가란 뱀을 가리킨다.

■ 지붕을 장식하고 있는 나가 (캄보디아 왕궁, 2008. 4)

동남아시아에서 나가는 토지의 신으로 숭배되었다. 앙코르왓을 비롯한 고대 동남아시아의 거대한 장식물에는 나가 상이 빠지지 않고 들어가 있으며 현재 태국, 캄보디아, 라오스의 왕궁과 사원 곳곳에서 주의만 조금 기울이면 계단, 다리 등에 긴 난간으로 여겨지는 것들이 실은 모두 나가 상이라는 것을 발견할 수 있다. 지붕 장식도 용마루 끝부분이나 추녀로 이어지는 모서리 등을 자세히 보면 모두 뱀, 또는 뱀 모양을 단순화시킨 조형물이다. 나가는 토지의 신이고 수행에 정진하던 부처를 보호하는 동물이었기 때문에 신성하게 여겨졌다. 나가가 점차 북쪽으로 알려지면서 나가와 악어가 결합한 모습으로 형상화되어 베트남으로부터 '용'이 되어 중국에서 황제를 상징하는 존재로 변형되었을 가능성이 매우 높다. 라오스에서 나가라고 부르는 조각물의 형상은 용과 거의 구분할 수 없을 정도이다.

뱀의 딸 소마가 다스리고 있던 이 땅에 카운딘야(Kaundinya)라는 한 브라만이 서쪽(인도 또는 말레이 반도)으로부터 왔다고 한다. 카운딘야는 꿈에서 만난 한 신인의 계시로 신궁(神弓)을 얻은 후 무리를 이끌고 동쪽

▌계단 난간의 나가 (캄보디아 왕궁, 2008. 4)

으로 항해해서 소마의 땅에 이르렀다. 소마의 군대와 카운딘야 무리 사이에서 전투가 벌어졌다. 카운딘야가 소마의 배를 신궁으로 쏘아 맞히자 놀란 소마는 항복했다. 카운딘야는 그녀를 아내로 맞이하고 왕이 되었다. 소마가 옷을 입지 않고 신체를 다 드러냄을 혐오한 카운딘야가 그녀

▌나가 (비엔티안, 라오스, 2008. 2)   ▌나가 (루앙프라방, 라오스, 2008. 2)

에게 옷 입는 법을 가르쳤음도 중국 사료에는 추가된다.

이 전설은 동남아시아의 토착 세력과 인도에서 온 세력의 결합을 보여주며 더 나아가 동남아시아 사회에 미친 인도의 영향력을 알려 준다. 이 전설에 나오는 주요 소재는 브라만, 신궁, 배, 그리고 옷이다. 즉 힌두교라는 고급 신앙과 더불어 신궁, 선박, 옷으로 상징되는 물질 문화의 전래를 이 전설은 암시하고 있는 것이다. 하지만 이 전래의 과정은 일방적인 점령에 이은 인도화가 아니라 결혼으로 표현되는 외래자와 토착 지배 계급 사이의 부드러운 결합이었음을 눈여겨볼 필요가 있다. 동남아 해상 교역사 분야에서 탁월한 업적을 내놓은 케네스 홀의 표현을 빌린다면 이 결혼은 상호 '이해관계 사이의 결혼(a marriage of interests)'을 상징하는 것이었다.[13]

푸난의 시바상 (사이공 역사박물관, 1994. 5)

토착적인 것과 외래의 것이 융합해 독특한 형태의 문화를 창출하니 이것이 푸난 문화의 특징이며 나아가 동남아시아의 보편적 경향성이기도 했다. 힌두 문화와 불교의 전래, 그리고 이슬람교의 전파에 이르기까지 외래의 사조는 늘 토착의 전통과 비교적 평화롭게 융합하며 발전했다.

푸난에서는 기원후 3세기 초쯤 카운딘야 계열로 내려오던 왕통이 장군 판시만(Fan Shih Man)에게 넘어갔다. 이후 대외적으로 크게 팽창해서 푸난의 지배 영역은 동쪽으로 현 베트남 남부의 거의 모든 지역, 서쪽

---

13) Kenneth R. Hall, *Maritime Trade and State Development in Early Southeast Asia* (University of Hawaii Press, 1985), p. 54.

으로 현재의 캄보디아, 태국, 말레이 반도, 버마에까지 이르렀다. 대륙부 동남아시아 대부분을 지배 영역 아래 둔 것이다. 그렇다고 해서 푸난이 로마 제국이나 진나라 이래의 중국처럼 영토의 대제국이었다고는 볼 수는 없다. 지배의 영역은 푸난 왕에게 복종하는 종속국들로 연결되는 범위였을 뿐이지 중앙에서 관리가 파견되는 것도 아니었다. 각지에 있는 토착 지도자의 지배권은 그대로 인정되는 형태였다.『남제서(南齊書)』'부남전'에서 전하듯 "복종하지 않는 국가는 공격하여 그 백성을 노예로 삼았다"고 하는 데서 푸난의 권력 중심과 주변부 사이 지배-복종 관계를 엿볼 수 있다.

중국에서 보자면 삼국 시대에 해당하는 때이라 푸난은 삼국 가운데 가장 남부에 있던 오나라와 국교를 맺고 있었다. 해양 교역을 통한 부의 증대와 외국 문물 수입에 관심이 많았던 오나라는 푸난과의 교류에 적극적이었기 때문에 양국의 인적·물적 왕래가 활발했다. 오나라에서 파견된 주응(朱應)과 강태(康泰)는 푸난을 거쳐 말레이 반도의 몇 개 국가까지 방문하고 돌아와서 『부남이물지(扶南異物志)』(주응)와 『오시외국전(吳時外國傳)』(강태), 『부남토속(扶南土俗)』(강태)을 남겼다. 아쉽게도 이 책들은 전하지 않으나 그들의 견문 내용은 중국 사료 곳곳에 담겨 있다. 『남제서』나 『양서(梁書)』에 초기 푸난에 대한 기록이 비교적 상세한 것은 이 두 사람 덕분이라고 할 수 있다.

푸난에서는 재화를 유통하는 수단으로 금과 은이 사용되었다. 남자는 빈부에 따라 비단이나 무명으로 만든 천으로 허리 아래를 감아 가리고, 여성의 옷은 넓은 천 한가운데에 구멍을 뚫어 거기로 머리를 넣어 입는 것이었다고 중국인들은 전하고 있다. 금은 그릇을 즐겨 사용했다는 것으로 보아 풍족한 사회로 비추어졌음을 알 수 있고, 왕궁은 수 개 층으로 이루어졌으며 백성은 주상가옥에 살고 있었다는 사실도 전한다. 현재도 동남아시아 사회에서 인기 있는 닭싸움이 성했고 돼지싸움도 중요한 유희였다. 왕은 치장한 코끼리를 타고 행차하며 왕비를 비롯한 부녀자도 능히 코끼리를 탈 수 있었다고 한다. 우물을 파지 않고 한 연못을 공동으로 사용했다 하며 여러 가지 장례 풍습도 소개된다. 사람이 죽으면 주로 화장을 했으나 강물에 시체를 버리든가 들판에 두어 새가 처리하게도 하고 그냥 땅에 묻기도 했다.

중국인이 다음과 같이 전하는 푸난의 형벌 제도는 흥미롭다. "나라에는 감옥이 없다. 만약 송사가 생기면 달걀만한 금가락지를 끓는 물에 넣고는 그것을 꺼내게 하든가 쇳덩어리를 붉게 달구어 손 위에 올려놓고 일곱 보를 가게 한다. 그러면 죄 있는 자는 손이 타고 죄 없는 자는 상하지 아니한다. 또, 물속에 들어가게 해 보면 옳은 자는 가라앉지 아니하고 그른 자는 즉시 가라앉는다." 감옥이 없는 것은 인력을 사장함이 없이 이용하기 위해 즉각적인 대응 처벌로 끝냈기 때문이었다. 노예 제도가 적절한 처벌 방법으로 사용되기도 했을 것이다. 송사가 일어난 경우에는 매우 황당한 일이 발생하는 것처럼 보이기도 한다. 그러나 확실한 판단이 힘든 경우 종교의 권위 및 응보 관념이 지배적인 사회에서 이런 판결 방식이 존재할 가능성이 없지는 않다. 그러나 이렇듯 다소 의심쩍어 보이는 기사는 사실의 반영으로 이해하기보다는 기록 내용이 그렇다고만 알고 있으면 충분할 것이다.

푸난 상류 사회에서는 인도적 요소가 지배적이었다. 조정에서는 산스크리트어를 공용어로 사용했다. 시바와 비쉬누는 중요한 경배 대상이었다. 힌두 문화가 들어온 이래 이곳에 불교 역시 뒤따라 전해졌다. 앞서 언급한 판시만 왕은 불교의 후원자였다. 이미 3세기에 푸난을 통해서 대승불교가 북베트남 지역을 거쳐 남중국으로 소개되기 시작하였다. 현재 프놈펜과 사이공에 있는 국립 미술관과 박물관에는 시바나 비쉬누상, 그리고 링가 등 푸난 시대의 정교한 조각물들과 더불어 각종 불상 및 보살상을 볼 수 있다. 특히 동남아시아 특유의 견고한 나무로 깎아 만든 몇 가지

▌푸난 목제 불상의 일부 (사이공 역사박물관, 2004. 6)

불교 조각품은 천오백 년이 지난 지금까지도 고온 다습한 기후를 견뎌 내고 남아 있는 것이어서 경이롭다.

깊은 신앙과 풍요한 경제력, 그리고 활발한 국제 접촉을 통해서 푸난은 다채로운 문화를 발전시켰다. 푸난 사절단을 따라 중국에 간(3세기) 음악단은 중국의 요청으로 그곳에 머물면서 푸난 또는 인도의 음악을 전수하기도 했다. 푸난에서 발전하던 불교는 중국에서도 명성이 높았는지 6세기 중국 남조의 양나라(502-557)에서는 특별히 부남관(扶南館)을 설치하고 푸난의 고승들을 초빙해서 푸난으로부터 가져온 불경을 번역하게 했다. 최근의 연구에 의하면 중부 인도 사르나트의 영향을 받은 것으로 보이는 푸난의 불상은 중국 남조를 넘어 북부 산동에서 출토되는 '인도풍' 불상의 모델이 되기까지 했다고 한다.[14]

동서 교역의 중심지이며 불교가 발전했고 중국 남쪽에 있던 왕조들과 꾸준히 교류했던 푸난(인)이 한국(인), 특히 백제(인)와 직간접적인 접촉이 있었을 가능성은 높다. 백제사 연구자 이도학은 『일본서기(日本書紀)』의 내용(543년)을 근거로 하여 백제가 6세기 중엽 푸난과 교역했음을 주장하고 있는데,[15] 당시 정황으로 보아 충분히 있을 수 있는 일이다. 이때 중국에는 국제 교류에 적극적이었던 양나라가 있었기 때문에 양국의 사신이라든가 승려, 상인이 중국 땅에서 만날 기회는 많았을 것이다.

---

14) 강희정, 「6세기 扶南과 山東의 사르나트 양식 불상 - 남방해로를 통한 인도 불교미술의 東傳」, 『中國史硏究』 제67輯(2010), pp. 44-55.
15) 이도학, 『백제장군 흑치상지 평전』(서울: 주류성, 1996), pp. 41, 51-52.

단지, 백제인이 직접 배를 몰고 푸난까지 갔다든가 반대로 푸난인이 백제까지 왔으리라 추측하기는 아직 조심스럽다. 항해술의 문제가 아니다. 중국까지 갈 수 있는 배라면 거기서 연안 항로를 따라 푸난까지 내려가지 못할 리가 없다. 항해술의 문제보다는 긴 항해를 통해 얻을 수 있는 경제적 이득 여부가 고려되어야 할 것이다.

푸난은 대략 6세기 말부터 쇠퇴하는데 그것은 첸라(Chenla)가 점차 새로운 권력 중심으로 성장하면서 푸난을 압박했기 때문이다. 훗날 앙코르 시대를 만들어낼 첸라에 대해서는 캄보디아 역사에서 자세하게 서술하겠다. 푸난을 약화시켰던 또 하나의 세력은 참파 왕국이었다.

## 참파(Champa)

참파는 푸난과 마찬가지로 인도의 영향을 강하게 받았다. 초기에는 중국 사료에 '임읍(林邑)'이라는 이름으로 나타나며, 나중에는 '점파(占婆)' 또는 '점성(占城)'으로 불렸다.

참파가 인도 문화를 받아들인 것은 푸난과의 접촉을 통해서일 수도 있겠으나 참파인이 직접 인도 문화를 들여왔을 가능성도 있다. 왜냐하면, 참파의 건국 주체는 말레이 지역으로부터 온 사람들이었기 때문이다. 아득한 옛날부터 인도차이나 반도 중부 해안으로는 바람을 따라 배를 타고 말레이계 사람들이 자연스럽게 흘러들어 오고 있었다. 이들은 해안 근처 평야 지대에 살다가 사정이 여의치 않으면 점차 고원으로 올라갔다. 현재 베트남 중부의 광활한 서부고원에는 피부가 검고 곱슬머리인 말레이계 민족이 많이 살고 있는데 이들은 하나같이 배를 타고 이주해 온 사람들이다. 참파인 역시 마찬가지였다.

참파가 중국 사료 『후한서(後漢書)』에 등장하는 모습은 갑작스럽고 공격적이었다. 기원전 111년부터 베트남 지역에 3개 군을 설치해서 다스리던 중국의 중앙 조정은 기원후 137년 이 3군 중 제일 남쪽의 일남군(日南郡)에서 일어난 사건에 경악했다. 일남군의 맨 아래쪽에는 상림현(象林縣)이 있었던 것 같다. '코끼리 숲'이라는 이름에서도 알 수 있듯 이곳은 북쪽에서 내려온 사람들이 보기에 사람이 거의 살지 않는 변경이었다. 이 상림현 너머 남쪽에 산다는 '야만인(蠻夷)' 세계의 구련(區憐)이란 사람이 수천 명의 무리를 이끌고 상림현을 공격하여 성곽과 사원을 불태우고 현의 관리들을 살해했다는 것이다. 일남 북쪽에 있던 구진군(九眞郡)과 교지군(交趾郡)의 태수들이 이 사태를 수습하려고 했으나 실패하고 중국 조정이 직접 개입해서야 가까스로 평온을 되찾았다. 그러나 192년에 구련이 다시 상림현을 공격해 현령을 죽이고 이곳을 흡수한 후 왕위에 올랐다고 한다.

단순한 '야만인'의 반란이라면 중국에서 본국의 군사까지 동원해 대처해야 할 정도로 강력할 리가 없을 것이고 또 '야만인' 입장에서도 이렇듯 집요하게 한 곳을 공격할 이유도 없다. 참파를 가리키던 중국 측의 초기 이름이 '수풀 속의 도회지'라는 뜻의 임읍(林邑)이었던 것은 상림현의 '림(林)'과 관련이 있다. 즉 상림현 남부부터의 미지의 세계는 중국인의 인식 범위를 넘어서는 곳이었다는 의미이다. 일남을 공격했던 세력은 임읍 즉 참파이며 이미 참파는 137년 이전에 상림현 남쪽, 다시 말하면 훗날 해운관(海雲關)이라고 부르게 되는 천연의 자연 장애물 너머에서 발전하고 있었던 국가였다. 해운관 남쪽은 현 베트남의 꽝남(Quảng Nam 廣南)으로서, 여기에는 참파 유적지로 미썬(Mỹ Sơn)이라든가 동즈엉(Đông Dương), 짜끼에우(Trà Kiêu) 등이 남아 있다. 동즈엉과 짜끼에우는 참파의 수도 인드라푸라(Indrapura)와 심하푸라(Simhapura)가 있던 곳이다. 미썬은 유네스코에 의해서 세계 문화유산으로 지정되어 복구되고 있는 참파의 성지이다.

▌미썬 (1997. 11)　　　　　　　　▌미썬 (2006. 1)

　일단 해운관 이북을 점령한 참파는 북쪽으로 팽창하면서 중국인이 지배하는 영역을 잠식해 들어갔다. 베트남이 10세기에 독립할 때까지 참파의 지배 범위는 북으로 응애안(Nghệ An 乂安)까지 확대되며 종종 그 북쪽에 있는 홍하 델타까지도 위협했다.

　베트남이 독립한 후 공세의 방향이 역전되기 시작했다. 10세기에 레호안(Lê Hoàn 黎桓)이 지휘하는 베트남군에 밀려 참파의 중심지는 훨씬 남쪽인 비자야(Vijaya, 현재의 빈딘 성 소재 뀌년 Qùy Nhân 歸仁)로 내려갔다. 그러나 이것은 참파와 베트남 사이의 본격적인 전쟁의 시작이었다. 이후 약 5세기 동안 우열을 가릴 수 없는 전쟁이 계속되었다.

　참파의 군사력은 몽골의 침입을 물리친 데서도 나타난다. 참파는 국가 성립 이후 중국과 외교 관계를 유지했다. 베트남과의 적대적인 관계를 고려한다면 그 배후에 있는 중국과의 우호는 필수적이었다. 그러나 13세기에 들어서 원 조정은 참파에 우호보다 굴복을 요구하였다. 수차례에 걸친 원나라 군대의 침입이 있었지만 참파는 이를 모두 격퇴했다. 이후 제봉아(制蓬峩 ?-1390)의 재위기에는 세 차례에 걸쳐 베트남의 수도를 점령하고 왕까지 살해하는 등 베트남을 존폐의 위기로까지 몰아가기

▌창에 찔리는 참파 병사 (앙코르톰, 캄보디아, 2000. 2)

도 했다. 이 시기 참파의 또 다른 적수였던 캄보디아의 부조물에는 참파 군이 캄보디아인에게 가장 몹쓸 적군으로 묘사되고 있다. 그래서 참파의 병사들은 늘 캄보디아 병사에게 패하는 모습으로 그려진다. 하지만 그것은 캄보디아인의 염원인 것이고 실제로는 참파군이 캄보디아에 매우 위협적인 존재였던 형편을 반영한다. 참파군은 1177-1178년 육로와 수로로 진격해서 캄보디아의 도성이 있었던 시엠립 지역을 초토화시킨 바 있다.[16]

그러나 약탈전에만 익숙했던 참파는 차근차근 영토를 늘여가며 남진하던 베트남에 결국 지고 말았다. 결정적인 전쟁은 1471년에 있었다. 이 전쟁으로 비자야는 파괴되고 참파는 소국으로 전락했다. 참파의 유민은 바다 건너 말레이 반도 쪽으로 되돌아가든가 육로를 통해 캄보디아로 도주했고 중부의 고원 지대로 올라가기도 했다. 하지만 그보다 더 많은 참

---

16) David Chandler, *A History of Cambodia* (Philadelphia: Westview, 2008), p. 69.

파인은 살해되거나 포로로 끌려가 베트남인 사이에 섞여 살면서 동화되었다. 베트남에 조공을 바치며 명목상의 왕국으로 남아 있던 참파는 베트남의 동화 정책에 시달리다가 19세기 전반에 완전히 사라졌다. 그리고 민족만 남아서 베트남인으로 바뀌어 가고 있었다.

베트남화 되어가던 참인이 간신히 살아남을 수 있었던 것은 베트남이 19세기 중반부터 프랑스의 침입을 받았기 때문이다. 프랑스의 지배가 시작되면서 베트남인의 동화는 정지되었고 프랑스의 보호 아래서 참인은 베트남 내 소수 민족의 하나로 명맥을 이어나갈 수 있었다.

어느 나라나 그러하듯 참파 역시 오랫동안 내내 통일 국가였던 것은 아니다. 참파 역사에 대한 선구적 연구자로 유명한 마스뻬로는 1471년까지 참파에서 총 15개의 왕조가 교체된 것으로 보고 있다.[17] 어떤 이들은 참파를 단일 국가로 보지 않고 몇 개 국가의 연합체였던 것으로 이해하기도 한다. 그러나 이것은 긴 역사 속에서 어느 나라에서든 흔히 나타나는 분열적 면모를 과도하게 강조한 데 지나지 않는다. 크게 보면, 말레이계 민족이 중심이 되고 인도적 색채가 강한 참파라는 국가는 때로는 통합되고 때로는 분열하는 가운데 북으로는 베트남과 남으로는 캄보디아와 경쟁하면서 1800여 년의 세월 동안 단일의 운명체로 존속했다고 할 수 있다.

참파의 생명이 이토록 길었던 이유는 어디에 있었을까? 그것은 참파의 경제력에서 찾을 수 있다. 베트남 중부 지역은 북에서 남으로 긴 산맥이 흐르기 때문에 평지가 협소하다. 하지만 해운관 남쪽의 꽝남 지역만은 베트남 사람들이 훗날 그렇게 이름을 붙인 데서도 알 수 있듯이 넓고 비옥하다. 우선 이곳에서의 생산력이 인구 부양을 가능하게 했다. 그리고 이곳은 무역풍 지대에 위치하고 천혜의 양항들이 있어서 외국의 교역

---

17) Georges Maspero, 馮承鈞 譯, 『占婆史』(臺北: 商務印書館, 1962), pp. 113-120.

선이 많이 방문했던 곳이기도 하다. 배후의 고원 지대에서 생산되는 보석, 침향, 코뿔소 뿔, 상아 등 각종 임산물은 부의 원천이었다. 참파인은 산지인으로부터 이런 물자를 수집해 교역상에 팔고, 다시 그들로부터 구매한 상품은 산지인에게 넘기는 중개 무역으로도 많은 이익을 남겼다. 하디는 위와 같은 조건 중에서도 특히 해안가에서 솟아나는 맑은 지하수와 고원지대에서 생산되던 질 높은 침향이 참파의 대외 교역 발전을 견인한 두 개의 대표적 산물이었다고 주장하고 있다.[18] 좋은 물은 긴 항해에 지친 무역상에게 매력적이었을 것이며 참파의 침향은 질뿐만 아니라 향과 약재 소비가 많은 거대 시장 중국과의 근접성으로 인해 수요가 높았으리라 생각된다. 평지에서 참파 사람들이 자체적으로 생산하는 물자도 많았다. 도자기나 직조물은 참파 제품이 유명해서 전자는 14-16세기 동남아시아 각국뿐만 아니라 멀리 이집트까지도 팔려 나갔다. 후자는 현재에도 베트남의 주요 특산물로 활발히 거래되고 있다. 참파인은 항해에 능한 해양 민족이었기 때문에 바다로 나가 직접 교역에도 종사했다.

『양서』에는 초기 참파인의 모습이 비교적 상세하게 기술되어 있다. 사람들은 주상가옥에 살며 집의 출입구는 북쪽을 향하고 나뭇잎으로 만든 종이에 글을 썼다고 한다. 가난한 자들은 맨발로 다니지만, 부자는 가죽신을 신었다. 죄를 지으면 코끼리로 밟아 죽이고 결혼은 8월에 치렀다.

▌참파 코끼리 (참 박물관, 다낭, 베트남, 2001. 2)

---

18) Andrew Hardy et. al., *Champa and the Archaeology of Mỹ Sơn (Vietnam)* (National University of Singapore Press, 2009), pp. 111-118.

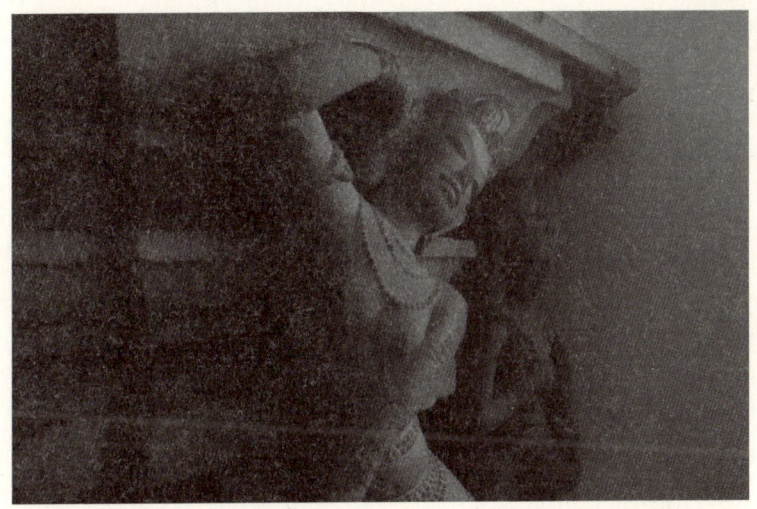
▌참파 무희 (참 박물관, 다낭, 베트남, 2014. 2)

여성을 귀하게 여기기 때문에 여성이 남성을 선택한다고 했는데, 결혼식은 브라만이 주관했다고 한다. 사람이 죽으면 들판에서 태우는 화장이 일반적이었으며 남편이 죽으면 부인도 함께 희생되는 인도식 수티 풍습도 상류층에는 있었다고 전한다. 13세기에 참파 왕에게 시집갔던 한 베트남 공주가 남편이 죽자 수티를 피해 베트남으로 도망쳐 나오는 바람에 양국이 전쟁까지 하게 된 이야기는 유명하다. 참파인과 접촉이 많았던 베트남 사람들은 19세기 실록(『大南寔錄』)의 '열전' 중 외국 사정을 다루는 부분에서 참파인은 양가죽 위에 대나무로 백회를 찍어 글을 썼고 소와 호랑이의 싸움을 즐겼으며 교역선에는 2/10 세를 물렸다고 적어 놓았다. 그리고 참파 사람들은 청결한 것을 좋아했다고 한다.

    참파의 종교 변화는 다음과 같다. 이 나라는 원래 힌두 국가였다. 그러나 불교도 함께 발전했다. 대승불교가 늦어도 4세기에 이미 참파에 전래되었다는 것은 동즈엉에서 발견된 굽타 양식의 불상에서도 확인할 수 있다. 『양서』에서 "왕은 법복을 입었고 구슬 목걸이를 둘렀으니 불상의 장식과 같다"고 한 것으로 보아 6세기에는 이미 왕이 외양을 부처나 보살처럼 꾸밀 정도로 참파에는 대승불교가 퍼져 있었음을 알 수 있다. 그러다가 15세기에 들어와 도서부 동남아시아에서 급속도로 확산되던 이슬람교가 참파에 소개되었다. 일설에는 자바의 마자파힛 왕과 결혼한 참파 공주에 의해 이슬람교가 전해졌다고 한다. 이때는 참파가 베트남과의 전쟁에서 패해 국력이 위축되었던 시기였다. 나라는 영락해 갔으나 이슬람교는 참인을 베트남인과 구별해 주는 중요한 요소가 되었다. 현재의 참인은 대부분 무슬림으로서 베트남 동남부, 메콩 델타 서북부의 캄보디아와 국경 지대, 그리고 프놈펜을 비롯한 캄보디아 곳곳에 흩어져 살고 있다.

참파와 관련해 한 가지 덧붙일 것은, 초기 참파 왕국의 중심지에서 발견되는 '싸후인(Sa Hùynh) 문화'에 관해서이다. 꽝남 남부로부터 그 남쪽 꽝아이(Quảng Ngãi 廣義)에 걸쳐 소재한 싸후인이라는 곳에서 1900년대 초에 다량의 유물이 발견되었다. 장례에 쓰인 옹관, 각종 무기 및 화려하고 정교한 장식품은 생산 시기가 청동기 시대부터 철기 시대까지 거치는 것으로서 기원전 1000년부터 기원후 4세기까지의 시간대를 포괄한다. 지리 여건으로 보면 이 문화의 주인공은 대외 교역에도 활발하게 참여했음이 분명하다. 왕망(王莽) 시대(8-24)의 오수전을 비롯한 중국의 물품들과 함께 인도의 상품도 발견된다.

중국이나 베트남의 기록에 따르면, 참파가 있던 곳은 고대 월상씨(越裳氏)가 지배하던 호손국(胡孫國)이었으며 월상씨는 중국의 주공(周公)에게 지남차(指南車)를 선물했다고 한다. 그동안 이 이야기가 전설처럼 전해왔는데 월상씨가 싸후인 문화의 주인공과 관련되었을 가능성이 높다. 싸후인의 주인공이 누구이며 어떤 사회를 구성하고 있었는지에 대해서 아직 확실한 해답이 나와 있지 않다. 그들은 참파 이전의 또 다른 선주민일 수도 있고 참파가 바로 이들에게서 나왔다는 주장도 있다. 앞으로 더 많은 발굴과 연구를 기다려야 하겠지만 만약 후자의 주장이 힘을 얻게 된다면 참파 역사 기원은 훨씬 이른 시기로 소급될 수 있겠다. 전자의 주장이 옳다면 참파인은 싸후인 문화 주인공을 압도하고 그 문화를 흡수한 선진적 외래인이었다. 어느 쪽이 되더라도 참파인은 그들에 대한 중국인의 최초 기록에서 표현된 것처럼 '야만인'이 아니었다.

### 스리비자야 (Srivijaya)

도서부 동남아시아에서 나타나는 초기 국가들은 동서 교역로 상의 지리적 이점을 최대한 활용하면서 성장했다. 일찍이 말라카 해협이나 순다 해협 곳곳에 항구도시들이 보이기 시작했다고 앞에서 말한 바 있다. 그런데 상인들은 말레이 반도 남단으로 돌아가지 않고 반도의 중북부에 위치한 크라 지협을 통과하는 경우도 빈번했다. 그래서 이곳을 통제하며 부상한 나라들도 있었다. 지금은 태국 남부로 편입된 파타니(Patani)를 중심으로 번성했던 란카수카(Lankasuka)라든가 그보다 위쪽에 있던 탐브라링가(Tambralinga) 등이 그런 나라들이다. 기원후 약 2세기경부터 출현한 이들 국가의 존재는 말레이 반도에서 발견되는 여러 비문으로 확인되고 중국 기록에는 각각 '룽아사가(凌牙斯加)'와 '단마령(單馬令)'이란 이름으로 등장한다.

 항해의 중심지, 종교 전파의 장, 동서 간 인적·물적 접촉 등의 기능을 하던 도서부 동남아시아의 항구 도시들이 하나의 거대한 세력 아래 통합되고 교환과 교류의 중심지가 한군데로 집중되는 모습을 보이는 것은 7세기에 크게 발전하기 시작한 스리비자야에 의해서였다. 동남아시아 해상 교역의 중심지 역할을 하던 푸난은 현저하게 약해져 있었고, 중국에 새로 들어선 당나라가 동서 교역에 적극적이었다. 이런 변화는 스리비자야의 흥기를 가져오게 된 외적 요인이었다.

스리비자야의 중심지는 수마트라 섬의 동남부에 있는 팔렘방(Palembang)으로 알려졌다. 이곳은 동서양을 오가는 바닷길의 두 길목인 말라카 해협과 순다 해협에 가까이 있기 때문에 강력한 해군만 보유한다면 동서를 오가는 선박을 통제하기 좋은 곳이었다. 스리비자야는 항만 시설을 마련하고 시장을 열어 교역선을 유치했다. 두 해상로에 출몰하는 해적을 단속하여 안전한 항해를 보장할 수 있었던 것도 스리비자야가 인기 있는 기항지가 된 이유였다. 물론 해적을 압도하는 해군력은 무역상들에게 두려움의 대상도 되기 마련이다. 종종 여러 가지 이유로 다른 기항지를 이용하고자 하는 배들은 스리비자야 해군의 방해를 각오해야 했다. 스리비자야는 매력적인 물자를 산출하는 곳이기도 했다. 수마트라에서 생산되던 송진(pine resin)이나 벤자민 수지(benjamin gum)는 고급 향유와 몰약의 원료가 되었으며 약재로도 가치가 있었으므로 서아시아와 중국에서 수요가 컸다.[19] 강성해진 스리비자야는 말레이 반도의 도시들을 아우르고 자바를 압도했다. 스리비자야는 11세기까지 번성하다가 인도에서 일어난 촐라(Chola) 왕국의 공격을 받아 쇠퇴했고 이후 13세기까지 해양 교역의 주도권을 자바의 신흥 왕국 마자파힛에 넘겨준 채 소멸하여 갔다.

『신당서(新唐書)』와 『송사(宋史)』 등 스리비자야의 전성기에 중국에 존재하던 왕조의 역사를 다룬 책에서도 스리비자야는 '삼불제(三佛齊)' '실리불서(室利佛逝)' 등의 이름으로 중국과의 내왕이 기록되어 있다. 그러나 정치 체제라든가 사회·문화, 심지어 위치에 이르기까지 그 내용이 모호한 편이다.

그렇다고 해서 스리비자야가 중국인에게 무시되어도 좋을 나라는 아니었음이 한 중국 고승 덕분에 확인된다. 그는 의정(義淨, 635-713)이다.

---

19) Oliver Wolters, *Early Indonesian Commerce: A Study of the Origins of Srivijaya* (Cornell University Press, 1967), pp. 105-111.

의정은 중국 광주(廣州 꽝쩌우)를 떠나(671) 해로로 인도에 들어가서 10여 년간(674-685) 공부하고 중국으로 돌아왔다. 가고 오는 중에 의정은 스리비자야에서 몇 년간 머물렀으며 자신의 여행기 『남해기귀내법전(南海奇歸內法傳)』에 이 나라의 형편을 남겼다. 그는 『대당서역구법고승전(大唐西域求法高僧傳)』이라는 책도 지었다. 이 두 책을 통해 그의 여정 및 스리비자야와 관련된 내용을 정리해 보면 다음과 같다.

서른일곱 나이의 의정은 광주에서 페르시아 배를 타고 약 20일 걸려 수마트라에 도착했다. 팔렘방에서 그는 6개월간 머물며 장차 학업에 필요한 산스크리트어를 익혔다. 이후 인도로 들어간 그는 10여 년 공부하고 다시 스리비자야로 돌아와 머물면서 이번에는 말레이어를 익혔다. 이 기간에 의정은 인도에서 들고 온 불경을 중국어로 번역했고 695년에 귀국했다.

의정에 의하면, 성채로 둘러싸인 도시 스리비자야에는 약 일천 명의 불승이 있었다고 한다. 이들이 사용하는 경전 내용과 의식이 중국과 별 차이 없었다는 의정의 말에서도 확인되듯 이곳의 불교는 대승불교였다. 의정은 항해 도중 과거 불교가 발전했던 푸난에도 들렀는데, 여기에서는 이미 "불교 외의 신앙들이 만연하고(外道雜居) 있었으며" "불승은 사라졌다"고 했다.

스리비자야는 무역선이 모이는 곳이었고 동남아시아 불교의 중심지였다. 의정은 도자기, 진주, 비단이 중국에서 들어오며 장뇌, 백단향, 향료가 말루쿠 제도에서, 면직물은 인도로부터 수입되면서 거래되고 있음을 기록하고 있다. 그리고 특이하게도 그는 자신처럼 인도로 공부하러 가는 불승에게 스리비자야에 꼭 체류하라고 권하고 있다. 그에 따르면 언어의 훈련장으로서 또 귀국할 때 인도에서의 공부 결과를 정리하는 곳으로서 스리비자야는 적합한 곳이라는 것이다. 해상 루트를 통해서 인도로 향하던 한국, 중국, 베트남의 불승들이 스리비자야를 거쳐 왕래한 흔적은 많이 발견된다. 의정의 『대당서역구법고승전』에는 이곳에서 체류했던 몇 명의 신라 승려에 대한 기록이 있다.

## 사일렌드라 (Sailendras)

스리비자야가 해상 세력이었다면 이웃 자바 섬에서 8세기부터 급속도로 성장한 사일렌드라는 풍부한 농업 생산을 기반으로 한 국가였다. 사일렌드라를 시작으로 자바에서는 높은 수준의 역사적 유산을 남기는 왕조들이 들어섰다. 이들이 수마트라의 스리비자야와 접촉, 교류, 경쟁하면서 자바와 수마트라는 하나의 역사 속으로 통합되는 과정을 밟아 가게 된다.

사일렌드라의 기원은 분명하지 않다. 일설에는 푸난의 일부 집단이 자바로 망명했고 그들의 후손 한 명이 중부 자바의 실력자로 등장하면서 스스로 '사일렌드라'라고 칭했다고 한다. 'Sailendra'는 '산의 왕'으로서 '산'이라는 뜻을 갖는 '푸난'과의 관련성이 짐작되는 이름이다. 그의 계승자들이 같은 명칭을 사용했기 때문에 이 왕조를 사일렌드라 왕조라 부른다. 다른 시각도 있다. 8세기경 중부 자바에서 나타난 국가는 마타람(Mataram) 왕국이며 그 왕조를 창시한 왕은 산자야(Sanjaya)였다. 그가 지배하던 영역 내에서 등장한 또 다른 실력자로부터 사일렌드라라는 명칭이 기원했다는 것이다. 이럴 경우 사일렌드라는 마타람 왕국 일부로 간주된다.

그러나 이 시기 자바의 왕계는 복잡하고 또 불분명한 곳도 많아서 어느 것이 정설이라고 말하기 어렵다. 단지 사일렌드라들이 지배하던 때의 계승 맥락이 비교적 명확하고 동남아시아와의 관계가 역사성을 가지고 있었기 때문에 이 시기는 '사일렌드라 왕조'로 구별되어 다루어지는 것이 일반적이다. '사일렌드라들'이 지배한 나라라고 해서 영어식 표기는 '사일렌드라즈(Sailendras)'가 되지만 우리는 발음 편의상 '사일렌드라'라고 부르는 게 좋겠다.

　사일렌드라는 도서부 동남아시아와 대륙부 동남아시아를 동시에 지배했다. 이 나라는 8세기 중엽에 스리비자야의 패권에 도전했고 대륙부 쪽으로는 첸라를 공격하여 과거 푸난의 중심부를 차지했으며 참파 및 베트남까지도 공격했다. 베트남의 『대월사기전서』에는 767년에 현재 하노이 지역이 '곤륜사파(崑崙闍婆)'에 의해서 약탈당했다는 기록이 있다. 여기서 '사파'란 중국어로 읽으면 '시뽀', 베트남어로 읽으면 '짜바'이다. 즉 '자바'를 표현하는 한자어이다. 곤륜이란 예부터 동남아시아를 지칭하는 말로도 사용되었으니 '곤륜 자바'란 동남아의 자바를 가리키며 당시 북베트남까지 공략할 능력을 갖춘 자바 왕국으로는 사일렌드라밖에 없었다.

　그러나 사일렌드라의 번영은 오래가지 않았다. 앙코르 왕국이 성장하면서 사일렌드라는 대륙부 동남아시아에 대한 지배력을 상실했다. 이후 사일렌드라의 경쟁자로 부상한 산자야 왕계의 파타판(Patapan)에 의해 832년 자바에서 사일렌드라의 왕통은 끊어졌다. 발라푸트라(Balaputra)라고 하는 한 사일렌드라 왕자가 수마트라로 건너가 스리비자야의 왕이 되었다. 그러나 우리는 이를 사일렌드라 왕자가 스리비자야를 차지한 것으로 보지 않는다. 그가 왕위에 오를 수 있었던 것은 모계 쪽으로 그가 스리비자야와 연계되었기 때문이다.

　사일렌드라는 비옥한 논농사 지대의 높은 생산력을 기반으로 성장했지만 첸라는 물론 중국과 가까운 베트남까지의 원정을 위해 대규모 선단을 동원할 수 있었던 것으로 보아서 해군력도 강했음을 짐작할 수 있다. 그 능력으로 스리비자야와 해상 교역의 통제권을 놓고 경쟁할 수 있었을 것이다. 특히 동쪽의 말루쿠 제도에서 생산되던 향료가 서쪽의 스리비자야로 가기 위해서는 자바 섬을 지나야 했기 때문에 이 길목에 대한 지배권을 놓고 두 나라는 경쟁 관계였을 수밖에 없었다.

■ 보로부두르 사원 (2005. 8)

보로부두르 사원은 778년(일설에는 776년)부터 건설되기 시작했다. 이 종교 건축물에 대한 사르데사이의 묘사는 한 역사 유물을 통해 당시의 사회와 문화를 얼마나 심도 있게 이해할 수 있는가를 보여 준다:

보로부두르는 776년 비쉬누 왕 때부터 건설되기 시작해서 그의 손자 사마라툰가 왕 때(824년) 완성되었다. 훗날 앙코르의 기념물들과 동일한 우주관을 반영하여 사일렌드라는 보로부두르를 자신들 왕국의 메루 산으로 선정해 그 위에 부처에게 헌상하는 우주의 모형을 세워 놓았다. 한 개의 [바위로 이루어진 언덕을 깎아 내면서 [그 위에 세워] 만든 아홉 층의 회랑은 부처가 되기 이전 고다마의 아홉 개 전생을 표현한다. 멀리서 보면 이 거대한 구조물은 한 개의 불탑 같아 보인다.

보로부두르는 인도-자바 예술의 최고 전범이다. 회랑의 총 길이는 약 3마일 [약 5km, 높이는 약 30m]이며, 양쪽은 거의 2,000개의 세세하고 복잡 다양한 부조가 새겨져 있다. 여러 모습을 띤 400개의 석불상은 모두 돌로 만든 덮개로 쒸워져 있으며 대승불교의 서사담을 각자 그 안에 간직하고 있다. 건축 구조는 의심할 바 없이 인도적 개념으로서 굽타 예술 형태를 최대한 반영하고 있지만, 동시에 자바인의 예술적 기교도 표현된다. 약간의 인도 예술가들이 도움을 주었을 것이다. 그러나 작업은 대부분 현지인에 의해서 수행되었다. [부조에 나타나는] 왕자로부터 농민, 목수, 도공, 옷감 짜는 사람, 어부, 상인, 무희, 선원에 이르기까지 다양한 직업에 종사하는 사람들의 얼굴은 영락없이 자바인이다. 그들의 복장이나 장식물은 독특한 자바 양식이며 악기와 가구, 집기 등도 마찬가지이다. 주변에 있는 수십 개의 보다 소규모의 건축물들과 더불어 진정으로 사람들로 하여금 넋이 나가게 하였을 이 보로부두르 사원은 사일렌드라의 부와 취향과 인력 동원 능력에 대한 놀랄 만한 증거물이다.[20]

회랑의 양쪽 벽에(맨 아래는 바깥쪽 벽에) 새겨진 내용은 세 가지로 구분된다. 가장 아래는 다양한 인간의 모습이, 그 위에는 부처의 전생이, 다음에는 부처의 세계가 펼쳐지는 곳이다. 맨 아래로부터 긴 회랑을 돌며 서서히 정상으로 올라가면서 참배객은 인간 세상에서 열반의 세계로 오르고 있음을 체험한다. 이 탑이 세워진 구릉 주변에는 원래 해자가 있었으니 그것은 대양을 의미했다. 그 바깥쪽으로는 수많은 부속 건물이 들어서 있었다. 30여 미터 높이의 탑과 주변의 건물들이 합쳐져 하나의 사원을 이루었다.

역사가를 특히 흥분시키는 것은 탑의 맨 아래 기단에 있는 자바인의 생활상 부조이다. 사르데사이의 묘사에서도 언급되었지만 좀 더 구체적으로 말해보자면 이 부조에는 과수원 가꾸는 농부, 일하러 가는 부부, 의료 행위, 물고기 잡기, 거리의 악사, 술주정뱅이, 토지 분배 광경, 시장 풍경, 요리하는 장면, 강도, 심지어는 임신 중절 수술에 이르기까지 당시의 다양한 생활상이 조각되어 있다. 이런 장면들은 9세기의 인간상을 전해주

---

20) D. R. Sardesai, *Southeast Asia Past and Present* (Chiang Mai: Silkworm Books, 1997), pp. 46-47.

▮ 짠디멘듯 내부 (2005. 8)

는 귀중한 생활사 시각 자료이다.

아홉 개의 각 층은 왕의 선조들을 기리고 있으며 이들은 모두 보살로 인식되었다. 이런 관념은 자바 또는 동남아시아의 조상 숭배 의식과 불교가 결합한 것이다. 보로부두르를 완성한 왕에 의해서 건설되었다는 짠디멘듯(Chandi Mendut)도 신과 조상을 함께 엮어 놓는 관념의 표상이다. 신라의 석굴암을 연상케 하는 실내 공간 안에 부처를 모셨고 바깥쪽에는 아홉 개의 보살상을 조각했다. 이 보살상들은 왕의 조상을 상징한다. 종교 상징물을 조상 숭배와 결합하는 방식은 캄보디아의 종교 건축에 이어진다. 이 전통이 극으로 치달으면서 죽은 왕 또는 죽은 조상이 아니라 현세의 왕까지도 신과 일체화시키는 건축물로 나타나게 되니 앙코르왓이 그것이다. 앙코르톰의 베이온 사원도 마찬가지이다. 사일렌드라가 첸라 즉 캄보디아와 빈번한 접촉을 하고 있었다는 사실을 떠올린다면 중부 자바와 인도차이나 반도 남부 건축물 사이의 유사성이 쉽게 이해될 수 있을 것이다.

# III

# 동남아시아 : 13세기까지의 여정

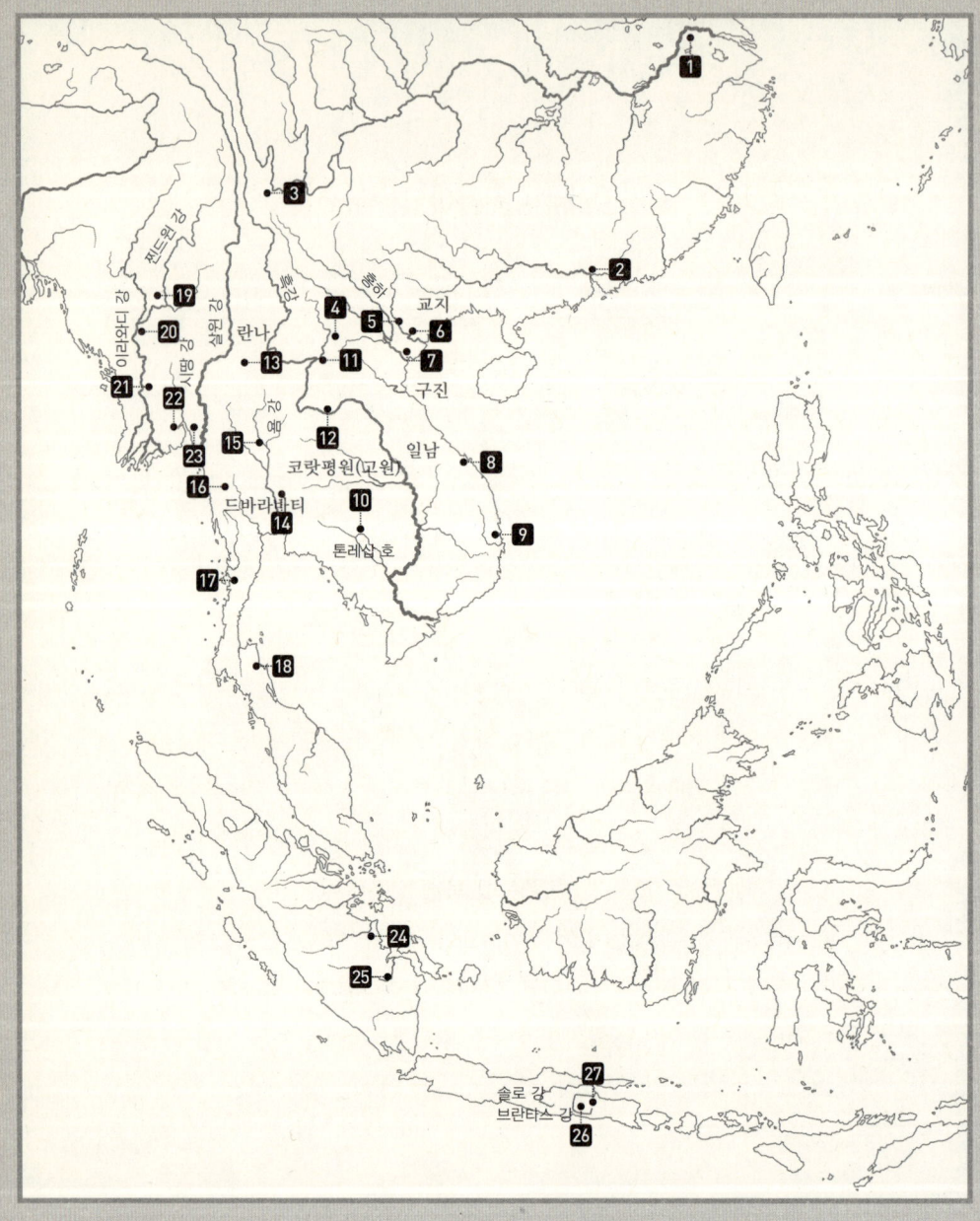

| | | | |
|---|---|---|---|
| 1 건업(남경) | 8 인드라푸라 | 15 수코타이 | 22 페구 |
| 2 광주 | 9 비자야 | 16 삼탑로 | 23 타톤 |
| 3 남조(대리) | 10 시엠립 | 17 테나쎄림 | 24 멜라유 |
| 4 디엔비엔푸 | 11 루앙프라방 | 18 나콘시타마랏 | 25 팔렘방 |
| 5 꼬로아 | 12 비엔티안 | 19 쉐보 | 26 케디리 |
| 6 탕롱 | 13 하리푼자야 | 20 파간 | 27 장갈가 |
| 7 호아르 | 14 롭부리 | 21 프롬 | |

# 제1장
# 베트남 - 황제의 나라

## 신화와 역사의 혼재

베트남 역사의 주체가 되는 민족은 백월(百越)에서 생겨났다. 그런데 백월은 단일한 민족이 아니다. 중국인이 동쪽에 있는 여러 민족을 일러 칭하던 동이(東夷)보다도 더 다양한 민족들로 구성된다. 동이만 하더라도 부여, 고구려, 읍루에다가 삼한 그리고 왜까지도 포함하는 것이니 이들은 서로 언어도 풍습도 다른 경우가 많았다. 전국 시대까지 백월이라고 불리던 민족군은 양자강 주변으로부터 북베트남에 이르기까지 살고 있었다. 이들의 이합과 집산 속에서 현 베트남의 중심 민족인 낀(Kinh 京)족이 출현했다. 낀족으로 구성되는 집단을 일러 락월(Lạc Việt)[1]이라고 하며 그 주민을 락족 또는 락민이라 부르기도 한다.

베트남에서 우리의 단군에 해당하는 존재는 끝 단어가 단군의 '군'과

---

[1] '락월'은 駱越, 雒越, 貉越 등으로 쓰인다. '락' 발음을 위해 쓰인 세 글자 모두 품위 있는 의미를 갖지는 않는다. '駱(락)'은 낙타, '雒(락)'은 수리부엉이이다. 마지막 '貉(학, 맥)'은 오소리(학)거나 오랑캐(맥)이다. 이것들은 베트남어의 '락' 발음을 표기하기 위해서 중국인이 선택한(중국 남부 발음에 의거하여) 단어들이 아닌가 한다. 그러나 곰곰이 생각해 보면 낙타, 수리부엉이, 오소리가 갖는 긍정적인 면도 많다. 심지어 오랑캐를 뜻하는 '맥'이라는 글자도 수치스러운 글자만은 아니다. 그래서 베트남인도 이 글자를 그대로 수용한 것 같다.

▌ 훙브엉 사당 (사이공, 2001. 2)

똑같은 락롱꾸언(Lạc Long Quân 貉龍君)[2]이다. 전설에 따르면, 염제 신농씨의 후손이라는 락롱꾸언은 자기 나라를 침략한 북방 국가의 왕비(또는 공주)인 어우꺼(Âu Cơ 嫗姬 구희)라는 여성을 꾀어 결혼했다. 어우꺼가 백 명의 아들을 낳았으니 장자가 대를 이어 백월을 지배하는 왕이 되었다. 그 왕을 칭하는 명칭이 훙브엉(Hùng Vương 雄王)이며, 훙브엉이 지배하는 나라 이름이 반랑(Văn Lang 文郞)이었다. 혹은, 어우꺼가 백 개의 알을 낳았고 거기서 나온 백 명의 아들이 백월의 시조가 되었다고 한다. 반랑은 우리의 단군 조선에 해당하는 국가였으며 단군 조선과 마찬가지로 신화와 역사가 혼재된 왕조이다. 반랑은 기원전 3세기까지 청동기 문화를 발전시키면서 북베트남에 존속했다. 그리고 이 시대의 대표적인 유물이 동고이다.

그러나 아무리 정교한 유물들을 남겼다 해도 반랑이 체계적인 국가 형

---

2) '락'이 종족명을 뜻한다면 '락롱꾸언'은 '락'의 '용군(龍君 롱꾸언)'이다.

태를 가졌다고 하는 증거는 아직 발견되지 않았다. 그 중심지가 어디인지도 모호하다. 반랑은 부족 국가 연합체 정도의 성격을 띤 나라였다. '반랑'이란 것은 부족 연합체의 중심지 즉 수도이자 이 연합체의 수장인 훙브엉의 지배권이 미치는 범위를 가리키는 말이다. 수도 이름이 나라 이름이기도 한 것은 동남아시아에서 보편적인 현상이었다. 훙브엉 이하 왕자와 공주 등 왕족은 각각 꽌랑(quan lang 官郎), 미느엉(mỵ nương 媚娘)이라 불렀고, 그 아래로는 락허우(lạc hầu 貉候), 락뜨엉(lạc tướng 貉將) 또는 훙뜨엉(hùng tướng 雄將)이 있었다고 한다. 락허우 이하는 모두 토착 지배자로서 수리 관개 시설 통제를 통해 인민을 지배했다.

## 어우락 (Âu Lạc 甌貉 구락)

반랑보다 좀 더 국가의 형태가 명확해 보이는 나라는 어우락(기원전 208-179)이다. 기원전 3세기에 백월 집단 중의 한 분파(어우족)가 북쪽에서 내려와 반랑을 누르고 새로운 권력 중심지를 만들었다. 이를 어우락 국이라고 한다. 나라 이름을 두고는 정복자 어우족과 선주민 락족의 결합을 상징하는 명칭이라는 해석이 일반적이다. 어우족은 우세한 무기를 가지고 내려와 기존의 지배자를 누르고 여타의 선주 부족들과 전쟁 또는 타협을 통해서 홍하 델타의 지배자로 성장했다.

어우락의 수도는 꼬로아(Cổ Loa 古螺)였다. 이곳에 쌓은 왕궁이 소라고둥처럼 생긴 것과 관련 있는 이름이다. 이 왕궁을 만들 때 생긴 일을 전하는 이야기가 하나 있다. 어찌 된 일인지 왕궁은 쌓으면 무너지곤 했다. 근심이 깊어진 왕 앞에 황금 거북이가 나타나서 근처의 산에 사는 흰 닭이 성 쌓는 작업을 저주하고 있다고 일러 주었다. 왕은 그 닭을 처치하고서야 작업을 무사히 마칠 수 있었다. 중심에 있는 왕궁을 포함해서 3겹으로 이루어진 이 성은 외성 둘레가 8km, 높이가 10m에 이른다. 생김새 때문에 로아타인(Loa Thành 螺城)이라고 부르는 이 성은 동남아시아에 현존하는 가장 오래된 큰 성으로, 아직도 꼬로아에는 군데군데 성벽의 흔적이 남아 있다. 성이 완공된 후 거북이가 자신의 발톱을 떼어주며 그것으로써 석궁의 방아쇠를 만들라고 했으니 왕은 그 말대로 하여 천하의 신묘한 석궁을 가지게 되었다고 한다.

앞의 이야기에 나오는 흰 닭은 새로운 지배 세력에게 항거하는 집단을, 황금 거북은 협조하는 세력을 상징한다. 우월한 힘을 갖고 들어오는 외래의 지배자에게는 저항하는 자보다 타협하는 집단이 더 많은 것이 일반적이다. 신묘한 석궁이란 푸난 건국 시기 카운딘야가 가지고 들어온 신궁을 연상케 한다. 즉 석궁은 선주민이 갖고 있던 것보다 우월한 외래 무기를 뜻한다. 그 우월한 무기가 완성되기 위해서는 거북의 발톱이 필요했던 것으로 이야기가 설정되었음이 특이하다.

어우락은 안즈엉브엉(An Dương Vương 安陽王) 일대로 끝났고 그 뒤를 이어 홍하 델타의 지배자로 등장한 인물은 찌에우다(Triệu Đà 趙佗 조타)였다. 그가 세운 나라는 남비엣(Nam Việt 南越)이다. 훗날 19세기에 수립된 베트남의 마지막 왕조에서 비엣남(Việt Nam 越南)이라는 현재의 국명이 출현하는데, 비엣남은 남비엣으로부터 생긴 이름이다. 원래는 남비엣을 계승하는 국가라고 해서 국명을 똑같이 지으려고 했지만 중국의 반대에 부딪히자 절충안으로 글자 순서를 바꾼 것이다. '베트남'은 '비엣남'의 한국화된 발음이다.

## 남비엣

중국에서는 기원전 3세기에 진 제국이 출현했고 이 나라는 현 호남성 오령(五領) 너머의 땅까지 지배 범위를 확대하였다. 중국의 지배 영역이 현재의 베트남과 만나게 됨으로써 베트남의 역사는 중국과 밀접한 관계를 맺기 시작했다.

진시황이 군대를 보낸 곳은 '백월'이 살던 곳으로, 그는 북부의 범법자와 군인들을 이주시켜 이곳을 개척하고 군현으로 편입시켰다. 군현제라는 고안물은 중국인뿐만 아니라 주변 제 민족의 삶까지도 뒤흔든 제도였다. 군이니 현이니 하는 단위로 땅덩어리를 구획 짓고 각 구역의 중심지에 건물을 세우고는 중앙에서 파견된 중국인 관리가 그곳에 머물며 인민을 지배하는 것이 군현제의 요체이다. 그런데 이 지배 기구가 진시황이 '통일'했다는 나라들의 땅 위에만 세워지는 게 아니라 그 나라들 너머 중국과는 상관없이 아직은 느슨한 체제 속에서 자유롭게 살고 있던 이민족의 땅에까지 들어서게 되었다는 것이다.

찌에우다는 현 광동 지역의 한 현령으로 파견된 중국인 관리였다. 그러나 진시황이 사망한 후 진의 판도가 급속도로 붕괴되는 과정에서 찌에우다는 독립된 세력으로 성장했다. 그는 광동과 광서 땅을 포괄하는 남비엣을 수립했다. 남비엣의 왕궁 터는 1995년부터 광주 시내에서 약 400㎡가 발굴되어 보존되고 있다.

남쪽으로 눈을 돌린 찌에우다는 어우락을 공격했다. 두 국가 사이의 싸움은 꽤 오래 진행되었다. 이 싸움의 과정에서 하나의 애틋한 전설이 끼어든다. 양국 간의 싸움에서는 화해와 전쟁이 반복되었던 모양이다. 화해의 시기에 찌에우다의 아들 쫑투이(Trọng Thủy 仲始)와 안즈엉브엉의 딸 미쩌우(Mỵ Châu 媚珠)가 결혼했다. 정략결혼이기는 했지만 두 사람 사이의 애정은 깊었다. 그러나 아버지의 당부를 저버릴 수 없었던 쫑투이가 미쩌우를 꼬드겼고 미쩌우는 자기 아버지가 애지중지하는 석궁을 남편에게 보여 주었다. 쫑투이는 기회를 보아 이 석궁의 방아쇠틀을 망가뜨려 놓고 자기 나라로 돌아갔다. 그리고 군대를 이끌고 다시 왔다.

신묘한 병기를 잃은 어우락은 남비엣의 공격을 막아내지 못했다. 어우락은 석궁이라고 하는 선진 무기를 사용하여 반랑을 정복했지만 아직 청동기 문화 단계에 머물러 있었기 때문에 철제 무기를 사용하고 있던 찌에우다를 당해낼 수가 없었다. 미쩌우는 아버지의 칼에 쓰러졌다. 쫑투이는 아내를 잃은 슬픔과 자책을 견디지 못하고 번민하다가 얼마 뒤에 세상을 버렸다.

찌에우다의 어우락 정복은 중국 영역의 확대 또는 중국인에 의한 최초의 베트남 정복이라고 생각할 수 있다. 찌에우다 즉 조타는 중국인임이 틀림없다. 중국인 지배 집단이 독립 국가 남월(남비엣)을 세우고 베트남까지 지배했으므로 남월은 중국 역사의 일부이며 베트남으로 보자면 어우락의 멸망은 중국인에 의해 점령당한 역사가 된다. 그래서 중국은 현재도 조타에 대해 "[…] 그가 통치하던 기간에 능히 '백월을 화집하고' 힘써 경제를 발전시켜 영남의 개발을 위해 중대한 공헌을 했다"[3]고 소개하고 있다.

그러나 다른 시각도 있다. 남비엣은 황하 유역의 중원 문화와는 전혀 상관이 없는 백월 지역에 세워진 독립 국가였다. 찌에우다를 비롯한 지배층 일부가 중국인이라고 하지만 기층민은 월족이었다. 찌에우다의 무리는 소수의 중국인 무력 집단이었지 문화 이식 내지는 현지의 중국화를 가능하게 할 능력을 갖춘 사람들이 아니었다. 사마천에 의하면 찌에우다는 현지인 방식으로 상투를 틀고 있었다고 하는데 이는 이미 찌에우다를 비롯한 중국인 집단이 월화되어 가고 있었음을 시사한다. 고정된 국경이나 민족 등의 개념이 없었던 시대에는 특정 국가의 지배층이 어느 민족 출신이냐를 가지고 역사 귀속성을 규정한다는 것은 의미가 없다. 이는

---

3) "[…] 在他統治其間, 能 "和集百越", 致力于發展經濟, 爲嶺南的開發做出了重大貢獻"(中國廣東省廣州市博物館, 金兌暎 轉寫, 2005, 10, 19). 이 안내문은 원래 간자체로 적힌 것이나 필자가 모두 번자체로 고쳤음.

우리 민족의 한 집단이 일본으로 건너가 어떤 나라를 세웠다고 해서 그것이 우리 역사의 일부가 될 수 없음과 같다.

찌에우다는 스스로 황제를 칭하면서 중국의 한(漢)과 대등한 국가임을 과시했다. 비록 이겼다고는 하나 유방(劉邦, 한의 건국자)으로서는 항우와의 오랜 싸움에서 기진맥진해 있었고 흉노의 위협까지 커진 마당이었던지라 남비엣을 어찌해 볼 도리가 없었다. 남비엣의 자신감에는 경제력이 큰 작용을 했다. 주강(珠江) 델타에서의 농업 생산력과 해상 교역이 남비엣 경제력의 두 지주였다. 광주에서 발견된 조선소터가 말해 주듯 남비엣은 해상 활동에 능했고 동남아시아 지역과의 교류가 활발했음이 확인된다.[4] 1983년부터 발굴된 남비엣의 2대 황제 능묘에서 나온 수천 점 부장품의 정교함과 화려함은 남비엣의 번영을 유감없이 드러내고 있다.

찌에우다가 사망한 이후 남비엣과 한 사이의 균형이 깨지기 시작했다. 우선, 찌에우다의 강력한 지도력이 사라지자 중국인 집단과 토착인 사이에 균열이 생겼다. 여기에 더해서 대외 팽창 사업에 유난히 집착했던 것으로 유명해질 인물이 한의 새 황제(무제)로 등극했다. 한이 동쪽으로 조선(고조선)을 멸하고 4개 군을 설치하기 3년 전인 기원전 111년에 남비엣은 한나라의 공격에 무너졌고 그 땅 위에 7개 군이 설치되었다. 이 중에서 4개 군은 광동과 광서 지역에 걸쳐 있었고 3개의 군은 베트남 쪽에 두어졌다. 이미 남비엣이 어우락을 멸하고 교지군(交趾郡)과 구진군(九眞郡)을 설치한 바 있었는데 무제가 남쪽에 일남군(日南郡)을 하나 더 추가하여 3개 군이 된 것이다.

---

4) 張榮芳 外, 『南越國史』(廣州: 廣東人民出版社, 1995), pp. 281-289.

## 쯩(Trưng 徵) 자매의 반란

베트남인의 조직적인 저항은 후한대에 들어서 시작되었다. 그 이유는 전한 시대와 달리 후한대에는 베트남에 대한 중국의 직접 지배가 강화되었기 때문이었다. 베트남으로 파견되는 중국인 관리 및 병력의 수는 점차 늘어났고 그들은 반랑 시대 이래 지배층인 락장이나 락후 등 토착 지배 세력의 권력을 축소하면서 농민에 대한 직접 지배를 시도하였다.

이러한 변화에 대해서 지배층이 반발했다. 쯩 자매의 반란이 대표적인 사례였다. 락장 집안의 딸로서 다른 락장의 아들과 결혼했던 쯩짝(Trưng Trắc 徵側)이라는 여성은 남편이 중국인 관리에게 해를 입자 여동생 쯩니(Trưng Nhị 徵貳)와 더불어 군사를 일으켰다(기원후 40년). 쯩 자매의 군대는 삽시간에 세를 불렸다. 중국인 지배에 대한 저항은 베트남 전역은 물론이고 중국의 광동, 광서 지역까지 확대되었다. 다시 말하면 과거 남비엣의 지배 영역 전체에서 저항운동이 요원의 불길처럼 번진 것이다. 쯩짝은 왕위에 올랐다.

한 조정은 반란이 일어난 지 3년 만에야 진압에 성공했다. 일찍이 북방 이민족과의 싸움에서 명성을 얻은 바 있던 마원(馬援) 장군이 이 성공의 주인공이었다. 하지만 마원 장군도 승리를 위해 군사를 절반 가까이 잃어야 했다.

마원에 의해 베트남의 중국화 작업이 적극적으로 추진되었다. 그는 행정구역을 재편하였고, 호구조사를 실시했으며 수리시설 운영에도 개입했다. 마원의 '중국화' 사업에 대한 의지는 다음과 같은 사례에서도 드러난다. 『후한서』 '마원열전'에 의하면, 그는 전리품으로 얻은 "락월의 동고(駱越銅鼓)"를 녹여 말상을 만들었다고 한다. 마원은 이를 중국 수도로 가져가 궁 한쪽에 세워 두었다. 이는 베트남의 것을 중국적인 것으로 전환하는 작업이었다. 그는 남방의 동고를 갖고서 북방의 상징인 말을 만

▌쯩 자매 (하노이 역사박물관, 1994. 3)

들었다. 또한 마원은 동주(銅柱) 즉 구리 말뚝을 땅에 박아 베트남이 중국 땅임을 표시했다고 전해진다. 산을 넘고 바다를 건너 동남아시아 세계에서 유동(流動)하던 동고가 중국 경계를 표시하는 고정된 구리 기둥으로 바뀐 것이다. 이 무지막지하기도 하고 기발하기도 한 착상의 구리 말뚝 이야기는 너무나도 유명해져서 16세기 말 북경에서 만난 우리 측 사신 이수광(李睟光)과 베트남 사신 풍극관(馮克寬 Phùng Khắc Khoan 풍칵코안) 사이의 필담 주제로도 등장할 정도였다.

쯩 자매의 반란이 남긴 상처는 컸고 쯩 자매의 활약에 대한 기억은 강렬했다. 중국인의 새로운 정책은 베트남인으로 하여금 과거를 잊어버리게 하기는커녕 그 반대로 피정복민으로서의 자각과 반발심만 강화할 뿐이었다. 게다가 후한 조정으로서는 베트남을 중국의 일부로 만드는 작업을 하기에 시간이 부족했다. 쯩 자매의 반란이 진압되고 반세기 정도가 지나면서 후한의 정치는 극도로 어지러워졌고 국가는 분열되어가기 시작했다.

## 사섭(士燮)의 지배기

중국이 삼국 시대로 접어들면서 베트남을 지배하게 된 사람들은 그동안 베트남으로 들어온 중국인 이주민이었다. 그중에 대표적인 인물이 사섭 (137-226)이다. 이 무렵까지 교지, 구진, 일남 중 교지[5]가 3군을 대표하게 되면서 베트남을 지칭하는 용어로 굳어졌다. 삼국 시대에 베트남에 대한 공식적인 지배권은 지리적으로 가장 가까운 오나라에 있었다. 사섭은 오와 평화로운 관계를 유지하면서 오의 대리인으로서 베트남을 지배하는 형식을 취했다. 그는 오나라의 교지 태수라는 직함을 갖고 베트남을 지배했다.

교지는 중국과 동남아시아, 인도, 아라비아에서 온 상인으로 붐비는 곳으로 발전했다. 3세기에 인도차이나 반도의 중부와 남부에 전성기를 구가하던 참파와 푸난이 있었음을 기억한다면, 사섭의 지배 아래서 안정되어 있던 인도차이나 반도 북부의 교지로 교역상들이 찾아오는 것은 결코 이상한 일이 아니었다. 중국과 무역하고자 하는 교역상의 입장으로서는, 교지를 통하는 방법이 전쟁에 바쁜 오나라로 직접 가는 것보다 안전했다.

무역선 안에는 상품만 실리는 게 아니라 종교적 사명감으로 충만한 사람들도 타기 마련이었다. 인도와 동남아시아에서 퍼지고 있던 대승불교가 무역선을 통해 교지로 전해졌다. 사섭은 이 새로운 종교를 적극적으로 수용하고 보호했기 때문에 교지에서는 불교가 발전했고 교지로부터

---

5) 교지란 '엇걸려 교차한(交) 발(趾)'이라는 뜻이다. 베트남 사람이 즐겨 책상다리 하고 앉는 모습을 묘사한 데서 나온 이름 같다. 넓적해서 커 보이며(맨발로 다니는 탓이기도 하고, 그래서 건강하게 더 자라기도 하는) 특히 엄지 발가락이 굵은 경우가 많은 베트남 사람의 발이 앉을 때면 좌우가 바뀌어 놓여지는 모습이 중국인에게는 매우 인상적이었던가 보다. '교지'라는 이름은 서양인의 도래 이후 베트남을 가리키는 말이 된 '코친차이나'의 '코친'에서까지 살아 있게 된다.

불교가 남중국으로 전해졌다. 중국의 불교는 인도로부터 티벳을 거쳐 전래되기도 했지만 그건 중국 북·중부 또는 서부의 경우이고, 동남 해안부로는 교지를 거치는 해상 교역로를 통해 들어왔다고 보아야 한다. 교지에서 활동한 중앙아시아 출신 승려 강승회(康僧會)가 오나라의 왕 손권을 불교에 귀의시켰으며(247) 중국 최초의 불교 저술인『이혹론(理惑論)』을 쓴 모자(牟子)가 불교를 배운 곳도 사섭 지배기 교지에서였다.

사섭의 지배기 또 다른 사회적 변화는 베트남에 유학이 크게 보급되었다는 것이다. 불안정한 중국 내의 정세 때문에 많은 학자가 베트남으로 이주해 들어왔다. 정치적인 이유로 유배되어 온 사람 중에 유학에 조예가 깊은 경우도 많았다. 사섭 역시 중국 학술사에서『춘추좌씨전(春秋左氏傳)』의 대가로 꼽힐 만큼 학문이 높은 인물이었다. 사섭은 교지로 들어온 학자들을 보호하고 우대했기 때문에 그들은 새로운 땅에서도 지적 탐구의 호사를 마음껏 누렸다. 오나라 출신 학자들은 교지에서 학교를 열고 제자들을 길러 베트남 사회의 수직적, 수평적 유교 문화 확산에 공헌했다.

## 독립

사섭이라는 중국인을 통해 유지되던 베트남의 반 독립적 자치 기간은 얼마 가지 않았다. 사섭이 죽고 나자 오나라의 직접 지배가 다시 시작되었다.

오의 뒤를 이어 중국 남부를 차지하게 되는 동진(東晉, 317-420), 송(宋, 420-479), 제(齊, 479-502), 양(梁, 502-557), 진(陳, 557-589) 역시 베트남을 직접 지배했다. 그 뒤 수(隋, 589-618)로부터 시작하여 당(唐, 618-907) 시기에는 도호부 체제로 전환하였다. 이는 베트남을 중국의 내지로 여기는 데서 약간 후퇴한 방식처럼 보이기도 한다. 왜냐하면, 도호부란 중국과는 다른 주변의 이민족 지역을 관할하는 기관이었기 때문이다. 고구려가 망하고 안동도호부(安東都護府)가 설치된 예가 그런 것이다. 베트남에는 안남도호부(安南都護府)가 들어섰다. 그러나 도호부는 해당 지역을 효율적으로 관리하여 이민족을 중국의 질서 속에 편입시키겠다는 의도로 고안된 체제이다. 도호부 체제의 궁극적 도달점은 이민족을 중국인으로 만드는 데 두고 있다. 빈공과(賓貢科)를 통해 외국인 중 젊고 유능한 인재가 선발되는 제도 역시 중국과 주변국이 서서히 닮아지게 만드는 수단이었다. 신라의 최치원도 빈공과 출신이라지만, 베트남 출신의 빈공과 합격자로서 당 중앙에서 활동한 인물은 열 명이 넘는다. 불교가 번성하던 당대에 베트남 승려들이 중국을 드나들면서 중국인 승려들과 접촉하며 대승불교를 발전시키던 것도 베트남과 중국 사이의 문화적 거리가 줄어드는 과정이었다.

하지만 이런 '중국화'가 중국에 대한 베트남인의 저항 의식을 강하게 만들었다. 이 역설을 조셉 버팅거는 다음과 같이 요령 있게 기술하고 있다: "그들[베트남인]이 중국의 기술, 풍속, 관념을 더 많이 받아들일수록 그들이 중국인의 일부가 될 가능성은 더 작아졌다. 사실 베트남인이 고유의 정치적, 문화적으로 독립된 존재로 전환된 것은 [중국이] 그들을 중국인으로 만들려고 혼신의 노력을 기울이던 그 수 세기 동안이었다."[6]

당 지배기를 지나면서 매흑제(梅黑帝 Mai Hắc Đế 마이학데), 풍흥(馮興 Phùng Hưng 풍흥) 같은 토착 지도자들이 저항을 주도하기 시작했다. 9세기에는 당에서 파견된 뛰어난 장군 고변(高駢)의 치세가 잠시 있었으나 이미 무너져 가는 당이 베트남을 통제하기는 불가능해 보였다. 다음 세기에 당이 망하고 후량(後梁)이 들어섰다. 베트남은 후량에 예속되는

---

6) Joseph Buttinger, *Vietnam: A Political History* (New York: Praeger Publishers, 1968), p. 29.

듯했다. 그런데 후량 내 남부 중국의 지방 세력이 독립하여 남한(南漢)을 세운 후 베트남 지배를 도모했다. 대규모 선단을 동원한 남한의 공격이 있었지만 응오꾸옌(Ngô Quyền 吳權)이라는 홍하 델타 토착 지도자의 세력이 이를 막아냈다. 응오꾸옌은 독립하여 939년 나라를 세웠으니 천 년의 중국 지배기가 드디어 막을 내렸다.

그러나 베트남에 장기 왕조가 들어서기까지는 반세기 정도의 시간이 더 필요했다. 독립한 세기의 나머지 기간 동안은 두세 개의 단기 왕조가 일어서고 망하는 혼란기가 이어졌다. 응오(Ngô 吳) 왕조(939-944) 뒤에는 지방의 실력자들이 난립하던 '12사군(使君) 시대'가 전개되었다. 이를 통일하고 수립된 왕조가 딘(Đinh 丁) 왕조(966-979)였다. 이후 레(Lê 黎) 왕조(980-1009)가 섰다가 리(Lý 李) 왕조로 넘어갔다. 응오 왕조의 수도는 꼬로아, 딘, 레 왕조의 수도는 호아르(Hoa Lư 華閭)였다.[7]

이 기간에도 베트남은 중국의 신흥 통일 왕조 송(宋)의 공격을 물리쳤고 남쪽으로는 참파를 공격하기 시작했다. 북쪽과 대결하는 가운데 남쪽으로 밀고 내려가 영토를 확장해서 나라의 몸집을 키우는 이 패턴은 앞으로 베트남의 역사에서 반복되어 나타날 것이다. 이를 동남아시아 연구자들은 '남진(南進)'이라고 즐겨 표현한다. 참파와 캄보디아가 베트남 남진의 주요 희생자였다.

## 장기 왕조의 발전

베트남에서 최초의 장기 왕조는 리(Lý 李) 왕조(1009-1225)였다. 태조(太祖, 1009-1028) 리꽁우언(Lý Công Uẩn 李公蘊)은 즉위 즉시 현 하노

---

[7] 이 시기에 대한 상세한 설명은 유인선, 『새로 쓴 베트남의 역사』(서울: 이산, 2002), pp. 99-117 참조.

이에 해당하는 곳에 수도를 정했다. 수도 이름은 '용이 하늘로 올라간다'는 뜻의 탕롱(Thăng Long 昇龍)이었다. 이는 용을 자신들의 선조로 삼고 있는 베트남인의 정서를 대변한다.

　수도의 이름에서 암시되듯 베트남 장기 왕조의 출현은 인도차이나 반도에서 용(황제)이 등장했음을 의미했다. 베트남의 지배자들은 중국과의 관계에서는 자신을 왕이라 칭했다. 그들은 중국으로부터 책봉을 받았고 충실한 조공을 약속했다. 나라 이름은 '안남도호부'로부터 기원한 안남(安南)이었다. 그러나 인도차이나 반도에서 베트남 지도자들은 황제를 칭했다. 그들은 독자적인 연호를 사용하는 황제로서 주변의 라오스, 참파, 캄보디아, 그리고 북부 변방 지대나 중부의 고원에 사는 부족 수장들을 왕 또는 국장(國長)으로 삼아 독자적인 세계 질서를 구축했다. 이때 황제의 나라 이름은 안남이 아니라 주로 '대월(大越)'이었다.

　남방의 새로운 패자를 인정할 수 없었던 송은 베트남에 두 번 출병했으나 모두 실패했다. 첫 번째의 경우에는 출병 준비를 하던 중국이 베트남군에게 선제공격을 당하는 바람에 광동, 광서 지역이 유린당하는 수모를 겪었고, 두 번째 출병은 베트남이 먼저 광동을 공격한 데 대한 '응징'의 성격이었다. 양국 간 전쟁은 송에 의해 촉발되었으되 두 번 다 베트남에 허를 찔린 후에야 출정하는 이상한 모습이 되고 말았다. 결국, 송으로서는 인도차이나 반도에서 베트남의 지위를 인정하지 않을 수 없게 되었다.

　리 왕조의 지배 체제는 영토 국가로 가기 이전 동남아시아 대부분 국가에서

▎리 태조 동상 (하노이, 2006. 8)

▌탕롱 성 내의 우물터 (2005. 2)

보이던 모습과 유사했다. 황제가 거주하던 탕롱과 그 주변이 황제 직접 지배 아래 있었고, 그 외곽은 황제의 권위에 복종하던 토착 실력자들의 땅이었다. 그 바깥은 이민족의 거주지였다. 베트남군을 지휘해 남으로는 참파를 경략해 영토를 확대하고, 북으로는 송을 괴롭혔던 리트엉끼엣(Lý Thường Kiệt 李常傑) 장군은 수만 호 영지를 가지고 있었다고 하니, 우리는 여기서 리 왕조 시기 귀족 또는 호족의 권력 기반 규모를 짐작할 수 있겠다.

중국식 관료제가 도입되는 것은 리 왕조 때부터였다. 과거제가 11세기에 시행되었고 중국식의 행정 제도가 정비되었다. 공자와 유가 성현들을 모시는 문묘(文廟)가 세워지고 최고의 교육 기관으로 국자감이 설치되었다. 탕롱 성 앞쪽에 위치하며 하나의 울타리 안에 자리 잡고 있는 이 두 건물은 천여 년 전 동남아시아로 유교 이념이 퍼져 나가던 시발점이었다. 유교는 베트남인의 영토 확대와 더불어 참파가 지배하던 지역을 지나 크메르인의 영역이었던 메콩 델타까지 도달할 참이었다.

▎문묘 (2005. 2)

중국식 관료제 및 유교와 관련된 의례·교육 기관이 도입되었다고 해서 베트남 사회가 갑자기 바뀌지는 않았다. 아직 베트남에서는 불교가 사회를 이끌어 가는 지배적 이념이었다. 일반인은 말할 것도 없지만, 황제도 속세의 정사보다 불교 수행에 더 큰 관심을 쏟았다. 조정에서는 승려인 국사(國師)가 정치를 보좌했으며 도처에 황실의 지원으로 불교 사원이 건립되었다. 태조 때만 해도 즉위 후 5년여 기간 동안 1,000여 개의 사찰이 세워졌다고 하니(유인선 2002: 124) 그 종교적 열의를 짐작하고도 남음이 있다. 제2대 황제의 이름이 불마(佛瑪)였음도 이런 사회적 분위기를 나타내는 사례이다.

호족의 세력이 강하던 리 왕조는 호족에 의해서 망했다. 홍하 델타의 한 호족 쩐(Trần 陳) 씨 가문은 리 황실과의 결혼을 통해 조정 내로 진입했다. 그리고 이 집안은 거대 세력으로 성장하여 급기야 황위를 찬탈해 새 장기 왕조(1225-1400)를 열었다.

쩐 왕조 때의 나라 모습은 리 왕조 시대의 것과 유사하다. 중앙에 황제 직할지가 있고 그 주변은 과거 호족에 해당하는 실력자들이 지배하며, 가장 외곽은 이민족이 존재하는 형태였다.

그러나 이 시기는 전대와 비교해 독특한 점이 있었다. 쩐 왕조는 가족의 결속력이 강했다. 황제는 물론 승상, 대장군이 모두 한집안 출신이며 혈통의 순수성을 유지하기 위해 황제는 같은 성씨의 왕비를 맞았다. 종실의 실력자들은 지방에 '전장(田庄)'이라고 부르는 대장원을 가지고 있으면서 해당 지역의 지배자로 군림했다. 각 장원주가 독립적으로 군대를 보유하고 있었으며 전장 안에 학교를 열어 인재를 양성했다. 단지 소수민족의 자치만은 여전했다.

장원의 존재 및 종실 귀족의 지방민 지배가 중앙 권력과 상충하지는 않았다. 한집안이라는 의식이 강했던 황제와 지방 권력자들 사이에서는 긴밀한 유대 관계가 유지되었다. 그리고 장원은 표류하는 인력을 한곳에 정착시키고 그들을 동원하여 홍하 델타의 황지(荒地)를 개간하는 기능도 수행했다. 그래서 전장의 확대를 조정에서도 적극적으로 권장하였다.

종실의 권력 독점은 중앙과 지방이 일체화되어가는 과정으로 해석될 수도 있다. 리 왕조 때에는 중앙과 지방의 지배층이 이질적이었던 데 반해 쩐 왕조 시대에 중앙과 지방은 한 가족 구성원이 추구하는 지배 이념 아래로 통일되어 갔다. 지방의 학교에서 양성된 인재가 중앙 조정에 천거되어 활동하게 되는 경우가 많았고, 중앙에서 활동하던 실력자가 동시에 자기 지역의 지배자이기도 했기 때문에 중앙과 지방 사이의 교류는 이전 시기보다 훨씬 활발해졌다.

쩐 왕조 때의 정치적 안정과 관련된 독특한 고안품은 상황 제도(上皇制度)였다. 황제는 적절한 시기에 황위를 자식에게 물려주고 상황으로 물러앉았다. 국초부터 이미 장자 상속제를 확립한 외에 상황이 버티고 있으니 왕위 계승 분쟁으로 인한 불필요한 소모전은 완벽하게 차단되었다. 이는 여타의 동남아시아 국가에 비해 놀랍도록 안정된 모습이었다. 종실 구성원 중의 누군가가 조정 내 최고 실력자로 부상하더라도 왕위를 넘보지 않고 장자 계열의 황제를 보필했던 것은 쩐 왕조 개창에 가장 공로가 컸던 승상 쩐투도(Trần Thủ Độ 陳守度)가 확립한 전통이었다.

황제의 지위가 공고해지는 데 기여했던 또 하나의 요소는 종교적 권위였다. 역대의 황제들은 재위 시에도 그랬지만 상황이 된 후에는 더욱 불교 수행에 힘을 기울였다. 선종이 주가 되는 베트남 불교의 성격상 불교 수행은 주로 참선에 집중되었다. 상황은 불교적 깨달음의 높은 경지에 올라 존경받는 종교 지도자로서의 역할을 수행했다. 그들은 또한 여러 곳을 여행하며 불교의 전파와 발전에 힘쓰니 황실은 정치뿐 아니라 종교의 중심이기도 했다.

종실의 정치 독점과 불교의 발전이라는 사회 분위기 속에서도 유교 이념이 확대되는 것은 대세였다. 통치 체제를 정교하게 다듬고 중국과의 외교 관계를 유지해야 하는 여건 속에서 실무 관료에 대한 수요는 커 갔다. 이런 업무에는 불승보다 유학자가 더 적합했다. 과거제는 더 자주 활용되었고 유교 지식인의 조정 진출은 많아졌다.

이런 분위기 속에서 베트남 최초의 역사서가 편찬되었다. 레반흐우(Lê Văn Hưu 黎文休)가 1272년에 완성한 『대월사기(大越史記)』는 찌에우 다의 남비엣을 시작으로 하여 리 왕조 멸망까지의 역사를 다루었다. 쩐 왕조로서는 남비엣을 잇는 정통 왕조로서의 위상을 확고히 하려는 노력이었다. 이는 베트남의 독립성을 강조하려는 의도의 산물이기도 했다.

교육이 확대되고 한자 사용이 늘어나면서 한문학이 발전했다. 그런데 한문학 그 자체보다 우리의 관심을 끄는 새로운 경향은 한자를 사용한 '국음문학(國音文學)' 작품이 많이 출현하기 시작했다는 것이다. '국음'이 란 통상적인 용어로 '쯔놈(chữ nôm 字喃)'이라고 한다. 이는 한자의 소리 와 뜻을 적당히 조합해 베트남어를 표기하는 방식이다. 예를 들어, '石(돌 석)'과 '多(많을 다)'를 합쳐 써 놓고 '다(đá)'라고 읽는 것이다. 베트남어로 '다'는 '돌'을 뜻한다. 이는 한자의 소리(多)와 뜻(石)을 결합해 만든 베트남어 표기법이다. 이런 표기 체계를 가지고 문학 작품이 창작되었다는 것은 구어에 충실한 문학적 표현 방식이 발전했음을 의미한다. 쯔놈으로 만들어진 작품은 글을 읽지 못하는 사람일지라도 듣기만 하면 즉각 이해할 수 있어서, 쯔놈 문학의 발전이란 곧 중앙의 문학, 이념, 사상 등이 기층민에게 확산되어 사회 전체가 일체화의 방향으로 나아가는 속도가 붙었다는 증거로 해석될 수 있다.

쩐 왕조는 세 차례에 걸친 몽골의 침입을 물리쳤다. 베트남을 병합하고자 했던 원 조정은 베트남 왕이 직접 원 황제를 배알하라는 등 베트남 입장에서 보자면 상식 밖의 요구를 했다. 베트남이 이 요구를 거부하자 원나라는 군대를 동원했다. 막강한 몽골의 군사력 앞에서 화의 주장도 만만치 않았고 몽골에 항복하는 종실 구성원도 속출했다. 그러나 주전파는 황제를 옹위하고 종실이 단결하여 몽골군에게 맞설 것을 결의했다. 대세는 종실의 결속이었다. 쩐 왕조를 특징짓는 종실독점지배 체제가 몽골과의 대결에서 위력을 발휘했다. 상황 이하 단합된 쩐씨의 종실 구성원은 자신들의 사병과 농노에 더해 노비까지 동원하여 세 차례(1257, 1284-5, 1287-8)에 걸친 몽골과의 전쟁을 이겨냈다. 몽골의 위세 앞에서 우려가 깊어진 황제가 항복함이 어떨까 하는 의논을 주전파의 영수였던 쩐흥다오(Trần Hưng Đạo 陳興道)[8]에게 해 왔던 적이 있었다. 쩐흥다오의 대답은 "먼저 신의 머리를 자르고 나서 항복하십시오(先斷臣首然後降)"였다.[9]

---

8) 이름은 쩐꾸옥뚜언(Trần Quốc Tuấn 陳國峻)으로서, 흥다오(Hưng Đạo 興道) 왕으로 봉해진 인물이다. 베트남에서는 성과 직책을 따서 흔히 쩐흥다오라 불린다.
9) 『大越史記全書』卷上, 陳荊和 編校(東京大學東洋文化研究所附屬東洋學文獻センター, 1984), p. 380.

제2장
# 캄보디아 - 앙코르 제국으로의 발전

## 국가의 기원

푸난을 압도하고 새롭게 일어선 나라는 첸라(Chenla)였다. '첸라'는 푸난과 마찬가지로 중국인이 '진랍'이라고 표기한 것을 역으로 추적해서 읽은 발음이다. 하지만 푸난과는 달리 첸라라는 단어가 어떤 의미를 갖는지는 알려져 있지 않다.

'캄보디아'는 산스크리트어 '깜부쟈(Kambuja)'에서 파생된 말로서 '깜부에서 태어난'이란 뜻을 가진다고 한다.[10] 이 국명에는 민족의 기원과 이동 경로가 들어가 있으나 구체적으로 깜부가 어디인지 그리고 언제부터 '캄보디아'라는 명칭이 사용되었는지 불분명하다. 11세기의 한 비문에서 9세기의 형편을 설명하며 '깜부쟈들(Kambujas)의 땅'이라는 표현을 사용하고 있다.[11] 그리고 13세기 말 약 일 년 동안 캄보디아에 머물렀던 중국인 주달관(周達觀)은 이 나라를 이르는 말로 '감포지(甘浦只)' 또는 '감패지(甘孛智)'를 소개하고 있으니(주달관 2013: 24) 역시 캄보디아

---

10) Ian Mabbett, David Chandler, *The Khmer* (Chiang Mai: Silkworm Books, 1995), pp. 2-3.

11) George Cœdès, trans. by Sue Brown Cowing, *The Indianized States of Southeast Asia* (University of Hawaii Press, 1968), p. 99.

를 이름이다. 캄보디아의 주인공이 되는 민족의 명칭은 크메르(Khmer)이고 그들의 언어를 크메르어라고 한다. 전통 시대에는 '크메르'가 캄보디아를 지칭하는 단어로도 사용되었다. 그래서 캄보디아와 접촉이 빈번했던 베트남이나 중국에서는 19세기까지도 이 나라를 '진랍'만이 아니라 '크메르'에서 따온 '고면(高綿 까오미앤)' 또는 '고만(高蠻 까오만)' 등으로 불렀다.

캄보디아는 푸난의 영역을 대부분 계승한 국가였지만 푸난과의 민족적 연계성은 없다. 푸난의 민족 기원은 말레이계였던 데 비해 크메르인은 언어 분류상 몬-크메르어 계통으로 분류된다. 이들은 티벳 쪽에서 내려와 한 집단은 현 태국의 짜오프라야 강 유역 및 버마의 이라와디 강 하류까지 가서 정착했고 다른 집단은 메콩 강을 따라 내려오면서 점차 통합되어 갔다. 지금은 라오스 남부로 편입된 메콩 강변 참파싹 지역의 왓푸(Wat Phu) 유적지는 초기 캄보디아 정치권력 중심 중의 하나로 이해되기도 한다. 그 뒤 크메르인은 더 남쪽으로 내려와 톤레삽 호수 주변에서 대제국을 건설했다.

크메르인은 농업을 주업으로 삼은 민족이었다. 아울러 내륙에서의 동서 교역을 통해서도 부를 축적했다. 특히, 메콩과 연결되는 톤레삽 호의 수산 자원과 호수 주변의 높은 농업 생산력은 인구의 안정된 부양과 지속적인 증가를 가능하게 했기 때문에 푸난에게 도전할 수 있는 역량을 축적할 수 있었다.

푸난이 6세기경 쇠퇴하고 첸라가 등장했다는 것 이외에 캄보디아의 기원과 정치 형태 등에 대해서는 알려진 바가 극히 적다. 몇 가지의 비문과 중국의 자료를 종합해 보면, 바바바르만(Bhavavarman)이라고 하는 왕이 6세기 중반에 등장하여 톤레삽 호수 부근을 중심으로 세력이 성장했다. 그렇다고 해서 이 권력이 하나의 통일된 영역을 가지지는 않았다. 각지의 크메르 소국들이 경합하고 있던 형편이었다. 캄보디아 역사 연구의 권위자인 챈들러 역시 첸라를 '집합적 용어(collective term)'라고 규정하는 데 동의하며 "크메르 소왕국들이 첸라라는 이름 아래 존재하는(small kingdoms under the name "Chenla")" 형태로 초기 캄보디아의 모습을 이해하고 있다(Chandler 2008: 33). 캄보디아는 중국에도 사절을 보냈지만 중국 사료에는 캄보디아가 통일된 왕조로 정리되지는 못하고 있다. 그리고 정보도 소략하기 그지없다. 『구당서(舊唐書)』에 따르면, "의복과 풍습은 대체로 참파와 비슷하고 집은 동쪽을 향하며 코끼리를 이용한 싸움에 능하다. 가장 널리 퍼진 종교는 힌두 신앙이며 불교가 그 다음이다"라고 했으니 힌두교와 불교가 혼재하는 모습이 푸난과 유사하다. 시바의 화신인 링가를 세우는 것도 첸라 왕실의 보편적인 습속이었다. 비문은 주로 산스크리트어로 쓰였으나 609년에 세워진 한 비문에는 이미 크메르어가 나타난다.[12]

『구당서』에는 첸라가 남부의 수진랍(水眞臘)과 북부의 육진랍(陸眞臘)으로 분열되어 있다는 기사가 나온다. 이유는 확실하지 않으나 대략 706년부터 크메르인은 두 개의 세력권으로 나뉘었다. 수진랍은 톤레삽 호를 포함하는 현 캄보디아 영역과 메콩 하류까지 물이 많은 지리적 환경이 반영되어 붙여진 이름이고, 육진랍은 그 이북인 현 라오스 지역까지의 물이 적고 대신 삼림과 평원이 인상적인 지역을 가리킨다. 그러나 내 생각으로는, 이렇게 두 나라가 나타나는 것은 첸라라고 하는 통일된 나라가 두 개로 분열되었기 때문이 아니라 푸난 쇠퇴 이후에 경쟁하던 여러 크메르 왕국이 일단 두 개의 집단으로 정리된 결과라고 해석하는 게 더 옳을 것 같다.

수진랍은 8세기 인도차이나 반도 각 지역을 공략하던 사일렌드라의 군대와의 잦은 충돌로 피해가 컸다. 그런 정서를 반영하는 다음과 같은 이

---

12) D.G.E. Hall, *A History of South-East Asia* (London: Macmillan, 1958), p. 89.

야기가 전해져 내려온다. 자바의 공격에 시달리던 수진랍의 왕은 신하들에게 '쟁반 위에 놓인 자바 왕의 머리를 보고 싶다'고 했다. 이를 전해 들은 사일렌드라 왕은 군대를 보내 수진랍을 점령한 후 이 왕의 머리를 잘라 항아리에 담아 북쪽에 있는 육진랍의 왕에게 보냈다는 것이다. 이리하여 한동안 첸라는 사일렌드라의 지배를 받아야 했다.

## 앙코르 왕국의 건설과 자야바르만 2세

앙코르 왕국의 시작은 사일렌드라에 볼모로 잡혀가 그곳에서 성장한 한 왕자로부터 시작되었다. 그는 자바의 공주와 결혼하고 왕실의 신임을 얻어 첸라로 돌아와 사일렌드라의 대리인으로 활동했다. 그러다가 그는 독립했고 육진랍까지 통합했다. 이제 과거 푸난의 영역은 크메르인에 의해서 한 개의 권력 아래 부활했다. 이 왕국의 건설자가 자야바르만 2세(Jayavarman, 802-850)였다.

그는 자바의 잔존 세력을 몰아내고 통치의 중심지를 다시 톤레삽 호수 근처로 옮겼으니 현재의 시엠립이다. 이곳에서 앙코르 문화가 꽃피게 된다.

시엠립은 푸난의 지배 아래서 크메르인이 성장하던 땅이었고, 그들이 발전할 수 있었던 것은 농업 생산력과 톤레삽 호의 자원이라고 앞서 말한 바 있다. 쿨렌 산에서 발원하여 내려오는 강은 톤레삽 호수로 흘러들어가고, 다시 이 호수의 물이 남쪽으로 내려가면서 하부 메콩이 된다. 그런데 하부 메콩은 멀리 중국 청해 고원 지대에서 발원하여 운남을 거쳐 내려와 하부 메콩과 평행으로 흐르는 메콩의 원줄기 즉 상부 메콩과 횡으로 연결되어 있다. 이 때문에 우기와 건기에 상부 메콩에서 생기는 수량 증감이 그대로 톤레삽 호수에 전해진다. 즉 우기에는 불어난 강물로 인해 톤레삽 호수의 수위가 올라가고 건기에는 내려가는 것이다. 만약 톤레삽 호가 없다면 메콩 하류는 우기에 늘 범람에 시달리든가, 아예 델타의 형성이 늦어졌을 것이다. 말하자면 이 호수는 메콩의 수량을 조절하는 물탱크이다. 거대한 강의 수위를 조절하는 기능을 하기 때문에 호수의 수위 변화 폭도 크다. 그 과정에서 메콩의 물에 함유된 토사 및 부유물이 퇴적됨으로써 점차 호수 주변이 비옥한 농경지로 전환되었다. 쿨렌 산에서 내려오는 강물도 호수의 영향을 받아서 마찬가지의 작용을 해 왔다.

자연이 창조한 천혜의 농업 생산지 위에서 앙코르 왕국의 지도자들은 인간에 의한 새로운 창조 작업을 시작했다. 크메르인은 대규모의 저수지를 만들기 시작했다. 땅을 파서 물을 저장하는 인공 저수지는 바레이(baray)라고 부르는데 큰 것은 수백만 평에 이르렀다. 우기에는 저수지에 물을 저장해 두었다가 건기에 사용했다. 저수지와 저수지, 그리고 강물과 호수는 수로를 통해 연결되었다. 물은 시엠립 주변 토지를 연중 적셨다. 원래는 건기와 우기 사이 한 번만 경작이 가능했지만 수리 시설을 통해 일 년에 두 번 세 번씩 수확하게 되었다.

캄보디아 중심부는 지리적으로 대륙부 동남아시아의 내륙 지대로 뻗어 나가는 길목에 있었다. 바탐방을 거쳐서 짜오프라야 강 유역으로 진출할 수 있으며 그 길은 다시 삼탑로(Three Pagoda Pass)를 지나 버마와 연결되고 거기서 다시 벵골 만까지 이어진다. 짜오프라야에서는 다시 남쪽 말레이 반도로 진출할 수 있다. 시엠립에서는 북쪽 코랏 평원(고원)으로 나가는 통로가 있고 현 라오스 지역까지 통제가 가능했다. 인도차이나 반도 중심을 종으로 가르는 쯔엉썬 산맥은 베트남 및 참파와의 사이에 천연 장벽을 형성하면서 풍부한 산림 자원을 공급했다.

자야바르만 2세는 이곳으로 수도를 옮긴 후 데바라자 의식을 거행했다. 그의 행적을 알려 주는 11세기의 스독칵톰(Sdok Kak Thome) 비문에는 한 브라만 승려가 인도에서 왔으며, 이 승려의 주관으로 왕에게 신성을 부여하는 의식이 쿨렌 산에서 행해졌다고 한다. 쿨렌의 정상에는 피라미드 형태의 사원이 세워지고 그 사원 안에는 세상의 창조자로 숭배되는 시바신의 상징인 링가가 모셔졌다. 이 산은 힌두 신앙에서 말하는 우주의 중심지 메루 산과 같은 역할을 하며 그 신에 대한 배타적인 제사권을 가진 왕은 시바로부터 권력 및 권위를 위임받은 우주의 지배자 전륜성왕 같은 존재로 인식되었다.[13]

이런 의식은 역사에 관심이 있는 사람에게는 별로 특별하게 보이지 않는다. 고대 이집트에서 왕을 신과 일치시켰던 행위나 유럽에서 왕의 권위에 신권을 부여하던 의식, 그리고 중국에서 황제의 권위를 하늘에 의탁하는 것, 일본에서 왕을 신격화하는 것 등이 다 한가지로 인간 세계의 지배자를 신의 반열에 올리려는 정치 행위이다.

그런데 캄보디아 또는 동남아시아에서의 이런 의식이 독특해 보이는 것은 왕이 의탁하는 신이 구체적이기 때문이다. 신은 기독교의 하나님과 같은 절대신이나 유교 세계에서의 하늘(天)과 같은 추상적 존재가 아니다. 동남아시아에서 시바나 비쉬누는 지상으로 내려와 인간과 비슷한 모습을 하고 있으며, 왕은 그 신과 더불어 우주를 주재하는 동반자가 된다. 그래서 인간인 왕은 신과 더불어 지상을 통치했다. 신은 무한한 경외의 대상이지만 세상에 내려와 있기 때문에 인간과 신은 같은 공간에서 존재한다. 그래서 인간계와 신의 세계는 심리적 공간도 공유한다. 다시 말하면, 왕이 데바라자 의식으로 신적 권위를 부여받지만 신의 세계 속으로 포용되는 것은 그만이 아니라 그가 지배하는 세계 속에서 살고 있는 모든 피지배자도 신의 세계 속에 살게 된다는 것이다. 신의 세계 속에서 살고 있다는 것, 이것이 바로 동남아시아적인 세계관의 핵심이며 그 논리적 근거가 데바라자 의식이다.

---

13) 이 의식에 대한 자세한 해석은 Cœdès(1968), pp. 99-102 참조.

자야바르만 2세의 데바라자 의식이 하필 쿨렌 산에서 행해졌다는 것은 산의 정령을 중시하는 푸난의 전통이나 산의 왕이 통치자가 되는 사일렌드라의 관념과도 통한다. 산 위에서 링가와 왕, 시바·비쉬누를 일체화하는 의식이 자야바르만 2세에 의해서 정교한 모습을 띠게 되었다고 할 수 있다. 신도 모시고 신화(神化)된 왕도 모시는 사원(산을 상징하는)과 왕궁(정 중앙에 사원을 두는)의 규모는 점차 커지고 화려해지다가 12-13세기에 이르러 절정을 맞이하게 된다.

## 비문(碑文)의 시대

  자야바르만 2세 이후부터 앙코르왓이 건설되는 12세기까지 캄보디아 역사 서술은 일반적으로 몇몇 왕의 단편적인 행적에 집중되며 대부분이 종교 건축물을 세운 행위와 관련된다. 이런 건축 사업은 왕의 훌륭한 업적으로 비문에 기록되었다. 역사적 사건에 관해서 알려주는 단서들도 비문에서만 찾아볼 수 있다. 이 시기 중국 송 왕조를 다루는 역사서인 『송사(宋史)』에서도 캄보디아에 대한 언급은 극히 적다. 캄보디아에서 몇 차례 송나라에 사절을 보낸 이야기 정도뿐이다.

  단지 캄보디아의 역량을 엿볼 수 있는 기록이 『송사』에 약간은 있다. 우선 이것부터 보고 넘어가기로 하자. 다음과 같은 기록이 주목된다. "[나라의 규모가] 사방 7천여 리에, 동대(銅臺)가 있고 동탑(銅塔) 24개를 세웠으며 구리 코끼리(銅象) 8개로 그 위를 눌렀으니 각 코끼리 무게는 4천 근이다." 이에 덧붙여 "전투용 코끼리가 20만 마리"라는 정보도 있다. 문장 구성이 애매하고 기사 내용도 진위 판별이 어렵다. 캄보디아에는 수도를 중심으로 해서 각 지방으로 뻗어나는 도로 상에 세운 동탑이 있었음은 분명하다. 현재는 베트남 땅이 되었지만 메콩 델타에 '동탑므

어이'라는 지명이 있는데 '열(므어이) 번째의 동탑'이라는 뜻이다. 그 외 구리 코끼리 8개라든가 무게가 4천 근 운운은 확인이 불가능하다. 다만 우리가 『송사』의 기록에서 주목하는 것은 중국인의 외국에 대한 기록에 나타나는 '야만' 운운이 없고 20만이라는 전상(戰象) 숫자와 거대한 규모를 갖는 동탑의 존재가 언급되는 것으로 보아 적어도 당시 중국인에게는 캄보디아 왕국이 기세가 대단한 국가로 인식되었다는 사실이다.

왕을 기준으로 한 연대기적 서술은 지루하지만 불가피할 때도 있다. 비문이 차지하는 비중이 압도적으로 많은 캄보디아 역사 자료의 특수성으로 인해서 이런 식의 서술을 어느 정도 차용하지 않고는 약 3세기 동안의 시간이 공백으로 남아 버리게 된다. 물론 그 기간이 역사적 의미를 별로 가지지 않는다면 그냥 넘어갈 수 있다. 그러나 12, 13세기의 가공할 만한 캄보디아의 발전은 갑작스럽게 나타날 수가 없는 것이어서 이전 단계의 면모는 어떠한 방식에 의해서든지 검토가 필요하다고 생각된다. 자야바르만 2세와 수리야바르만 2세(1113-1150) 사이에는 16명의 왕이 있었다. 이들 중 몇몇의 행적을 살펴보기로 하자.

자야바르만 3세(850-877)의 뒤를 이은 인드라바르만(Indravarman, 877-889)은 찬탈자였지만 주목할 만한 업적들을 남겼다. 그는 100만 평에 이르는 저수지를 만들고 수리 시설을 정비했다. 그리고 자신의 부모와 자야바르만 2세 부부를 포함하는 여러 조상을 기리는 사원을 건설했다. 이 사원의 이름은 프레아코(Preah Ko)로서 여기에 모셔지는 사람들은 시바를 비롯한 여러 신의 형태로 조각되었다. 왕 자신을 위한 사원은 바콩(Bakong) 사원이었다. 이곳의 중앙부에는 시바신이 두어지고 왕은 제의를 통해 신과 교제하며 사후 이 신과 합일된다고 믿었다. 왕이 죽은 후 그의 시신을 태우고 남은 재는 이곳에 안치되었다.

인드라바르만은 죽은 왕 및 그들의 부모, 그리고 살아 있는 왕을 위한 의식의 전범을 마련한 셈이다. 프레아코 사원은 흔히 앙코르 예술에서

▎프레아코 사원 (2012. 2)

롤루스(Rolus) 양식의 시작으로 평가된다. 롤루스 양식이란 여러 신을 모신 탑을 나란히 세우고 주변을 성벽과 해자로 둘러싸서 하나의 사원을 형성하는데 이 모든 재료로는 벽돌이 사용되는 것을 이름이다. 이와는 달리 바콩 사원 건설에서는 직육면체로 깎은 사암(沙岩 sandstone)이 등장했다. 메루 산을 상징하는 거대한 탑을 중앙에 세우고 그 안에 시바를 모신 바콩 사원은 훗날 앙코르왓의 원형이 된다.

왕호에서 나타나듯 인드라바르만은 '인드라의 보호를 받는' 존재였다. 그 권위에 상응하게 이 왕은 광대한 영역을 지배하는 영향력 있는 인물로 비문에 묘사되고 있다. 챈들러의 해석에 따른 다음과 같은 비문의 내용은 왕권의 신성화를 위해 캄보디아 지배자들이 얼마나 고심하고 있었는지 이해하기 위해서 음미해 볼 만하다:

자신이 정복한 이 세상 전체의 지배자는 메루 산 정상에 섰다. 태양은 종종 멀어지지만, 그는 태양보다 더 한결같다. 중국이나 참파, 그리고 야바드비파

바콩 사원 (2000. 2)

(Yavadvipa, 자바?)의 지배자들보다 위에 선 그의 치세는 재스민 화관으로 만들어진 왕관처럼 무결점의 완벽함이었다.(Chandler 2008: 44)

인드라바르만의 아들 야소바르만 1세(Yasovarman, 889-910)부터 라젠드라바르만(Rajendravarman, 944-968)에 이르기까지도 비슷한 양상은 계속되었다. 왕위는 왕실 내의 실력자들 사이의 경쟁에서 이긴 자에 의해 계승되고, 새로 왕이 된 자는 자신의 정통성 및 신성을 고양할 목적으로 조상과 전임 왕을 신으로 떠받드는 사원을 건설했다. 그리고 왕은 시바를 모시는 자신의 사원(사후 자기의 무덤이 될)을 신성한 산 위에 건설했다. 그 산은 아예 왕궁의 중심이 되었다. 예를 들어 야소바르만 1세는 둘레가 16km에 이르는 왕성을 건설했는데, 그 한가운데는 천연의 언덕이 있어 그 위에 자신을 위한 사원을 조성했으니 이것이 바로 바켕(Bakheng) 사원이다. 프라삿톰(Prasat Thom)이라고 알려진 자야바르만 4세(928-942)의 사원에는 직경이 5m, 높이가 18m나 되는 링가가 세워졌다. 거대한 저수지를 만들고, 그 한가운데 조상 사원을 조성하기도 했다.

라젠드라바르만 시대에는 왕의 관심에 힘입어 불교(대승)가 융성했다. 불교는 라젠드라바르만을 계승한 자야바르만 5세(968-1001) 때에도 지속적으로 발전했다. 그렇다고 해서 사회 전체가 불교화되기 시작했다는 말은 아니다. 힌두 사회에 불교가 들어와 두 종교가 공존하는 모습이었다고 해야 할 것이다.

자야바르만 5세 시대의 정치·사회적 면모는 거의 알려져 있지 않다. 하지만 그의 치세는 앙코르 시대가 만들어 낸 뛰어난 예술품 하나만으로도 우리가 기억할 가치가 충분하다. 그것은 "크메르 예술의 보석"[14]이라고 불리는 반떼이스레이(Banteay Srei, 여인의 城)이다. 이 사원은 왕자 출신의 브라만으로서 자야바르만 5세의 스승이기도 했던 인물이 주관하여 건설하였다. 건축 시기는 대략 라젠드라바르만 말기와 자야바르만 5세 초기에 걸친 10세기 말로 본다(ibid.).

시바에게 바쳐진 이 사원은 왕의 사후 세계를 위한 건축물이 아니다. 시바에 대한 순수한 경모의 산물인 듯하다. 사원의 이름대로 '여인의 성'인 이곳은 여성스러운 정결함과 섬세함, 그리고 고요함으로 가득한 곳이다. 여느 사원에 비해서 규모는 작지만, 그 작은 규모가 오히려 여성성을 부각시킨다. 여성성을 드러내는 또 하나의 장치는 색이다. 독특하게도 이 반떼이스레이 사원은 핑크색의 샌드스톤으로 만들어졌기 때문에 그 위에 빈틈없이 조각된 각종의 문양은 만약 2월의 건기라면 시엠립 특유의 햇빛을 받아 환상적인 빛과 그늘의 조화를 만들어낸다. 특히 이 사원 내에서 눈길을 끄는 것은 천상의 무희 압사라(apsara)들이다. 가히 보는 이의 숨을 멎게 하는 이 여인들의 표정이나 장식물, 자세 등이 형언할 수

---

14) Dawn Rooney F., *Angkor, An Introduction to the Temples* (Chicago: Passport Books, 1997), p. 240.

▌반떼이스레이 (2000. 2)

없으리만치 정교하고 또 경건하여 사람이 만든 조각품이 아니라 하늘에서 실물이 내려와 거기 머물러 있는 것 같다. 수 세기에 걸쳐 발전해온 크메르인의 예술과 부와 신에 대한 사랑은 10세기 말 이 반떼이스레이로 구현되었다고 보아도 좋을 것이다.

캄보디아의 11세기 전반부 역사는 수리야바르만 1세(Suryavarman, 1002-1050)라는 강력한 지배자의 시대였다. 그 역시 불교의 후원자였기 때문에 캄보디아 사회에서 불교의 확산은 계속되었다. 관료 제도가 정비되고 중앙의 왕과 지방의 권력자들은 정교한 주종 관계로 연계되는 조짐을 보였다. 그는 자신의 궁궐에서 4천여 명의 신속을 모아 놓고 충성의 맹세를 시켰다. 비슷한 시기 베트남에서도 리 왕조의 태종(1028-1054)이 동고(銅鼓) 신묘(神廟) 앞에서 신하들로 하여금 충성의 서약을 하게 했다는데, 이것은 왕과 신속이 상호 계약적 후견인-피후견인 관계에 있던 상태에서 발전하여 왕권을 한층 강화시키는 가운데 공식적 지배 체제 속으로 신속들을 끌어들이려는 노력이었다. 수리야바르만 1세의 군대는 짜오프라야 강 하류에서 소승불교를 발전시키고 있던 롭부리(Lopburi)를 병합하였고 버마의 동남부인 살윈(Salween) 강 하류의 몬(Mon) 족 국가 타톤(Thaton)까지도 공략하였다. 이는 캄보디아 사회에 소승불교가 퍼져가는 계기가 되었다. 훗날 소승불교는 캄보디아 왕의 신적 권위를 약화시키는 데 중요한 요인으로 작용하게 된다. 수리야바르만 1세 치하에서도 수리 관개 시설에 관심을 쏟는 일은 여전히 계속되었다. 11세기 전반 캄보디아에서는 도시가 많이 등장하고 국내외 교역이 발전하는 조짐도 있었다고 챈들러는 전한다(Chandler 2008: 50-51).

    11세기 후반부의 상황은 모호하다. 단지 수리야바르만 1세 사후 후계자들에 의해서 다시 시바 숭배에 집중하는 적극적인 데바라자 의식이 연속적으로 행해졌고 이후 왕국은 분열 상태로 들어갔다는 것만 알려져 있다. 이는 수리야바르만 1세 시대에 행해졌던 관료 제도의 정비나 충성의 서약 같은 방식이 중앙 권력을 강화하는 데 별로 효과를 발휘하지 못했음을 의미한다. 수리야바르만 1세 이후의 캄보디아 지배자들은 전통적인 데바라자 의식이 왕권 강화에 더 도움이 된다고 여기게 된 것 같다. 왕국이 분열되는 것은 캄보디아 역사 이래 늘 있어 온 왕 사후의 권력 투쟁 현상이었을 뿐이었지 앙코르 왕국의 쇠퇴와는 상관이 없었다. 단지 정리의 시간이 길었을 뿐이다. 이 기간이 왕국의 쇠퇴기가 아니었다는 것은 11세기 후반의 긴 침묵 뒤에 캄보디아의 역사가 다시 우리의 눈앞에 펼쳐지기 시작하면서 가공할 만한 역동성이 전개된다는 데서 짐작할 수 있다. 그 역동성의 정화(精華)는 12세기에 들어 건설된 앙코르왓이었다.

## 앙코르왓 (Angkor Wat)

'앙코르왓'은 '사원(wat)의 도시(angkor)'라는 의미이다. 이 거대한 사원은 '분열의 시기'에 마침표를 찍고 등장한 수리야바르만 2세(Suryavarman, 1113-1150)의 사후 세계를 위한 공간이었다. 이 놀라운 건축물이 만들어진 시기에는 지칠 줄 모르는 대외 원정과 수많은 사원 건설이 함께 행해졌다. 캄보디아 군대는 쯔엉썬 산맥을 넘든가 수백 척의 전선을 타고 바다로 나가 베트남을 수시로 공격했다. 동쪽으로는 참파가, 서쪽으로는 버마, 말레이 지역이 캄보디아 군대의 공격에 시달렸다. 중국과는 평화적인 외교 관계가 수립되었다. 송대 중국을 찾은 캄보디아의 사절단 중 하나는 수리야바르만 2세가 보낸 것이었다(Cœdès 1968: 162). 군사적·정치적 성취와 더불어 사원들이 계속 세워졌는데, 앙코르 왓은 그 최종적 결정체였다. 수리야바르만 2세는 이 건축물에 자신의 위대한 시대와 관련된 증거들을 남겼다.

앙코르왓은 당시 캄보디아 조정의 인력 동원 능력, 캄보디아인의 종교적 성향과 열정, 국부(國富), 예술 수준, 우주관 등을 드러낸다. 게다가 수리야바르만 2세는 앙코르왓 내부의 약 1.5km에 이르는 긴 회랑 벽면에 정교한 부조를 새겨 놓았다. 여기에서 우리는 당시의 정치, 군사, 종교, 크메르인을 비롯한 주변 제 민족의 복식과 외양, 동식물 등을 만날 수 있다.

앙코르왓이 차지하고 있는 면적은 210ha이다. 지상을 상징하는 공간을 둘러싸고 있는 벽의 길이는 5.5km이며, 이는 다시 폭이 약 200m인 해

▌해자 건너로 보이는 앙코르왓 중앙탑 (2000. 2)

자로 둘러쳐져 있다. 해자는 대양을 의미한다. 사원의 중앙에는 다섯 개의 탑신이 있다. 그중에서 우주의 중심인 메루 산을 상징하는 중앙탑은 높이가 65m이다(Rooney 1997: 129-130). 완성하는 데 약 30년이 걸렸다는 이 사원은 쿨렌 산에서 운반해 온 사암으로 만들어졌다. 중앙의 다섯 개 탑과 사원의 담 네 모서리에 있는 네 개의 탑은 전부 금으로 장식되었다고 하니(Hall 1955: 105) 그 장관은 가히 짐작할 수 있겠다. 중앙탑 안에는 수리야바르만 2세가 죽은 뒤에 합일할 비쉬누의 상이 서쪽을 향한 채 모셔졌다. 이 신상의 이마에 박힌 에메랄드가 석양을 반사해 눈부신 빛을 발했다고 한다.

 동남아시아에서 종교 건축물이 일반적으로 동쪽을 향하고 있는 데 비해 앙코르왓은 서쪽을 향하고 있다. 동남아시아 연구자들은 별로 설득력 있어 보이지 않는 이유들을 들어 왔다. 왕이 힌두교의 발상지인 인도를 바라보고 싶어했다는 추측은 특히 그럴듯 하다. 앙코르왓에서 맞을 수 있던 석양의 노을이 상상을 초월할 정도로 아름다웠기 때문이었다는 낭만적인 이유도 있다. 힌두신은 물론이고 불교, 이슬람교, 그리고 심지어 기독교까지 동남아시아에서 볼 때 서쪽에서 들어오지 않은 종교가 없다. 그렇다고 해서 사원이나 교회를 서쪽을 향해 짓는 경우는 없었다. 실제로 앙코르왓 중앙탑 위에서 바라보는 석양은 황홀하다. 그러나 노을의 아름다움에 대한 수리야바르만 2세의 취향을 충분히 이해한다고 해도 그것이 이 거대한 종교 건축물을 관행과 달리 서쪽으로 향해 앉힌 이유로는 충분하지 않다.

 필자는 이 파천황의 발상을 가능케 한 이유로 수리야바르만 2세의 자신감을 들고 싶다. 전통 신앙과 더불어 힌두교와 불교를 수백 년간 경험하면서 자신들 고유의 신앙 체계를 확립해 온 크메르인의 종교적 자신감이 이 새로운 실험을 가능하게 한 것이다. 이에 덧붙일 수 있는 것은 왕권의 강화이다. 유사 이래 최대의 사원 - 자신과 합일하는 신을 모신 - 을 건설한 인물이라면 그에 상응한 왕권이 뒷받침되어야 했음은 물론이다. 이 시기에 와서 왕권이 곧 신권으로 간주되는 분위기에 이르렀다면 왕이 바라보고 싶은 곳이 곧 신이 바라는 곳이었으니 관례를 깨고 방향을 바꾸는 일이 가능하지 않았을까?

## 앙코르톰 (Angkor Thom)

'위대한 도시' 또는 '큰 도시'라는 뜻을 가진 앙코르톰은 왕의 거처를 포함하는 성곽 도시이다. 정면으로는 시엠립 강이 가로 흐른다. 이 성곽은 동쪽을 향하고 있다. 1177년 참파군의 공격을 받아 왕이 죽고 수도가 파괴되었는데 한 왕자가 참파군을 몰아내고 왕위에 오르니 그가 자야바르만 7세(1181-1218)였다. 이 왕 때 앙코르톰이 건설되었다.

앙코르톰은 이전부터 있던 성곽의 폐허 위에 세워졌다. 현 앙코르톰 남쪽 성벽에서 얼마 되지 않은 곳에 있는 바켕 사원을 중심으로 하여 주위 16km의 성곽이 9-10세기 야소바르만 1세 때 건설되었다고 했다. 야소바르만 시대 성곽의 중심지는 바켕 사원이었지만 자야바르만 7세는 곧 소개할 베이온 사원을 중심으로 해서 새롭게 주위 12km의 성곽을 축조했다.

그런데 두 개의 성곽 범위가 중첩되는 부분이 있었기 때문에 야소바르만 1세 때의 성곽 내에 있던 몇 가지 건축물은 앙코르톰 안에서 보존될 수 있었다. 앙코르톰 내부에 현재도 남아 있는 하늘궁 피마나카스(Phimeanakas)는 10-11세기에 건설된 것이었다. 그보다 남쪽에 있는 바푸온(Ba Phuon) 사원은 11세기에 시바신에게 헌정되었다. 평지에 정사각형으로 건설된 앙코르톰의 성벽 둘레는 12km가 되니 조선의 수도 한양을 둘러싼 외성의 길이가 평지와 고지를 오르내리면서 꾸불꾸불 18km였

■ 베이온 사원 (2000. 2)

음과 비교해 보면 그 규모를 짐작할 수 있을 것이다. 앙코르톰의 성벽은 폭이 100m 정도 되는 해자로 둘러싸여 있다.

　해자를 건너다니기 위해서 긴 석재 다리를 놓았는데, 그 다리의 양쪽 난간은 뱀의 형상이다. 뱀은 앙코르의 유적 곳곳에서 발견된다. 이는 푸난의 역사에서 본 바와 같이 토지의 신인 뱀, 즉 나가 숭배 의식의 반영이다. 긴 뱀을 양손으로 잡고 있는 석상들이 난간을 따라 늘어서 있다. 이는 인도 신화에서 신들이 우유의 바다를 젓고 있는 모습을 표현한 것이다. 그러니 해자는 우유의 바다이다. 그 바다 가운데 떠 있는 땅 즉 앙코르톰 안으로 들어가는 문이 다섯 개 있다. 정면인 동쪽에 두 개의 문이 있고 서, 남, 북 각 방향으로 하나씩이다. 문으로 들어간 후 길을 따라 한참을 걷다 보면 이 성 중심부에 위치한 베이온(Bayon) 사원에 이른다.

　베이온 사원은 자야바르만 7세 시기에 대승불교가 캄보디아 왕실의 주된 종교였음을 알게 해준다. 사방 각 60여 미터의 공간 안에 있는 총 54개의 거대한 탑에는 모두 200여 개의 보살 얼굴이 조각되어 있다. 혹

▎닭싸움 (베이온, 2000. 2)

은 이를 자야바르만 7세의 얼굴이라고도 하고 어떤 이는 묵상에 잠겨 있는 이 신비한 표정들을 일러 '앙코르의 미소'라 부르기도 한다(Rooney 1997: 162). 이 얼굴들은 앙코르톰으로 들어가는 다섯 개의 문 위에도 있다. 오랜 세월의 때가 묻어서 거무스름하고 이끼가 낀 데다, 돌과 돌 사이에 뿌리를 박은 풀이나 나무도 자라고 있어서 다소 우중충해 보이지만 13세기에 주달관이 보았을 때는 각 대문 위 보살상과 베이온 사원이 모두 금으로 발라져 있었다. 특히 베이온을 일러 주달관은 아예 '금탑'이라 부르고 있다.

이 사원에서 역사 연구자의 관심을 가장 많이 끄는 것은 부조이다. 여기에는 당시 캄보디아 사람들의 생활상이 섬세하게 조각되어 있다. 시장, 아낙네들의 생활, 중국인, 닭싸움을 비롯한 여가 활동, 전쟁 등 인간사와 관련된 것뿐만 아니라 각종 동물, 식물 조각도 꼼꼼하다.

이 부조물은 자야바르만 7세가 추구하던 불교 사회의 이상을 보여 준다. 부조물 속의 세계는 신비한 이상향이 아니라 생생하고 사실적인 현

세이다. 잉어, 악어, 돼지, 코끼리, 나무, 꽃 등도 현실 속의 사물들이다. 신의 세계 베이온에 현실 생활을 위치시킨다는 것은 결국 신의 세계와 인간 세계의 합일이다. 이는 자야바르만 7세의 염원이었다.

왕의 거처는 베이온 북쪽에 있었다. 그 왕궁의 중심에 하늘궁이 높이 솟아 있었다. 주달관에 따르면 이 역시 금탑이었다. 앙코르톰 남쪽으로 가다 보면 왼쪽에 앙코르왓의 정면이 보인다.

자야바르만 7세는 반떼이크데이(Banteay Kdei), 따프롬(Ta Prohm), 프레아칸(Preah Khan) 등 많은 사원을 세웠다. 이 중에서 1186년 자신의 어머니를 기리기 위해 세운 따프롬 사원(700m×1,000m)의 운영 규모를 살펴보자. 이 사원의 유지와 관련된 인원은 비문의 해석자에 따라 약간씩 다르지만 대략 다음과 같다. "3,140개의 마을 79,365명의 성인 인구가 재정을 지원하는 이 사원에는 18명의 고승을 비롯한 2,740명의 승려, 2,202명의 복무자(무희 615명 포함)가 있다. 또 500kg이 넘는 황금 그릇 세트, 35개의 다이아몬드, 40,620개의 진주, 4,540개의 보석, 876개의 중국제 베일, 512개의 비단 침대, 523개의 파라솔도 이 사원의 소유 품목이다."(Chandler 2008: 63-64)

앙코르톰 동편과 서편에는 이 성곽보다 넓은 면적의 저수지 (10-11세기에 조성)가 있었고, 북쪽에는 자야바르만 7세가 만든 저수지가 하나 더 있었다. 저수지 한가운데에 아름다운 사원이 조성되었다. 북쪽 저수지의 중앙탑은 금탑이었다고 주달관은 전하고 있다. 앙코르톰의 정면에 있는 시엠립 강 건너에는 왕의 전용 목욕 시설인 스라스랑(Srah Srang, 700m×300m)이 있다. 이도 자야바르만 7세 시대 왕의 권위를 웅변한다.

자비로운 보살로 자신을 일체화시키려 했던 왕답게 그는 신에게만이 아니라 인간에 대한 배려도 남달랐다. 그의 지배 영역 내에는 여행자들을 위한 휴식 시설이 121개 들어섰다. 비문에 의하면 약 15km에 한 개씩, 참파의 수도였던 현 베트남 중부 지역에 이르기까지는 57개가, 코랏 평원까지는 17개가 세워졌다고 한다(Cœdès 1968: 176). 이 건물이 일반 여행객을 위한 것인지 관용 숙소였는지는 확실하지 않다. 자야바르만 7세 사후 약 80년 뒤에 캄보디아를 찾은 주달관은 이 시설을 "우정과 같은 것(郵亭之類)"이라고 했다. 우정이란 역참의 숙소이다. 주달관이 이 숙소를 '촌락'을 이야기하는 장, 즉 공공 기관이 아닌 일반인의 생활을 묘사한 장에서 다루고 있는 것으로 보아 일반 여행객의 숙소, 또는 관리와 일반 여행객이 함께 사용할 수도 있는 숙소 정도로 이 시설을 이해하는 것이 합리적이지 않을까 한다. 그냥 관용 숙소라면 굳이 자야바르만 7세의 보살행을 강조하는 비문에 숙소 건설이 주요 업적으로 언급될 필요가 없었을 것이다.

그의 보살행은 백성을 위해 병원을 102개나 지었다는 기록으로도 강조된다. 이 병원에서는 약사여래의 힘에 의탁하는 종교적 주술도 중요했다(ibid.). 이러한 시설의 설립과 유지에 촌락의 경제력과 인력이 활용되었다. 따 프롬 사원의 관련 비문에는 병원의 운영, 장비, 복무원 등에 대한 내용이 적혀 있다. 챈들러는 이 비문을 근거로 하여 대략 한 병원에 백여 명의 인원이(가족 포함) 배정되는데, 102개의 병원은 총 838개 마을의 성인 8만여 명의 인적·재정적 지원을 받게 되어 있었

▎자야바르만 7세 (캄보디아 국립미술관, 김태형 촬영, 2014. 8 )

다고 설명하고 있다(Chandler 2008: 72-73). 병원 하나를 대략 8개 마을 800여 명 정도의 성인 인구가 지원했던 셈이다.

앙코르 제국의 통치 체제는 13세기에 들어서 견고해져 갔다. 관료 제도는 정교해졌다. 사원이나 병원의 운영에서 보듯 촌락의 인구를 파악하고 그들을 동원하는 능력도 관료층의 성장이 있어서 가능했다. 주달관의

관찰에도 각 촌락에는 이미 촌락의 행정과 치안을 담당하는 이들이 발견된다. 지배 영역 내에 일정 간격으로 길을 따라 숙소가 생겼다는 것은 여행을 원활하게 하기 위함이었다. 그 길을 따라 중앙의 권위가 더 신속하고 더 멀리 전해질 수 있게 되었다. 이런 면모 때문에 챈들러는 "수리야바르만 2세가 그러했듯 자야바르만 7세도 중앙 권력을 확대하는 가운데 관료제를 통해 국가를 통치하려 했던 것 같다"(Chandler 2008: 77)고 판단하고 있다. 건설의 규모와 인력 동원 능력, 여행자 숙소나 병원 건립 같은 새로운 지배 도구의 출현을 볼 때 앙코르톰 시기 국가 체제는 앙코르와트 때보다 한층 성숙한 모습을 보인다. 불교를 적극 권장하여 힌두 신앙과 정령 신앙 등이 지배하던 사회를 새로운 고급 종교로 개종시키려는 것도 통일성 내지는 단일화를 향한 정책의 하나였다고 평가해야 할 것이다. 자야바르만 7세의 노력은 결실을 거두어 13세기 말에 이르러 캄보디아에서 불교는 가장 보편적인 종교로 자리 잡게 된다.

앙코르톰 시대의 번영을 가능하게 한 경제적 원천은 무엇이었을까? 농업 생산과 대외 교역이 기본이었겠지만 외교 또는 무력에 의한 재화 획득도 중요했다. 그래서 전쟁은 계속되었다. 왕의 군대는 참파에 원정하여 수도를 약탈했다. 두 국가 사이 힘의 우열은 크게 벌어져서 자야바르만 7세 치하 1203년부터 1220년까지 참파는 캄보디아의 한 주로 전락한 것처럼 인식되었던 적도 있었다(Cœdès 1968: 171). 베트남을 비롯한 말레이, 버마 지역에 대한 공격이 계속된 것도 앙코르와트 시대와 유사하지만, 홀의 판단처럼 지배 영역이 훨씬 더 확대된 것은 분명하다(Hall 1958: 107).

이와 같은 캄보디아였기에 몽골인은 직접 충돌을 피했던 것 같다. 『원사(元史)』에 의하면 캄보디아는 원 조정에 1285년과 1329년 두 번 정도 사절을 보냈던 것 같다(주달관 2013: 39). 주달관이 캄보디아 도성에 머문 기간은 1296-1297년이었으니, 1285년의 캄보디아 사절 파견은 주달관이 오기 11년 전의 일이고 또 한 번은 주달관 일행이 다녀간 지 30년이 지나서였다. 이 정도라면 두 나라 사이의 관계는 거의 없었다고 보아도 무방하다. 양국 중 사절을 보낸 것은 몽골 측이 먼저였다. 주달관에 따르면, "사도(唆都, Sogetu) 원수가 점성(占城)에 행성(行省)을 설치한 이후 일찍이 [1282년] 호부만호(虎符萬戶)와 금패천호(金牌千戶)를 보내 [이들이] 함께 이 나라에 도착했으나 붙잡혀 끝내 돌아오지 못했다"(주달관 2013: 36)고 한다. 사도 원수의 사절들이 캄보디아에 군대를 이끌고 간 것인지 사절단으로 간 것인지는 확실하지 않다. 필자가 보기에는 캄보디아를 위협하기 위해서 이들은 군대도 대동했겠지만 싱겁게 패한 것 같다. 때문에 세데스가 이 사건을 소개하면서 '몽골 침입의 격퇴'라는 소제목을(Cœdès 1968: 191) 사용했다고 생각된다. 어쨌거나 이런 사건은 몽골인이 캄보디아를 공격할 구실로 삼을 만했다. 그럼에도 불구하고 원은 별다른 행동을 보이지 않았다. 원군은 이미 베트남과 참파에서 고전하고 있던 형편이라 캄보디아에까지 대규모 병력을 파견할 여력이 없었다. 수백 년을 발전해 오다 다다른 13세기의 전성기 최극점은 서서히 지나가고 있었지만 아직 대륙부 동남아시아의 대국으로 버티고 있던 캄보디아를 공격하는 것이 신흥 왕조 원에게는 버겁게 느껴졌으리라.

### 주달관이 본 13세기 말 앙코르의 사람들

비문이나 건축물로 남아 있는 13세기 캄보디아의 모습을 더 온전한 모습으로 복원시켜 주는 사료가 주달관의 『진랍풍토기』이다. 이 자료는 사료로서의 한계가 분명히 있다. 예를 들어, 이 책은 앙코르왓을 "둘레가 10리쯤 되고 돌집(石屋)이 수백 칸이다"라고 간단하게만 기술하는 데 그칠 뿐이니 건설된 지 이미 1세기가 지난 시점에서 관리 이완, 참파의 침입,

그리고 불교의 발전으로 인해 힌두적 상징물이 많이 훼손되었을 가능성은 충분히 감안하더라도 중국인의 이국 문물에 대한 폄하가 심함을 볼 수 있다. 더군다나 주달관은 이 건축물이 중국의 전설적인 기술자 로반(魯班)의 무덤이라는 엉뚱한 말까지 하고 있다. 그럼에도 불구하고 주달관의 기록 내용('본 것'이었든 '들은 것'이었든)은 주의해서 사용하기만 한다면 당시 캄보디아 사회의 다양한 면모를 우리에게 전해 주는 소중한 사료이다.

주달관의 붓끝을 좇다 보면 13세기 캄보디아 사회의 모습이 생생하게 우리 앞에 다가온다. 총 41개 항목으로 이루어진 이 책의 첫 장에서는 양국 관계의 약사와 캄보디아로의 여정이 서술된다. 이 여정은 캄보디아-중국 사이의 교역로이기도 했다. 그는 중국으로부터 바닷길을 따라 남쪽으로 내려가다가 인도차이나 반도 남부에서 상부 메콩 입구로 들어가서는, 강을 거슬러 올라가 톤레삽 호수를 지나 캄보디아 수도에 이르렀다. 「성곽」 조에서는 베이온을 비롯한 주요 건축물이 소개되는데, 두텁고 견고한 앙코르톰의 외성에 대해 많은 지면을 할애하여 자세하게 기술하고 있다. 성문은 아침에 열고 저녁에 닫았다는데 개와 발가락이 잘린 자(역모를 꾀하다 발각되어 이런 형을 받은 자)는 출입할 수 없었다고 한다.

주달관은 구중심처에 있는 왕(인드라바르만 3세, 1295-1308)에 대한 호기심도 드러낸다. 「궁실」이라고 명한 이 장에서 불교 문양을 조각한 거대한 목재 들보와 기둥이 인상적인 왕궁의 모습을 소개한다. 그에게 흥미로운 것은 왕궁 내부의 금빛 하늘탑에서 벌어지는 일이었다. 그가 "들은" 바로는, 땅의 신인 머리가 아홉 개 달린 뱀의 정령이 그곳에 산다. 밤이면 이 정령이 여자의 모습으로 나타나서 왕과 교합한다. 나가 숭배와 왕권에의 신성(神性) 부여 전통이 결합되어 백성들 사이에서는 이렇듯 신비스러운 이야기가 만들어졌다. 이 장에서 그가 덧붙이는 것은 귀족과 대신들의 주거 양식이다. 일반 백성은 풀로 이은 집에 살지만, 지배 계층의 집에는 조상신을 모신 가묘(家廟)가 있고 침실이 있는 건물의 지붕은 기와를 쓴다. 등급에 따라 가옥의 크기가 정해진다고 하니 사회적 계층 구분이 세밀히 마련되었음을 알 수 있다.

「복식」에서도 계층 등급에 따른 구분이 엄격하게 적용되었다. 관심을 끄는 것은 그들이 사용하는 천이 주변 참파나 태국, 그리고 서양으로부터도 수입되었다는 사실이다. 여기서 서양은 말레이, 자바, 수마트라 등 도서부 동남아와 인도까지 포괄하는 지역이다. 「관속」 조에서는 관리의 모습을 엿볼 수 있다. 나라에는 승상, 장수, 천문관 등이 있고 그 아래 다양한 관직이 있었다. 단지 중국과 이름만 다를 뿐이라고 했으니 정교한 관료 제도가 운영되고 있었음을 보여주는 단서이다. 관리는 등급에 따라 금가마 또는 은가마를 타고, 그에 딸린 금빛 양산과 은빛 양산의 숫자도 등급에 따라 차이가 있었다. 고위 관직은 왕실의 친인척이 장악하고 그들의 딸은 왕의 비빈으로 들인다고 했다. 이로 보아 왕실을 중심으로 하여 혼인으로 연계된 집안들이 귀족 집단을 형성하면서 주요 관직을 독점하고 있었음을 알 수 있다.

캄보디아의 종교를 주달관은 유, 불, 도 삼교로 나누어 논하고 있는데, 이 중 유는 브라만교, 도는 시바신 숭배를 두고 중국식으로 표현한 것이다. 그런데 이 시기 캄보디아의 수도와 그 주변 대다수 사람은 이미 불교도였다. 배울 나이가 된 어린 남자아이는 모두 절에 들어가 공부하다가 성장하면 세상으로 다시 나온다고 주달관은 전한다.

성곽, 궁실, 왕, 고위 관료, 종교 등 사회 상부구조와 관련된 기사 이후 일반 사람에 대한 관찰이 뒤따른다. 「인물」에 대한 묘사는 "생김새는 거칠고 추하며 매우 검다"라는 상투적 표현으로 시작되지만 앙코르왓이나 베이온, 그리고 반떼이스레이의 인물상을 보면 이런 말이 얼마나 허황된 것인지는 금방 드러날 것이다. "한 개의 천으로 허리를 감는 외에 남녀를 불문하고 모두 앞가슴을 드러낸다"는 구절은 사실적이다. 남자는 머리를 깎고 일반 부녀자는 금으로 만든 팔찌와 반지를 즐겨 착용하며, 남녀 모두 몸에 향약을 바르는 정갈함은 이 중국인에게 매우 인상적이었던지 별 왜곡이 없다. "궁인 및 귀족의 부녀 중에는 옥같이 흰 사람이 많다"고 한다. 피부가 옥같이 흰 이유가 무엇일까? 주달관은 그 이유가 햇빛을 보지 못해서이기 때문이라 말하고 있다. 일부 역사가도 이에 동조하고 있다(Mabbett, Chandler 1995: 12-13). 하지만 그건 합당한 이유가 되지 못한다. 햇빛을 보지 않아서 하얗다면 그런 관찰은 비슷한 피부색을 가진 동남아시아 다른 나라의 왕족이나 귀족에 대해서도 나타나야 할 것이다. 그런데 마벳의 지적처럼 이런 관찰이 크메르인을 두고서만 역사 속에서 수차례 보인다면(ibid.) 그건 크메르인만의 특성일 것이다. 지금도 크메르 여성 중에는 분명 검은데도 불구하고 밝은 색을 띠어 '희게 보이는' 피부를 가진 사람이 종종 있다.

「인물」장에서 흥미로운 기사 하나는 이곳에 "이형인(二形人)이 많아 매일 10여 명씩 떼를 지어 장거리를 돌아다닌다"는 것이다. '이형인'이란 요즈음 말로 하면 트랜스젠더(trans-gender)이다. 예로부터 동남아시아에는 나라별로 이런 사람을 지칭하는 고유 용어가 있을 정도로 트랜스젠더에 대한 사회적 인식이 분명했다. 인도네시아의 '반찌', 태국의 '까터이', 필리핀의 '바쿨라', 베트남의 '베데'가 바로 그것이다. 캄보디아에서는 이들을 '크떠이'라고 한다. 이들 트랜스젠더는 남성, 여성과 함께 인간 사회를 구성하는 독자적 성으로 인식되기도 하기 때문에 인류학, 역사학 분야의 중요한 연구 대상으로 여겨질 정도이다. 13세기의 캄보디아는 주달관 덕분에 트랜스젠더의 역사에서 중요한 한 자리를 차지하게 되는 셈이다.

「산부(産婦)」와 「실녀(室女)」는 여성을 다루고 있는 장이다. 출산 및 회복 방법, 부부의 성생활, 정조 관념의 문제, 혼인, 불승이나 브라만에 의한 성인식 등이 언급되고 있다. 그런데 듣고 본 것이 뒤섞여 있어서 서술이 불분명하고 믿기 힘든 부분도 많다. 특히 여성과 관련된 풍속을 언급할 때는 미묘한 편견까지 개재되어 있어서 더욱 그러하다. 예를 들어 캄보디아에서는 혼전 성관계를 부끄럽게 여기지 않는다고 했는데, 과연 13세기 중국과 고려를 포함해 이 세상 어떤 나라 사람들, 특히 기층민에게 혼전 순결이 그토록 중시되었을지 의문이다.

「노비(奴婢)」와 「야인(野人)」 조는 중복되는 부분이 있다. "인가의 노비는 모두 야인을 구매해 일에 충당한다. 많게는 100여 매(枚), 적게라도 10-20매가 있으며, 매우 가난한 집만은 그것이 없다." 주달관에 따르면 야인이란 산에서 살면서 물건을 머리에 이고 다니며 일정한 거처 없이 유랑하는 무리였다. 그런데 크메르인과 비교적 가까운 곳에서 정주하는 또 다른 부류의 야인이 있었다. 이들 중에는 두구(荳蔲)나 목면을 심으며 독특한 무늬의 천을 짜는 일을 업으로 삼는 사람들도 있었다고 한다. 노비는 주로 전자로부터 충당되었던 것 같다. 이들 노비는 짐승처럼 다루어지고, 그에 걸맞게 주인이 결코 이들을 취해 같이 자는 법은 없었다. 노비가 도망쳤다가 잡히는 경우, 얼굴에 푸른색으로 자묵을 하고 목이나 다리 사이에 쇠자물통을 달아 묶기도 했다. 전쟁 포로를 노예로 삼는 것은 동남아시아는 물론 인류 사회 전체에서 널리 볼 수 있는 습속인데도 주달관의 노비 기술에는 그런 것이 없어서 의아하다. 하지만 따프롬 사원의 비문에 의하면 버마인, 참인 등이 노역 제공자로 되어 있는 것을 보아 전쟁 포로 노예가 있었음이 확인된다(Chandler 2008: 76). 채무 노예도 분명히 있었다. 이런 부류들은 중국에도 흔한 데 비해 산지인을 노예로 삼는 일은 독특해 보였기 때문에 주달관의 관심을 끌었던 것 같다.

중국어와는 달리 꾸미는 말이 뒤로 가는 언어 구조와 간단한 호칭을 소개하는 「언어」 조에서 우리는 캄보디아의 노예가 주인 남자를 부를 때 쓰는 '파타', 주인 여자를 부를 때의 '미'가 각각 '아버지'와 '엄마'라는 사실을 알게 된다. 「문자」 조에서는 사슴 가죽 같은 것을 검게 물들여 거기에 백토 가루를 개어 만든 조각으로써 글을 쓰는 방식이 비교적 자세히 묘사된다. 캄보디아의 독자적인 문자도 언급된다. 「정삭시서(正朔時序)」는 일 년의 주기와 각종 축제를 알 수 있는 장이다. 그중에 불상을 목욕시키는 의식이라든가 추수가 끝난 후 벼 태우기 등은 요즈음도 흔히 볼 수 있다.

「쟁송(爭訟)」 조에 의하면 이 사회에는 때리는 형벌이나 교수형, 참형 같은 것이 없었다. 대신 벌금형이 있고, 대역죄를 지은 자는 산 채로 땅에 묻거나 손가락, 발가락, 또는 코를 베는 형이 적용되었다. 절도죄에 대해서는 사사로운 형벌 집행도 허용되었다. 두 집안 사이에 쟁송이 있을 경우 각 집안의 대표가 왕궁 앞에 있는 돌탑 안에 들어가 있게 한다. 며칠이 지난 후 죄가 있는 집안의 대표자는 부스럼이 난다든지 기침을 하고 열이 나는 증상을 보이게 마련이라는데, 이를 사람들은 하늘의 판결이라 했다.

「병라(病癩)」를 통해서는 당시 캄보디아에 나병 환자가 많았음을 알 수 있다. 일찍이 한 왕도 이 병을 앓았던 터여서 그런지 사람들은 이 병이 걸린 사람들에게 크게 신경을 쓰지 않는다고 주달관은 전한다. 시장에 수많은 약재가 있었고 병의 치료에는 무속인도 간여했다. 불교가 광범하게 퍼져 있음에도 불구하고 당시까지는 전통적인 장례 방식, 즉 시체를 싸서 성 밖 궁벽한 곳에 가져다 놓고 짐승이 먹어치우게 하는 방법이 일반적으로 행해지고 있었음을 「사망」 조에서 알 수 있다.

「경종」에서는 비옥한 토지 위에 수리 시설이 많이 발전하여 1년에 3-4번도 수확이 가능했다고 전한다. 주달관이 신기한 품종이라고 소개하는 톤레삽 호 주변의 뜨는 벼도 앙코르 일대의 높은 농업 생산력에 일조하고 있었다. 캄보디아인은 중국인과 달리 농사일에 인분을 사용하지 않았다고 한다.

메콩을 거슬러 올라가며 본 울창한 밀림, 밀림이 끝나는 곳에 광활하게 펼쳐져 있는 논이라든가 야생 소 무리의 모습이 「산천」 조에 담겨 있고, 「출산」에서는 물총새 깃털(비취), 상아, 코뿔소 뿔, 황밀랍, 라카, 두구,

염료 등의 특산물이 나열된다. 각 품목의 채취 방법도 소개된다.「무역」,「욕득당화(欲得唐貨)」는 그 시대의 교역상을 보여 준다. 여성이 교역 활동에 활발하게 참여하고 있었다는 것, 그래서 중국인이 이곳에 오면 현지 여성을 취한다는 것, 시장은 오전 5시에 열고 오후 1시경에 파한다는 것, 작은 거래에는 곡식 및 중국 물건을 사용하지만 더 큰 거래에는 면포, 금, 은이 이용되었음도 알려 준다. 이곳으로 수입되는 중국의 상품도 다양했으니 비단, 도자기, 주석, 칠기, 유황, 염초 등이 그것이다.

「초목(草木)」,「비조(飛鳥)」,「주수(走獸)」,「소채(蔬菜)」,「어룡(魚龍)」 등은 먹을 것과 관련된 항목이다. 캄보디아인은 쇠고기를 먹지 않았다고 한다. 이는 힌두교의 영향이다. 그 외 다섯 가지 술의 종류와 빚는 방법을 담은「온양(醞釀)」이 있고,「염초장국(鹽醋醬麴)」조에서는 소금이 바다와 산에서 고루 난다고 했다.「잠상(蠶桑)」에서는 누에 치고 뽕나무 키우는 일을 다루고 있다. 그런데 이 일뿐만 아니라 견직물 짜는 기술까지 모두 당시 이곳에 들어와 살고 있던 타이인에게 의존한다고 전한다.「기용(器用)」조에서는 여러 가지 생활 용구를 이야기하며,「거교(車轎)」즉 '수레와 가마' 조에서는 가마의 등급과 장식 등에 대해 자세히 설명하고 있다.「주즙(舟楫)」에서 선박 종류와 제작 방법이 소개되고는 물산과 관련된 부분이 끝난다.

주달관의 서술 대상은 통치 체제로 옮겨간다. 그에 의하면 캄보디아에는 90여 개의「속군(屬郡)」이 있었다. 각 군은 관속을 두고 나무로써 울타리를 늘어 세워 성으로 삼았다. 그 속군의 분포 범위가 라오스 남부, 태국 북동부, 사이공에 이르렀던 것으로 추정된다. 이 시기 모든「촌락」에는 절 또는 불탑이 있었고 촌락의 지배를 책임지는 관리가 보인다. 그 외에 사람의 쓸개를 빼는 일을 언급한「취담(取膽)」이 있고, 근친상간한 경우 몸이 붙었다는 이야기를 담은「이사(異事)」가 있다.

「취담」에서 관심을 끄는 부분은 캄보디아인이 중국인의 담즙은 빼지 않는다는 것이다. 그 이유는 불결하기 때문이라 하니, 중국인과 현지인이 구분되고 있음을 알 수 있다. 앙코르톰에 있는 부조에서 볼 수 있는 닭싸움 장면에서도 캄보디아인과 중국인이 양편으로 나뉘어 겨루고 있다. 캄보디아인에게 중국인은 이방인으로 또 어느 정도는 적대감을 야기하는 존재로 인식되었음을 알 수 있다. 캄보디아 사람들이 목욕을 즐겨함을 그리는「조욕(澡浴)」에도 중국인의 모습이 부정적으로 묘사되고 있다. 일 년 중 며칠 동안은 성 안의 부녀들이 평민 귀족 가릴 것 없이 모두 시엠립 강에서 목욕을 하는데 그 숫자가 천여 명에 이른다고 한다. 이런 행사에서도 중국인은 여성들의 벗은 몸 구경하기를 즐겼다든가 심지어는 몰래 보기 위해서 물속에 들어가는 자들도 있다는 말까지 들었다고 주달관은 전한다. 현지 문화에서 겉돌고 있던 중국인의 모습을 보여 주는 것이다.

중국인 이주민을 다룬「류우(流寓)」에서는 이들이 캄보디아에 깃들여 사는 이유 여섯 가지를 들고 있다. 첫째, 옷을 입지 않고, 둘째, 양식을 구하기 쉬우며, 셋째, 여자를 쉽게 얻을 수 있다. 넷째, 집을 쉽게 마련할 수 있고, 다섯째, 물건이 넉넉하고, 여섯째, 장사하기가 쉽다는 것이다. 이 때문에 중국인 중에는 뱃사람으로 이곳에 왔다가 도망해 숨는 자들이 있다고 한다. 첫째, 둘째, 넷째 이유는 의식주이며 셋째 이유는 혼인, 다섯째와 여섯째 이유는 경제적인 이득과 관련된다. 군대를 다룬「군마(軍馬)」조가 있으나 병사의 복장과 무장에 관해서는 앙코르왓과 앙코르톰의 부조를 참고하는 편이 낫다. 단지, 태국 군대와의 싸움이 언급되고 있음은 주목할 만하다. 이 시기에 짜오프라야 강 상류 쪽에서 타이 민족의 세력이 커지고 있었음을 확인시켜 주는 기사이다.

주달관의 견문기는 거창한「국주출입(國主出入)」묘사로 끝난다. 사람들은 왕이 몸에 성스러운 철을 박아 넣어서 칼이나 화살에 상하지 않는다고 믿고 있었다. 당시의 왕은 전 왕의 사위였다. 왕위 경쟁에서 패배한 전

왕의 아들은 발가락이 잘린 채 감옥에 갇혀 있다고 한다. 왕의 행차 시에는 병사, 악대, 궁녀들이 차례로 뒤를 따르는데 창과 방패를 든 여전사 행렬도 있었으니 궁중 내의 경호병들이다. 그 뒤로 양, 사슴, 말이 끄는 금빛 수레들이 나타났다. 코끼리를 탄 귀족 및 신료들과 그들을 위해 동원된 붉은색 일산이 셀 수 없이 많았다. 그 다음으로는 왕비와 후궁들이 탄 가마가 지나간다. 그들을 덮은 황금색 일산의 수가 백이 넘었다. 최종적으로, 금검을 든 왕이 코끼리를 높이 타고 나타난다. 20여 개의 흰색 일산은 손잡이까지 포함해서 모두 금으로 장식했고, 그가 탄 코끼리의 어금니까지도 금으로 쌌다. 왕 앞에는 황금으로 된 불상과 탑을 놓았다. 밤마다 신전에서 나가 신과 교접한다는, 칼과 화살도 해하지 못한다는 왕이 황금 부처와 더불어 태양 아래 화려한 모습을 드러냈으니 캄보디아의 백성들에게 그는 인간으로 보였을까 아니면 신으로 보였을까?

제3장
# 태국 - 수코타이, 비문(碑文) 속의 세계

## 타이 민족의 형성

베트남과 캄보디아에 비하여 태국의 역사는 매우 짧다. 태국 역사가 본격적으로 시작되는 때는 13세기이다. 태국 역사 연구의 세계적인 권위자였던 데이빗 와이엇(David Wyatt)의 대표적인 저서 이름이 '태국, 짧은 역사(Thailand, A Short History)'임은 의미심장하다. '짧은 역사'라고 해서 허술하게 또는 짧게 쓴 책이 아니다. 빽빽하게 적힌 작은 글씨로 300쪽이 넘어가는 역작이다. 단지 태국의 역사는 동남아시아의 다른 나라들에 비해서 짧다는 사실을 제목에서 강조하고 있다는 것이다.

　역사의 길이를 민족 또는 국가의 자존심과 연결하는 사람들 입장에서 보자면 이것이 다소 불만인지 '짧은 역사'에 대한 열등감을 극복해 보고자 하는 노력은 줄곧 경주되어 왔다. 역사의 길이를 확장하는 방법은 크게 두 가지이다. 하나는 지역과 상관없이 주민족의 이동 자취를 추적하는 방법이고, 둘째는 현재의 주민족이 들어오기 이전 그 땅에 살고 있던 인간의 자취를 추적하는 방법이다. 전자의 입장에 서는 경우, 태국 역사의 기원을 남조(南詔)에서 찾는다. 남조는 7세기경 현 중국의 운남성 서북부에 있는 대리(大理) 지역에서 출현해 9세기에 최전성기를 누렸던 국가이다. 타이인이 이 남조 건설의 주체였다는 것이다(Hall 1958: 144;

Sardesai 1997: 52). 이번에는 운남에 근거해 타이족의 역사를 더듬으면 그 자취는 기원전 약 2000년경까지 소급된다. 두 번째 방식을 취하는 경우, 현 태국 영역 내에서 6-10세기 동안 번성하던 드바라바티(Dvaravati) 문명과 9-13세기에 태국 북부에 존재했던 하리푼자야(Haripunjaya)도 태국 역사의 일부로 주장될 수 있다. 현 태국의 영역에서 출토되는 신석기 유물의 제작 연도를 이용하자면 태국에 사람이 살기 시작한 시기는 기원전 2000년경까지 올라간다.

그러나 이런 식의 역사 소급 방식을 베트남이나 캄보디아 등 다른 나라에도 적용한 후 다시 비교한다면 태국의 역사는 다시 '짧은 역사'가 될 수밖에 없다. 게다가 신중한 태도를 보이는 학자라면 타이족이 비록 운남 지역에 다수 거주하고 남조를 구성하는 주요 민족 중 하나였다는 데는 동의할지라도, 남조를 건국한 주체가 타이인이라고 보지는 않는다.[15] 드바라바티나 하리푼자야의 주인공도 타이족이 아니라 몬족이었다.

타이족은 현 태국을 구성하는 주민족이다. 그런데 타이족은 유사한 언어를 구사하는 동일 어족 따이(Tai)의 일부이다. 북베트남에서의 눙족, 라오스의 주민족인 라오족, 태국의 타이족, 버마의 샨족 등이 모두 따이인이다. 중국 남부, 특히 운남은 물론 귀주, 사천에 이르기까지 널리 분포해 있던 따이인이 동남아시아로 이주하면서 각지로 퍼져 간 것이다. 운남 대리 근처로부터 동남 방향으로 거의 직선으로 흘러 베트남 북부로 들어가는 홍강(홍하 Red River)과 흑강(Black River) 주변에 분포하던 따이족은 5-8세기 동안 서쪽으로 향하기 시작했다. 그렇게 해서 정착한 곳이 라오스, 태국, 버마 북동부였다.

부족 간의 경쟁과 통합 과정에서 일정 규모 이상의 정치 권력을 갖는 여러 소국 즉 '무앙(muang)'이 출현했다. 무앙의 세습적 지배자는 '짜오

---

15) 송인서, 「태국 국호에 대한 일 고찰」, 『江原史學』 13, 14 合輯(1998), p. 416; David Wyatt, *Thailand, A Short History* (Yale University Press, 1984), pp. 13-14.

(chao)'라고 부른다.

지배자 짜오와 피지배층의 관계, 그리고 따이인의 이동과 정착 과정을 와이엇은 다음과 같이 그려냈다:

> 한 지도자가 자신의 무앙 남자들을 모아 군사 원정대를 조직한다면, 대체로 그의 아들 하나가 이 원정대를 지휘했다. 병사들은 먼 지역 한 곳을 정복하고 그곳에 무앙의 가족을 이주시킨다. 새로 정착한 이들은 "정글을 논으로" 바꿀 것이고 젊은 왕자의 지배 아래 조직된 공동체 안에서 거주하게 될 것이다. (Wyatt 1984: 9)

이렇게 이동하던 따이인이 베트남, 참파는 물론 버마의 역사 기록에까지 나타나기 시작하는 때가 11세기경이다. 이 무렵 따이인은 대륙부 동남아시아 북부에 길게 정착을 완료했다.

따이 민족을 따라가는 작업은 이쯤에서 멈추기로 하겠다. 이제부터는 현 태국 북부에 도달한 후 남하하여 짜오프라야 강을 따라 내려오면서 자신들의 역사를 만들어 온 '타이족'에 대해서만 주목하도록 하겠다.

앙코르 제국 외곽에서 서서히 움직이고 있던 타이인이 캄보디아인의 눈에 들어오기 시작했다. 흔히 태국을 지칭하는 용어로 사용되는 '샴(Siam)'이 원래는 캄보디아인에게 '야만인'이라는 주장도(Hall 1958: 150) 이런 사정을 감안한다면 이해할 만하다.[16] 12세기 캄보디아의 부조에는 샴 병사가 등장한다. 외래자, 그리고 '야만인'으로서의 타이인에 대한 이미지를 강조하고 싶었는지 캄보디아인은 샴인을 매우 독특한 모습으로 앙코르왓 부조에 새겨 놓았다. 수리야바르만 2세의 사열을 받는 각 민족의 군대 중 샴 병사만은 유독 규율이 없어 보인다. 그들은 태평한 모

---

16) 샴은 황금 또는 검은색이라는 의미를 갖는다는 것이 일반적인 설이다. 송인서(1998), p. 420.

습으로 발도 맞추지 않고 걷고 있으며, 그런 모습에 걸맞게 앞뒤 병사끼리 시시덕거리기도 한다. 들고 가는 창의 각도는 엉망이고 입고 있는 옷은 아랫부분이 치마 같이 넓게 퍼져 있어서 전투에서의 효율성은 별로 고려하고 있는 것 같지도 않다. 질서 정연하고 엄격한 모습으로 뒤따라오는 라보(Lavo) 병사들과는 대조적이다.

    이런 샴 병사의 모습을 어떻게 해석해야 할까? 우리는 장엄한 왕과 신의 권위를 한껏 고양하려는 목적으로 만들어졌던 앙코르왓의 부조에 왜 타이인이 수리야바르만 2세의 군대 일원으로 포함되어 있었느냐를 생각해 보아야 한다. 적군으로 묘사되는 참파군 중에도 이렇듯 엉터리 군인 모습은 나타나지 않는다. 오합지졸의 야만인이었다면 타이인은 애초부터 위대한 왕의 군대에 끼어들 자격도 없었을 것이며, 캄보디아 왕으로서도 그런 존재를 값나가는 앙코르왓의 부조 공간에 집어넣고 싶지 않았을 것이다. 이 부조에서 보이는 샴 병사의 이미지를 다르게 해석할 수 있지 않을까? 그들은 낙천적이고 여유 있고 자유로웠다. 엄숙한 사열 의식에

▌샴 병사 (앙코르왓, 2012. 2)

도 긴장하지 않는 대담함이 엿보인다. 언뜻 보아서는 '야만적'인 것 같지만 웃음 뒤에 감추어진 힘을 샴 병사들은 보여준다. 이 병사들과 같이 가는 코끼리나 코끼리 등 위에 무기를 들고 서 있는 타이 지휘관의 모습에는 이 힘이 매섭게 표현된다. 이들 타이인은 12세기에 이미 짜오프라야 강을 따라 현 태국의 중부까지 내려와 라보의 몬족과 섞여 살고 있었다.

　중국과 베트남, 한국, 일본 등 한자 문화권 국가에 태국은 '섬라(暹羅)'로 알려졌다. 섬라란 '샴'과 '라보' 또는 '롭부리'의 앞 글자가 합쳐진 단어이다. 샴은 '섬(暹)'으로 표기되고 라보와 롭부리는 '라곡(羅斛, 중국어 발음은 루오후 Luo Hu)'으로 표기되었던 관계로 '섬라'가 된 것이다.[17] 송인서는 섬라가 수코타이를 가리키는 '섬'과 아유타야를 가리키는 '라' 또는 '라곡'의 합성이라고 주장한다.[18] 필자는 이에 동의하는 바이다. 그런데 왜 롭부리가 아유타야가 되는지에 대해서는 설명이 더 필요하다. 태국과 접촉이 많았던 19세기 베트남 조정의 정사인 『대남식록(大南寔錄)』은 유용한 정보를 제공한다. 이 책 안의 '열전' 중 섬라를 다루는 데서는 "라곡이 섬을 강제로 병합하여 섬라곡(暹羅斛)이 되었는데 명나라 초기에 중국에 입공하자 중국에서 '섬라국왕인(暹羅國王印)'을 만들어 주니 섬라라는 이름은 이때부터 시작되었다"고 전한다. 여기서 라곡은 분명 몬족의 라보에서 나온 말이기는 하다. 그러나 이 기사에서 나오는 라곡은 타이족의 아유타야이다. 아유타야는 14세기에 짜오프라야 중류를 중심으로 하여 급성장을 해 라보를 병합하고 수코타이도 압도한 타이 왕국이다. 그러면서 몬족의 라보 또는 롭부리를 의미하던 '라곡'이 타이족의 아유타야를 가리키는 용어로 사용되기 시작했다. 아유타야가 섬(수코타이)까지 아우르니 '라곡'과 '섬'이 합쳐져 '섬라곡'이 되었고 그것이 줄여져 '섬

---

17) 원 '라보'에 '부리'(도시를 의미함)가 붙여져 '롭부리'가 된 것 같다.
18) '섬라'의 명칭에 대해서는 이 밖에도 다양한 견해가 있다. 송인서(1998), pp. 417-419 참조.

라'가 된 것이다.

　현 태국의 영역 내에서 타이족에 의해 기록된 본격적인 역사 시대가 시작되는 때는 13세기였다. 이 새로운 역사의 주인공은 수코타이 왕국이었다. 이 나라의 기원은 대략 1220년쯤으로 본다. 그런데 이 기원은 초기 타이 민족이 형성한 여러 무앙 중의 하나로서의 기원이다. 특정 지역에 체제를 갖춘 국가로서의 기원은 1238년이다. 이 해에 캄보디아의 서북쪽 변방 지대에 위치한 '수코타이'가 한 타이 집단의 공격을 받아 함락되었다. 이 새로운 세력에 의해 급속도로 성장한 나라를 일러 수코타이 왕국이라고 부른다.

## 수코타이 왕국 (Sukhothai, 1238-15세기?)

수코타이 왕국은 람캄행(Ramkhamhaeng) 대왕 때(1279?-1298)에 이르러 크게 발전했다. 대륙부 동남아시아에서 이 시기는 '따이인의 시대'라 부를 정도로 이 민족의 활동이 두드러졌다. 현 라오스의 루앙프라방과 태국 북부의 치앙마이, 버마 동북부 고원 지대, 그리고 수코타이 등지에 따이족의 권력 중심이 등장했다. 수코타이는 람캄행 시대에 앙코르 제국과 맞서는 대륙부 동남아시아의 거대 세력으로 성장했다. 주달관이 그의 책 중 「군마(軍馬)」 조에서 "듣건대, 섬인과 서로 공격할 때 백성을 몰아 싸우게 했다 하니 […]"라고 한 것은 캄보디아와 수코타이 간의 충돌, 그것도 거의 거족적이라 할 수 있을 정도의 전쟁이 있었음을 알려 주는 대목이다. 주달관이 캄보디아에 머물던 당시(1296-1297) 수코타이는 람캄행 치세였다.

　캄보디아의 외곽 지대에 소국으로 산재하던 여러 타이 집단이 국가 형태로 통합되는 동기로 간주되는 몇 가지 요소가 있다. 첫째, 운남에서 몽골에 의해 대리가[19] 망하자(1253) 그곳에 살고 있었던 따이인이 대거 남하했고, 이는 다시 대륙부 동남아시아 따이인의 남진을 자극했다는 것이다. 둘째, 몽골-버마 전쟁으로 인해 버마의 파간 왕조가 무너진(1287) 뒤 구심점을 잃은 버마 땅으로 타이 민족의 세력권 확대가 가능했다는 것이다. 셋째, 캐디의 표현대로 "꼿꼿이 목을 세우고 있는 캄보디아 제국"(Cady 1964: 144)을 견제하고 약화시키는 수단으로 몽골 측이 타이 세력을 보호하고 지원한 것도 타이족의 통합을 도왔다.

이러한 외적인 요소에 더해서 타이인 고유의 능력도 고려되어야 하겠다. 우선 주목해야 할 것은 타이인의 강력한 동화 능력이다. 홀은 일찍이 타이인을 "유럽의 노르만인만큼이나 대단한 동화자(assimilators)"(Hall 1958: 146)라고 평가한 바 있다. 필요하다고 생각하면 새로운 문물을 재빠르게 받아들이고 변화하는 정세에 효율적으로 대처하는 타이인의 특성을 이만큼 정확하게 표현한 말은 없다. 혹은 조금 부정적인 어휘를 사용한다면 캐디의 말마따나 타이인은 "창조자라기보다는 차용자(better borrowers than creators)"(Cady 1964: 145)라고 할 수도 있을 것이다. 동화 능력이건 차용 능력이건 간에 이런 특성의 기초는 개방성이다. 수코타이는 이웃한 캄보디아로부터 정치, 행정, 법체제 등을 받아들이고 몬족으로부터는 불교 문화를 흡수해 발전시켰으며 실론까지 가서 불교를 배워오는 적극성을 보이기도 했다. 몽골로부터는 군사 기술을 배웠다. 중국과의 관계는 특히 인상적인데, 람캄행은 직접 두 번이나 원 조정을 방문해서 두 국가 간의 우의를 돈독히 했고 유사시 지원을 보장받기도 했다.

수코타이의 경제적 기반이 무엇이었는지는 확실하지 않다. 수코타이가 위치한 곳은 짜오프라야 강 상류의 한 지류인 욤(Yom) 강 유역이었다. 이곳은 델타가 넓게 펼쳐져 있는 지역이 아니어서 농업 생산력이 특

---

19) 운남의 남조는 9세기 말에 멸망했고, 10세기 전반(939)에 대리국이 섰다. 대리국 건국의 주체는 백족(白族)이었다. 현재 운남의 대리 주민 대부분이 백족이다.

별히 높은 곳도 아니고 원래부터 교역의 중심지도 아니었다. 수코타이는 물품 교역에 붙이는 세금을 면제해 주는 일종의 자유 무역을 보장했다고 하는데, 이것이 동남아시아 내륙에서 활동하던 교역자들을 유인하는 요소로 작용하지 않았는가 한다. 람캄행 왕이 중국인 도공들을 초빙해 도자기 산업을 발전시켰던 것도 교역에 대한 관심과 배려에서 비롯되었다고 해석될 수 있다.

그러나 초기 수코타이의 성장을 촉진했던 중요한 경제 기초는 약탈이었다. 타이인은 드바라바티나 하리푼자야 등 찬란한 불교 문화를 꽃피웠던 몬족이 때로는 캄보디아에 복속하고 때로는 독립하면서 존속했던 지역을 차지했다. 선주민이 보유하던 부는 타이인에게 넘어왔다. 수코타이가 급속도로 성장해 강력한 국가를 형성하였음에도 불구하고, 그 수명이 매우 짧아 1세기도 채 안 되어 짜오프라야 강 중류에 위치한 아유타야에 판도의 지배권을 내주는 것은 상대적으로 빈약한 경제 기반 때문이었다.

수코타이 왕국은 단명했지만 태국 역사, 더 나아가 동남아시아 역사에 남긴 자취는 크다. 푸난, 캄보디아, 버마 등 강력한 권력 중심부에서 볼 때 외곽에 속하던 욤 강과 짜오프라야 강 유역이 수코타이 때부터 대륙부 동남아시아의 권력 중심부로 등장했다. 거대한 앙코르 제국이 서서히 무너지기 시작하는 것은 수코타이 사람들의 힘에 의해서였다.

## 람캄행 비문

무엇보다도 큰 수코타이 왕국의 공헌은 '람캄행 대왕 비문'의 제작이다. 사료가 부족한 동남아시아에서 이 자료는 그것 하나로도 수코타이의 존재 이유가 충분하다고 평가될 수 있을 정도로 가치가 높다. 동남아시아에 남겨진 대부분의 비문이 왕위 계승과 전쟁, 종교, 의례 등을 담고 있는

데 비하여 람캄행 비문에서 우리는 수코타이 시대의 왕권, 정치, 사회 제도, 종교, 생활사 등 다채로운 면모를 읽어낼 수 있다. 람캄행 시대에 타이 문자가 만들어졌다. 새 문자로 비문을 새긴 것이다. 이 사료를 가지고 수코타이 왕국을 살펴보기로 하자. 비문이 만들어진 때는 1292년이니 조선 왕조가 건국되기 100년 전이었다. 비문의 첫머리는 다음과 같이 시작된다:

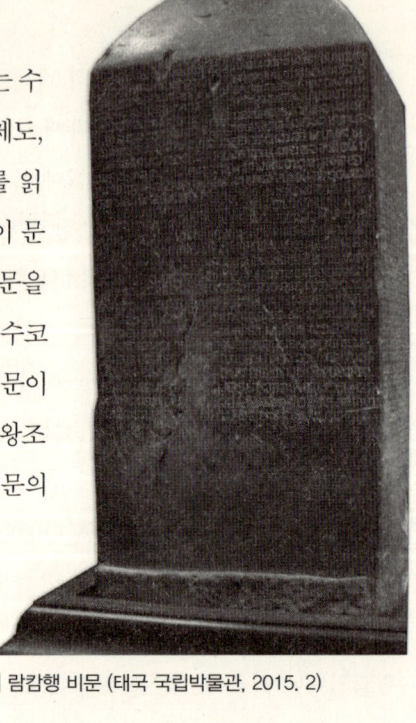

▌람캄행 비문 (태국 국립박물관, 2015. 2)

> 내 아버지의 이름은 스리인드라딧야(Sri Indraditya)이며 내 어머니는 쏘안(Soan)이고 내 형의 이름은 반무앙(Ban Muang)이다. 같은 자궁으로부터 나온 우리 다섯 명 중 세 명은 사내이고 둘은 딸이다. 내 맏형은 어렸을 때 죽었다.

스리인드라딧야는 수코타이의 건국자로 알려진 인물이다. 앙코르 제국 변방 한 무앙의 지배자였던 그가 앙코르 조정으로부터 받은 칭호가 스리인드라딧야였다. 그는 캄보디아의 공주와 결혼했다고 하는데, 그 여인이 람캄행의 어머니인 쏘안이었는지는 불분명하다. 스리인드라딧야의 뒤를 이어 즉위한 사람이 이 비문에서 말하는 형 반무앙(?-1279?)이다. 람캄행은 형의 뒤를 이어 3대 왕으로 즉위했다. 한 어머니 뱃속에서 나온 형제가 다섯이라는 것은 다른 여성에게서 나온 형제도 있었다는 뜻이다. 비문에서 보다시피 왕위는 형제에게 계승되었다.

람캄행이 왕좌를 차지하게 된 근거로 내세우는 것은 용맹성이었다. 그는 아버지를 따라 여러 전쟁에 참가해 공훈을 세우면서 실력자로 부상했다. 열아홉 살이 되던 해 한 전투에서 아버지를 위기에서 구해내고 적의 우두머리와 직접 맞붙어 물리쳤다는 내용을 아주 자세히 기술함으로써 아버지보다 뛰어난 자신의 무력을 과시한다.

수코타이에서 훌륭한 군주의 덕목으로는 용맹성에 더해 인간으로서의 도리도 중요했다. 그래서 강조되는 것이 부모에 대한 효도였다. 아버지가 살아있는 동안 람캄행은 전쟁이나 사냥에서 얻은 것 중 가장 귀한 것은 모두 아버지에게로 돌렸다. 아버지가 사망한 뒤에 자기는 형을 충실히 섬겼음을 강조하고 있다. 왕은 백성과의 관계에서 그들의 분쟁을 직접 심판해 주고 고충을 들어주는 자애로운 심판자였다. 그는 왕궁 앞에 종을 달아 억울한 백성이 그것을 치면 직접 나서 문제를 해결해 주었다고 한다.

람캄행은 적극적으로 불교를 수용했다. 말레이 반도 북부에 자리 잡고 있었으며 해상교역이 활발하던 나콘시타마랏(Nakhon Si Thamarat)에서는 당시 소승불교가 크게 발전하고 있었는데, 람캄행은 이곳에 수차례 사절을 보내 불교를 수입하고 저명한 승려들을 초빙했다. 사원을 건설하고 불상을 안치하는 일도 불교 발전의 후원자로서 뒤따르는 작업이었다.

람캄행의 왕권은 동남아시아적 성격에 매우 가까이 다가가 있었다. 동남아시아로 이주한 지 얼마 되지 않은 타이족이 동남아시아화되어 가는 초기 모습이라고 할 수 있을 것이다. 람캄행은 앙코르의 지배자들처럼 자신을 신화(神化)하려는 작업을 하지는 않았지만 그렇게 하고자 하는 노력의 조짐은 보인다. 그는 종종 고명한 승려가 좌정하여 불법을 강의하는 자리 위에 앉아 정사를 논하고 불교의 가르침 다르마(dharma)를 백성에게 전했다. 그리고 자기가 수코타이의 광대한 영역 속에 들어온 다른 민족, 다른 나라로도 불교의 가르침을 전하는 자임을 자처했다. 람캄행 시대에 불교의 흐름이 소승불교였던지라 대승불교 신봉자인 캄보

▎수코타이 왕실 사원 (2015. 2)

디아의 자야바르만 7세처럼 자신을 보살화 하는 작업은 불가능했다. 하지만 불교를 수용하고 발전시키며 가르치는 과정, 특히 무력으로써 불법을 전파하는 일을 통해 왕은 불법의 구현자, 더 나아가 불교 세계의 건설자라는 의식을 발전시킬 소지는 얼마든지 있었다. 왕은 짜끄라바띤, 즉 전륜성왕이라는 인식이 그 도달점이다.

불교와 관련해서 비문에는 카티나(kathina) 축제가 비교적 자세하게 묘사되어 있다. 승려들이 우안거(雨安居)를 끝내면 도성의 사람들이 사원으로 몰려가 그들을 위로하고 시주하며 한 달여의 기간 동안 이어지는 축제가 시작된다. 이때 촛불 의식과 폭죽놀이는 왕이 직접 주관했다. 주달관에 따르면 비슷한 시기 캄보디아에서도 왕이 지켜보는 가운데 높이 쌓은 단 위에서 불과 화약을 동원한 놀이를 즐겼다고 한다. 수많은 촛불도 동원되었다. 캄보디아와 수코타이에서 공히 보이는 촛불 의식은 인도에서 유래된 것이다(Cœdès 1968: 208).

불교적 왕권은 이전 시대 푸난, 캄보디아에도 있던 토착적 신앙 체계에 의해서 더욱 강화되었다:

그 [브라카분 Brah Khabun 산 정상에 살고 있는 신성한 정령은 이 왕국 내의 그 어떤 정령보다 강하다. 수코타이의 어떤 지배자든지 그 정령을 잘 모시고 따른다면 나라가 유지되고 번성할 것이다. 그러나 제대로 복종하지 않는다거나 제물이 적절치 않을 때 정령은 더 이상 이 나라를 보호하지 않을 것이며 나라는 결국 멸망할 것이다.

용맹성과 도덕성을 체현하는 왕권 아래서 번성하던 수코타이의 경제적 면모는 "물에는 생선이, 들판에는 쌀이 가득하며 누구든지 자유롭게 교역하러 다니고 통행세는 거두지 않았다"고 표현된다. 금과 은이 결제 수단으로 사용되었다. 상속제도 이 비문은 전해주고 있다. 남녀 균분 상속이 아니라 아들에게 재산 승계권이 있음을 밝히고 있다. 람캄행 비문의 이 내용은 남녀 간 상속권이 동등했던 것을 전통 시대부터 현재까지 이어지는 동남아시아의 중요한 특징으로 간주하는 사람들로 하여금 고개를 돌리고 싶게 만들지도 모른다. 그러나 타이족이 운남에서 동남아시아로 내려온 지 얼마 되지 않았다는 사실이라든가 이주하는 동안 형성된 '유목적(nomadic)' 습성 등을 고려한다면 재산 상속의 방식은 아직 덜 동남아적이었을 뿐이라고 여길 수 있겠다. 태국의 역사가 본격적으로 시작되고 타이인이 짜오프라야 강 유역에 안정적으로 정착하면서 남녀 관계도 점차 동남아시아화되어 갈 것이다.

귀족, 관료, 평민이 언급되고 승려, 농민, 상인, 장인, 군인 등의 직종도 비문에 나타난다. 그런데 노예의 존재가 보이지 않음은 흥미롭다. 정말로 수코타이에는 노예가 없었는가? 아직 정확한 답은 없다. 단지, 대규모 경작보다 약탈 및 조공 수입물에 더 의존했던 수코타이에서는 캄보디아나 이후 수코타이를 대신할 아유타야에 비해 노예가 덜 중요했을 수도 있다.

비문은 수코타이가 약 7㎞ 길이의 성벽으로 둘러싸여 있었다고 하는데, '수코타이' 또는 '무앙 수코타이'란 이 성곽 안팎의 공간을 가리킨다. 성 안에는 큰 연못이 있었고 동서남북으로 네 개의 문이 나 있다. 북문 근처에는 시장이 있었다. 국가 통치기구 즉 관료제나 군사 제도에 대해서는 알 수 없지만 중앙과 지방 또는 수코타이와 주변 속국과의 관계는 다음의 기술에서 명료하게 나타난다:

> 누구든지 코끼리를 탄 사람이 와서 람캄행의 보호 아래 자신의 나라를 두고자 한다면 [왕은] 그를 매우 친절하게 대우하고 보살핀다. 코끼리도 없고 말도 없고 사람도 없고 땅도 없고 금, 은 같은 것이 없다 할지라도 [자격 있는 자라면 왕은] 그를 도와 나라를 세우게 해준다.

후견인-피후견인 관계 성립의 전형이 이곳에서 보인다. 수코타이 영역 내 국가의 모습은 왕이 자신의 사람을 지방에 보내는 것이 아니라, 그 반대로 기존의 지배자 또는 실력자가 수코타이 왕에게 오는 형태였다. 찾아온 실력자가 왕에게 복종할 것에 동의하고 왕이 보호를 약속하면 중앙과 지방, 중앙과 속국 사이의 느슨한 주종 관계가 성립했다. 와이엇은 이런 관계가 수코타이 핵심부에서도 그대로 적용되었다고 한다. 수코타이 성곽 소재지를 제외하고는 가까운 주변 지역에도 독립된 여러 무앙이 산재해 있었고 전통 지배자가 각 무앙을 관할하고 있었다는 것이다(Wyatt 1984: 56).

이렇듯 지배자와 피지배자 사이의 개인적 관계로 연결된 람캄행의 영역은 크기가 어느 정도였을까? 비문 분석의 결과에 따르면, 수코타이의 판도는 짜오프라야 강 유역의 라보, 동쪽으로는 현재의 비엔티안(Vientiane), 서쪽으로는 버마의 남부에 해당하는 페구(Pegu), 남쪽으로는 말레이 반도의 나콘시타마랏, 북으로는 루앙프라방(Luang Prabang)까지 포함했다고 한다.[20]

그러나 이런 해석을 그대로 받아들이기는 쉽지 않다. 비문에서 이야기하는 북쪽 즉 루앙프라방이 있는 곳은 지도에서도 금방 확인되듯 정확하게 말하자면 북동쪽이고, 정북쪽으로는 또 다른 따이 왕국들이 비슷한 시기에 출현했기 때문이다. 하나는 응암무앙(Ngam Muang)이 지배하는 파야오(Phayao) 왕국이었고, 치앙마이에 중심을 둔 란나(Lan Na) 왕국도 있었다. 이들 국가는 수코타이와 별도로 또 다른 권력 중심지로서 존재하면서 피지배 국가군을 거느리고 있었다. 캄보디아도 건재했다. 람캄행 치세 중 어느 한때 비엔티안, 페구, 나콘시타마랏 등이 람캄행에 복속했던 적이 있었을 것이다. 그러나 이런 지배-복종 관계는 영구적이지도 않았고 단선적이지도 않았다. 지배-피지배 관계는 종종 중첩되었고 지배 범위는 땅이라는 평면상의 공간이 아니라 사람(지역 지배자)의 모음이었다.

수코타이의 경쟁국이었던 란나는 간단하게나마 소개하고 넘어갈 필요가 있다. 이 왕국은 19세기까지도 존속했다. 태국의 역사는 수코타이를 중심에 두고 전개된 것 같지만, 사실은 북쪽에 란나 왕국이 존재하는 가운데 그 남쪽에서 짜오프라야 강을 따라 수코타이, 아유타야, 톤부리, 방콕 왕조 등이 교체되는 형태였다. 때문에 역사 서술의 계통상 수코타이가 태국 최초의 왕조 같지만, 13세기의 상황만을 놓고 볼 때는 현재의 태국 영역에 따이인에 의한 강력한 초기 왕국으로 수코타이와 란나가 성립

---

20) Nicholas Tarling(ed.), *The Cambridge History of Southeast Asia* vol. one(Cambridge University Press, 1997), p. 169.

되었던 것이다.

  란나의 건국자인 망라이(Mangrai, 1259-1317) 역시 뛰어난 지도자였다. 그는 하리푼자야를 멸망시켰고 1290년부터 시작된 여러 차례의 몽골군 침입을 격퇴하면서 운남 남부까지 몽골군을 밀어붙이기도 했다. 람캄행의 수코타이와 란나 및 파야오는 경쟁보다는 상호 협력 관계를 유지했던 것 같다. 이 세 나라의 지도자가 한데 모여 혈맹 의식을 행한 사실은 유명하며, 이 의식은 따이인이 종족적 일체성을 확인한 것으로 해석되기도 한다(Wyatt 1984: 47).

제4장
# 버마 - 불교 왕조 파간 (Pagan)

## 버마족 국가의 형성

영어로 된 동남아시아 역사 교재를 사용해야 하던 때 필자는 버마 역사에 대한 강의를 시작하면서 칠판에 'Burmans'와 'Burmese'를 써 놓고 두 단어를 구분해 보라고 학생들에게 요구하고는 했다. 별다른 생각 없이 교재를 읽어 온 학생들은 이 질문에 당혹스러워한다. 이 학생 저 학생 대답을 시키다 보면 적어도 한 단어는 종족을 가리키는 단어로 '버마족', 또 한 단어는 국민 또는 민족을 가리키는 '버마인'일 것이라고 추측하는 학생이 나타나기 시작한다. 'Burmans'는 종족을 이르는 말이고 'Burmese'는 현 버마 내부에 살고 있는 'Burmans'를 포함하는 모든 종족을 총괄한 '버마 국민'이다.

 버마는 버마족이 중심이 되는 나라이지만 버마족이라는 단어가 자주 다른 종족 이름과 더불어 등장한다. 그만큼 버마족은 역사서 속에서 객체화되어 있다. 중심 종족과 겨룰 만한 큼직큼직한 종족이 여럿이어서 버마의 역사는 버마족과 주변 민족의 경쟁, 통합, 타협의 과정과 관련된 사건으로 가득하다. 전통 시대에는 현 버마의 영역에서 버마족이 절반을 넘었던 적은 없어 보인다. 버마의 젖줄인 이라와디 강 유역만을 놓고 볼 때도 1400년에 버마족은 전체 인구의 60%를 넘지 못했고, 1830년대가

되어서야 90%에 이르게 되었다고 한다.[21]

버마의 중심부는 버마족이 차지하고 있다. 그런데 버마족은 사방으로 다른 민족들에게 둘러싸여 있다. 동쪽으로는 따이 계통의 샨족, 서쪽으로는 친(Chin)족, 남쪽으로는 몬족, 북쪽으로는 카친(Kachin)족, 그리고 동남부에는 카렌(Karen)족이 있다.

현재 정식 국호로 사용되고 있는 미얀마(Myanmar)는 '버마'보다 원 발음에 충실한 표기이다. 예를 들어 국제적으로 오래 사용되었던 '코리아'나 '꼬레아'보다 '고려'가 원래 발음에 충실한 표기법인 것과 같다. 과거 캄보디아에서도 폴폿 정권 치하에서 국호를 '깜뿌쩨아(Campuchea)'로 바꾸었던 적이 있다. 버마인이 자신들을 지칭할 때 '므란마(Mranma)'라고 했으며, '미얀마' 또는 '버마'와 비슷한 단어로는 1102년 몬족의 비문에 '미르마(Mirma)'라고 하는 표현이 처음 나온다고 한다(Hall 1958: 123-124). 한자 문화권에서는 버마를 예로부터 '면전(緬甸)'이라고 표기해 왔다. 홀은 이 단어가 중국 사료에 최초로 나타나는 것이 1273년이라고 했는데(p. 124), 이 단어의 중국 발음 '미앤디앤'이 어디에서 유래했는지는 확실하지 않다. 분명 앞의 단어 '미앤'은 '미얀마'와 관련이 있고, 버마는 예로부터 목면이 많이 생산되었으니 굳이 '실'이란 의미를 가진 '면(緬)'을 썼을 것이다. '전(甸)'은 발음 '디앤'과 더불어 이 단어가 가지고 있는 '구역' '경계' '왕도의 주변' 등 의미를 차용한 것임이 분명하지만, 무엇을 지칭하려고 중국인이 이 글자를 사용했는지는 이유가 분명치 않다. 혹 중국의 운남을 가리키는 말이 '전(滇)'이었다는 사실과 관련이 있지 않을까 싶기도 하다. '滇' 역시 중국어 발음은 '디앤'이다. 즉 운남과 인접한 버마를 운남 땅이라 여겨 '운남의 미얀마'라는 의미로 '전의 면'이 되었을 수 있을 것이다. 동남아시아 언어가 흔히 그러하듯 꾸며주는 말이

---

21) Victor Lieberman, *Strange Parallels: Southeast Asia in Global Context, c. 800-1830* vol. one(Cambridge University Press, 2003), p. 206.

뒤로 가면 '전의 면'은 '면전(緬滇)'이 된다. 그런데 세월의 흐름과 더불어, 꾸미는 말이 앞으로 가는 중국어 사용자들에게 이런 글자가 이상하게 보였을 것이고, 원래의 의미까지 잊혀졌다면 '滇' 자리에 발음이 같은 '甸'을 넣어 놓고 편안함을 느끼게 되었을 것이다. 글자 뜻대로 '목면이 나는 구역'이라면 사실과도 부합된다.

　버마족이 세운 최초의 왕조는 파간 왕조(849-1287)이다. 버마족은 중국 북서부 감숙성으로부터 이동을 시작해서 티벳, 운남을 거쳐 기원후 2세기경 현재의 버마 지역까지 도착해 작은 나라들을 만들기 시작했다. 때문에 최초 왕조의 시작을 108년으로 잡기도 하지만, 이는 단지 후세에 소급한 상한일 뿐이고 분명한 형태를 지닌 고대 국가가 버마에 성립된 때는 11세기에 들어서였다. 이 국가의 시작은 849년으로 잡고 있다. 이라와디 강과 찐드윈(Chindwin) 강이 만나면서 형성된 차욱스(Kyaukse) 평원 외곽의 파간이 이 왕국의 중심지였다.

## 퓨(Pyu)족

버마족의 이라와디 유역 정착 배경을 이해하기 위해서는 이들보다 먼저 파간에 도착했던 퓨족에 대해 언급할 필요가 있다. 중국 역사서에서 '표(驃)'라고 불리던 이 민족은 버마족과 유사한 언어를 사용했고, 역시 북쪽에서 내려왔다. 기원후 1-2세기경부터 이라와디 강의 중상류에 살기 시작했다. 이들은 7세기경 이라와디 강 중류 프롬(Prome)을 중심으로 한때 크게 발전했으나(비크라마 Vikrama 왕조) 남쪽에 있던 몬족의 공격을 받아 북부로 밀려 올라가 있던 형편이었다. 중심지는 현 쉐보(Shwebo) 근처의 할린지(Halingyi)였다.

　퓨인은 정교한 관개 시설을 이용해 벼농사를 지었고, 이라와디 강의 뱃

이라와디 강 (2009. 2)

길을 따라 북으로는 운남, 남으로는 해안에 면한 몬족과 통하거나 서쪽으로 아라칸(Arakan) 고원 지대를 넘어 인도와의 교역도 발전시켰다. 그들은 성곽 내에 살면서 고유의 문자도 사용하던 '도시민'이었다.

당나라 때 번작(樊綽)의 저술로서 운남의 남조(南詔)에 관해 기록한 『만서(蠻書)』에는 퓨족의 생활상이 비교적 자세히 적혀 있다. 『구당서』도 이들을 언급하고 있다. 불교를 믿었던 퓨족은 남녀 불문하고 일곱 살 쯤부터 머리를 짧게 깎고 스무살이 될때까지 절에서 수련을 했다. 중국인의 눈에 비친 퓨인은 평화를 사랑하고 신앙이 깊어서 잔인한 형벌 도구나 처벌 방식이 없었다고 한다. 심지어 이들은 누에의 생명을 해친다 하여 비단 제품을 경멸하기조차 했다. 흰 무명옷과 붉은 허리띠가 이 고결한 민족의 통일된 복장이었다. 범죄도 극히 적었다고 전한다. 초승달 모양의 은화가 유통되었고 고유의 음악과 무용도 발달했다. 남조의 침입으로(839) 쇠약해져 있다가 버마족의 팽창과 더불어 퓨족은 자취를 감추었다.

퓨족이 남긴 유적지는 아직도 버마 곳곳에 남아 있다. 특히 비크라마 왕조의 수도였던 스리크세트라(Sri Ksetra)에는 46m 높이의 바우바우지(Bawbawgyi) 탑을 포함하는 거대한 탑 세 개가 있는데 이후 이것이 버마 탑의 원형이 된다. 퓨족은 사라졌지만 그들의 자취는 버마 사회에 여러 형태로 전해졌다. 리버만의 관찰에 의하면, 초기 파간의 도상(圖像 iconography), 건축, 문자 등에서 버마족과 퓨족의 것 사이의 차이를 거의 발견할 수 없다(Lieberman 2003: 90). 퓨족의 경제 기반, 종교적 성실성, 심지어 교육열에 이르기까지의 전통이 버마 사회에 이식되었다.

이라와디 강 중류에 퓨족보다 앞서 와 살고 있던 민족은 몬족이었다. 퓨족 역시 선주민인 몬족을 밀어내고 살다가 사라진 것이다. 때문에 퓨족은 버마 역사 속에서 약 2세기 정도만 모습을 드러낸 단역으로 간주하고 더 큰 틀 속에서 버마족이 선주민 몬족을 쫓아낸 뒤 그 문화를 흡수하면서 성장했다고 정리하는 학자도 있다(Cady 1964: 111-112). 그러나 요즈음은 버마족과 같은 티벳-버마(Tibeto-Burman)어 계열의 퓨족이 먼저 도착하여 몬-크메르어 계통인 몬족을 압박했고, 그 뒤를 이어 버마 민족이 다시 퓨족의 땅을 차지한 것으로 보는 시각이 일반적이다. 크메르인과 함께 남하하다가 짜오프라야 강을 따라 정착했던 몬족은 그곳을 지나 다시 버마 동남부 지역으로 들어와 이라와디 강을 거슬러 올라오던 중에 퓨족, 버마족을 만난 것이었다. 몬족이 버마 민족에게 영향을 주는 것, 더 정확하게 말한다면 버마 민족이 자발적으로 수준 높은 몬의 문화를 흡수하는 것은 11세기에 들어서였다.

## 아노라타 왕(Anawratha, 1044-1077)

공식적으로 파간의 건국 시기가 9세기라고 얘기되지만, 11세기까지 파간 왕조의 실질적인 모습은 거의 알 수가 없다. 9세기에 들어 어떤 버마 집단 하나가 파간에 자리를 잡았다고 해도 아직은 몬족이나 퓨족 세력과 경쟁하는 관계였을 것이며 버마족 내부에서도 통일이 이루어지지 않았다.

버마 민족은 대략 19개의 부족으로 나누어져 있었고, 각 부족은 낫(nat)이라고 부르는 고유의 신앙 대상을 보유하고 있었다. 19개의 부족이 각각 낫을 보유하고 있었다는 것은 설사 같은 종족이라고 하더라도 개별 지역에 근거한 부족 단위의 독립성이 강했음을 의미한다. 버마족을 통일하는 지배자는 각 부족의 견고한 독립성을 깨든지 아니면 절충할 필요가 있었다. 11세기에 나타나는 방법은 소승불교를 적극 수입 전파하여 공동의 구심점을 만드는 것이었다.

파간 왕조가 수립되었다는 9세기에는 다른 방식으로 통일성을 꾀하고자 했다. 버마의 공식 역사는 849년부터 전설과 혼합된 형태로 시작되었다. 그런데 전설의 이면에는 당시에 시도된 통합 노력이 숨어 있다. 이해에 한 왕은 19개 부족으로 하여금 공동의 최고 정령을 숭배하게 했다. 그는 과거 한 잔혹한 왕에게 살해된 남매의 정령을 버마인의 성산인 포파(Popa) 산 정상에 모셨다. 그리고는 두 정령이 깃든 나무 한 그루를 파간에 옮기고 그곳을 수도로 삼았다고 한다. 이렇게 해서 탄생된 낫이 남매

▌포파 산 (2009. 2)

중 오빠를 상징하는 마하기리(Mahagiri) 낫이다. 푸난, 사일렌드라, 캄보디아, 그리고 수코타이가 산의 권위에 의지해 통일성을 꾀하려 했던 기도는 여기서도 보인다.

버마는 상부 버마와 하부 버마로 나뉜다. 북쪽으로 머리를 두고 버마를 하늘에서 내려다본다면 인도와 경계가 되는 아라칸 고원이 왼쪽에, 샨 고원 지대가 오른쪽에서 모두 북에서 남으로 흐르고, 그 사이에 거대한 평원 지대가 길게 뻗어 내려온다. 양쪽 고원 지대의 흐름이 끝난 뒤에 평지는 넓어지면서 한참을 더 흘러 델타를 형성하고 바다에 닿는다. 그 델타를 만드는 강은 이라와디 강과 그보다 동쪽의 시땅(Sittang) 강이며, 샨 고원을 넘어 더 동쪽으로는 중국 청해 고원으로부터 내려오는 살윈(Salween) 강이 흘러 말레이 반도 북부에 이른다. 이렇듯 여러 고원과 강물이 같은 방향으로 나란히 흐르니, 마치 버마 전체가 북에서 남으로 완만한 경사를 이룬 형세이다. 강 하류의 델타 지역을 하부 버마라 하고, 강의 중류 지역 이상을 상부 버마라고 부른다. 파간이 속한 곳은 상부 버마였고, 몬족은 하부 버마 시땅 강 하류의 페구, 살윈 강 하류의 타톤(Thaton)을 중심으로 하여 여러 소국을 이루고 있었다.

아노라타 왕의 지배기에 버마는 본격적으로 통합되기 시작했다. 당시까지 파간에는 버마인이 이주하는 과정에서 받아들인 대승불교와 인도로부터 들어온 힌두교, 낫 신앙, '아리(Ari)'라고 하는 마술적 수행 집단, 그리고 일부 소승불교 등이 뒤섞여 있었다.[22] 아노라타 왕은 몬족 출신의 승려 신아라한(Sin Arahan)의 건의를 받아들여 소승불교를 발전시키기로 했다.

불교의 수입지로서 아노라타가 주목하게 된 곳이 하부 버마의 몬 왕국이었다. 그중에서도 신아라한의 고향 타톤이 그의 관심을 끌었다. 아노

---

22) 김성원, 『미얀마학 입문』(부산외국어대학교출판부, 1999), pp. 17-18; Hall (1958), p. 124.

라타는 타톤의 불교 문물을 탐내 타톤의 왕에게 팔리어 경전을 구한 적도 있었다. 그러나 이 요청이 거부되어 실망하고 있었던 터에 캄보디아가 아노라타 왕에게 기회를 가져다 주었다. 11세기 초는 캄보디아에서 수리야바르만 1세가 짜오프라야 강 유역과 더 나아가 살윈 강 하류의 타톤까지 진출하던 시기였다. 캄보디아의 위협이 커지자 타톤 배후의 페구가 아노라타 왕에게 지원을 요청했고, 이에 응해 파간은 페구와 연합하여 캄보디아 군대를 격퇴했다. 타톤은 파간의 제물이 되어야 했다. 불교 문물에 목말라하던 아노라타 왕에게 타톤은 보물 창고나 마찬가지였다. 귀중한 팔리어 경전, 30개의 장경, 그리고 약 30,000명의 몬족 승려와 기술자가 파간으로 옮겨졌다. 타톤만이 아니라 페구도 파간의 지배를 받아들여야 했다. 버마족은 몬족의 부와 문화를 옮겨와 파간을 강화하였다.

아노라타와 신아라한의 적극적인 노력으로 파간에는 빠르게 불교가 퍼졌고, 주변의 제 민족 및 더 나아가 대륙부 동남아시아 각지에 아노라타의 원정군과 더불어 소승불교가 전해졌다. 때문에 아노라타 왕은 동남아시아에서 소승불교가 확산되는 데 크게 기여한 인물로 평가된다. 그는 소승불교의 중심지였던 실론이 전쟁으로 파괴되자 승려와 불경을 보내 불교 문물의 재건을 지원했고, 그 답례로 부처의 치아를 구해 왔다. 이 보물을 모시기 위한 쉐지곤(Schwezigon) 사원을 건설하는 등 많은 불사가 행해졌다. 불교를 관장하는 조직인 상가(승단)도 정비되었다. 상가는 이후 왕조의 교체에 상관없이 존속하면서 버마인의 정신세계를 지배하는 구심점이 되었다.

아노라타는 낫 신앙의 정리를 통해서도 버마 사회를 통일하려고 노력했다. 그런데 이 작업은 버마 사회의 낫 신앙을 불교와 결합시키는 절묘한 시도였으며 성공적이었다. 앞에서 말한 것처럼 아노라타 이전에 공통의 낫 창조를 통한 사회 통합이 시도된 바 있다. 아노라타는 기존의 낫을 36개로 정리했다. 그는 낫 하나를 더 창조했으니 더쟈민(Thagyamin) 낫이었다. 이는 낮의 왕으로서 불교의 제석천, 즉 인드라였다. 이렇게 총 37개의 낮이 그가 건설한 쉐지곤 사원에 부처의 성물과 함께 봉안되었다.

최고 낮의 보호자, 상가의 후원자, 종교의 전파자로서 이제 아노라타는 불법의 세계를 구현하는 전륜성왕으로 자처하기 시작했다.[23] 흰 코끼리는 부처의 전생으로서 큰 가치를 지니며 전륜성왕이 지녀야 할 보물 중의 하나였다. 그가 타톤을 정복했을 때 얻은 흰 코끼리는 아노라타의 종교적 권위를 높여 주기에 충분했다. 그의 지배 영역은 동북쪽으로 현 라오스 북부까지 이르렀고 서쪽은 인도와 접했으며 남과 북은 각각 말레이 반도와 운남에 닿았다. 이 범위는 현재의 버마 영토와 대략 일치한다.

하지만 몬족은 버마족의 지배를 순순히 받아들이지 않았다. 몬족에게 버마족은 북쪽으로부터 내려온 '야만인'에 불과했다. 버마족에게 어처구니없이 당했다고 여기던 남부의 몬족은 기회가 있을 때마다 버마족의 지배에 저항했다. 파간 왕실 입장에서 보자면 몬족을 안정적으로 통제하는 것이 나라 유지의 요체였다. 버마 왕실이 선택한 방법은 몬족 포섭이었다.

## 파간의 발전

이를 적극적으로 실행한 인물이 틸루인만 왕(Thiluin Man, 1084-1113)이다. 찬싯따(Kyanzittha)라는 이름으로 잘 알려진 그는 아노라타 왕 사후 발생한 페구와 타톤에서의 반란을 진압하고 왕위에 오른 후 몬 왕실을 달래고자 타톤의 왕위 계승자에게 자기 딸을 시집 보냈다. 그들 사이에서 태어나는 아들로 하여금 파간의 왕위를 잇게 하기로 찬싯따는 약속했

---

23) Than Tun, "A History of Burma down to the End of the Thirteenth Century," *New Burma Weekly*, Sep. 27, 1958, p. 187, Cady (1964), p. 117에서 재인용.

다. 찬싯따는 몬의 문물을 존중하고 적극 수용했다.

그는 외국과의 관계에서 개방적이고 적극적이었다. 자신이 직접 인도로 가 석가모니가 깨달음을 얻은 곳으로 알려진 부다가야를 방문했고 중국에도 사절을 보내면서 운남의 대리국과 통하는 무역로를 확보하려 했다. 『송사』에는 찬싯따 왕의 첫 사절 방문이 계기가 되어 파간이 '포감국(蒲甘國)'이라는 이름으로 등장한다. 이미 중국에서는 파간을 '대국'으로 인식하고 있었고 대식국이나 베트남과 같은 예로 대했다고 기록하고 있다. 몬 양식의 화려한 아난다(Ananda) 사원이 세워진 것도 그에 의해서였다. 이 사원은 파간의 종교적 열정뿐만 아니라 국가의 통합과 발전을 위한 노력과 희생, 모험심과 도전 정신이 담긴 걸작품이다.

왕이 짜끄라바띤을 자처한다고 해서 힌두적 색채가 사라진 것은 아니었다. 조정에는 아직도 브라만이 있었으며 제석신 인드라를 섬기든가 더 나아가 동남아시아의 전통 신인 나가를 모시는 의식도 행해지고 있었다 (Cady 1964: 119).

■ 아난다 사원 (2009. 2)

팔리어, 퓨어, 몬어 및 버마어로 1113년에 쓰인 미야쩨디(Myazedi) 비문에는 찬싯따 왕이 왕위 계승을 포기해야 하는 아들을 설득하는 내용이 담겨 있다. 국가를 유지하기 위해 타민족과 절충하고 그들을 포용하려는 노력이 돋보이는 이 전통은 20세기 독립 이후 신생 버마에서도 가장 필요로 했던 덕목이었고, 그것을 체현하고자 했던 지도자가 바로 아웅산 장군이었다. 찬싯따가 몬족에게 한 약속은 실행되었다.

그렇게 해서 찬싯따의 뒤를 이은 사람이 깐쑤 1세(Cansu, 1113-1167, Alangsithu)였다. 반세기가 넘는 깐쑤 1세의 긴 재위 기간 버마는 비교적 안정된 발전을 구가했다. 대규모의 사원을 건설하고 불교를 전파하는 행위는 하나의 전형으로 굳어졌으며, 인도에서의 불교 진흥 운동에도 관여했다. 동남부의 테나세림과 서북부의 아라칸에서 반란이 일어났으나 이는 파간 조정에서 볼 때 외곽 지대의 불만 표현에 불과했다. 특히 테나세림의 반란은 파간의 지배력이 확대되는 과정에서 발생한 것이었다. 파간의 세력은 깐쑤 1세 치세 내내 확대되었다. 그러나 불교를 전파하기 위해 각지를 돌며 불사를 독려하느라 수도를 자주 비운 관계로 중앙의 통제력이 약화되었고 깐쑤 1세는 불행히도 아들에게 살해당하는 비운의 주인공이 되고 말았다. 깐쑤 1세 사후 피비린내 나는 권력 투쟁이 이어졌다. 그러나 깐쑤 2세(1173-1210, Narapatsithu)가 즉위하면서 파간은 안정을 찾아갔다.

홀은 깐쑤 1세에서 깐쑤 2세로 넘어가는 1167-1173년을 파간 역사의 커다란 분수령으로 인식한다. 이 시기를 계기로 해서 '버마화'가 크게 진행되기 시작했다는 것이다. 그는 이를 일러 '문화 혁명(cultural revolution)'이라고까지 표현했다. 버마어가 공용어로 정착되고 차욱스 평원과 쉐보 지역의 수리 시설이 확대되었으며 실론에서 소승불교를 직접 받아들이는 노력을 기울이면서 불교의 순수성이 고양되기 시작했다는 것이다(Hall 1958: 129-130). 캄보디아에 소승불교가 퍼져 나가는 주요 계기로 많이 언급되는 사건 즉 자야바르만 7세의 아들이 실론을 방문해 소승불교를 수입해 온 것은 버마를 경유해서였고 실론을 자주 왕래하던 파간 승려들의 도움도 컸다.

'버마화'가 타민족 특히 몬족을 배제하고 순수 버마족(Burmans) 중심으로 전개되었다는 의미는 아니다. 11세기부터 시작된 몬 문물의 수입 및 공존, 혼혈을 통해서 이제 '파간적' 또는 '버마적(Burmese)'인 것이 나타났다고 보는 것이다. 파간의 자신감은 깐쑤 4세(1254-1287, Naratihapate)로 하여금 자기가 "3,600만 병사의 지휘관이며, 3,000명의 후궁을 두고, 매일 300그릇의 카레를 먹어치운다"[24]고 호언하게 했다.

파간 시기에는 정치, 경제, 사회, 문화 제 방면에서 이후 19세기까지 이어지는 전통 시대 버마의 원형이 마련되었다. 그래서 파간은 후세에 개혁 시도가 있을 때마다 버마인이 돌아가야 할 순수한 원형으로 기억되는 경우가 많았다.[25]

왕을 중심으로 하는 귀족 사회가 중심부에 자리 잡고 있었다. 귀족의 경제적 기반은 각자에게 할당된 특정 지역으로서 한 개 묘(myo 읍 邑)를 중심으로 하는 땅이었다. 귀족의 경제력은 여기에서 얻어지는 산출물에 의존했기 때문에 귀족은 '읍을 먹는 자'라는 의미를 갖는 '묘자(myoza)'라고 칭해졌다. 묘자는 중국 문화권에서 공신이나 귀족에게 부여하는 토지를 이르는 말인 '식읍(食邑)'을 생각나게 한다. '식읍'은 '먹는 읍' 또는 '읍을 먹는다'라는 뜻이다. 그러니 식읍을 가진 자는 '먹는 읍을 가진 자' 또는 '읍을 먹는 자'이다. 그런데 파간 시대에 귀족은 주로 수도에 거주했기 때문에 그들의 대리자가 해당 지역 중심부를 지배했다. 이민족 지배

---

24) 그가 민갈라제디(Mingalazedi) 파고다를 세우고 쓴 글이다. Hall(1958), p. 131.

25) Michael Aung-Thwin, "Divinity, Spirit, and Human: Conceptions of Classical Burmese Kingship," Lorraine Gesick(ed.), *Centers, Symbols, and Hierarchies: Essays on the Classical States of Southeast Asia* (Yale University Southeast Asian Studies, 1983), p. 47.

역시 토착 지배자에 위임되었다. 따라서 지방은 세습적인 지위를 가진 사람(myothugyi 묘투지)이 실질적으로 통치했다. 중앙의 정치는 실력자들의 합의체에 의해서 운영되었다.

파간 번영의 기반은 이라와디 강 유역의 농업 생산이었다. 생산력 증대를 위해 차욱스 평야에 관개 시설을 확충하고 개간지를 넓히는 작업도 파간 왕실이 관심을 갖던 사업이었다. 특히 아노라타 왕과 찬싯따 왕, 깐쑤 2세는 이런 일에 열정적이었다. 대륙부 동남아시아에서 삼탑로를 통해 버마를 거쳐 아라칸을 지나 인도로 연결되는 육로상의 동서 교역도 파간의 발전에 중요한 역할을 했다. 해양 교역은 주로 몬족을 통해서 이루어졌다. 동서 해상 교역의 통로인 크라 지협에 대한 통제권을 유지한 것도 파간이 번성할 수 있었던 요인이었다.

왕은 불교의 후원자이며 불교 세계를 구현하는 주체였다. 왕마다 적어도 한 개 이상의 거대한 사원을 건설하는 것은 기본이었고, 불교 관련 기념물이 무수히 만들어졌다. 부처의 치아, 흰 코끼리 등의 보물을 모으는 일도 왕의 중요한 업적으로 간주되었다. 인도에서 행해지는 불사에도 왕실은 적극 관여했고, 부처의 치아를 구한다고 운남의 대리국에까지 직접

▍파간 (2009. 2)

갔던 왕이 있었다. 신앙의 깊이를 표시하는 수단으로서 승단에 행하는 시주는 왕위 권위를 고양하는 중요한 종교 활동이었다. 그러나 승단에의 시주가 왕조의 파국을 초래하는 원인으로 작용하기도 했다. 토지 및 그에 부속될 인력이 사원으로 넘어가는 일이 과다해지다 보면 국가 운영에 필요한 재정조차 고갈되는 경우가 있었다. 국가의 부를 쏟아 붓는 대규모의 불교 건축물 조성 역시 이런 문제를 야기하는 데 한몫을 했다. 종종 토지 회수라든가 시주 금지 등의 승단 개혁이 추진되기도 했다. 전쟁은 우주의 질서를 주재하는 종교적 행위로서 합리화되지만 실제로는 국가 운영(종교 활동을 포함한)을 위한 부의 약탈이라는 측면도 강했다. 승리는 계속되는 번영을 가져오고 왕의 권위를 드높였다. 반대로 실패할 경우 결과는 치명적이었다. 전쟁에서의 실패가 왕조의 생명을 위협한다는 인과 관계가 버마에만 적용되지는 않는다. 그러나 버마에서 더 심각했던 것은 사실이다. 민족 구성이 문제였다. 전쟁에서 져 왕의 종교적 권위가 떨어지고 버마족의 위상이 손상되면 몬족을 비롯한 주변 민족의 도전은 즉각적이었고 파괴력도 강했다.

## 몽골과의 전쟁

원의 세조 쿠빌라이는 1271년 파간에 사절을 보내 복속을 요구했으나 깐쑤 4세는 거부했다. 두 번째의 사절이 왔을 때 왕은 그들을 처형했다. 그리고 버마 군대는 운남을 공격했다. 쿠빌라이의 군대는 곧 반격에 나섰다. 파간 왕은 수도를 버리고 남쪽으로 피신했다. 역시나 몬족뿐만 아니라 서부 아라칸, 동부 샨족이 반란을 일으켜 파간의 지배권은 순식간에 붕괴되었다. 파간은 원나라 군대에 의해 접수되었고 깐쑤 4세는 살해되었다. 원 군대는 왕족 중의 한 명을 새 왕으로 앉혔으나(1289) 이미 파간의 버마 통제 능력은 회복할 수 없는 상태였다. 원 세조는 버마 영역을 분할하여 두 개의 성(省)으로 만들어 중국에 병합시키려 했다.

여기까지만 본다면 13세기 말 원이 버마를 점령한 것이 된다. 아울러 대륙부 동남아시아에서 유일하게 버마에서는 쿠빌라이가 성공했다고 이해될 수도 있다.

그런데 엄밀하게 말하자면 몽골에 패한 것은 버마족(Burmans)이었지 버마인(Burmese)이 아니었다. 차욱스 평원에 살고 있던 샨족 삼 형제가 몽골의 지원을 받는 파간 왕조의 지배권을 부정하고 원 군대에 대한 항전을 전개했다. 파간 왕은 살해되고 그를 지원하는 원나라 군인들도 처형되었다. 파간은 파괴되었다. 1301년에 원의 원정대가 다시 버마로 들어왔으나 삼 형제가 지휘하는 군대는 이를 물리쳤다. 일설에는 원정군 지휘관이 삼 형제로부터 뇌물을 받고 군대를 철수시켰으며 운남에서 이 사실이 알려져 처형당했다고도 한다. 뇌물 공여가 설사 사실이었다고 할지라도 그것은 에피소드일 뿐 철수의 주원인은 버마 군의 저항이었다. 어쨌거나 원의 대륙부 동남아시아 원정은 버마에서도 실패한 것이다. 원정의 대가로 운남은 한동안 버마 군의 역공격에 시달려야 했다.

표면적인 모습만 놓고 볼 때, 샨 삼 형제의 등장은 버마족이 약해졌을 때 발생한 샨 민족의 반란 같아 보이지만, 이들이 주도하는 저항에 참여한 사람들은 샨족만이 아니었다는 사실을 주목할 필요가 있다. 샨 삼 형제가 군대를 일으킨 곳은 샨 고원 지대가 아니라 차욱스 평원이었다. 이곳은 11세기 이후 버마화가 많이 진행되었던 곳이며, 고원 지대의 샨족도 이곳까지 내려와 섞여 살고 있었다. 이곳은 12세기 말부터 13세기까지 파간 조정이 적극적으로 농업 개발을 하던 지역이기도 했다(Hall 1958: 130). 이곳 주민은 아노라타 이후의 불교화 세례를 받고 있었으며 샨 삼 형제 역시 파간의 통치 체제 속에서 세습적 지방 통치자인 묘투지의 지위를 가지고 있던 인물들이었다. 캐디는 이들 삼 형제가 자신들을 파간의 계승자로 자처했음을 주목한 바 있다(Cady 1964: 129). 필자가 보기에 이는 12세기 중반 이후에 시작되어 13세기까지 이어진 버마화 또는 파간화 작업이 초래한 중요한 변화였다. 삼 형제가 모두 파간의 수도에서 교육받은 바 있었다는 사실도 기억할 만하다. 항전의 주체는 버마족과 샨족이 결합된 새로운 버마인이었다. 이런 공동체 의식의 출현은 불교를 매개로 해서 각 민족 간 통일성을 기하고 종족 간의 공존을 추구하던 아노라타 이후 노력의 산물이라고 할 수 있다.

문화적 우월 의식이 강했던 몬족의 경우에는 달랐다. 몽골과의 전쟁으로 파간의 권위가 약해지자 곧 그들은 독립했다.

제5장

# 인도네시아 - 자바 왕국에서 인도네시아 제국으로

스리비자야의 발전과 사일렌드라의 흥기로 7세기와 8세기 인도네시아의 모습은 명확하게 그려지는 데 반해 9세기로부터 13세기에 이르기까지 특히 자바에서 전개된 역사는 필자가 동남아시아사를 가르치면서 가장 애를 먹는다. 이는 다른 학자도 마찬가지인 것 같다. 이 시기에서 요령 있는 역사 서술을 포기하다시피 한 것으로 보이는 홀은 거의 맥락을 찾아보기 힘들 정도의 연대기적 서술로 일관한다. 포함하고 있는 사건, 지명, 문물, 인명이 너무 많아서 다양한 사실을 제공하는 이점이 분명 있음에도 불구하고 역사의 맥락을 찾고 싶어하는 독자는 일찌감치 탈진 상태에 빠진다. 반대로 캐디는 아예 이 시기의 서술을 몇 줄로 요약해 버렸다. 탈링의 『캠브리지 동남아시아사(The Cambridge History of Southeast Asia)』도 마찬가지이다. 최근 가장 많이 읽히고 있는 사르데사이의 『동남아시아, 과거와 현재(Southeast Asia Past and Present)』에서 다소 체계적인 설명을 시도하고 있으나 몇 가지 애매한 기술로 인해 독자로 하여금 역시 혼란스러움에 빠지게 한다. 심지어 인도네시아 전문 연구서들조차도 이 시기는 피해 간다. 예를 들어 이제는 거의 고전으로 취급받는 레게의 『인도네시아(Indonesia)』도 이 부분은 솜씨 있게 얼버무리며 넘어가고 있다.

필자도 강의 시간에 종종 그렇게 하고는 했다. 첫째 이유는 이 시기를 요령 있게 정리할 자신감이 없었던 것이고, 또 한 가지 이유는 강의자의 어설픈 설명으로 인해 학생들이 흥미를 잃어버릴까 염려했기 때문이다. 물론 열 나라의 역사를 한 학기 중에 다 소개해야 하는 관계로 시간이 늘 모자란다는 현실도 그런 '건너뛰기'에 한몫을 했다.

그러나 수 세기의 시간대를 몇 줄의 서술로 얼버무릴 수는 없다. 능력의 한도 내에서 최대한 명료하게 정리해 보고자 한다.

## 산자야 · 마타람 왕국의 부활 - 9세기

제I부에서 자바의 초기 왕국으로 사일렌드라를 이야기할 때, 나는 이 왕조가 832년에 이웃 산자야 왕계의 파타판에 망했다고 했다. 산자야란 사일렌드라 이전 중부 자바를 지배하던 한 왕의 이름으로서, 그의 재위 기간은 732-760년으로 추정된다. 그리고 산자야의 지배 중심지는 사일렌드라의 보로부두르 사원 근처에 있는 마타람이었다. 그래서 산자야의 나라를 마타람 왕국이라고도 하며 왕의 이름을 따라 산자야 왕국이라고도 한다. 이 나라에서는 힌두교의 영향이 강했고 링가도 세워졌다. 하지만 마타람의 번성은 산자야 왕 일대로 끝났기 때문에 필자는 자바 초기 왕국을 소개하면서 이 부분을 생략했다.

홀에 따르면 산자야 왕을 계승한 사람은 판짜파나(Pancapana)였다. 이 인물은 불교도였고 그의 칭호가 사일렌드라였다. 판짜파나가 사일렌드라 왕조의 개창자이며 그에 의해서 보로부두르 사원이 건설되기 시작했다는 것이다(Hall 1958: 42-43). 홀은 산자야의 계보를 만들면서 판짜파나를 포함시켜 놓고 있다. 그러니 홀은 사일렌드라를 마타람 왕조 또는 산자야 왕조의 일부로 보고 있는 셈이다. 그래서 학자들 중에는 사일렌드라 왕국은 아예 존재하지 않는 것으로 간주하고 '사일렌드라들의 시대' 정도로만 보는 경우도 있다(Cady 1964: 74).

그런데 홀은 같은 책에서 사일렌드라의 계보도 따로 만들어 놓았다(p. 47). 문제는 이 계보에 판짜파나가 빠져 있고 대신 사일렌드라의 시작을 비쉬누 왕(Vishnu, 775-782)으로 두고 있다는 것이다. 산자야의 후계자 판짜파나로부터 사일렌드라 왕조가 시작되었다고 하면서도, 사일렌드라 가계의 시조는 비쉬누 왕이라고 하니 이를 어떻게 이해해야 할지 곤혹스럽다.

그런데 문제 해결의 실마리가 되는 것은 판짜파나의 재위 기간(760-780)과 비쉬누의 재위 기간이 약 5년 겹친다는 사실이다. 보로부두르 건설 시작을 778년(또는 776년)이라고 하는데, 이해는 두 왕의 재위기에 모두 해당된다. 때문에 보로부두르를 만들기 시작한 사람이 판짜파나라는 주장도 있고(홀) 비쉬누 왕이라고 하는 주장도(Sardesai 1997: 46) 있는 것이다. 중요한 것은 겹쳐지는 재위 기간이다. 필자가 보기에 이 기간은 권력 중심부가 이동하는 때였다. 산자야의 지배하에 놓여 있던 지역의 소지배자(비쉬누나 그의 선대 인물)가 세력이 커지면서 판짜파나의 종교적 성향과 왕호(사일렌드라)를 모방하다가 결국 취해 간 것이며 그쪽이 새로운 권력의 중심부가 되면서 사일렌드라 왕조로 발전했다고 정리할 수 있다. 중부 자바에 불교가 퍼졌고 힌두이즘은 동부 자바에서 유지되었다. 새로운 권력 중심부가 등장하면 기존 권력 중심의 불빛은 사그라지게 마련이다. 그런 상태로 산자야 집안은 사일렌드라 왕조의 지배 아래서 희미하게 유지되어 오다가 832년을 계기로 산자야 계열의 파타판이 사일렌드라를 타도한 것이다.

마타람 왕조(또는 산자야 왕조)는 부활했다. 그에 따라 힌두이즘 역시 중부 자바에서 영향력이 확대되었다. 보로부두르로부터 동남 방향으로 얼마 떨어지지 않은 곳에 프람바난(Prambanan) 힌두 사원이 세워지는 것도 이때부터이다. 이 사원에는 브라마, 시바, 비쉬누가 중심 건물 다섯

▎프람바난 힌두 사원 (2005. 8)

개에 모셔졌고, 그 주변에 힌두의 성물을 안치한 수백 개의 대소 건물이 늘어서 있었다. 인도 서사시 '라마야나'를 주제로 건축물들의 벽면이 조각되었다. 밀교적 영향도 보여 노골적인 성관계 장면도 종종 눈에 띈다.

마타람 왕국은 9세기에 중국과 접촉이 있었던 것으로 확인된다. 『신당서』에는 마타람이 '가릉'(訶陵, 중국어 발음은 허링)이라는 나라로 소개되며 세 번 정도 사신의 왕래가 있었던 것으로 나와 있다. 이 나라는 고유의 문자가 있고 천문에 밝았으며 왕은 목성(木城)에 살면서 주변 30여 나라를 지배했다고 한다. 32명의 대신이 있었고 재상격인 관직의 이름도 언급된다. 왕의 조부 때에 동쪽으로 옮겨 가서 살았다고 하니 사일렌드라 시기 산자야 일족이 동부 자바로 이주했던 사실을 가리키는 것이다.

인도네시아에서는 8-9세기 불교와 힌두교 사이의 경쟁이 치열했던 것 같다. 불교 왕국인 사일렌드라를 피해 힌두교가 아직 지배적이었던 동부 자바로 산자야 일족이 이동한 사례라든가 사일렌드라의 왕자가 불교 국가인 스리비자야로 망명해 그곳에서 왕위에 올랐다는 것은 종교 간 갈등의 연장선상에서 이해될 수 있다. 이후 자바의 마타람과 수마트라의 스리비자야 사이에서 전개되는 경쟁 양상은 자바 내 힌두이즘과 불교의 경쟁이 이젠 자바의 힌두이즘과 수마트라의 불교 간 대결로 확대된 것이라고 볼 수 있다.

## 마타람 왕국의 동천 (東遷) - 10세기

마타람에 대한 적개심과 종교적 신념이 스리비자야로 하여금 자바를 향한 적극적 공세의 고삐를 죄게 했다. 신독 왕(Sindok, 929-947)이 동부 자바로 수도를 옮긴 것은 지진 때문이라고도 하고 역병 때문이라고도 한다. 그러나 가장 큰 이유는 스리비자야의 위협이었다고 판단된다(Hall 1958: 59).

동부에서 마타람은 안정된 발전을 시작했다. 마타람 왕실이 동부로 옮겨 간 이후 13세기까지의 시기는 자바의 문화 발전에서 중요한 의미를 가진다고 홀은 보고 있다. 먼저, 인도의 영향이 줄어드는 대신 종교, 문화, 통치 방식 등에서 자바 고유의 특성이 나타났다. 신독 왕 시기 비문들에 자바어가 많이 사용되기 시작했음은 이런 변화의 사례이다. 산스크리트 경전들이 자바어로 번역되었으며 인도 문학 작품들이 자바어로 재창조되었다(Hall 1958: 60). 경제적으로는 삼림, 늪지대가 개척되어 경작지가 늘어났다. 향료 제도와 말레이 반도, 수마트라를 연결하는 동서 교역에도 마타람은 적극적이었고(ibid.) 스리비자야를 공격하여(992) 무역의 주도권을 장악하려는 시도도 나타난다.

그러나 10세기 스리비자야는 여전히 강했다. 마타람의 도전은 실패로 끝났고, 오히려 스리비자야의 역공을 받아(1016) 마타람 왕국은 몰락하는 듯했다.

## 아이르랑가 시대 (Airlangga, 1019-1049)의 번영

아이르랑가에 의해 마타람은 다시 번영의 세기를 맞았다. 이 세기에 베트남에서는 중국의 천 년 지배기가 끝난 후 장기 왕조 리 왕조가 출현해 송의 재점령 의도를 좌절시키며 독자적인 발전을 시작했고, 캄보디아에서는 수리야바르만 1세의 전성기가 있었다. 버마에서는 아노라타 치세가 시작될 때였다. 스리비자야가 이 세기에 인도 촐라 왕국의 공격을 받아(1025) 쇠퇴하고 있었지만 이미 7세기의 전성기를 지나고도 400여 년을 더 이어온 터이기 때문에 한 왕조로서의 생명은 충분히 누렸다고 할 수 있다. 인도네시아의 역사라는 틀에서 본다면 스리비자야의 몰락이 아이르랑가 치하 마타람의 흥성을 가져오는 계기가 되었으니 11세기 동남아시아를 강력한 국가의 출현기로 보는 데에 큰 문제는 없다고 본다.

수마트라 쪽에 라이벌이 사라졌다고 해서 마타람의 지배 영역이 수마트라까지 확대된 것 같지는 않다. 그렇게 되기 위해서는 13세기까지 기다려야 했다. 단지 아이르랑가 때 자바 전역을 안정적으로 통치하는 권력이 등장했다는 데 의미가 있다. 거기서 더 나아가 신독 이후의 자바 문화 발전이 성숙해졌다는 평가도 가능하다. 이제 마타람 사회에서는 힌두이즘만이 아니라 대승불교도 포용하는 모습이 나타난다. 1030년대에 보이던 스리비자야와 마타람 사이의 화해는(Cœdès 1968: 146) 포용 정책의 원인이자 결과이다. 공존하는 두 종교가 토착의 요소들과 혼합되면서 자바의 문화를 만들어 갔다. 수많은 역경을 이겨낸 뒤 왕위에 오르고, 수마트라 공주와의 결혼을 축하하고자 만들어진 서사시 '아르주나비바하(Arjunavivaha)'는 아이르랑가의 행적을 노래한 명작으로서 자바어로 쓰인 것이다. 이 서사시는 이후 인도네시아 전통 문화의 하나로 자리 잡는 그림자극 와양(wayang)의 가장 인기 있는 주제가 된다.

힌두교-불교의 공존이 시작되었지만 아직 힌두교의 전통이 강했는지 아이르랑가는 죽으면서 자신을 비쉬누와 일체화하고자 했다. 아이르랑가가 비쉬누로서 가루다(Garuda) 위에 올라탄 모습을 새긴 조각물은 이 시대 자바인의 솜씨가 얼마나 정교하고 자신감 넘쳤는지를 유감없이 보여준다.

## 마타람 왕국의 분할 - 12세기

아이르랑가 사후 잠시 자바가 분할되었다. 그는 두 아들에게 나라를 반으로 나누어 주었다. 각각 중심 지역의 이름을 따 동쪽은 장갈라(Janggala), 서쪽은 케디리(Kediri)라는 이름으로 불렸다.

그러나 곧 케디리가 장갈라를 압도했다. 케디리를 또 하나의 새로운 왕조로 취급할 수도 있으나, 크게 보면 마타람 왕조는 그대로 유지되고 있었다고 보아야 할 것이다. 정치적 안정은 지속되었고 십자군 전쟁을 계기로 인도와 지중해 지역 간의 무역이 발전하면서 수요가 증대된 향료의 무역을 통제하게 된 것은 마타람에 부를 안겨 주었다. 스리비자야는 이젠 더 이상 자바의 상대가 될 수 없었다. 무역상은 스리비자야 보다 세금이 훨씬 싸고 향료 제도에 인접한 케디리를 선호했다. 케디리 시대는 문학이 특히 발전한 것으로 알려졌다. 인도 서사시 마하바라타(Mahabharata)의 내용을 차용하여 자바어로 쓴 '바랏아유다(Bharatayuddha)'는 걸작으로 손꼽힌다.

## 싱고사리 왕국 (1222-1292)과 컬타나가라 왕 (Kertanagara, 1268-1292)

13세기 초까지 번영을 구가하던 마타람 왕조는 장갈라 부근 싱고사리 출신의 실력자 앙록(Angrok)에 의해 망했다(1222). 새로운 왕조가 싱고사리 왕조이다.

싱고사리 왕조의 생명은 짧았다. 때문에 이 왕조의 성쇠는 장기간에 걸친 마타람 왕조 시대와 13세기 말에 형성되어 자바와 수마트라를 포괄하는 제국을 형성할 마자파힛의 발흥 사이에 끼인 단막극처럼 보이기도 한다.

그런데 싱고사리는 이 단막극 속에서도 마타람의 전통을 유지하는 한편 후속의 왕조 마자파힛에서 나타날 새로운 변화, 즉 자바와 수마트라가 하나의 세계로 합쳐지는 전조를 보여 주고 있다. 힌두교-불교의 공존은 유지되었다. 이 원칙은 놀라울 정도로 준수되어 비쉬누바르다나(Vishnuvardhana, 1248-1268)라는 왕의 유해는 화장된 뒤 시신의 재가 반으로 나뉘어 짠디믈레리(Chandi Mleri)와 짠디자고(Chandi Djago)에 안치되어 각각 시바와 관음보살로 간주되었다고 한다(Hall 1958: 65). 이 왕의 후계자 컬타나가라의 공식 왕호는 힌두교와 불교가 결합됨을 상징하는 시바부다(Sivabuddha)였다(Cœdès 1968: 198).

쿠빌라이가 자바에 사신을 보내 왕으로 하여금 직접 중국 조정에 와서 황제를 알현하라고 요구한 것은(1289) 컬타나가라의 자존심을 건드리기에 충분했다. 그는 원나라 사신들의 얼굴을 심하게 훼손하여(코를 자르는 등) 돌려보냈다. 컬타나가라는 스리비자야를 멸망시켜(1290) 자바와 수마트라가 하나의 정권하에 지배되기 시작하는 발판을 마련하였다. 제국의 확대에는 종교의 통일을 위한 노력이 수반되었다. 짠디자고의 것과 똑같은 상을 만들어 수마트라의 멜라유에 보내 안치하게 한(1286) 것이 그 예이다. 몽골과의 전쟁이 임박한 상황에서 이런 작업에 더욱 박차가 가해졌는데, 홀의 말대로 "컬타나가라는 몽골의 위협에 직면하여 각국과의 영적인 연계를 통해 인도네시아 국가들 사이의 신성 동맹을 구축하고 있었다"(Hall 1958: 66)고 할 만하다.

원의 군대가 1292년 자바를 향했다. 원 사신이 돌아간 후 원정군을 맞이할 때까지 2-3년 동안 컬타나가라는 협상과 전쟁을 병행하는 외정(外征)을 계속하고 있었다. 몽골군이 자바를 향해 오고 있을 때 컬타나가라의 주력 함대가 멜라유를 공격하러 떠나 있었던 것이 그에게 불행이었다.

몽골 원정대가 온다는 소식에 민심이 술렁일 때 그동안 싱고사리에 불만을 품고 있던 케디리 집안의 한 지도자가 반란을 일으켰다. 싱고사리가 점령되었으며 컬타나가라도 살해당했다. 쿠빌라이의 군대가 도착한 것은 이때였으니(1293) 원정군은 입장이 애매하게 되었다. 원정군의 징벌 대상이 되어야 하는 컬타나가라는 이미 세상 사람이 아니었고, 그렇다고 해서 반란을 일으킨 케디리 세력이 자바를 장악하고 있지도 않았다.

이때 적절한 교섭 상대자가 나타났다. 그는 컬타나가라의 후계자였다가 반란 세력에 쫓겨 피해 다니고 있던 비자야(Vijaya) 왕자였다. 비자야는 몽골군에게 매력적인 제안을 했다. 자신이 반란군을 진압할 경우 쿠빌라이에게 복종하겠으니, 자신을 지원해 달라는 것이었다. 이렇게 해서 비자야 왕자와 쿠빌라이 군대 사이에는 동맹 관계가 성립되었고 이들이 힘을 합쳐 케디리 세력에 승리했다.

하지만 비자야가 쿠빌라이에 복종할 생각은 애초부터 없었다. 그가 기다리고 있던 것은 멜라유로 갔던 원정대였다. 이들이 돌아오자 비자야 왕자는 원군을 공격해 쿠빌라이의 의도를 좌절시켰다.

비자야의 승리는 인도네시아 역사상 가장 강력한 왕조의 건설로 이어졌다. 비자야는 자신이 피신해 있던 브란타스 강 유역의 한 마을 마자파힛을 수도로 삼고 새로운 왕조를 열었다. 이를 마자파힛 왕국(1293-

1527?)이라고 부른다. 이 왕국에 의해 현 인도네시아 대부분을 아우르는 지역이 통합되었다.

# 리뷰

　지금까지 우리는 다섯 개의 동남아시아 국가를 살펴보았다. 기록되어 있는 역사로 본다면 베트남이 가장 먼저 역사 무대에 등장했다. 이는 베트남이 중국과 가깝고 접촉이 많았던 만큼 중국에 풍부히 남아 있는 기록 덕분이다. 베트남인이 중국의 역사 서술 방식을 받아들여 현대의 역사 연구자에게 익숙한 형태의 기록을 남긴 것도 중요한 이유이다. 락롱꾸언을 시조로 하여 시작되는 반랑, 어우락을 거쳐 남비엣 시대를 끝으로 베트남은 중국의 지배 아래로 들어갔다. 이로부터 시작되는 시기를 천 년의 '북속(北屬) 시기'라고 부르는데, 이 놀라운 민족은 천 년 동안 중국의 지배를 받았음에도 불구하고 중국에 동화되지 않고 10세기에 들어 독립 국가를 탄생시켰다. 11세기부터 본격적인 장기 왕조의 시대가 열렸으며 베트남인은 중국으로부터 받아들인 문물과 반랑 시기부터 내려오는 문화 전통을 결합하고 그 위에 중국에 대한 장기간의 투쟁에서 얻은 경험을 바탕으로 중국과는 다른 독특한 국가로의 발전을 이루었다. 유교적 이념이 확대되고 제도를 운용하는 것은 중국적이어 보이지만, 정치 형태나 종교적 성향, 사회 제도 등은 중국과 구분된다. 장기 왕조가 들어선 이래 송, 원과의 대결에서 승리하는 것이라든가 참파 등 주변 민족을 적극적으로 압박하고 영토를 확대해 나가는 데는 중국과의 싸움 속에서 터득한 군사 지식이 큰 몫을 하였을 것이다.

　베트남보다 역사의 시작은 훨씬 늦지만, 캄보디아는 발전 속도가 대단히 빨랐고 동남아시아에서 가장 넓은 영역을 지배하는 나라로 성장했다.

드넓은 제국의 형성보다 중요한 것은 캄보디아인이 인류에 남긴 장엄한 문화유산이다. 이 유산은 동남아시아의 독특한 종교적 성향 및 왕권의 성격을 반영하고 있다. 통상 앙코르 제국의 시작은 802년 자야바르만 2세가 데바라자 의식을 행하며 왕위에 오르면서부터라고 한다. 데바라자 의식의 실체가 과연 무엇인가 하는 데에는 논란의 여지가 있다. 그러나 이 의식이 왕권을 신성과 연계하려는 의도에서 비롯된 것임은 분명하다. 신성을 가진 왕답게 그들이 해낸 일 또한 범상하지 않았다. 톤레삽 호수의 물을 끌어들여 관개 시설을 건설했고 저수지들을 조성하여 원래 1기작만 가능했던 땅을 2-3기작이 가능한 옥토로 만들었다. 시바, 비쉬누 등의 신을 위해서 또는 자신을 위해서 그리고 죽어 신이라고 여겨지는 조상들을 위해서 그 넋을 기리는 정교한 사원들을 끊임없이 만들었던 왕들은 우주의 중심에서 신과 합일하며 세계를 지배하고자 했다. 12세기 앙코르 왓이나 13세기 앙코르톰은 앙코르 제국의 신성과 번영을 웅변한다. 주달관의 『진랍풍토기』는 13세기 앙코르 사람들의 삶을 충실하게 전해 주는 귀한 사료이다.

    대륙부 동남아시아의 다섯 나라 중에서 가장 늦게 고대 국가가 출현한 나라는 태국이었다. 따이인(또는 타이인)은 5세기경부터 대륙부 동남아시아로 이동하기 시작했다. 이들은 베트남, 캄보디아의 외곽 지대를 따라 서서히 짜오프라야 강 상류 쪽으로 다가갔으며, 그곳의 선주민인 몬족을 압박하면서 세력을 확대하다가 13세기 수코타이 왕국을 건설했다. 수코타이는 람캄행 대왕이 남긴 비문에 의해 국가의 형태가 상세하게 드러난다. 이 비문은 용맹한 전사이자 종교 수호자로서의 왕, 각종 불교 의식, 기념물과 사원, 풍습, 사회 조직, 통치 영역, 전통 신앙 등 귀중한 내용들을 담고 있다. 비문을 쓰는 데 사용된 타이 문자 그 자체도 가치 있는 자료이다.

    이라와디 강 중류의 선주민인 몬족과 퓨족을 밀어내고 이 지역의 주인으로 자리 잡은 버마족은 파간을 중심으로 발전했다. 그러나 버마족은 지배 영역 내에서 다수를 차지하지 못했다. 몬족, 퓨족의 수준 높은 문화에 압도당할 수밖에 없었던 버마족은 이 두 선주민의 문화를 적극 수용하면서 적응했다. 특히 11세기 아노라타 왕은 몬족의 타톤으로부터 승려, 장인, 예술가, 경전 등을 파간으로 옮겨 버마족 사회를 소승불교로 개종시켰다. 파간은 동남아시아로 향하는 소승불교의 관문이 되었다. 왕은 불교의 수호자이며 전파자로서의 역할을 중요하게 여겼고, 승단을 통한 보시와 장엄한 불교 건축물의 건설은 그들의 중요한 책무로 인식되었다. 12세기에 들어 파간은 버마족 중심주의를 벗어나 주변의 민족을 포섭하고 공존하는 놀라운 능력을 과시했다. 찬싯따가 자기 딸을 몬족의 왕자에게 시집보내고, 그 사이에서 나온 아들을 후계자로 삼은 것은 포섭과 화해의 대표적인 사례였다. 이질적인 문화들이 하나로 융합되면서 버마적인(Burmese) 것들이 나타났고, 다시 이 버마적 요소는 12-13세기 동안 주변으로 퍼져 나가고 있었다. 따이계의 샨족 지도자들이 세운 14세기의 왕조가 파간의 후계자임을 천명하는 것은 버마적 전통의 공유 권역(共有 圈域)이 확대되었음을 의미한다.

산자야 가계의 인물에 의해 9세기 중부 자바에서 마타람 왕국이 부활했다. 사일렌드라의 왕자는 스리비자야로 피신해 거기서 왕위에 올랐다. 그러니 스리비자야와 마타람의 관계가 우호적일 수 없었다. 종교의 차이도 갈등의 원인이었다. 사일렌드라와 스리비자야는 공히 불교 국가였던 데에 반하여 마타람 왕국은 힌두교를 숭배했다. 마타람은 1222년까지 존속했다. 스리비자야가 1290년 멸망했으니, 수 세기 동안 경쟁 관계를 이어 오다가 마타람과 스리비자야는 같은 세기에 사라졌던 것이다. 중부 자바에 힌두이즘을 확산하던 마타람은 스리비자야의 위협에 밀려 10세기에 동부 자바로 옮겨갔다. 이곳에서 마타람은 힌두적인 것과 토착적인 것이 결합된 독특한 자바 문화를 꽃피웠고, 11세기 아이르랑가 시대를 맞아서는 불교도 수용했다. 동부 자바에서 경작지가 확대되고, 스리비자야가 쇠퇴하면서 동서 교역의 중심지가 동부 자바로 옮겨 왔다. 일시적이기는 하지만 스리비자야와의 극적인 화해도 이루어졌다. 자바 전역은 12세기에 하나의 권력 아래 통합되는 모습을 보인다. 마타람이 1222년 멸망하고 싱고사리 왕조가 들어서면서 인도네시아 역사에서는 큰 변화가 나타났다. 종교적 성향은 12세기의 전통을 계승했지만 지배 권력의 범위는 자바를 넘어 수마트라를 비롯한 주변 도서 지역으로 확대되기 시작했다. 바야흐로 '인도네시아'의 모습이 나타나기 시작한 것이다. 13세기의 마자파힛 왕조는 그 구현체(具現體)였다.

이와 같은 내용을 바탕으로 판단하건대, 13세기 동남아시아 각국에서는 중앙 권력이 현저하게 확대되고 있었다. 대부분의 국가에서 외적인 팽창이 보이지만 그보다 중요한 것은 직접 지배지가 확대되고 유교, 불교, 힌두-자바적 중앙 문화가 확산되고 있었다는 것이다. 베트남에서는 13세기 종실을 중심으로 한 지배 체제하에서 중앙 권력 집단의 영향력이 커지고 국가적 자부심을 고양하는 역사서가 편찬되었으며 쯔놈 문학이 발전했다. 캄보디아에서는 관료제가 정교해지고 여행자 휴식소 설치에서 상징되듯 중앙과 지방 사이의 소통이 활발해졌다. 아울러 캄보디아 지배자들은 불교를 통해 왕과 신민의 정신 세계를 통일하고자 했다. 람캄행 시기 수코타이의 출현은 타이 무앙들이 빠르게 통합되고 있었음을 의미한다. 타이 민족도 불교에 의해 하나가 되고 있었다. 파간에서는 수 세기에 걸쳐 몬과의 융합이 이루어지면서 종교, 문자 등에서 버마적 요소가 나타나 상부 버마 지역을 버마화해 나갔다.

동남아시아 각국에서 보이는 통합 노력의 원인이자 결과는 이 시대에 발현된 힘이었다. 쿠빌라이의 장군들이 동남아시아 각국을(참파도 포함) 공격했지만 모두 실패했다. 북방(몽골 또는 중국)의 도전에 대한 남방의 자신감과 승리는 '13세기의 힘'에서 온 것이다.

# III

# 대륙부 동남아시아의 발전

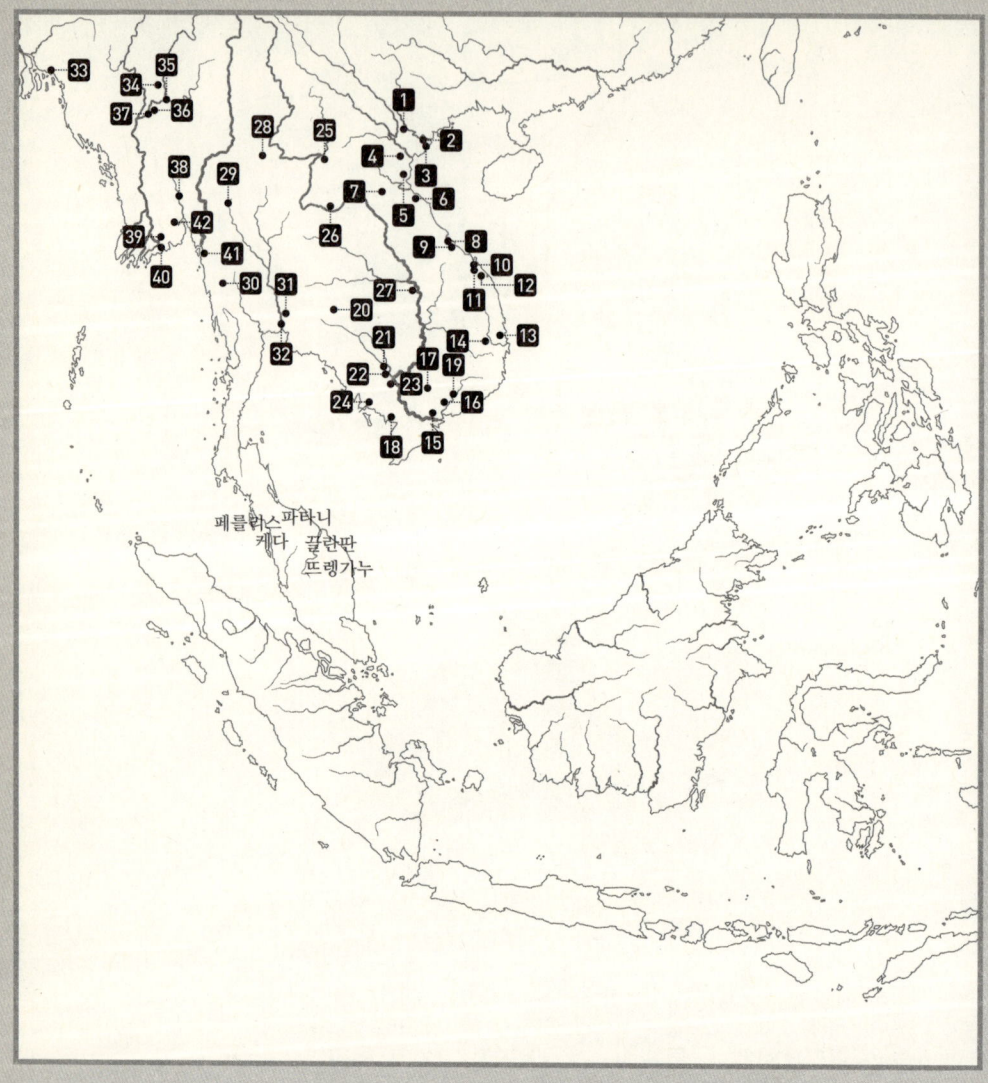

| | | | |
|---|---|---|---|
| 1 탕롱 | 12 꽝아이 | 23 프놈펜 | 34 꼰바웅 |
| 2 흥옌 | 13 비자야(빈딘) | 24 깜뽓 | 35 만달레이 |
| 3 하이퐁 | 14 떠이썬 | 25 루앙프라방 | 36 아마라푸라 |
| 4 닌빈 | 15 미토 | 26 비엔티안 | 37 아바 |
| 5 타인호아 | 16 사이공 | 27 참파싹 | 38 뚱구 |
| 6 응애안 | 17 떠이닌 | 28 치앙라이 | 39 양곤 |
| 7 쩐닌 | 18 하띠엔 | 29 치앙마이 | 40 시리암 |
| 8 푸쑤언 | 19 비엔호아 | 30 삼탑로 | 41 마타반 |
| 9 후에 | 20 바탐방 | 31 아유타야 | 42 페구 |
| 10 다낭 | 21 로벡 | 32 방콕 | |
| 11 호이안 | 22 우동 | 33 시따공 | |

# 제1장
# 베트남 - 중국에 대한 저항과 남진 (南進)

### 유가 지식층의 성장

몽골과의 3차에 걸친 전쟁 후에 보이는 베트남의 모습은 이채롭다. 전쟁으로 전 국토가 피폐해지고 인명 손실도 컸다. 그런데 국력의 회복 속도가 빨랐다. 전쟁 종결 후 약 20년이 지난 1312년 베트남은 대군을 동원하여 참파를 정복하고 왕까지 생포하였다. 이것을 보면 과연 몽골과의 전쟁이 베트남의 국력을 고갈시켰는지 의심스러울 정도이다. 얼마 가지 않아 베트남은 참파로부터 두 개의 주를 획득하여 국가의 영역은 현재 베트남 중부 지역까지 확대되었다.

쩐훙다오를 독려하며 쿠빌라이의 군대에 대한 항전을 지도한 년똥 (Nhân Tông 仁宗, 1278-1293)은 왕위를 넘겨주고 상황으로 올라 불교에 정진하였다. 그는 죽림파(竹林派)라는 새로운 선종 종파의 시조가 되니 (유인선 2002: 150), 베트남에서의 불교는 전성기를 맞았다.

유교 이념도 계속 확대되고 있었다. 몽골과의 전쟁 중 협상 사절로 문사들이 양국을 왕래하였다. 이들이 중국과의 소통을 담당하게 되면서 조정 내에서 유가 지식인의 약진은 현저해졌다. 저명한 유학자 막딘찌 (Mạc Đĩnh Chi 莫挺之)가 원나라 황제 앞에서 고려 사절과 문장 실력을 겨루었다는 이야기는 베트남에 널리 퍼져 있다. 중국을 제외한 동아시아에서 가장 유교 전통이 깊은 두 국가 유학자들 사이의 문장 실력 겨루기를 유교와 별 관련이 없는 몽골족 혈통의 황제가 심사했다는 것이 합리적이어 보이지 않는다. 전해지는 말로는 황제가 막딘찌의 손을 들어주었다고 한다. 사실 여부는 확인되지 않고 있지만 유교 이념에 대한 두 국가의 유별난 취향과 한국보다 앞서 유학 및 중국 문화와 접촉한 베트남의 역사를 고려한다면 이는 충분히 있을 수 있는 일이다.

유학적 소양을 가진 인재들이 사회 전반에 퍼지기 시작하면서 그들은 새로운 사회 건설을 모색하기 시작했다. 유학자들의 눈에 국가의 운영이 종실에 의해 독점되는 현상은 부당해 보였다. 같은 세기 고려의 사대부들이 사회적 모순을 인식하는 가운데 개혁의 주도 세력으로 전환되는 모습이 베트남에서도 나타났다.

몽골의 침입을 물리치면서 전성기를 구가하던 쩐 왕조는 14세기 중에 쇠퇴의 조짐을 보이기 시작했다. 다음과 같은 세 가지 원인이 쩐 왕조를 몰락으로 이끌었고 불교 사회가 유교 사회로 전환되는 길을 열어주었다.

먼저, 종실이 분열되고 이성(異姓) 실력자들이 등장했다. 쩐흥다오의 강력한 리더십이 있기는 했지만, 그렇다고 해서 종실 전체가 단결한 것은 아니었다. 쩐익딱(Trần Ích Tắc 陳益稷) 같은 이는 일찍이 몽골에 투항하여 안남국왕에 봉해졌고, 투항한 또 다른 종실 인사의 가신이었던 레딱(Lê Tắc)은 원의 군대를 위하여 『안남지략(安南志略)』이라는 베트남 안내서까지 써 주었을 정도였다. 전쟁을 치르면서 이미 종실의 단결에 금이 간 상태였지만 전쟁 후에도 투항자의 처벌 및 그들로부터 몰수한 재산의 처리 문제를 놓고 한 번 더 홍역을 치러야 했다. 이렇게 해서 생긴 간극 사이로 이성의 실력자들이 부상하면서 쩐씨 종실의 독점적 지배체제는 무너져갔다.

참파의 공세도 쩐 왕조의 쇠퇴를 부채질했다. 몽골과의 전쟁에서 승리한 후 베트남은 참파를 밀어내고 현재의 베트남 중부 지역까지 진출한 바 있다. 그러나 14세기 후반부터 시작된 참파의 반격은 파괴적이었다. 1360년 왕위에 오른 제봉아의 지휘하에 참파군은 베트남 조정의 얼이 빠질 정도로 수없이 베트남을 공격했다. 수도가 여러 차례 점령당했고, 반격에 나섰던 황제가 전사했다. 30여 년에 걸친 참파와의 전쟁으로 인해 베트남은 극도로 피폐해졌다.

중국에 명(明, 1368-1644)이 들어선 것은 쩐 왕실에 부담으로 작용했다. 베트남을 길들이기 위해서 명은 과도한 공물을 요구하기 시작했는데, 이는 재정의 어려움을 가중시켰다. 세수는 부족했고 오랜 전쟁으로 인한 인명 손실, 장원으로의 도피 때문에 초래되는 인력난도 심각했다. 이런 형편에서 특권적 귀족의 대장원이나 사원이 보유하고 있는 토지가 유가 지식인 사이에서 개혁의 대상으로 주목을 받게 되었다.

## 호씨 정권 (1400-1407)

쩐 왕조를 무너뜨린 사람은 호꾸이리(Hồ Quý Ly 胡季犛)였다. 이 인물이 정권을 잡기까지의 과정에는 앞서 이야기한 종실 독점 지배의 이완과 참파와의 전쟁이라는 두 가지의 쩐 왕조 쇠퇴 원인이 그대로 투영되어 있다. 그의 집안은 타인호아(Thanh Hóa 清化)의 호족이었다. 호꾸이리의 두 고모가 황제(明宗, 제5대)의 후궁으로 들어갔고, 이 여성들이 낳은 아들들이 황제가 되었다. 이는 전 세기라면 생각도 할 수 없는 일로서, 14세기 중에 종실 독점 지배가 와해되고 있었음을 여실히 보여준다. 호꾸이리는 두 황제의 사촌이라는 배경으로 권력을 강화해 나갔다. 그는 사촌 형뻘이 되는 예종(藝宗, 제8대)의 여동생을 아내로 맞아들이고 동생뻘 되는 황제(睿宗, 제9대)에게는 자신의 사촌 누이를 시집보냈다. 자기의 딸은 처남인 예종의 막내아들(順宗, 제11대)의 비로 만들었다. 이렇듯 촘촘한 혼인 관계를 통해 호씨가 권력 중심에 자리를 잡게 된 것이다. 호꾸이리는 몇 차례 참파와의 전쟁을 지휘하는 가운데 군대 통제권도 강화해 나갔다. 1400년에 호씨 왕조가 새로이 섰다. 자신의 왕조를 수립하기까지 호꾸이리는 세 명의 황제(10대, 11대, 12대)를 폐했다.

외척으로서의 권력을 이용하여 정사를 농단했고, 급기야 왕위까지 찬탈한 호꾸이리였지만 그에게서는 개혁적 면모를 많이 찾아볼 수 있다. 가장 눈에 띄는 것은 왕실의 직계 가족 이외에는 10무(畝) 이상의 토지를 소유하지 못하게 하는 한전법(1397)과 노비 수를 제한하는 한노법(1401) 실시였다. 베트남 최초로 지폐가 발행되었고, 쯔놈이 공식 문자로 채택되었다. 토지 소유의 과다에 따라 징수하는 조세 제도 개혁도 단행되었고, 세금 도피의 원천이었던 사원의 토지도 정리되었다. 승려와 도사들로 하여금 시험을 보게 하여 무자격자를 도태시켰다. 과거제를 정교히 하여 향시-회시-전시 체제를 마련했고 국자감에 해당하는 태학도 활성화하였다. 지방 행정 제도를 정비해 전국이 로-주-현으로 개편되면서 중앙 집권 체제로의 변모를 시도했다. 수도를 자신의 근거지인 타인호아로 옮겨 '서도(西都)'라 이름하고 탕롱은 '동도(東都)'라고 했다. 훗날에 동도는 동경(Đông Kinh)으로 불리는데, 종종 서양인에 의해서 북부 베트남 지역을 지칭하는 용어로 사용되는 '통킹'이라는 말은 여기에서 나왔다.

호꾸이리가 정권을 잡는 과정 자체는 유가 지식인 집단의 비판을 사기에 충분했지만 그들의 비판이 강력한 반(反) 호꾸이리 여론으로 발전하지는 않았다. 유가 지식인층은 성장하는 과정에 있었고 호의 찬탈이란 것도 사실 이전의 왕조 교체 방식에서 크게 벗어나지 않았다. 오히려 호의 왕조 건설 과정은 조심스럽다고 여겨질 정도였다. 그만큼 호꾸이리가 유교적 윤리에 구애받고 있었다는 얘기가 된다. 왕위에 오른 지 얼마 되지 않아 그는 아들에게 왕위를 물려주고 상황이 되었다. 이는 쩐 황실의 전통을 따른 것으로 보이기도 하지만, 실제로는 흠이 많은 자신 대신에 명망있다고 평가되는 아들 호한창(胡漢蒼)을 왕으로 내세워 민심을 안정시켜 보려 함이었다. 실권은 호꾸이리가 쥐고 있었다.

호의 개혁법 입안과 시행은 그의 주변에 모여 있거나 그의 정책을 지지하던 유가 지식인 집단의 경세관이 반영된 것이다. 곧이어 수립될 레 왕조(1428-1789)의 토대를 닦을 문신 응우옌짜이(Nguyễn Trãi 阮廌, 1380-1442)의 아버지도 호를 지지하던 사람들 중 하나였다. 응우옌짜이 본인도 호꾸이리 즉위 직후 시험에서 선발된 20명의 태학생 중 한 명이었다고 한다(유인선 2002: 162).

역대 왕조가 그러했듯, 호 왕실도 총 3회에 걸쳐서 참파를 공격하였다. 그 결과 베트남의 영토는 중부를 넘어 현재의 꽝아이까지 확대되었다. 참파를 완전히 병합하려는 의도에서 나온 1403년의 출병은 비록 실패하였지만 쩐 왕조 말기 참파에 의해 수도까지 점령당했던 형편에 비한다면 훨씬 체면이 서는 모습이었다.

## 명의 침입

문제는 중국이었다. 명 왕조가 들어서면서 베트남을 내지화하려는 의도가 명백해지고 있었다. 이런 명 조정에 호꾸이리의 찬탈은 출병을 위한 충분한 명분이 되었다. 베트남이 참파를 공격한 것도 양국의 종주국을 자처하던 중국의 비위에 거슬리는 행동이었다. 양국의 변경 지대에 거주하는 따이족을 두고 벌어지던 베트남과 중국 사이의 지배권 분쟁도 명을 자극하는 데 한몫했다. 마침내 1404년에 20만 명군은 찬탈자 호의 죄를 벌하고 쩐 왕조를 부활시키겠다고 베트남을 공격했다.

호씨 정권은 오래전부터 치밀하게 전쟁 준비를 해 왔지만 역부족이었다. 베트남이 패배한 결정적인 이유는 그동안 확산되어 온 유교의 영향으로 사회가 변화했기 때문이었다. 이제 베트남은 찬탈자를 용납하지 않는 사회로 바뀌어가고 있었다. 찬탈자의 항전 호소에 호응은커녕 그가 제거되기를 바라는 사람이 많았다. 명군은 2개월 만에 동도와 서도를 점령했고, 1407년에 호꾸이리 부자를 생포하여 중국으로 압송했다.

베트남을 점령하자 명은 이곳을 내지화하는 작업을 시작했다. 과거 한무제가 교지, 구진, 일남군을 설치한 이래 천 년 동안 중국의 땅이었는데 10세기에 지방의 토호가 반란을 일으켜 독립국 행세를 해 왔다는 것이 중국 조정의 '안남' 땅에 대한 한결같은 입장이었다. 그렇다면 명 조정이 볼 때 내지화는 무질서한 상태를 원상태로 돌리는 작업이었다.

명의 행동은 그 시작부터 끝까지 매우 자세하고 반복적으로 조선에 전해지고 있었다. 비슷한 시기, 비슷한 과정을 밟아 새로운 왕조를 수립했고, 유사한 문제로 중국과 갈등하고 있던 조선이었으니 베트남의 사례가 명 조정으로서는 조선에 대한 효과적인 교육 자료였을 것이다. 조선의 태종 역시 사신들(조선에 온 중국 사신, 중국에 다녀온 조선 사신)을 통하여 명의 출병 시말을 반복해 듣게 되면서 압박감을 느끼고 있었다. 이성계가 왕위를 찬탈한 데다가 왕자의 난을 통해 왕위에 오른 태종 자신 또한 정통성 부분에서 트집을 잡힐 소지가 많았기 때문이다. 전쟁이 일어날 경우 문제는 군사력만이 아니었다. 전쟁에서 민심의 향배도 중요한데, 찬탈로 들어선 왕실에게 민심이 얼마나 차가운지는 베트남에서 입증된 바였다. 베트남의 경우에서 보듯 중국의 궁극적 관심은 영토였고, 이는 조선에도 적용될 가능성이 높았다. 전쟁이 난다면 정통성을 확보하지 못한 조선 왕실로서는 고전을 면치 못할 것임이 틀림없었다. 조선의 사대 외교란 조선 정권의 식은땀 나는 생존 방식이었던 것이다. 그 배후에는 베트남의 교훈이 있었다.

## 저항 운동

명은 베트남을 다시 중국의 일부로 만드는 데 열심이었지만 그것을 기꺼이 받아들일 수 없는 베트남 사람이 많았다. 베트남의 저항 전통은 왕실이 붕괴되었다고 해서 사라지지 않았다. 먼저 쩐 왕조의 잔여 세력을 중심으로 대명 투쟁이 전개되었다. 그러나 이미 호씨에게 권력을 빼앗겼을 정도로 약화되었던 쩐 왕족의 단결은 더 이상 기대할 수 없었다. 몇몇 종친이 분투했으나 내부 분열과 민심 이반으로 실패했다. 중국의 지배에 대한 적개심이 광범하게 퍼지기 시작하면서 저항 역시 이성의 실력자에 의해 주도되는 모습을 보인다.

명군 점령 초기만 해도 다수의 베트남인은 충성의 대상을 찾기 힘들었다. 극소수만 제외하고 호씨 인척을 내세워 저항의 구심점으로 삼을 생각을 할 사람은 없었다. 그렇다고 해서 국가 경영 능력을 상실한 쩐씨 가문에 기대를 걸기도 무망했다. 소수의 종실이 모든 것을 독점하는 시대로 다시 돌아갈 마음이 있는 사람도 얼마 남지 않았다.

당시 많은 사람은 오히려 명의 국가 경영 방식에 더 희망을 품을 만도 하였다. 호씨 정권 이래 추구되던 국가 구조 즉 관료제에 의해 움직이는 새로운 행정 체제와 유교적 사회 질서 구현이 명에 의해서 추진되었고, 현지인의 인심을 잡기 위한 명의 여러 정책도 효과를 보았다. 특히 명은 지식인 포섭에 적극적이었다. 원정군 사령관은 현지의 유능한 자 4천 명 이상을 조정에 천거하기도 했으며, 젊은 인재들의 중국 유학도 주선했으니(유인선 2002: 169-173) 15세기 초 일부 지식인에게 명의 지배는 오히려 기회라고 여겨졌을 법도 했다.

그러나 극히 예외적인 경우를 제외하고, 중국 조정으로부터 멀리 떨어진 베트남과 같은 곳에는 예로부터 자질이 떨어지는 관리들이 파견되기 마련이었다. 익숙하지 못한 풍토와 문화 속에서 살다 보면 멀쩡하던 사람도 예민해졌다. 사복을 채우기 위한 가렴과 주구가 생겨나고 현지인에게의 부당한 처사는 다반사로 행해졌다. 사람들의 기대는 실망으로 바뀌었다.

명군을 몰아내고 레 왕조를 건설한 레러이(Lê Lợi 黎利) 역시 그런 사람이었다. 타인호아 호족 출신이라고 알려진 그는 한때 쩐 왕조의 부흥 운동에 참여한 바 있지만, 명군에 항복한 뒤 말단 관직을 부여받고 명의 지배에 협조한 전력이 있었다.

명 지배에 불만을 갖고 있던 또 한 부류는 호씨 정권에 참여했던 사람들이었다. 호씨 정권 붕괴 이후 '찬탈자 일당'에게 응징이 이루어졌기 때문에 많은 이들이 제거되었지만, 이들의 일족 중에는 살아남기 위해서 저항 운동에 가담했던 자가 적지 않았다. 호씨 정권에 협조했던 지식인은 지울 수 없는 약점을 가지고 살 수밖에 없었으며 출세는 무망한 노릇이었다. 이들로서는 호씨 부흥 운동에 기대를 걸 수도 없었다. 그렇다고 해서 자신들이 부정한 쩐 왕조에의 미련도 이들은 갖고 있지 않았다. 이 지식인들은 제3의 새로운 충성 대상을 물색해야 했다. 레러이의 참모로 활동하게 되는 응우옌짜이가 바로 이런 부류의 지식인이었다. 그의 아버지는 쩐 왕조 치하에서 과거에 합격했으나 빛을 보지 못했다. 그러다가 호씨 치하에서 높은 관직에 올랐으나 명의 지배기가 시작되면서 중국으로 끌려가 거기에서 사망했다. 응우옌짜이 자신도 신변이 불안한 상태였다가 레러이의 저항군에 합류했다.

10여 년에 걸친 싸움 끝에 명의 지배가 종결되고 새로운 왕조가 수립되었다. 이를 우리는 레 왕조라 부른다.

## 레 왕조 (Lê 黎, 1428-1788)의 여러 면모

존속 시기, 국가의 체제 등에서 레 왕조는 조선과 유사점이 많았다. 이미 호꾸이리 시대부터 시작된 바이지만 레 왕조는 중앙 집권적 지배 체제를 구축하고자 하였다. 중앙의 왕이 관료를 통해 전국을 지배하였고 더 이상 지방 호족 세력의 자치는 용납되지 않았다. 관료의 충원 방법은 과거제였다. 전 왕조 때까지 중앙 조정에 막강한 영향력을 행사해 왔던 승려들은 정치에서 배제되었고 유교적 이념으로 무장한 지식인층이 중앙 조정으로 대거 진출하면서 유교 사회를 만들고자 했다.

그러나 이 과정에서 진통이 따랐다. 문제가 된 것은 건국 과정에서 공을 세운 무인 집단이었다. 무인 집단의 반발은 지역적 갈등과도 맞물려 복잡한 양상을 띠었다. 레러이는 타인호아 출신 호족이었고 그를 둘러싼 타인호아 사람들이 건국의 핵심 세력임을 자처했다. 그런데 새로운 체제에서 출세에 유리한 사람은 유교 전통이 강한 홍하 델타 출신들일 수밖에 없었다. 건국 이후 델타 출신들의 주도로 정치 체제가 정비되자, 권력 구조 변화에 불안을 느끼던 타인호아 출신 무인들이 반발하는 가운데 정치 중심부에서 극단의 권력 투쟁이 전개되었다. 대결의 전반부에서는 타인호아 세력이 우세하여 새로운 질서를 추구하던 왕이 살해되고 응우옌 짜이가 멸문지화를 당했지만, 결국 델타의 유가 지식인층이 조정을 장악했다.

변화는 4대 황제인 타인똥(Thánh Tông 聖宗, 1460-1497)의 능력에 힘입은 바 크다. 2대 황제의 넷째 아들로 태어났기 때문에 왕위에 오를 가능성이 거의 없었던 그는 시간과 재능을 유학적 소양을 함양하는 데 쏟아부었다. 그러다가 권력 투쟁 과정에서 부왕이 암살되고 그 뒤를 이어 왕위에 오른 형이 쿠데타로 사망하자 쿠데타군을 진압한 타인호아 집단에 의해서 그는 왕으로 옹립되었다. 타인똥은 차차 타인호아 장군들의 영향력을 배제하고 델타 세력을 포용하며 베트남의 전성기를 일구어냈다.

황제 직속의 6부 체제가 마련되었고 과거 시험을 통해 선발된 관리들이 전국을 다스리기 시작했다. 지방은 13개의 도(道)로 나뉘어, 중앙에서 파견한 관리에 의해 관할되었으며, 촌락 단위까지 토지와 인력을 파악하기 위해 토지·호적 대장이 만들어졌다. 판도 내 이민족 관리도 강화되어 그들은 베트남 통치 조직 내로 편입되었다. 예를 들면, 지방 하부 행정 단위로서 베트남인 지역의 현과 맞먹는 단위의 주(州)가 설치되고, 그 아래 베트남인의 사(社), 촌(村)에 해당하는 동(洞), 장(庄), 책(柵) 등이 두어졌다. 전자는 델타에서, 후자는 산간 지역에 설치되는 것으로 이해되기도 하나(유인선 2002: 190) 베트남인 거주지가 대부분 평야 지대에 있었고 소수민족은 산간에 거주했기 때문에 사·촌과 동·장·책의 구분은 베트남인과 소수민족 행정 단위의 차이로 간주해야 할 것 같다.

소수민족 거주지까지 베트남의 행정 질서 안으로 편입된 것은 큰 변화였다. 영토 개념의 확대는 지도 제작으로 나타났으니, 타인똥 시대에 작성된 '홍덕판도(洪德版圖)'가 그것이다. 지도의 제작, 영토 개념의 출현은 중앙 집권적 통치 질서의 등장을 의미하는 것으로서, 동남아시아의 다른 나라에 비해서 퍽 이르게 나타나는 모습이다. 베트남에 사는 중국인으로 하여금 베트남식 복장과 두발 모양을 따르도록 한 것도 일체화 작업의 하나였다.

호꾸이리 시대에 실시된 대토지 소유 제한 및 대장원 파괴 작업은 레 왕조의 균전제 시행으로 이어졌다. 균전제가 말 그대로 토지를 균등하게 분배하는 것은 아니었다. 이 제도가 시행된 지역 범위도 한정되어 있었다. 그러나 토지를 농민에게 분배하여 소농을 육성한다는 발상은 획기적이었다. 장원이 해체되기 시작했음은 물론이다. 이제 국가는 소농을 생산의 단위와 세수의 원천으로 여기게 되었고 지방 실력자에게 군사력을 의존하던 시대에서 국가가 직접 관리하는 소농을 병력원으로 간주하는 시대가 되었다.

초기 레 왕조가 유교적 질서를 추구했다고 해서 중농주의적 정책에만 매달려 경제를 운용했던 것 같지는 않다. 명이 15세기 중반에 쇄국하자, 중국 대안으로 베트남을 찾는 외국 무역상이 늘어났다. 이 세기는 현재 하노이 근처 밧짱(Bát Tràng)이 도자기 생산지로 알려지기 시작할 때였는데, 필리핀의 루손 남부 까딸라간(Catalagan)의 15세기 유적지에서 발굴된 수입 도자기 중에는 동시대에 제작된 베트남 도자기들이 포함되어 있다(Reid 1988: 105).

레 왕조 시기에는 유교적 이념을 확대하기 위한 국가 정책이 눈에 띄게 증가했다. 과거 시험이 일반 농민 자제에까지 개방되었고 시험의 횟수도 늘어났다. 중앙 시험 합격자 이름과 시험 문제(試題)가 새겨진 진사제명비(進士題名碑)를 유학자의 성전인 문묘에 세우는 작업도 이때부터 시작되었다. 각 지방의 현 단위까지 학교가 설립되었다.

그러나 이념의 확산에는 시간이 걸리며 그 이념 자체도 적당히 지역적인 것과 절충했다. 이는 어느 사회나 마찬가지일 것이다. 그런데 레 왕조 시기의 흥미로운 면모는 공식적인 법령상에 국가가 그러한 절충 및 변용의 결과를 명시해 놓은 것이다. 이 문제 전문가인 유인선에 따르면 레 왕조의 법률은 재산의 소유와 상속에서 남편의 재산, 처의 재산, 부부 공동의 재산을 구분하고, 남녀 구분 없는 균분 상속을 못 박고 있다(유인선 2002: 186). 타인똥 때에 만들어진 '국조형률(國朝刑律)'은 중국의 '당률(唐律)'에 기초한 것이지만, 남녀에 따라 형벌을 달리 적용하고 있는 점이라든가, 아내의 독립적 재산권, 딸의 제사 상속권, 여성의 이혼 청구권 등을 명확하게 법으로 규정하고 있었다는 점에서 중국의 법과는 다르다(유인선 2002: 191-192).

지방 행정 체제의 정비, 영토의 확대와 영토 개념의 형성이 중앙 권력의 수평적 확대와 관련된 것이라면, 역사서 『대월사기전서』의 편찬은 베트남 공동체의 수직적 공간 즉 시간의 확대를 의미한다. 13세기에 편찬되었던 『대월사기』는 베트남 역사 상한을 남비엣에 두었던 데 비하여, 『대월사기전서』에서는 락롱꾸언의 존재와 그의 자손 흥브엉이 지배하는 반랑, 그 이후 어우락까지의 역사가 체계적으로 정리되었다. 『대월사기전서』는 락롱꾸언이 중국의 전설 시대 삼황의 한 사람인 신농씨의 후손이라는데, 사마천이 『사기』에서 중국의 기원을 오제(五帝)의 시작인 황제(黃帝)로 잡고 황제의 출현을 신농씨 말기로 소개하고 있으니 15세기 베트남인은 자신들의 기원을 중국보다 더 위에 두었던 것이다.

아울러 주목할 것은 락롱꾸언의 아들 100명 중 반은 산으로 가고 반은 델타 지대로 내려가 백월의 선조가 되었다는 『대월사기전서』의 기술이다. 이 이야기는 다이비엣(大越) 공동체의 구성원이 델타의 베트남인뿐만 아니라 산지의 여러 소수민족까지도 포함하며 이들이 모두 다 락롱꾸언의 후손이라는 주장이다. 레 왕실은 이전 왕조들처럼 출신지나 출신지와 근접한 지역을 수도로 정하지 않았다. 레러이는 타인호아가 고향이었음에도 불구하고 탕롱을 수도로 선택했다. 이런 결정도 공동체의 범위를 확대하고자 하는 의지의 반영이었다. 단일화의 근거를 역사 속에서 찾는 것, 그 근거로 다시 단일 의식을 강화해 나가는 것이 바로 『대월사기전서』의 기능이었다.

이 역사서의 찬자인 응오씨리엔(Ngô Sĩ Liên 吳士連)이 각 장의 말미에 써 놓은 "사신왈(史臣曰)"로 시작되는 의견 개진은 이 책의 묘미를 더해 주는 부분으로서, 역사적 사실을 유교적 시각으로 평가하고 있다. 유교의 잣대가 역사 평가의 도구로 이용되고, 또 그것이 역사를 배우는 사람에게 행동 지침으로 요구되는 시대가 되었음을 이 책은 보여 준다. 역사 기술의 발전, 자료 수집에서 보이는 국가의 지원 등은 당시 크게 상승한 문화 수준을 보여 주는 지표이기도 하다. 동시대에 편찬된 백과 사전류 『천남여가집(天南餘暇集)』이나 설화집 『영남척괴(嶺南摭怪)』는 당시 베트남인의 자기 문화와 전통에 대한 관심을 보여 주는 작품이다.

레 왕조 시대에 중국과 더 이상의 무력 충돌은 없었다. 그 대신 레 왕조는 남쪽과 서쪽으로 영토를 확장하는 데 적극적이었다. 이 시기부터 참파와의 균형이 깨져서 베트남의 우위가 확보되었고, 서쪽으로는 란쌍 왕국의 중심지인 루앙프라방에 이르기까지 베트남의 영향력이 확대되었다. 여기에 15세기 후반에 약소국으로 전락해 가던 캄보디아와의 국교도 이어지고 있던 터라, 베트남 황제가 주변국의 왕들을 통제하는 인도차이나 반도 내에서의 조공 질서가 확립되었다.

타인똥은 1471년 25만 명의 대병력을 동원하여 참파를 공격했다. 그의 군대는 참파의 수도를 함락시키고 왕을 사로잡았다. 수도 비자야에서는 살육과 약탈이 자행되었다. 이런 잔혹함의 원인은 타인똥의 원정이 한 해 전 참파의 공격에 대한 보복적 성격을 띠었기 때문이었다. 이 전쟁을 계기로 참파는 재기 불능 상태에 빠졌다. 기원후 2세기부터 시작하여 긴 세월 동안 지속되어 온 베트남과 참파 간의 싸움은 바야흐로 막을 내리게 되었다. 살아남은 참파인은 바다를 통해 해외로 빠져나가거나 고원 지대로 도망쳤다. 그나마 남은 참파인은 척박하기 그지없는 현재 베트남 중남부 닌투언(Ninh Thuận), 빈투언(Bình Thuận) 방면으로 밀려 내려가 명목상의 국가를 유지해 나갔다. 타인똥은 18만 명의 병력으로 루앙프라방까지 공격하여 베트남의 지배권을 확립하고 이곳에 근거한 란쌍 왕국을 조공국으로(베트남 입장에서) 삼았다. 아울러 란쌍의 동부 지역을 병합해 쩐닌(Trấn Ninh 鎭寧)이라 이름 짓고 베트남 영토로 편입시켰다.

## 막당중(Mạc Đăng Dung 莫登庸)의 찬탈

레 왕조가 수립된 지 100년 즈음인 1527년에 권신 막당중이 왕위를 찬탈하였다. 이 시기라면 이미 100여 년 동안 집중적으로 유교 이념 확산 작업이 진행된 후였기 때문에 신하가 왕위를 찬탈했다는 것이 이상해 보인다. 조선으로 치면, 유교적 이상 사회를 구현하겠다는 개혁의 바람이 한 차례 불고 간 중종(中宗, 1506-1544) 시대이다. 이미 조선, 명, 베트남 등 동시대 유교 국가군에서 역성 혁명은 불가능하다고 인식되던 때였다.

막당중은 호씨의 전례나 그 이전 베트남 각 왕조의 사례만 고려했을 것이다. 명과는 정면 대결을 하지 않고 적당한 타협을 통해 심각한 상황까지만 가지 않는다면 자기가 베트남의 주인 노릇은 충분히 할 수 있을 터였다. 이 때문에 막당중이 선택한 방법은 명에게 화친을 구걸하는 것이었다. 베트남 내의 찬탈 소식을 들은 명의 압력이 시작되자 막당중은 즉각 베트남의 호적 대장을 명에게 바치고 영토 일부를 떼어 주었다. 대가로 그는 명에 의해 안남도통사(安南都統使)로 임명되었다.

베트남 역사에서 볼 때 매우 예외적이고 심지어 기이하기까지 한 이런 행동은 막당중의 출신이 독특하다는 사실과 관련 있다. 그는 중국의 남부 해상에 거주하던 단민(蛋民)의 후예라고 전해진다. 어업에 종사하는 가난한 집에 태어나서 막당중은 무과에 합격해 출세 가도를 달렸다. 그의 사례에는 출신 성분에 상관없이 과거만을 통해서 인재를 등용하는 레 왕조의 새로운 변화가 그대로 담겨 있기도 하다. 그러나 왕위를 찬탈하고 명에는 기꺼이 나라를 넘겨 줄 인물이 중앙 정계의 실력자로 성장할 수 있었다는 것은 베트남의 권력 구조가 동시대의 조선과는 달랐음을 시사한다. 조선의 경우 북쪽으로 막힌 폐쇄적 국가 틀 안에서 유교 이념이 사회 전반으로 파급되었던 데 비하여, 남쪽으로 참파나 산지 소수민족 지대로 진출하는 작업을 병행해야 했던 베트남은 아무래도 유교화의 에너지가 분산될 수밖에 없었다.

그럼에도 불구하고 100여 년에 걸친 유교화 작업은 결실이 있었다. 베트남 역시 이젠 더 이상 찬탈은 용납되지 않는 시대가 되어 있었다. 레 왕실의 부흥을 위한 저항 운동이 일어났다. 이를 대표하던 인물이 타인호아 출신의 응우옌낌(Nguyễn Kim 阮淦 완감)이었다. 그가 레 황실의 일족을 받들어 황제 자리에 앉히고 막씨에 대항하니 베트남은 북부의 막씨 정권과 남부의 레 황실 지배지로 나뉘었다. 응우옌낌이 사망한 후에는 그의 사위 찐끼엠(Trịnh Kiểm 鄭檢)이 주도해 막씨 타도 운동을 계속했다.

## 남북 분립

하지만 한번 자리를 빼앗겼던 황실이 치러야 할 대가는 컸다. 막씨 타도의 과정에서부터 황제의 지위는 형식적으로만 유지되었고, 실권은 찐씨 집안으로 넘어가고 있었다. 비록 황위는 넘보지 않았고 황실에 대한 존중 태도도 최대한 유지하고 있었지만 찐끼엠은 실질적 통치자로서의 권리를 포기하지 않았다. 찐끼엠의 이런 행동은 일부 세력으로 하여금 불만을 품게 했고 그의 권위에 도전하는 사람들에게도 명분을 제공했다. 응우옌낌의 아들 응우옌호앙(Nguyễn Hoàng 阮潢)이 찐끼엠과 겨룰 만한 인물이었다. 응우옌호앙은 당분간 정치 중심지로부터 멀리 떨어진 곳에 가 있으면서 실력을 키우려고 생각했고, 찐끼엠은 처남인 응우옌호앙을 남쪽의 변경 지대로 보냄으로써 정치 중심권에서 격리하고자 했다. 남쪽으로 간(1558) 응우옌호앙은 거기서 토지를 개간하고 인재를 모으며 실력을 키워 나갔다. 찐끼엠과 응우옌호앙은 1592년에 탕롱을 탈환하고 레 황실 부흥에 성공했다. 찐씨의 세력이 더욱 커져 왕(황제 아래 등급으로서의 왕)으로까지 등극하게 되면서 두 세력은 결별했다. 그 뒤로 찐씨가 대대로 왕위에 올라 북부를 통치했고(레 황실은 그대로 유지된 채) 남쪽에는 응우옌 가문의 왕국이 세워졌다. 찐-응우옌 사이에는 1627년부터 치열한 전쟁이 시작되었다. 북쪽의 입장에서 남쪽의 응우옌씨는 반란 세력이었고, 남쪽의 입장에서 북쪽의 찐씨는 권력을 농단하는 역신이었다.

이렇게 해서 시작된 남북 분립은 2세기 정도 계속되었다. 여기서 분단 또는 분열이라는 용어를 쓰지 않고 분립이라 하는 데는 이유가 있다. 분단이나 분열은 하나로 있던 것이 나누어진 것을 의미한다. 그런데 이 시기부터 시작된 남북 대치의 모양새는 남쪽 변방의 지방 권력이 독립한 데 그친 것이 아니었다. 변방 정권으로서 중앙 정권에 비해 현격하게 미약했던 응우옌씨 세력은 생존을 위해 필사적으로 남쪽으로 영역을 확대했다. 즉, 베트남의 영역이 둘로 나뉜 것이 아니라 남쪽 변경을 거점으로 해서 더 남쪽 외곽으로 영역을 확대한 새로운 나라가 만들어져서 원래 있던 베트남과 대등한 관계를 유지하게 된 것이다. 그래서 이 시기는 분열이 아니라 분립의 시기라고 부르는 것이 옳다. 응우옌씨 지배자도 왕위에 올랐다.

약 200년에 걸치는 남북 시대에 주목할 만한 역사적 사건이 여러 가지 있었다.

첫째, 베트남의 영토가 메콩 델타로까지 확대되었다. 앞에서도 말했지만, 이는 남부 정권에 의해서 주도되었다. 17세기에 캄보디아에서는 왕위를 놓고 분란이 자주 발생했다. 베트남은 분쟁에 개입하면서 해결의 대가로 캄보디아 남부를 잠식해 들어갔다. 베트남 농민의 이주도 적극적이었다. 남부 정권은 17세기 중반에 메콩 델타로 들어가는 교두보를 마련했고, 1698년에는 남부를 지배하는 행정 기구로 가정부(嘉定府)[1]를 설

---

1) 쟈딘(Gia Định 嘉定 가정)은 17세기부터 사이공 및 메콩 델타를 지칭하는 명칭이 된다. 19세기까지 이 이름이 공식적으로 사용되었으며 현재에도 남부베트남을 이렇게 부르

치했다. 다음 세기 중반까지 사이공 및 메콩 델타가 베트남 영토로 편입되었다. 이로써 베트남은 원래 베트남인의 중심지였던 북부, 참파인이 살았던 중부, 캄보디아의 일부였던 남부가 구분되는 관념이 생기게 되어 이후 19세기부터 베트남 정치 역학에 주요 변수가 된다. 더욱이 남부는 캄보디아가 '잃어버린 땅'으로 간주하며 여태껏 '하부 캄보디아(Lower Cambodia 깜뿌쩨아 크롬)'로 부르는 곳이다.

두 번째는 중국인 유입이다. 이는 베트남 영토가 메콩 델타로 확대된 것과 불가분의 관계를 가진다. 만주인이 중국을 장악했던 17세기에 수많은 중국인이 베트남으로 들어왔다. 이 중에서 특기할 만한 집단은 1679년에 망명해 온 광동 출신 중국인 3,000여 명이었다. 자칭 명나라 병사들로서, 청에 저항하다 베트남에 망명했다고 하지만 이들은 남중국해를 무대로 삼아 활동하던 해적이기도 했다. 응우엔 정권은 이들을 당시 캄보디아 땅이었던 비엔호아(Biên Hòa 邊和)와 미토(Mỹ Tho) 지역에 살게 했다. 이들의 군사적 능력에 주목한 베트남 정권은 캄보디아와 전쟁이 있을 때마다 이들을 앞장세워 큰 효과를 보았다. 이들이 활약한 17세기 말부터 18세기 초반까지 베트남은 비엔호아로부터 시작해서 서쪽으로 사이공을 거쳐 메콩 델타까지의 광대한 지역을 베트남 영토로 편입시켰다. 메콩 델타 서쪽 끝의 하띠엔(Hà Tiên 河僊)도 원래 캄보디아 땅이었다. 여기는 광동 출신 막구(鄚玖)가 캄보디아로 망명해 자치를 인정받은 곳이었다. 막구는 1708년 이 땅을 베트남에 바쳤다. 중국인 이주민의 숫자가 늘어나면서 18세기 말까지 사이공은 국제도시로 발전했다.

중부 베트남의 교역 도시 호이안(Hội An 會安)의 발전도 빼놓을 수 없다. 이 도시에는 중국인 거리와 일본인 거리가 있었다. 이미 1511년 포르투갈을 시작으로 스페인, 네덜란드, 영국, 프랑스가 차례로 동남아시아에

---

는 경우가 많다.

들어오게 됨에 따라 동남아시아 각국은 거래 품목을 찾는 서양 선박의 방문이 끊이지 않았다. 일본은 16세기 내내 이어진 전국 시대 동안 대외 교역이 발전하였고, 중국은 1567년 해금 정책이 해제되면서 중국인의 해외 활동이 활발해졌다. 이러한 분위기 속에서 꽃피기 시작한 '교역의 시대'에 호이안은 번영을 구가했다. 북부와의 싸움에서 무기가 중요했던 응우옌 왕국으로서는 대포와 총, 칼을 구매하기 위해서도 교역이 중요했다. 이런 사정은 북부에서도 마찬가지였기 때문에 탕롱으로부터 홍하를 따라 약간 내려간 지점의 홍옌(Hưng Yên 興安)이 교역 중심지로 크게 발전했다. 그러나 호이안이 더 흥청거렸던 데에는 북부보다 개방적인 남부 사회의 특징이 작용했고, 아울러 참파인의 해상 교역 전통이 계승된 데다가, 역시 참파 이래 내려오는 산지인과의 무역을 응우옌 왕국 사람들이 적극적으로 발전시켰기 때문이었다. 고원 지대에서 생산되는 상아, 코뿔소 뿔, 침향, 보석 등은 호이안에서 교환되는 베트남의 주요 수출 품목이었다.

호이안은 우리나라와도 인연이 각별하다. 1687년에 제주도 사람들이 육지로 공물을 실어내 가던 중 추자도 부근에서 풍랑을 만나 호이안으로 표류해 갔다. 그들은 수개월 뒤 중국 상선을 타고 조선으로 돌아왔는데, 그들이 남긴 다음과 같은 기록은 조선인 사이에 전해지던 호이안의 이미지이다: "일 년에 누에를 다섯 번 치며 쌀 수확을 세 번 한다. 먹고 입는 것이 풍요로우며 굶고 얼어 죽을 염려가 없다. 경치가 아름다운 곳에는 반드시 단청을 입힌 누각이 있는데 만든 법도가 화려하다. 진기한 새와 동물을 집집마다 기르며 기이한 꽃과 보화가 곳곳에 있다."[2]

베트남에 기독교가 전해진 것도 중요한 사건이었다. 포르투갈의 동남

---

[2] 최병욱, 「17세기 제주도민들이 본 호이안과 그 주변」, 『베트남연구』 2, 2001, pp. 198-199. 인용문은 정동유(鄭東愈)가 1805년에 편찬한 『주영편(晝永編)』에 실린 글의 일부이다.

아시아 진출과 더불어 동양에 온 선교사들은 무역로를 따라 동쪽으로 이동하면서 일본까지 들어갔다. 말레이 반도와 수마트라, 자바 지역은 이미 이슬람화가 되었기 때문에 포교가 힘들었지만, 이슬람교가 아직 전해지지 않은 도서부 동남아시아 동쪽은 아직 기독교 전파의 여지가 많았다. 확실한 불교 국가도 아니고 유교 국가도 아니었던 일본도 마찬가지였다. 그러다가 17세기에 들어 일본에서 기독교 박해가 시작되자 불교적 색채가 강하지 않은 중국과 베트남이 새로운 선교지로 주목되기 시작했다.

베트남 사회의 변화와 관련해, 서양 선교사 중에서 가장 주목할 만한 인물은 로드(Alexandre de Rhodes) 신부였다. 그는 1624년 호이안에 도착했다. 여기서 베트남어를 배운 후 그는 북베트남으로 가서 수천 명의 기독교도를 만들어 냈다. 로드 신부는 베트남어를 로마자로 표기하는 체계를 고안해 냈다. 성경 번역, 선교사의 현지어 학습 등에 쓰인 이 표기법은 베트남 기독교 사회에서 꾸준히 사용되다가 19세기 후반 프랑스의 베트남 지배가 시작되면서 베트남어의 공식 표기법으로 굳어졌다. 베트남에서는 이 표기법을 '나라말' 즉 '꾸옥응으(quốc ngữ 國語)'라 부른다.

유교 문화의 확산은 계속되었다. 아울러 한자를 사용하는 문학도 크게 발전했다. 특히 남쪽으로의 영토 확대가 정지된 상태의 북베트남에서 한문학의 발전은 눈부셨다. 북경에 있던 외국 사신 숙소 옥하관(玉河館)에서 16세기 말의 조선 사신 이수광과 더불어 50여 일을 머물며 수십 편의 창화시(唱和詩)를 나눈 풍칵코안은 뛰어난 문장가였다. 임진왜란 때 일본으로 잡혀갔다가 일본 상인을 따라 3년 동안(1604-1606) 세 번 북베트남을 방문한 바 있던 조완벽에 의하면, 베트남 사람들은 글 읽기를 숭상하며 여기저기 학당이 있어 아이들이 고전을 외우고 시문도 익혔다고 한다.[3] 정도는 약하지만 어린 시절부터 유교 경전을 익히고 과거를 준비하

---

3) 최상수, 『한국과 월남과의 관계』 (서울: 한월교류협회, 1966), p. 100.

는 게 교육의 기본이 되는 것은 남부 응우옌씨 치하에서도 마찬가지였다. 이탈리아 선교사 보리(Christoforo Borri)는 1618-1622년 현 베트남 중남부 지역에서 체류했는데, 그도 학당에서 소리 높여 한자 고전을 익히는 학생들의 모습을 인상 깊었던 광경으로 기록하고 있다.[4] 사이공·메콩 델타 지역에서도 18세기 말까지 유사층이 성립했다. 북부나 중부에 비해서 남부의 유교는 평민적인 경향이 강하다. 베트남 유학자의 면모로 허세와 격식을 배제하는 '유이불유(儒而不儒)' 즉 유학자이되 유학자 같지 않은 전통이 자주 지적되지만, 이러한 경향이 가장 강한 곳이 남부였다. 사이공을 중심으로 한 문예 집단 '평양시사(平陽詩社)'가 널리 알려졌고, 남부의 서쪽 끝 하띠엔에서는 막씨 집안의 노력으로 활발히 유교가 보급되었다. 문재가 있는 인물들을 초빙하여 시문을 논하던 초영각(招英閣)은 지금도 하띠엔에 남아 있다.

  레 왕조가 시작되면서 불교는 위축되었지만 그것은 북부 사회에서만의 현상이었다. 남쪽에 새로운 정권이 생겨난 이후 불교는 남쪽으로 팽창하며 발전해 갔다. 남쪽 정권을 세운 사람들은 주로 타인호아 출신이었다. 타인호아는 홍하 델타 지역에 비해서 유교의 세례를 적게 받았던 관계로 이들 남부 정권 건설자들은 대부분 불교 신자였다. 새로운 땅에서 불교는 왕실의 보호를 받으면서 안전한 발전을 기약할 수 있었다. 그런데 흥미로운 것은 남부에서의 불교 발전이 응우옌씨 영토의 베트남화에 중요한 역할을 했다는 사실이다. 과거 참파인이 살고 있던 중부와 크메르인 거주지였던 남부베트남에는 이들 선주민이 남긴 힌두, 이슬람, 소승불교 유적이 많이 남아 있다. 대부분 이러한 종교 건축물은 신성해 보이는 곳 또는 산천이 아름다운 곳에 세워지게 마련인데, 베트남인 불교도

---

4) Olga Dror and Keith W. Taylor (trans./ed.), *Views of Seventeenth-Century Vietnam, Christoforo Borri on Cochinchina and Samuel Baron on Tonkin* (Southeast Asia Program Publications, Cornell University, 2006), p. 123.

들도 좋은 자리를 보는 눈은 비슷했다. 이전에 있던 건축물을 헐고 그곳에 베트남식 불교 사원이 들어서게 되니 중부와 남부는 베트남 불교 사원의 건설과 함께 빠르게 베트남적 모습으로 바뀌었다. 중부 후에(Huế)의 티엔무(Thiên Mụ) 사원이나 사이공의 풍썬(Phụng Sơn) 사 같은 것이 다 영토의 주인이 바뀌는 과정에서 옛것이 헐리고 새 건축물이 들어선 사례들이다.

┃티엔무 사원 (2006. 1)

### 떠이썬 왕조 (Tây Sơn 西山, 1788-1802)

북부 베트남은 남쪽으로의 배출구가 막힌 상태에서 인구압이 증가했다. 토지가 부족해지면서 사회적 불안이 고조되었다. 그 결과 18세기에 들어 도처에서 반란이 일어났다.

 그런데 결정적인 변화는 북부보다 남부에서 시작되었다. 응우옌씨 정권은 1750년대 초반부터 적극적으로 메콩 델타를 경략하기 시작해 10년 안에 사이공·메콩 지역을 모두 확보하고 캄보디아 왕까지도 '보호'한다고 호언할 정도로 국력이 신장되었다. 이 사이에 중앙에서는 권신이 발호하기 시작했고 화폐 관리 부실로 인해서 전황(錢荒)이 발생했다. 농토가 적은 중부 지역은 토지 부족 현상이 심각해졌다. 가난한 농민은 사이공·메콩 지역으로 이주해 갔지만, 인구 유출만으로는 농민의 토지 부족 문제가 해결될 기미를 보이지 않았다. 특히 빈딘(Bình Định 平定) 지방은 토지가 척박한 편이고 지주의 토지 집적이 심했다. 2세기에 걸친 남북 분립기에 종지부를 찍고 남북이 하나로 합쳐지는 변화는 빈딘이 기점이었다.

빈딘에서 일어난 반란은 빈딘의 떠이썬이라는 지방 출신 삼 형제가 주도한 것이라고 해서 '떠이썬 반란'이라고도 불린다. 또는 이들 집단의 개혁성이 워낙 두드러져 '떠이썬 운동'이라고도 하고, 농민의 참여가 많았기 때문에 '떠이썬 농민운동'이라는 표현을 쓰기도 한다. 심지어 '떠이썬 혁명'이라고까지 평가하는 경우도 있다.

떠이썬 군은 순식간에 응우옌 정권을 무너뜨렸다. 이 와중에 북부의 군대가 응우옌씨 정권의 수도 푸쑤언(Phú Xuân 富春)을 점령했지만, 떠이썬 군은 이들을 몰아내고 북부까지 진격하여 찐씨 지배를 종결시켰다. 레 황실은 유지되었다. 떠이썬으로서는 황실의 보호가 찐씨 공격의 명분이었기 때문이다.

그러나 황제 입장에서 보면, 자기를 둘러싼 남쪽 나라의 빈딘 출신 농민병들을 믿을 수 없는 노릇이었다. 찬탈의 가능성은 높았다. 신변에 위협을 느낀 황제는 궁을 탈출하여 중국으로 도망쳤다. 레 황제의 요청으로 중국에서 '반란군'을 응징한다는 명목으로 출동시킨 20만 군사가 베트남으로 들어왔다. 청의 대군은 탕롱을 쉽게 접수했다.

떠이썬 삼 형제 중에서 가장 세력이 강했던 막내 응우옌반후에(Nguyễn Văn Huệ 阮文惠)는 황제의 자리에 오르고 연호를 꽝쭝(Quang Trung 光中, 1788-1792)이라 했다. 꽝쭝 황제의 반격이 시작되었고 구정을 전후로 한 시기에 벌어진 대접전에서 떠이썬 군은 청의 원정군을 궤멸시켰다. 이보다 몇 년 전 남부 베트남 응우옌씨 일족의 요청으로 4만의 태국 군대가 메콩 지역으로 공격해 왔을 때 그들을 물리친 인물도 응우옌반후에였으니, 전통적인 베트남의 라이벌 중국과 태국의 군대를 싸워 이긴 꽝쭝 황제의 명성은 하늘을 찌를 듯했다. 전의를 상실한 중국 측에서 협상을 제안했고 꽝쭝 황제도 이에 응해 전통적인 외교 관계가 재정립되었다. 하지만 이 과정에서도 꽝쭝 황제는 기지를 발휘해 중국을 농락했다. 중국에 사절을 보낼 때 자기 이름을 완광평(阮光平, 연호 光中과 유사)이라 하여 자신의 실체를 상대방이 오인하게 하고, 직접 북경으로 가서 청 황제를 배알하겠다고 중국 측에 약속하고는 자기와 용모가 비슷한 다른 사람을 보냈다. 조선의 '정조실록'에는 이 시기 조선 사절들이 북경에 가서 자신들보다 높은 서열의 자리에 앉아 있는 '안남왕 완광평(安南王阮光平)'을 보았다는 기록이 있는데, 이 사람이 바로 꽝쭝 황제가 보낸 가짜 안남왕이었다.

떠이썬 정권은 개혁적인 면모를 많이 갖고 있었다. 반란 초기부터 실시되어 온 토지 분배와 평민 출신의 정치 참여, 분립 시대의 종결, 그리고 남북으로부터 들어오는 외침의 격퇴와 같은 것은 매우 인상적인 모습으로 역사에 기록될 만하다. 아울러 쯔놈이 공용어 표기법으로 채택되었다. 호꾸이리 시대에도 이런 시도가 있었음이 언급된 바 있다. 역사상 두 번째로 쯔놈이 왕조의 공식 문자로 등장한 것이다. 쯔놈을 선택한 것은 우선 중국으로부터 자주성을 확보한다는 의지의 표현이라고 할 수 있다. 또 다른 측면에서 보면, 그것은 지배층과 피지배층 사이의 소통 범위가 확대된다는 것을 의미했다. 떠이썬 왕조는 평민 정권이었기 때문에 기층민과의 교감에 대한 고려가 남달랐던 것 같다.

공용 문자로서 쯔놈 사용이 각별한 의미를 가지는 또 한 가지 이유는, 이 결정이 베트남 사회에서 쯔놈이 광범하게 사용되고 있었음을 반영한다는 것이다. 18세기 중반 이후 쯔놈으로 만들어진 문학 작품이 쏟아져 나오는 중이었다. 바야흐로 쯔놈은 중앙과 지방, 지배자와 피지배자 간 소통의 수단이면서, 그것으로 창작된 작품들은 다양한 계층 및 지역적 차이를 가진 베트남인 사이의 정서적 공감대를 형성하고 유대감을 강화하는 문학 장르로 기능하게 되었다.

이 시기 베트남에서는 여성 문학가들의 활동도 눈에 띈다. 도안티디엠(Đoàn Thị Điểm 段氏點, 1705-1748)의 '정부음곡(征夫吟曲)'은 남편이 전장으로 간 후 아내의 시름을 노래한 쯔놈 작품으로서 남자의 충성과 여성의 정절을 강조했다. 쯔놈 문학의 귀재로 평가되는 호쑤언흐엉(Hồ Xuân Hương 胡春香, 1770?-?)은 '여성성'을 과감히 드러내는 작품을 많이 창조하였다. 그녀의 창작 방향은 자신의 삶과 운명, 여성의 몸과 성애, 남성과 남성 중심의 사회에 맞서는 자세 등으로 모아진다고 평가되는데[5] 특히 여성의 몸과 성애에 관해서는 뛰어난 비유를 통해서 담대하게 묘사된다.[6] 이런 여성 시인이 나타난 것은 묵은 전통이 깨지고 새로운 사회가 열리던 떠이썬 시대의 경험과 무관하지 않다.

## 떠이썬의 몰락

동서를 막론하고 당대에 출현한 한 개인의 특출함에 의지해 세워진 정권은 생명이 극히 짧다. 떠이썬 왕조도 마찬가지였다. 응우옌반후에가 생존해 있을 당시부터 이 정권은 몇 가지 문제점을 드러내기 시작했다. 이들은 '베트남인 중심주의'에 빠져들기 시작하여 초기에 협조하던 산지 소수민족이라든가 중국인을 배제해 나갔다. 사이공에서 중국인 수만 명을 학살한 사건은 이런 변화의 전형이다. 초기에는 기독교도에게도 관대한 듯했으나 이 태도도 바뀌었다. 새 왕조의 수도를 원래의 권력 중심지였던 탕롱이나 푸쑤언이 아닌 중북부 응에안(Nghệ An 乂安)에 두었는데,

---

5) 최귀묵, 『베트남문학의 이해』 (파주: 창비, 2010), pp. 413-414.
6) 앞의 책, pp. 414-424에는 호쑤언흐엉의 쯔놈시 일곱 수가 빼어난 번역 및 해설과 더불어 소개되고 있다.

이곳은 떠이썬 형제의 고향[7]이니 지역성에 기대겠다는 생각에서였다. 이미 15세기에 사라진 '고향에의 정도(定都)' 의식이 부활한 것이다. 이런 시대착오적 발상도 민심을 떠나게 했다.

## 쟈딘(Gia Định 嘉定) 정권

떠이썬 군이 남북 분립을 종결했지만, 통일을 이루었다고는 할 수 없는 이유가 있다. 응우옌반후에가 꽝쭝 황제로 등극한 그해(1788), 사이공에는 또 다른 정권이 수립되었다. 사이공을 중심지로 하고 동쪽의 비엔호아와 서쪽의 메콩 델타를 아우르는 지역 즉 쟈딘을 지배 영역으로 한 이 정권을 필자는 쟈딘 정권이라고 부른다. 이 정권의 지도자는 응우옌푹아인(Nguyễn Phúc Ánh 阮福映, 1762-1820)이다. 그는 응우옌씨 왕국의 한 왕자로서 마지막 왕 예종의 조카가 된다. 왕을 비롯한 수많은 왕족이 떠이썬 군에게 살해당한 와중에 가까스로 살아남은 그는 메콩 지역을 전전하며 떠이썬 군을 피해 다니다가 남부에서 군대를 모아 자립했다. 그는 태국으로도 두 번이나 망명한 적이 있는데, 응우옌반후에가 물리쳤다는 태국군은 이 왕자의 요청으로 파견된 군대였다. 이후 응우옌푹아인은 태국의 지원에 미련을 버리고 베트남으로 돌아와 분투 끝에 사이공을 확보하고 왕위에 올랐다.

쟈딘 정권은 남부인의 정권이었다. 응우옌푹아인은 중부 출신이었지만 10대 초반부터 떠이썬 군을 피해 남부로 도피하여 그곳에서 성장했다. 때문에 그는 남부인의 기질, 문화, 전통을 잘 알고 있었다. 쟈딘 정권은 소수민족, 중국인을 포용했고 기독교도의 협조도 이끌어 냈다.

---

7) 삼 형제의 출신지는 빈딘이지만 조상의 고향은 응애안이었다.

프랑스인 선교사 삐노 드 베엔느(Pigneau de Béhaine) 신부는 기독교 포교의 자유를 약속받고 쟈딘 정권에 합류했다. 떠이썬과의 전쟁은 기독교도에게 성전과도 같았다. 삐노 신부는 프랑스에 지원을 요청할 것을 제안하였다. 이에 동의한 왕은 네 살짜리 맏아들을 삐노 신부에 딸려 프랑스로 보냈다. 파리에서 루이 16세를 만난 두 사람은 지원 동의를 얻어냈다. 프랑스 왕의 약속에 따르면, 인도 지역에 주둔하고 있던 프랑스군이 베트남으로 출동하게 되어 있었다. 왕복 육 년여(1783-1789)에 걸친 여행 기간을 어린 왕세자는 신부와 같이 지내면서 영향을 받았으니, 삐노 신부로서는 장차 베트남에 기독교 왕국을 건설할 수도 있다는 희망을 품기에 충분했다. 그러나 프랑스 조정의 약속은 지켜지지 않았다. 이에 당황한 삐노 신부는 응우옌푹아인의 신뢰를 잃지 않기 위해 동분서주한 끝에 인도에서 서양인 용병 300여 명과 각종 무기, 함선을 구해 사이공으로 돌아왔다. 이들 용병 중에는 무기 제조, 성곽 건축, 선박 건조 등이 가능한 기술자들이 섞여 있어서 쟈딘 정권의 군사력 강화에 기여했다. 이들의 도움으로 베트남 사람들은 배를 타고 말라카, 페낭, 바타비야 등 당시 영국 또는 네덜란드인이 지배하고 있던 도시로 가 선진 무기를 구매해 올 수도 있었다.

이렇듯 개방적이고 국제적인 성격이 쟈딘 정권으로 하여금 떠이썬을 이겨내게 하였다. 메콩 델타의 경제력도 큰 몫을 했다. 응우옌푹아인은 1802년에 명실상부한 통일 왕조를 수립하였다.

## 응우옌 왕조 (1802-1945)

이 왕조의 수명은 1945년까지 이어졌으나 온전한 국가로서 기능한 기간은 반세기가 조금 넘을 뿐이었다. 프랑스가 1859년 사이공을 점령한 뒤

▎왕궁 입구 (후에, 2007. 7)

부터 베트남의 독립 국가로서의 면모는 손상되기 시작했기 때문이다.

하지만 베트남 최초의 통일 왕조로서(수도는 후에 Hué), 현 베트남 영역이 단일한 정권에 의해 지배되는 첫 모델로서 이 왕조의 존재 의의는 크다. 게다가 19세기 전반에 이 왕조에 의해 시행된 몇 가지 정책은 독특했다.

응우옌 왕조는 중앙 집권화 작업에 몰두했다. 두 개의 국가가 나란히 2세기 동안 따로 발전해 왔고, 떠이썬과 쟈딘 간의 피비린내 나는 내전이 뒤따른 끝에 가까스로 하나의 나라가 된 마당이었다. 응우옌푹아인이 황제 자리에 오르면서 정한 연호가 쟈롱(Gia Long 嘉隆)이었다. 이는 쟈딘(Gia Định 嘉定)과 탕롱(Thăng Long 昇隆)[8]에서 한 글자씩 딴 것이었으니, 응우옌 조정이 통일에 얼마나 큰 의미를 부여했는지를 알 수 있다. 하

---

8) 원래 '승룡(昇龍 탕롱 Thăng Long)'이지만 응우옌 왕조 수립 이후 더 이상 '룡(황제)'이 살지 않는 곳이라고 해서 발음, 성조가 같고 의미가 유사한 '승룡(昇隆 탕롱 Thăng Long)'으로 바뀌었음.

▌구정[9] (九鼎, 2007. 7)

노이와 사이공을 연결하는 국도가 만들어진 것도 이때였다. 국호로 남비엣이라는 이름을 선택한 데는 중국의 한과 대등한 관계를 유지했던 남월을 계승한다는 의도도 있었지만 두 개의 나라를 하나로 만들었다는 자부심도 작용했다. 남비엣은 홍하 델타를 중심으로 한 원 베트남 국의 이름인 안남(安南)과 참파 지역을 부르던 고대 명칭인 월상(越裳)에서 한 글자씩 딴 것이기도 했다. 즉, 과거 참파 지역에 중심을 두었던 응우옌씨 영역과 안남이 합쳐졌다는 의미이다. 응우옌 왕조의 황제들이 '남북은 한 가족'이라고 기회만 되면 강조하던 것도 '하나 됨'을 이루어야 한다는 강박 관념의 반영이었다. 심지어 남북의 복식까지도 통일해야 할 대상이었으니 북부 여성에게 남부 여성의 본을 떠서 치마 대신 바지를 입게 한 것도 남북을 하나로 만들기 위한 작업의 일환이었다.

또 한 가지 19세기의 중요한 의미는 베트남 역사 이래 가장 큰 영역이

---

9) 응우옌호앙부터 쟈롱 황제까지 9명 왕의 치적을 상징하는 구리솥.

한 정권 아래 지배되기 시작했다는 것이다. 지역적 갈등을 해소하고 국가의 통합을 유지하는 일은 험난한 과제였다. 일단 건국 초기에 왕국은 세 개로 나뉘어 지배되었다. 수도 후에를 포함하는 중부는 황제의 직할령으로 두고, 남부와 북부는 각각 개국 공신 무장이 총진관으로 임명되어 반자치적인 권한을 갖고 지배했다. 그로부터 약 30년 뒤 전국이 수십 개의 성(省)으로 나뉘고 중앙의 6부를 통해 황제에 직속되는 체제로 개편되었다. 이 과정에서 남부에서는 3년여에 걸친 반란(레반코이의 반란, 1833-1835)이 일어났다. 이 반란을 진압한 베트남 조정은 곧이어 캄보디아를 병합하였다(1835-1846). 넓어진 영토에 걸맞게 국호가 다이남(Đại Nam 大南)으로 바뀌었다. 1841년부터 캄보디아인의 저항이 시작되고 태국까지 개입하자 1846년에 베트남군은 캄보디아에서 물러났지만, 한때나마 베트남의 영토가 캄보디아까지 확대되었다는 것은 19세기 베트남이 보여주는 역동성의 한 단면이다.

응우옌 왕조 시기는 농업 발전에서도 큰 성과를 보였다. 식민지 시대로부터 형성된 한 가지 신화는 메콩 지역이 프랑스의 근대적 기술에 의하여 개발되기 시작했다는 것이다. 그러나 남부의 개발은 이미 19세기 전반에 적극적으로 추진되고 있었다. 특히 이 작업에 관심을 가진 사람이 2대 황제 민망(Minh Mạng 明命, 1820-1841)[10]이었다. 그의 시대에는 메콩 유역뿐만 아니라 북부에서도 경작지가 크게 확대되었다. 홍하 델타에서 약간 남쪽으로 치우친 닌빈(Ninh Bình 寧平)의 광활한 대지는 바닷물을 막고 하천 흐름을 조절하는 대역사를 통해 탄생했다. 메콩 델타에서는 개간에 필요한 농구와 자금을 국가가 대주고, 개간한 토지는 일정 기간 세금을 면제해 주었으며, 개간에 공이 큰 자에게는 관작까지 부여하는 방식을 동원하여 농민들로 하여금 땅을 늘리도록 유도하였다. 그리하

---

10) 프랑스를 다녀온 바 있는 왕세자는 왕조 수립 1년 전에 병사했다. 쟈롱 황제의 2남, 3남도 건국 이전에 사망했다. 민망은 쟈롱의 넷째 아들이다.

여 남부의 쌀이 전국의 수요를 충당하였고, 잉여 생산물은 동남아시아의 여러 도시 및 중국으로 팔려나갈 정도였다.

농업과 관련된 여러 개혁도 주목할 만하다. 레반코이의 반란이 진압된 이후 남부베트남에서는 토지 측량이 실시되었고 토지의 소유 관계를 명확히 밝히는 토지 대장이 작성되었다. 이 장부 대부분은 현재 하노이에 있는 문서 보관소에 남아 있다. 토지 측량 과정에서 조정은 남부베트남에 공전(公田)을 만들어 냈다. 토지 없는 농민을 위해서 지주로부터 일정 분의 토지를 몰수해 공적 소유지를 창출해내는 이 제도는 혁명적이라 할 만하다. 단지, 워낙 토지가 풍부한 남부인지라 굳이 농민들이 토지를 받지 않으려고 했다는 것이 문제였다. 남부의 특수성을 인정한 조정은 공전 창출을 포기하고 오히려 남부의 생산력 증대에 적합하다고 보는 대토지 소유를 공식적으로 허용하였다. 지주들에게는 둔전(屯田)을 만들고 촌락을 건설하는 작업까지 위임하는 과감한 정책을 내놓았다. 그렇다고 해서 이 왕조가 지주층만을 옹호했다고 평가받을 수는 없다. 단지, 지역에 따라서 정책의 차이가 있었을 뿐이다. 중부 빈딘 성(떠이썬 삼 형제의 근거지였던 곳)에 공전의 비율이 사전에 비해 10%도 되지 않는다는 사실을 발견한 조정이 즉각 지주로부터 일정 부분 이상의 토지를 몰수하여 공전으로 만들고, 그 토지를 농민에게 분배한 1837년의 사건 같은 것은 동시대 어느 나라에서도 찾아보기 힘든 모습이었다.

대외 교역은 주로 공무역과 사무역으로 나누어졌는데, 특히 공무역의 추이는 흥미롭다. 프랑스의 영향으로 만들어진 서양식 범선은 원양 항해를 위한 선박으로서 승조 인원이 적게는 60-70명, 많게는 400-500명에 이르렀다. 이 배들은 19세기 전반 내내 중국 동남부 해안과 동남아시아 각처에 모습을 드러냈다. 남서 계절풍이 불 때는 중국 광동으로 가고, 북동 계절풍이 불 때는 베트남의 범선들이 도서부 동남아시아로 향했다. 이 범선들은 동남아시아의 여러 항구는 물론이고 인도까지 방문해 물자를 교환했다. 이 활동을 통해 베트남의 관영 무역선은 선진 물자 및 각종 서적을 사들였고, 관선에 승선한 젊은 유가 관리들은 19세기에 들어 급격하게 변화하고 있던 해외 정세를 탐지하면서 서양 세력이 들여온 문물을 관찰하였다. 젊은 유가 지식인 외에도 통역관, 기술자, 의료진도 관선에 승선했다. 그들 중 일부는 현지에 남아 언어와 신기술을 습득했다. 새로운 문물 중에서 베트남인의 관심을 끈 것 중 하나가 증기선이었다. 탐구욕이 왕성한 이 시대 베트남 사람들은 수 척의 서양 증기선을 사들이고 이를 연구하여 1830-1840년대에 자기들 힘으로 증기선을 제작하기도 하였다.

사무역은 초기에 주로 중국인에 의해서 활발하게 이루어졌다. 사이공의 중국인 집단 거주지 쩌런(Chợ Lớn)이 교역의 중심지로 발전하면서 중국과 동남아시아를 잇는 해외 교역이 성장하였다. 19세기에 들어 베트남으로 이주해 오는 중국인의 숫자가 늘어나자 중국인 사회가 급격히 팽창하였다. 민망 황제 시대에 조정은 중국인의 활동을 억제하기 시작했고, 급기야 중국인의 해외 교역 활동도 금했다. 중국인의 활동이 위축되었던 관계로 이 시기 베트남 조정이 대외 통상을 억제하고 쇄국으로 치달았다는 비판도 있다. 그러나 이는 부분을 확대하여 해석한 데 지나지 않는다. 중국인의 활동이 줄었을 뿐 베트남 상인의 활동은 여전히 왕성했다. 그리고 중국인에 대한 견제는 베트남 교역상이 성장할 가능성을 열어 주었다. 동남아시아 각지에서 베트남 상인이 관찰되기 시작하는 것은 이 시대의 새로운 모습이었다. 외국 상인의 방문도 끊이지 않았다.

전반적으로 사회의 흐름은 유교 이념의 확산으로 나아가고 있었다. 국가의 통합을 위한 사상적 기반으로서 유교는 당시의 지배층이 선택할 수 있는 유일한 대안이었다. 과거 제도는 정착되었고, 이를 통해 관직에 오른 관리들이 나라를 경영했으며, 과거 시험을 통해 양산되는 유가층이 촌락 단위까지 유교 이념을 확대하는 데 공헌하였다. 유교적 영향이 비교적 약했던 쟈딘 지역에도 민망 시기부터는 현(縣) 단위까지 관립 교육 기관이 설치되었고 빈번한 과거 시험을 통해 유사들을 양산했다.

베트남 역사에서 가장 조직적으로 행해진 소수민족 동화 정책은 일체화를 위한 또 하나의 노력이었다. 베트남인과 이민족이 섞여 살던 남부에서 이 정책이 적극적으로 추진되었다. 크메르인이나 중국인 등 이민족은 베트남인의 옷을 입고 베트남 말을 사용해야 했다. 다민족 또는 다문화 사회를 정의라고 생각하는 경향이 강한 현대인의 시각으로 보면 이는 매우 무자비한 정책으로 평가될 수도 있다. 그러나 국가의 통합과 통일성의 실현에 몰두하고 있던 19세기 베트남 정부로서는 해볼 만한 시도였다. 더군다나 중국인까지도 베트남화시키겠다는 의지는 베트남을 특히 19세기 베트남을 단지 중국 것을 배우고 모방하는 데 바빴던 '작은 중국(Little China 또는 Little Dragon)'으로 희화화하던 식민 시대의 관점을 수정하는 좋은 재료가 된다. 역사서 편찬과 지도 제작으로 베트남 영역 구성원을 하나로 만들기 위한 작업을 동남아시아의 어떤 나라보다 먼저 시작했던 베트남은 19세기에 들어 이념뿐만 아니라 혈통까지도 하나로 만드는 실험을 하고 있었다.

기독교도에 대한 응우옌 조정의 태도는 신중한 평가가 필요하다. 기독교도들로서는 베트남 조정에 배신감을 느끼기에 충분했다. 건국 과정에서 그들의 공헌이 컸고, 그 대가로 적어도 쟈롱 황제 시대에는 선교의 자유가 보장되었다. 그런데 민망 시기부터 기독교도 탄압이 시작되었다. 조정이 태도를 바꾼 이유가 있었다. 만약 이 조정이 폐쇄된 사회 속에 살면서 중국적 질서에 안주하고 유학적 공론에만 천착하고 있었다면 기독교도 박해는 시대착오적인 과오로 평가될 수 있을 것이다. 그러나 앞에서 소개했듯이, 응우옌 왕조 시대 베트남은 주변의 어떤 한자 문화권 국가보다 대외적으로 열려 있었다. 그들이 부지런히 관찰하고 있던 바로는, 기독교 뒤에 침략적 서구 세력이 있었으니 동남아시아 여러 나라에서 명백한 사례들이 발견되고 있었다. 반면 당시 철저하게 기독교를 배척하고 있던 일본, 조선, 중국은 아직 건재했다. 선택은 자명해진다. 게다가 기독교도는 왕실에의 충성보다 하나님의 나라, 아니면 기독교 형제국에 더 큰 유대감을 가지고 있다고 조정은 생각했다. 국가의 질서를 흔들어 댈 수 있는 능력도 기독교도는 가진 것으로 판명되었다. 남부에서 1833년에 일어난 레반코이 반란에는 다수의 기독교도가 참여하고 있었고, 한 프랑스인 신부(Joseph Marchand)가 그들과 함께하고 있었다는 사실에 조정은 경악했다. 이 반란을 지원하기 위해서 태국군까지 출병한 것은 기독교도의 호소 때문이었던 것으로 황제는 이해했다. 태국군이 퇴각할 때에는 수천 명의 베트남 기독교도가 태국으로 탈출하는 소동이 벌어졌으니, 조정으로서는 아연실색할 수밖에 없었다.

민망 황제를 비롯한 조정의 관료들은 성경을 읽으면서 이 종교를 연구했다. 민망 황제는 신하들과 더불어 자신이 읽은 '노아의 방주'나 '바벨탑'의 내용을 논하면서 황당무계하다고 비웃고 있었다. 원인과 결과의 상호 관계가 명확해야 한다고 생각하는 신유학적 합리주의에 충실하려는 당시 지식인들로서는 성경은 믿을 수 없는 사건으로 가득한 책이었다. 그럼에도 불구하고 민망 시대의 기독교 정책은 조심스러웠다. 그리고 이러한 태도는 다음 대 티에우찌(Thiệu Trị 紹治, 1841-1847) 시대에도 이어졌다. 감금된 선교사들을 처형하지 않고 돌려보내기로 한 것도 티에우찌 황제였다. 그러나 선교사 석방을 요구하러 왔던 두 척의 프랑스 군함이 발포하여[11] 베트남 측에 큰 손실을 주게 되자 황제 이하 베트남 관료들의

---

11) 두 척의 군함을 지휘했던 이는 라삐에르(Lapierre) 대령이었는데, 그는 베트남과 조선을 찾아 선교사 박해 문제를 놓고 협상하는 책임을 지고 있었다. 다낭 방문 이후 라삐에르의 함대는 조선으로 향했다. 그러나 이 두 군함은 고군산 군도에서 좌초되어 가라앉았다. 라삐에르는 구조하러 온 영국 선박을 타고 중국으로 돌아갔다. 라삐에르가 조선으로 갈 때 그의 배에는 최양업(1821-1861)이 타고 있었다. 최양업은 김대건과 함께 마카오에서 유학한 조선 최초의 신학생이자 김대건에 이어 조선의 두 번째 사제

분노가 폭발했다. 기독교도에 대한 탄압은 극렬해졌다.

응우옌 왕조 시기에는 마치 10세기에 걸친 전통 시대 베트남 문화 역량이 한데 모여 꽃피는 듯했다. 특히 문학 방면은 화려했다. 쯔놈 문학의 발전은 극에 다다라 베트남 민족사에서 최고의 명작으로 꼽히는 작품이 탄생했다. 응우옌주(Nguyễn Du 阮攸, 1765-1820)가 쓴 『끼에우(Kiều, 翹) 전』이 그것이다. 한 여성의 기구한 인생 유전(流轉)을 그린 이 작품은 대작이다. 베트남인의 문화나 일상생활 깊숙히 영향을 주는 작품이기 때문에 여러 나라 사람들이 관심을 가져왔고 여러 언어로 번역되었다. 쯔놈 문학은 19세기에 들어서 '국음시가(國音詩歌)'로 불리게 되는데, 베트남인이라면 황제 이하 일반 민중에 이르기까지 공유하는 문학 장르로 자리 잡게 되었다. 이 쯔놈 문학은 19세기 중반 대불 항쟁이 시작되면서 항전 문학으로까지도 진화했다. 메콩 델타의 문인 응우옌딘찌에우(Nguyễn Đình Chiểu, 1822-1888)에 의해 만들어진 『룩번띠엔(Lục Vân Tiên 陸雲僊)』이 그 대표적인 작품이다.

한문학도 발전했다. 한자를 사용하는 나라에서 한문학이 많이 창작된 것은 당연해 보이지만, 작품이 쏟아져 나오고 그것들이 문집 또는 책으로 엮여서 세상에 나오는 분량이 시대에 따라 한결같지는 않은 법이다. 문화적 관심뿐만 아니라 문화 역량과 경제력이 뒷받침될 때 가능한 것이다. 쟈롱 황제는 총을 잘 다루던 명사수로 알려져 있는 데 비해, 그의 뒤를 잇는 민망, 티에우찌, 뜨득(Tự Đức 嗣德, 1848-1883) 황제는 문학적 소양이 깊었다. 이 시대 한문학의 발전은 주제가 품고 있는 사회 의식의 깊이 때문에도 주목할 만한 것이 많다. 대표적인 문인 중 한 사람인 까오바꽛(Cao Bá Quát 高伯适, 1809-1854)의 시는 지식인의 진지한 사회적

---

가 된 인물이다. 응웬응옥투이, 「19세기 조선·프랑스 관계와 베트남」(인하대학교 석사학위논문, 2014), p. 28.

관심을 반영한다:

해 저물녘 다리를 건너 돌아오는 여인(暮橋歸女)

아무리 춥다 해도 [괴로움이] 배고픔만 할까?
겨(糠) 값이 황금보다 비싸다.
옷을 잡히고 샀다.
물먹은 차가운 바람이 다리(橋) 위를 지나가지만 추운 줄을 모른다.
집에서 기다리는 이들을 생각할 뿐.[12]

서적도 국가사업으로 많이 출판되었다. 민망 시대에 지도(大南全圖, 大南一統全圖)가 만들어졌고, 베트남 해안의 해로와 도서를 조사한다든가, 동식물의 이름을 정리하는 작업이 행해졌다. 체제를 갖추고 엄격한 객관성을 유지한 '실록'이 쓰이고, 남북의 공적 사적 역사서가 수집·정리되어 『흠정월사통감강목(欽定越史通鑑綱目)』으로 편찬되었으며, 역대 인물, 역사, 지리, 병제 등을 모은 『역조헌장류지(歷朝憲章類誌)』도 나왔다. 지리서인 『대남일통지(大南一統志)』, 통치 제도와 관련된 제 규정을 엮은 『대남회전사례(大南會典事例)』 등도 19세기 통일 왕조를 하나의 공동체로 만들어나가는 노력의 산물이었다.

응우옌 왕조 시기의 문제점은 다음과 같다.

우선 캄보디아 병합에 따른 재정 소모가 과도했다. 병합에 필요한 재원은 그럭저럭 감당할 수 있었지만, 막상 캄보디아인의 저항이 거세지고 태국 군대가 개입하여 전쟁이 장기화 되자 군비 지출이 증대되었다. 캄보디아로의 전진 기지였던 남부베트남은 특히 피폐해졌다.

---

12) Vũ Khiêu et. al., *Thơ Chữ Hán Cao Bá Quát* (까오바꽛의 한시)(HCM City: Nxb Văn Học, 1976), p. 196.

소수민족 동화 정책은 수많은 반발을 초래했다. 대부분이 진압되기는 했지만, 이를 위한 국력 소모가 컸고 베트남인과 소수민족 사이의 적대감이 고조되었다. 특히 중국인의 불만은 심해서 나중에 프랑스인이 들어올 때 중국인이 주저없이 친불 세력으로 돌아서게 하였다.

기독교도를 포용하지 못한 것도 역시 결과적으로 큰 손실을 가져 왔다. 기독교도와 비기독교 사이의 반목은 심각한 수준이었고 기독교도가 참여한 여러 반란도 왕조의 국력을 소모시켰다. 기독교도는 프랑스 군대가 들어오자 협조자로 나서서 프랑스의 지배를 확대하는 데 앞장섰다.

지역감정을 해소하기에는 시간이 모자랐다. 우선 남부베트남에서 일어난 반란 및 그에 대한 무자비한 진압은 남부인에게 큰 상처를 주었다. 북부 지역에서의 민심 획득도 버거운 작업이었다. 건국 이후 조정은 적극적으로 북부를 다독이며 인재를 등용하여 중앙 정치에 참여하도록 유도했고 성과도 있었다. 그러나 천 년 가까이 왕조의 중심이었던 탕롱 사람들의 자존심은 대단한 것이어서 남부 출신들을 왕조의 주인으로 인정하는 데에는 시간이 더 필요했을 것이다. '용의 땅'이었던 탕롱이란 지명이 '물 한가운데' 있는 도시라는 의미의 '하노이(Hà Nội 河內)'로 바뀐 데서도 이들의 박탈감을 짐작할 수 있겠다. 앞에서 소개한 문인 까오바꽛은 북부 출신의 유학자이다. 그의 시에 그려지는 가난한 삶에는 정치 중심지가 다른 곳으로 옮겨간 후 탕롱의 조락한 모습과 그곳에 사는 지식인들의 비애감이 투영되어 있다. 까오바꽛은 과거에 합격한 조정의 관료였음에도 불구하고 1854년 북부에서 일어난 한 반란에 참여했다가 처형당했다. 프랑스군이 1859년 사이공을 공격했을 때 중앙군이 사이공 방어 또는 탈환에 병력을 집중하지 못한 이유도 그 무렵 북부에서 반란이 일어났기 때문이었다.

집권화 정책이 결과적으로 빚어낸 문제점도 있었다. 응우옌 조정은 중앙을 강하게 만드는 작업과 동시에 지방을 약하게 했다. 예를 들면 수도의 왕성보다 크다고 해서 북부의 탕롱 성과 남부의 사이공 성 크기를 반으로 줄였다. 프랑스 군대는 약해진 이 양쪽 요충지로 들어왔다.

하지만 이러한 모든 문제는 베트남이 프랑스군에게 패배한 결과에서부터 출발하여 짚어본 것들이다. 월등한 무기와 정복 의지를 가진 제국주의 세력과의 싸움에서 이겨낼 나라는 없었던 것이 적어도 19세기 아시아의 상황이었음은 인정해야 할 것이다. 단지 얼마나 오래 버티느냐의 차이만 있었을 뿐이다.

## 주권 상실

프랑스가 베트남에 관심을 가진 가장 큰 이유는 중국 시장으로 들어가는 길을 확보하기 위해서였다. 베트남, 캄보디아, 라오스도 중요한 시장이었으며 원료 공급지로도 주목되었다. 영국이 버마 남부, 말라카, 페낭, 싱가포르를 식민지로 가지고 있었고, 태국에까지 영향력을 확대하고 있었다는 현실도 프랑스인의 마음을 급하게 만들었다. 민족주의가 발전해 가던 19세기에 식민지를 보유한다는 것 그 자체는 국가의 권위와 관련된 성취였기 때문에 영국이 갖는 만큼 프랑스도 가져야 한다는 생각이 강했다. 기독교 선교사들의 요구도 거셌다. 선교사를 실은 프랑스 해군 함선들이 수도에 인접한 다낭 항구로 들어왔고, 몇 가지 형식적인 요구사항을 제시하고는 곧바로 베트남 진지를 공격했다(1858). 프랑스 측의 의도는 협상이 아니라 식민지 획득이었기 때문이다.

그러나 저항은 강했다. 프랑스군은 쉽게 다낭을 점령할 것이라고 여겼지만 베트남의 준비가 철저했던 관계로 이곳을 통해 수도 후에로 바로 진격하려던 프랑스 해군의 의도는 좌절되었다. 그 대신 프랑스군은 사이공을 다음 공격지로 선택했다. 1859년 사이공 성이 점령되었고 프랑스 군대는 1871년까지 쟈딘 전체를 획득했다. 1883년에는 북부 및 중부까지 프랑스군에 의해 점령되었다.

청나라가 개입해서 전쟁이 일어났으나(청불전쟁, 1884-1885) 프랑스군이 승리하였고, 1885년 베트남은 주권을 상실했다. 단지 황실은 그대로 유지되고 명목상이나마 중부 지역은 '안남(Annam)'이라는 이름을 얻어서 황제의 지배지로 남게 되었다. 북부의 '통킹 보호령'은 프랑스인과 베트남인이 공동으로 지배하는 형태의 반식민지였고 남부는 '코친차이나(Cochinchina)'라는 이름으로 프랑스가 직접 지배하는 식민지가 되었다. 응우옌 왕조 초기 국토를 북, 중, 남 셋으로 나누던 방식이 부활된 것이어서 흥미롭다. 단지 다낭, 하이퐁 등 주요 항구와 하노이는 프랑스인이 직접 관할하는 개별 식민지들이었다. 1890년대까지 베트남은 '프랑스령 인도차이나'의 일부가 되는데, 여기에는 캄보디아와 라오스가 더해진다. 두 국가 모두 왕실이 그대로 유지되었기 때문에 직접 식민지는 아니었고 보호국의 지위를 가졌다. 베트남 황제의 '안남' 역시 보호국이었다.

# 제2장
# 캄보디아 - 생존을 위한 모색

**제국 쇠퇴의 원인**

앙코르 제국은 14세기에 들어서 쇠퇴하기 시작했다. 쇠퇴 원인으로는 첫째, 종교적 건축물 건설을 위한 과도한 재정 지출을 들 수 있다. 이러한 지출이 전성기에는 문제가 되지 않았으나 점차 재원과 인력이 제한되다 보면 재정을 압박할 수밖에 없었다.

제국 쇠퇴의 두 번째 원인은 서쪽에 있던 타이 왕국들의 도전이었다. 이미 수코타이 시대부터 조짐이 보이기 시작했지만, 14세기 중반 짜오프라야 강 중류에 아유타야 왕국이 들어서면서 캄보디아의 서쪽은 타이족에 의해 봉쇄되었다. 북쪽으로는 타이의 일족인 라오족이 통합되어 란쌍으로 독립했다. 아유타야와는 14세기 중에 수차례씩 서로의 수도를 공격하는 공방전이 거듭되었지만 승부는 나지 않았고, 캄보디아는 이 버거운 상대와의 싸움으로 점차 지쳐가고 있었다.

세 번째 원인은 소승불교의 확산이었다. 캄보디아를 압박하는 태국이나 라오스, 그리고 과거 강성했던 파간 왕국도 소승불교 국가였기 때문에 이 원인은 다소 의아하게 여겨질 수도 있다. 단지, 캄보디아를 놓고 볼 때 힌두교, 대승불교가 발전하던 시절과 비교해서 그러하다는 이야기이다.

개인적 구원을 위한 수양에 중점을 두는 소승불교의 믿음 체계 속에서 종교 활동은 훨씬 소박해졌다. 대승불교에 있는 보살이 소승불교에는 없기 때문에 왕이 기댈 신권의 선택 범위가 줄어들었다. 그러다 보니 신적 권위를 구심점으로 삼는 제국 구성원 간의 결집력이 아무래도 이전보다 약해질 수밖에 없었다.

네 번째 쇠퇴 원인은 관개 시설과 관련이 있다. 인공적인 수리 시설은 지속적인 보수 작업이 필요하다. 예를 들면, 수리 시설 하부에 쌓인 토사를 치워주는 준설 작업은 거를 수 없는 일이다. 수리 시설 유지가 부실해지는 것은 대부분 왕조의 말기에 나타나는 현상이다. 수로와 저수지에 토사가 쌓이고 제방이 유실되면서 물의 공급이 원활하지 못하면 인공적으로 유지되는 농업 생산력은 떨어질 수밖에 없다. 게다가 고인 물은 썩어가고 썩은 물에 모기가 들끓으면서 말라리아가 자주 발생한다. 이 병으로 인한 대규모 인력 손실은 국가 운영에 치명적인 결과를 가져온다.

이러한 문제점들에도 불구하고, 14세기와 15세기까지도 캄보디아는 '강한 국가(powerful state)'였음이 분명하다(Hall 1958: 117-118). 이 나라는 대륙부 동남아시아 중심부에서의 패권은 상실했지만, 현재의 캄보디아 왕국 영역을 넘어 지금은 베트남 남부가 된 지역까지를 통제하는 국가로 남아 있었다. 그러나 이 시기 캄보디아의 자취는 희미하다. 크메르인은 더 이상 웅장한 사원을 만들지 않았고 그들의 행적을 추적할 만한 비문도 거의 없다. 단지 『명사』 '진랍' 조에 캄보디아에서 온 조공 사절에 관한 기록 몇 개가 있을 뿐이다. 여기에서 보이는 한 가지 사실은 이 시기 캄보디아는 힘겨운 전쟁을 치르고 있었다는 것이다. 집요하게 공격해 오는 아유타야에 수차례 수도를 점령당했고 아유타야의 왕자에게 캄보디아 왕위를 내주는 경우도 있었다.

홀의 말대로 아직 강력한 힘을 가진 국가였기 때문에 캄보디아는 점령된 수도를 탈환하였고 아유타야에 보복 공격을 감행했다. 그러나 이미 늙어버린 이 왕조는 신흥 아유타야에 결정타를 가할 수 있을 정도의 역량은 회복하지 못했다. 강한 국가이기는 했지만 대륙부 동남아시아를 압도하는 국가는 더 이상 아니었다. 다음 세기에 들어 캄보디아는 앙코르 지역을 포기해야 했다. 캄보디아의 수도가 1431년 아유타야군에게 점령되었다. 캄보디아군은 곧 수도를 탈환하기는 했다. 그러나 이곳은 아유타야군에게 너무 가까이 있다고 느껴지기 시작했다. 왕실은 안전한 곳으로 수도를 옮길 것을 고려하였다.

## 천도

캄보디아는 1434년 메콩의 서쪽 연안인 프놈펜(Phnom Penh)에 새로운 수도를 세웠다. 이로써 캄보디아는 호수의 시대를 마감하고 강의 시대로 진입했다. 수도를 프놈펜으로 옮긴 이유로 챈들러는 교역에 대한 캄보디아인의 고려를 강조한다(Chandler 2008: 91-96). 아유타야의 압력에 밀려서 더 안전한 지대로 피해간 게 아니라, 교역에 유리한 곳을 찾아 프놈펜으로 옮겨 갔다는 것이다. 이 결정에는 캄보디아에서 대외 교역을 주도하고 있던 중국인의 영향이 컸다고 챈들러는 주장하고 있으며, 14세기 이후 캄보디아 왕실이 중국에 사절을 많이 보내는 것은 교역의 이점에 주목했기 때문이라 한다. 캄보디아가 중국에 보낸 사절은 1371년부터 1419년까지 12회 이상이었으며, 이는 수 세기에 걸친 앙코르 시대 전체 횟수보다도 많았다. 태국과의 접촉이 빈번해진 것도 캄보디아가 해외 교역에 관심을 두게 되는 데 영향을 끼쳤다. 아유타야와 캄보디아는 서로 싸우면서 영향을 주고받게 되는데, 캄보디아가 아유타야로부터 교역의 중요성을 배웠을 가능성이 높다는 것이 챈들러의 주장이다. 확실히 메콩 유역이 강을 통한 수운과 바닷길로의 연결 때문에 교역에 유리했다.

캄보디아가 수도를 프놈펜으로 옮긴 데에는 종교적 이유도 고려되어야 한다. 14세기를 거쳐 15세기에 이르는 동안 캄보디아 사회는 불교화가 진행되고 있었다. 이 세기에 캄보디아의 북쪽에서 독립 왕국으로 발전하기 시작한 란쌍 왕국 역시 불교 국가였으니 서쪽의 아유타야, 북쪽의 란쌍과 접촉을 통해 캄보디아에서 소승불교 발전은 한층 활발해졌다. 1431년 아유타야에 의해 시엠립은 폐허가 되다시피 했다. 시엠립을 채운 기념물들이 파괴되고 금칠을 입힌 화려한 탑신들이 대부분 뜯겨 있었다면, 아유타야군을 쫓아내고 돌아온 캄보디아의 지배자들은 과연 이 파괴된 유산을 다시 수리해야 할 것인지를 고민했을 것이다. 이제 힌두 기념물은 더 이상 그들이 국력을 기울여 보수해야 할 만한 가치를 지니지 않았다.

프놈펜은 불교적으로 신성함이 배어 있는 곳이다. 프놈펜은 '펜(Penh)'이라는 여성 이름에서 나왔다. '프놈'은 '산'을 의미한다. 프놈펜은 '펜(아주머니, 또는 할머니)의 산'이라는 뜻이다. 펜이라는 여인은 우기에 불어난 강물에 떠내려온 나무 안에서 몇 개의 부처상을 발견하고 이들을 모신 사원을 산 위에 지었다고 하니 이것이 현재 프놈펜의 명소 중 하나인 왓프놈(Wat Phnom)이다. 결국 '펜의 산'이란 펜 아주머니가 건설한 사원이 있는 산이며 그 산은 신성한 부처들이 모셔진 곳이다.

태국이 캄보디아 왕위 계승 문제에 개입하기 시작한 것은 15세기부터 시작된 또 하나의 변화였다. 권력 투쟁의 과정에서 패한 한 캄보디아 왕은 아유타야로 도망갔다. 그는 태국군의 도움으로 왕위를 되찾았다고 하는데, 이는 두 나라 관계가 새로운 국면으로 접어들었음을 보여준다. 이제 양국 간의 세력 균형은 깨져가고 있었다. 권력 투쟁에서 불리해지는 왕 또는 왕자가 태국으로 달아나면 태국 군대가 그를 호위해 캄보디아로 들어와 왕 자리에 앉히는 것은 19세기까지 되풀이되는 하나의 전형이 되었다.

## 서양인의 기록 - 16세기

16세기 캄보디아에 관한 정보는 동남아시아에서 활동하던 서양인의 기록에 다소 남아 있다. 그러나 이 자료들도 풍부하지는 않고 '들은 이야기'거나 선교사들의 과장이 섞인 기술이 많다. 그래도 몇몇 기록은 참고할 만한 가치가 있다.

우선 특기할 것은, 포르투갈인 디에고 도 꾸또(Diego do Couto)가 전하는 캄보디아 왕의 시엠립 방문이다. 이 방문은 비문으로도 확인된다. 사냥하러 갔던 길이라고도 하고 태국을 공격하고 오던 중이라고도 하는데, 버려진 지 100년 이상이 되는 옛 수도를 찾은 왕은 한때 이곳으로 다시 수도를 옮길 것을 고려했다고 전한다. 하지만 현실적으로 가능한 일은 아니어서 단지 앙코르왓을 비롯해 남아 있는 몇 개의 유적지를 부분적으로 보수하는 정도에 그쳤다고 한다(Chandler 2008: 99-100).

비슷한 시기인 1556년에 캄보디아를 방문해 일 년 정도 머물렀던 포르투갈인 선교사 가스빠르 다 끄루즈(Gaspar da Cruz)는 불교가 깊이 뿌리내리고 있는 이 사회를 보고 절망감을 토로하고 있다. 그에 따르면, 활동 가능한 성인 남자의 1/3 이상이 승단에 속해 있고 사회 전체는 종교적 위계질서 속에 짜여 있었다. 평민은 승려를 살아있는 신 대하듯 공경하고 승려들은 다시 서열 높은 승려를 신 모시듯 했다고 한다. 승려의 사회 통제력, 불교의 가르침을 향한 믿음 속에 기독교의 교리가 파고들어 갈 여지는 없는 듯해 보였다: "종종 이런 일이 일어난다. 내가 설교를 하면 많은 사람이 내 주위에 몰려와 말의 내용에 크게 만족하면서 진지하게 듣는다. 그런데 어떤 승려가 와서 '이것 좋다, 그러나 우리 것이 더 낫다'고 하면 사람들은 나만 홀로 남겨둔 채 다 떠나버린다."[13]

---

13) C. R. Boxer(ed.), *South China in the Sixteenth Century* (London: The Hakluyt Society, 1953), p. 61.

포르투갈이 말라카를 근거지로 삼기 시작한 1511년부터 서양인이 동남아시아 각지에 나타나면서 일어난 변화 중 하나는 신무기, 특히 총이 전쟁에 사용되기 시작했다는 것이다. 총이 소개되면서 국가 내에서의 통합이 촉진되었고 국가 간의 전쟁에서 결정적 우열이 판가름나곤 했다. 얼마나 많은, 그리고 좋은 총을 사들여 그것을 효율적으로 이용하는가가 전쟁의 승패에 관건이 되었다. 이러한 변화에 대응하는 것도 태국이 캄보디아에 앞섰는지, 이 세기에 아유타야는 캄보디아를 제압했다. 아유타야는 1592년 캄보디아를 공격하기 시작했고 1594년에 캄보디아 수도(당시는 프놈펜 북부의 로벡)가 점령되었다.

이때부터 서양인의 캄보디아 관련 기록이 갑자기 늘어났다. 교역상이 많이 왕래하였던 수도에는 외국인 집단 거주지가 형성되었다. 프놈펜과 로벡, 그리고 이 시기 새로운 수도가 되는 프놈펜 북부의 우동(Udong)에는 중국인, 일본인, 아랍인, 스페인인, 포르투갈인은 물론 말레이인, 참인 등이 거주하는 지역이 따로 있었다. 그들이 캄보디아에서 사들였던 것은 금, 은, 보석, 비단, 목면, 향, 라카, 상아, 쌀, 과일, 코끼리, 코뿔소 뿔 등이었다(Chandler 2008: 102-103).

스페인 선교사 싼 안토니오(San Antonio)의 다음과 같은 기록에서도 16세기 말 캄보디아 사회를 엿볼 수 있다. 이 자료에는 귀족의 일부다처제, 남녀 역할의 차이, 징세, 의복 등의 정보가 담겨 있다:

[왕을 제외하고 귀족과 평민이 있다. […] 모든 귀족은 부인을 여럿 두는데, 숫자는 얼마나 부유한가에 달려 있다. 고관들의 부인은 피부가 희며 아름답다. 그러나 평민의 부인은 갈색이다. 이 여성들은 흙에서 일하며 남편들은 전쟁을 담당한다 […] 귀족들은 가늘고 성긴 비단이나 질 좋은 목면으로 만든 옷을 입는다. 그들은 사람들이 어깨에 메는 가마를 타고 다니며, 일반인은 물소나 말이 끄는 수레를 타고 여행한다. 그들은 지방 장관과 왕에게 세금을 내는데, 육

상 또는 해상에서 얻어진 상품 가격의 1/10이다.[14]

## 메콩 델타 상실

교역은 17세기에도 계속 발전해서, "17세기 초 캄보디아는 해상 교역 국가가 되었다"(Chandler 2008: 105)고 평가될 정도였다. 그러나 해외 교역상 입장에서 보자면 해안에서 한참 떨어진 프놈펜이나 우동 또는 로벡까지의 여행이 그렇게 기꺼울 리는 없었다. 호이안, 아유타야에 비해 이들 캄보디아 중심지는 내륙으로 훨씬 더 많이 들어가 있다. 교역이 발전한 곳은 이러한 정치 중심지가 아니라 비교적 해안에 가까우며 메콩에 연한 도시였을 가능성이 높다. 이러한 조건을 가지고 있던 도시 중 하나가 사이공이다.

그런데 사이공은 17세기 후반에 베트남 차지가 된다. 캄보디아에는 불행하게도 해상 교역 국가로서의 새로운 면모를 띠게 되는 세기에 그동안 남진을 거듭하던 베트남이 메콩 델타로 진출하기 시작했다. 강력한 아유타야를 만나 서쪽이 봉쇄되자 남쪽으로 정치 중심지가 이동하면서 대외 교역을 발전시키려던 캄보디아였지만 이번에는 동남쪽으로부터 베트남의 압박을 받게 되었다. 캄보디아는 강대국 사이에 끼인 모양새가 되었다. 캄보디아 내부의 권력 다툼이 양국에 의지하여 전개되었고 세력 균형을 위해 두 명의 왕이 서는 경우도 생겨났다.

이 과정은 베트남의 『대남식록정편열전초집(大南寔錄正編列傳初集)』의 '외국' 중 '고만(高蠻)' 조에 비교적 구체적으로 나와 있다. 이를 기초로

---

14) A. Cabaton(ed. and trans.), *Brève et vèridique relation des èvènements du Cambodge par Gabriel Quiroga de San Antonio* (Paris, 1941), p. 208, Chandler(2008), p. 104에서 재인용.

하여 경과를 기술하고 넘어가고자 한다.

베트남과 캄보디아 관계 기사가 최초로 나오는 것은 1658년이다. 이 해에 캄보디아 왕이 베트남을 침략했기에 베트남에서 군대를 동원해 응징하고 왕을 사로잡았다고 한다. 베트남 측에서는 이때부터 캄보디아를 봉국으로 삼았고 캄보디아는 매년 공물을 바칠 것을 약속했던 것으로 기술하고 있다. 그런데 이 왕이 사망하고 나서 두 왕이 서서 한 명은 로벡이나 우동, 또는 프놈펜에서 정국왕이 되었고 또 다른 왕은 사이공에서 이국왕으로 행세했다. 말하자면 캄보디아의 판도가 남북으로 나뉘게 된 것인데, 대체로 보아 북부의 정국왕은 친태국적 성향을 띠었고 사이공에 있던 이국왕은 베트남의 후원을 기대했다. 그러던 중 1679년에 베트남 조정이 명의 유민 삼천여 명을 당시 캄보디아의 영토였던 사이공 동쪽의 비엔호아와 서쪽의 미토 지역으로 이주시켰다. 이렇게 해서 메콩 델타에는 이국왕, 베트남 왕, 명 유민 연합 세력이 형성되었고 태국을 배후에 두고 있던 정국왕과의 대결이 시작되었다. 삼자 연합은 성공적이어서 1715년에 이국왕을 정국왕으로 앉히는 데 성공했다. 그런데 이 성공은 사이공에서 이국왕이 떠나게 되었음을 의미했다.

## 서북부 지역 상실

태국이 캄보디아 땅에 욕심을 내기 시작한 것은 베트남에 비해 훨씬 늦었다. 왜냐하면 태국은 영토의 획득보다는 캄보디아에 대한 정치적 우위 확보에 더 몰두했기 때문이다.

캄보디아가 태국에 인접한 바탐방과 시엠립을 상실한 것은 18세기 말 태국의 톤부리 왕조(1767-1782)와 짜끄리 왕조(1782-현재)에 의해서였다. 이 시기에는 캄보디아에서 태국의 입김이 거셌다. 베트남은 1771년부터 시작된 떠이썬 반란과 그 뒤를 이은 내전으로 인하여 캄보디아 통제력이 약화되었다. 이 틈에 톤부리 왕조의 군대가 1772년 프놈펜을 점령했다. 태국에 의해 선택된 인물은 일곱 살의 엥(Eng) 왕자였다. 그는 우동에서 왕위에 올랐으나 실권은 친태국 인사였던 섭정의 손에 있었다. 이후 태국에서 왕조가 교체되자 이 왕은 방콕으로 가(1782) 머물다가 1794년에 다시 왕으로 임명된 후 우동으로 돌아왔다. 엥 왕이 방콕에 있을 때 베트남의 왕자 응우옌푹아인이 두 번이나 망명해 왔기 때문에 연배가 비슷한 두 지도자(아인이 세 살 위)는 만날 기회가 많았고[15] 이국땅에서 두 왕자 사이에 어느 정도 유대감이 형성되었을 수도 있다. 응우옌 왕조가 수립된 이후 응우옌푹아인에게 엥 왕의 큰아들 짠 왕(Chan, 1806-1835)이 보호를 요청한 데에는 이러한 배경도 작용하였다.

## 짠 왕 시대

짠 왕 역시 방콕에서 왕위에 오른 후 우동으로 돌아왔다. 아버지 엥 왕이 그의 나이 여섯 살 때(1797) 사망했으니, 아버지 시절과 마찬가지로 정치는 태국 조정에 가까운 섭정이 맡았다. 짠 왕은 방콕에서 교육을 받았고 15세 되던 해에 왕위에 올랐다.

  왕이 되자마자 그는 베트남에 눈길을 보내기 시작했다. 베트남 역시 캄보디아에 적극적인 관심을 보임에 따라 두 나라 사이에 조공 관계가 수립되었다. 그러나 짠 왕은 태국과의 관계도 유지했다. 이렇게 해서 캄보디아는 태국과 베트남에 모두 조공을 하고 두 나라에서 왕으로 임명되었다.

---

15) Michael Dent Eiland, "Dragon and Elephant: Relations between Viet Nam and Siam, 1782-1784," Ph.D. dissertation, George Washington University, 1989, p. 37.

짠 왕으로서는 이러한 행동이 생존 전략이었을 것이다. 이를 두고 등거리 외교라든가 중립의 표방이라고도 볼 수 있겠다. 그러나 짠 왕의 성향은 확실히 친베트남적이었다. 태국으로의 조공 횟수가 훨씬 많기는 했으나, 이는 태국에게 해 오던 방식이 관례적으로 유지되던 것이었을 뿐이다. 왕권의 회복을 기도한 짠 왕으로서는 조정의 실권을 쥐고 있던 친태국 집단을 견제할 필요를 느꼈다. 태국이 자신을 곱지 않은 시선으로 바라보고 있음을 알고 그는 1809년 라마 1세가 사망했을 때 장례식에도 가지 않았다. 이것이 빌미가 되어 캄보디아에서는 친태국-친베트남 세력 사이 심각한 권력 투쟁이 시작되었다.

친태국 성향인 짠 왕의 세 동생은 모두 방콕으로 망명했다. 곧이어 짠 왕을 응징하려는 태국 군대가 캄보디아로 들어왔다. 이때 캄보디아 왕이 피신한 곳이 사이공이었다(1812). 당시 사이공에는 베트남의 명장 레반주엣이 있었다. 이 인물은 과거 응우옌푹아인이 방콕에 망명했을 때 수행했던 관계로 비슷한 연배인 짠 왕의 아버지와 면식이 있었다. 짠 왕은 레반주엣의 보호를 받으며 캄보디아로 돌아왔고 프놈펜을 수도로 삼아 통치했다. 베트남군 일부는 이곳에 주둔했다. 캄보디아 왕이 직접 베트남의 왕궁까지 간 적은 없지만 해마다 신년이면 왕은 사이공으로 가서 베트남 황제가 있는 북쪽을 향해 예를 올려야 했다. 사이공이 과거 이국왕의 수도였던 사실을 상기한다면 캄보디아 왕의 지위는 추락할 대로 추락한 것이다.

그럼에도 불구하고 짠 왕은 베트남에 의지하는 태도를 바꾸지 않았다. 적어도 왕위 계승에서의 잠재적 경쟁자인 세 명의 동생이 태국의 비호 아래 있는 한 자기는 베트남을 보호자로 삼고 있어야 왕위가 보장된다고 생각했을 것이다. 짠 왕의 입장에서 볼 때, 메콩 델타는 이미 베트남의 땅이었다. 그에 비해 태국이 차지한 서북쪽의 바탐방과 시엠립은 캄보디아의 내지로 인식되던 곳이었다. 앙코르 제국의 중심지였던 시엠립은 더욱 그러하였다. 게다가 이들 지역의 지배자들(캄보디아인)이 태국에 투항했던 고로 캄보디아 왕으로서 보자면 이 '배신자들'은 응징해야 할 대상이었다. 짠 왕이 베트남군의 도움을 받아서 서북쪽의 친태국적 성향을 보이던 지방을 공격했던 것(1816)은 이러한 인식의 발로였다. 레반주엣이 캄보디아에 인접한 쩌우독으로부터 샴 만에 이르기까지의 약 40km가 되는 빈떼 운하를 건설할 때에 남베트남의 크메르인도 수천 명이 동원되어 노역에 시달렸다. 이로 말미암아 크메르인의 반란이 일어났지만 짠 왕은 반란의 동조자가 아니라 진압자였다. 레반주엣 사후 남부베트남에서 레반코이 반란이 일어났고 반란 세력은 태국의 지원을 요청했다. 이에 응하여 태국군이 육로와 해로를 통해 남부베트남으로 들어올 때 태국의 육군이 프놈펜을 향했다. 위험을 감지한 짠 왕은 다시 사이공으로 피신해 베트남 관군의 보호를 받았다. 태국군을 격퇴하고 반란군도 진압한 베트남군은 프놈펜을 다시 탈환했다. 얼마 되지 않아 짠 왕은 병으로 사망했다(1835).

주요 대외 교역로였던 메콩 강이 베트남인에 의해 봉쇄되기는 했지만 캄보디아는 결코 죽은 땅이 아니었다. 아직도 중국인들이 부지런히 캄보디아와 외국을 연결하며 무역을 하고 있었고, 19세기 중엽 중국 대륙을 빠져나온 이주민들의 목적지 중에 캄보디아가 포함되는 경우가 많았다. 메콩을 통한 왕래는 힘들어졌지만 대신 서남부 해안 지대 깜뽓(Kampot)으로 서양배들이 들어오고 있었다. 메콩 델타의 새 주인이 된 베트남인의 왕래도 잦았다. 특히 베트남 남부의 개간에 많이 소요되었던 물소는 대부분 캄보디아에서 수입하고 있었다. 메콩을 따라서만 아니라 사이공 북서부의 떠이닌 지역을 통한 육로 무역도 성했다. 챈들러는 경제 활동에서 보이는 민족적 다양성도 주목하고 있다. 국내외 교역과 채소 재배 같은 것은 중국인이나 중국인 후손에 의해서 통제되었고 가축 교역, 직조, 어업 등은 말레이 반도 쪽으로부터 이주해 온 말레이인, 참파에

캄보디아 왕궁 중앙전 (2008. 4)

서 이주해 온 참인의 활동이 돋보였다고 한다. 아울러 16, 17세기부터 살아온 포르투갈인 후손들은 통역 업무나 포대(砲隊) 운영을 맡고 있었다 (Chandler 2008: 120-121).

왕, 귀족, 평민, 노예로 이루어진 사회 구성은 여전했다. 단지, 주변국과의 관계에서 수세로 일관했던 이 시대에 전쟁 포로는 거의 없었겠으나, 산지민은 여전히 노예로 공급되었고 채무 노예도 많았다.

주변국 왕에게 시달리는, 그래서 태국과 베트남 왕에게 '아이'로 취급되었던 나약한 캄보디아 왕들이었지만 캄보디아 내부에서 왕의 권위는 여전히 높았다. 캄보디아 농민에게 왕은 불가결한 존재로서, 자신들의 보호자며 종교의 수호자로서 존경해야 할 대상이었다. 왕실 혈통이 아닌 자가 왕이 되겠다고 나서는 경우는 국내 정세가 극도로 불안했던 19세기 전반에조차 단 한 번도 없었다. 캄보디아인에게 왕의 의미는 다음과 같았다:

캄보디아인이 세습적 수장 [왕]에게 가지는 애착은 경건한 만큼 뿌리도 깊다. 이 국가는 왕실의 존재와 국가의 존재를 분리하지 못하는 전통에 익숙하다. 존엄하고 고귀한 왕은 국가를 상징하는 살아있는 표상이다.[16]

왕 아래로는 '옥야(okya)'라고 불리는 고급 관료층이 있었다. 주로 귀족 계급에서 나오는 옥야는 중앙에도 있었고 지방에도 있었다. 군(郡), 또는 베트남식 성(省), 혹은 부(府) 정도로 이해될 수 있는 스록(srok) 이 가장 큰 지방 단위였는데, 지방의 옥야는 이런 정도의 영역을 지배하는 사람에게 부여되는 직책이었다. 이들은 세습적인 현지 권력층이면서 중앙에서 임명받은 자들이다. 스록 아래로는 행정, 경제 중심지인 캄퐁(kampong 껌뽕)이 있으며 마을 단위로는 품(pum)과 쏙(sok)이 있었다. 도시 바깥에 농민들이 사는 야생의 지대를 프레이(prei)라고 하며 그 바깥은 이민족 거주지였다. 각 촌락에는 사원이 있고 이 사원이 종교, 교육의 중심지였다.

## 베트남화와 저항 운동

짠 왕에게는 딸만 넷이 있었다. 그 중 첫 딸은 친태국적이라고 해서 배제되었고 둘째 딸 메이(Mei)가 베트남 조정에 의해 왕으로 선택되었다. 그러나 이 시기는 이미 캄보디아와 베트남 왕실 사이에 유대감이 존재하지 않았다. 쟈롱 황제가 죽은 지 15년이 지났고, 그를 따라 방콕 망명길을 오

---

16) Étienne Aymonier, *Le Cambodge* (Paris, 1900) vol. 1, p. 56, Milton E. Osborne, *The French Presence in Cochinchina and Cambodia* (Chiang Mai: White Lotus, 1997), p. 182에서 재인용.

갔던 개국 공신들도 거의 사라졌다. 대신 민망 황제가 유교 이념으로 무장한 관료들을 거느리고 인도차이나 반도 '문명화의 사명'에 몰두하던 중이었다. 캄보디아가 그 대상이 되었다.

  캄보디아는 베트남에 의해 일방적으로 쩐떠이(Trấn Tây 鎭西) 성(城)으로 불리고 행정 제도는 베트남화 되었다. 여기에 캄보디아인 동화 정책까지 실시되었다. 베트남 군대를 따라 관리, 교사들이 캄보디아로 들어왔다. 캄보디아 사람들은 베트남 말, 문자(한자)를 사용해야 했다. 행정 기구 이름도 베트남식 한자어로 바뀌었다. 베트남식 성과 이름이 주어졌다. 캄보디아 왕과 신하들은 "한 달에 두 번, 후에 조정이 제공한 베트남 관복을 입고 프놈펜 근처에 있는 베트남 사원을 찾아가 베트남 황제의 이름이 새겨진 위패에 절했다."(Chandler 2008: 144) 캄보디아인은 젓가락 사용법을 배우고 여성들은 치마 대신 베트남 사람처럼 바지를 입을 것이 권장되었다. 직접 가까이 살면서 보고 배우는 것도 효과적이라고 생각되었다. 그래서 후에 조정은 베트남인을 적극적으로 캄보디아로 이주시켰으니, 베트남인이라면 심지어 범죄자들까지도 베트남 문화의 전파자라고 여길 정도였다.

  이즈음 캄보디아 왕실은 너무 쇠약해 있었고 베트남에의 의존이 극에 달했기 때문에 적어도 중앙에서는 베트남 관리들의 의지에 따라 동화 정책이 일사천리로 진행되었던 것 같았다. 장구한 역사 전통을 갖는 나라가 신생 응우옌 왕국에 의해 조직적으로 와해되면서 베트남의 한 개 지방으로 전락하는 가공할 시험이 성공하는 듯도 보였다.

  그런데 이 변화의 물결이 지방으로 확대되면서 문제가 달라졌다. 세금 징수와 요역 동원 방식이 바뀜에 따라 요구하는 양과 보고하는 양의 차이가 생기고 그것이 긴장, 갈등으로 진화했다. 행정 제도가 개편되자 스록의 지도자는 자신의 권리를 잃게 될지도 모른다는 불안감에 사로잡히기 시작했다. 남부베트남에서 소수민족 동화 정책에 반발하는 소요가 퍼져 나가고 있었다. 이것도 캄보디아 본국인을 자극하는 요소였다. 베트남의 캄보디아 동화 정책으로 인해 소승불교도 억압을 받는 처지에 놓이게 되었다. 불교 사원이 파괴되었고 승려들은 흩어졌다. 그런데 이들 중 영향력 있는 사람은 반베트남 저항군을 동원하고 지도했다. 베트남 군대가 여왕을 납치한 사건도 사태를 악화시켰다. 베트남으로서는 여왕을 캄보디아인으로부터 떼어내는 것이 캄보디아를 베트남 땅의 일부로 만드는 데 도움이 된다고 생각했을 것이다. 그러나 불안을 느끼고 있던 지방 실력자들은 여왕의 운명이 자신들 운명의 전례라고 여겼다. 여왕은 사이공에서 구금 상태에 놓였다. 베트남 황제는 그녀에게 베트남 조정의 품계를 부여했는데 그 서열은 친왕(親王)의 딸 정도였다. 어느 날 갑자기 왕이 없어진 상황은 캄보디아 내에서 별의별 추측을 다 불러일으키고 민심을 동요시켰다. 베트남군이 여왕을 살해했다고도 했고 캄보디아 지배를 책임지고 있던 베트남 총독 쯔엉민쟝이 그녀를 첩으로 삼았다는 소문도 있었다.[17]

스록의 실력자들은 저항하기 시작했다. 이들은 태국을 끌어들였다. 태국군은 캄보디아 왕자 두옹(Duong, 짠 왕의 막내 동생)을 앞세워 베트남군과 싸웠다. 같은 불교 국가로서 베트남인으로부터 소승불교 사회를 보호한다는 명분은 태국군에게 중요했다. 태국군은 파괴된 사원을 수리하는 의식을 행하고 불교의 수호자를 자처했다(Eiland 1989: 156). 마침내 캄보디아·태국 연합군은 베트남군을 몰아냈다. 이미 1841년 캄보디아의 유일한 왕임을 선언한 바 있던 두옹 왕(1841-1860)[18]은 1848년 새로운

---

17) 최병욱,「베트남의 캄보디아 병합(1835-1847) - 여왕 메이(Mei)의 처리 문제를 중심으로」,『동남아시아연구』20권 2호(2010), pp. 16-17.

18) 여러 책에서 이 인물을 앙두옹(Angduong, 또는 Angduang)이라고 하는데, '앙'이란 '왕'을 뜻한다. 때문에 짠 왕이나 엥 왕을 '앙짠', '앙엥'이라 부르는 경우도 많다. '앙' 앞에 '낙(nak)'을 붙이기도 한다. '낙'이란 '신성하다'는 의미이다. 그래서 짠 왕은 '앙짠', '낙짠', '낙앙짠' 등으로도 불릴 수 있다.

수도 우동에서 한 차례 더 즉위식을 거행했다.

## 보호국 청원

두옹 왕이 정식으로 즉위했던 해에는 주변국의 상황이 캄보디아에 우호적으로 바뀌어 가고 있었다. 베트남에서는 뜨득이 왕위에 올랐다. 이 왕은 외정보다는 내치에 힘쓰고 서적 출판 등 문화 사업을 중시했다. 캄보디아 지배권을 회복하겠다는 의지는 없어 보였다. 태국에서는 몽꿋 왕(1851-1868)의 시대가 시작되었다. 라마 3세 말기에는 왕위 계승 문제로, 그리고 몽꿋 즉위 후에는 국내 개혁을 추진하고 국외로부터 가해지는 압력에 대처하느라 태국으로서는 캄보디아 경영에 관심을 가질 여력이 없었다.

두 국가의 간섭이 현격히 줄어든 상태에서 두옹 왕은 왕국 재건을 위해 많은 노력을 기울였다. 베트남과의 전쟁 동안 파괴된 불교 사원을 수리하는 것은 왕의 권위를 세우고 신복을 통합하는 데 중요했다. 법률, 제도 정비를 위한 노력이 경주되고 중앙 귀족의 질서가 재편되었다. 지방 권력 통제가 강화되었다. 깜뽓과 수도를 연결하는 도로를 건설한 것은 깜뽓을 대외 무역항으로 개발하기 위함이었는데, 이는 성공적이었다.[19] 전쟁이 없었고, 왕권이 안정되었다.

그럼에도 불구하고 캄보디아 왕실이 수 세기 계속된 악몽에서 스스로 벗어나기는 버거워 보였다. 자립에 대한 불안감도 컸다. 두옹 왕은 1853년 나폴레옹 3세에게 보호를 요청하는 사절을 보냈다. 태국의 방해로 이는 좌절되었다. 기회는 10년 뒤에 다시 왔다. 베트남 남부를 점령한 프랑

---

19) Kitagawa Takako, "Kampot of the Belle Époque: From the Outlet of Cambodia to a Colonial Resort," *Southeast Asian Studies*, vol. 42, No. 4(2005), pp. 402-403.

스 사람들이 1863년에 캄보디아로 들어온 것이다. 캄보디아는 프랑스의 보호국이 되었다. 노로돔 왕(Norodom, 1860-1904) 때였다.

# 제3장
# 라오스 - 란쌍 왕국의 역사

## 라오족의 형성

라오스는 따이 계열의 라오족이 중심이 된 국가이다. 주민족의 이동 경로는 태국의 경우와 유사하다. 태국에 비해서 산이 많은 라오스는 곳곳에 여러 소수민족이 있다. 라오족은 전체 약 500만 명 인구 중 절반을 약간 넘을 뿐이다.

라오스의 신화에는 중심 민족과 주변 민족 사이의 구분 의식이 배어 있다. 라오족과 비 라오족 간 불평등한 관계도 나타난다. 베트남의 신화에서 100명의 아들이 백월의 시조가 되었다고 함으로써 베트남을 구성하는 민족들의 평등성이 강조되는 것과는 대조적이다.

신화의 내용은 다음과 같다. 대홍수가 끝난 후, 세 명의 수장(khun)이 하늘과 땅 사이를 중재하고 있었다. 그들이 신으로부터 받은 물소가 죽었는데 물소의 콧구멍에서 넝쿨이 뻗어 나와 조롱박이 열렸다. 그 안에서 소리가 나기에 이상하게 여겨 찔러 보았더니 사람이 나왔다. 끌로 찌른 곳에서 나온 이들은 피부가 밝았고, 불에 달군 검은 쇠로 찌른 곳에서 나온 사람들의 피부는 검었다. 전자는 라오족이고 후자는 주변 또는 선주민인 말레이계나 몬-크메르인이다. 라오족은 이들 검은 피부 사람을 통틀어 '카(kha, 노예라는 뜻)'라고 불렀다. 하늘의 신이 쿤보롬(Khun

Borom)을 보냈다고 흔히 이야기된다. 그는 일곱 아들에게 따이인의 땅을 나누어 주어 다스리게 했다. 맏아들이 다스리게 된 곳이 루앙프라방이었다.[20]

쿤보롬은 따이인의 조상으로 간주된다. 전설의 다른 버전은 쿤보롬이 지상으로 내려온 데서 시작한다. 물소는 없지만, 넝쿨과 조롱박, 거기서 사람들이 나왔다는 줄거리는 마찬가지이다.[21] 사회 계층 구조를 놓고 보자면, 제일 위에 쿤 집단, 그 아래 밝은 피부의 라오인이 평민이자 농부이며 전사 집단으로 존재했다. 주변 산악 지대에 사는 검은 피부의 이민족은 캄보디아, 태국에서와 마찬가지로 때로는 노예로 부려지기도 하면서 최하위 계층을 구성했다. 그렇다고 해서 인구의 반 정도를 차지하는 비 라오인이 착취의 대상으로만 여겨지지는 않았다. 오히려 라오족과 이민족이 공존해야 한다는 믿음은 라오스 역사에서 면면히 내려오는 전통이며 이런 믿음을 상징하는 궁정 의식이 1975년까지도 행해졌다(Stuart-Fox 1997: 8).

예로부터 유력한 무앙이 자리 잡고 있었고 현재 라오스의 대표적인 도시인 루앙프라방(Luang Prabang)과 비엔티안(Vientiane)은 벼농사가 주요 산업이었다. 특히 찰벼는 현재도 애용되는 라오인의 주식이다. 초기의 토지는 마을 공동 소유였고 필요에 따라서 매년 분배되었다(Evans 2002: 4). 라오 사회에는 버마의 낫(nat)을 연상케 하는 정령 신앙이 널리 퍼져 있었다. 각 무앙이 숭배하는 대표적 정령을 피무앙(phi muang)이라 했고 무앙의 지도자가 섬기는 최고의 정령은 락무앙(lak muang)이라고 불렀다. 소승불교가 13세기 중에 라오인 거주지에 들어와 있었을 것이다. 그러나 수코타이나 파간 왕조의 예에서 보듯, 불교의 확산에는 중

---

20) Wyatt(1984), pp. 10-11; Grant Evans, *A Short History of Laos, the Land in Between*, (Sydney: Allen & Unwin, 2002), pp. 4, 10.
21) Martin Stuart-Fox, *A History of Laos* (Cambridge University Press, 1997), p. 7.

앙 정권의 역할이 중요했다. 불교 확산을 담당할 정권이 라오스에서는 14세기 중반에 등장했다.

## 란쌍 (Lan Xang)

'란쌍'은 '100만 마리의 코끼리'라는 뜻이다. 란쌍은 루앙프라방에 수도를 둔 라오스의 초기 국가였다. 이 지역은 예로부터 코끼리가 많이 나기로 유명하였다. 란쌍과 이웃한 베트남은 이 나라에 관한 다양한 정보를 남겼다. 『대남식록정편열전』의 '외국' 조 안에는 '남장(南掌)'과 '만상(萬象)'이 있다. 전자는 루앙프라방의 왕국을, 후자는 비엔티안의 왕국을 지칭한다. '남장'은 베트남 발음으로 '남쯔엉(nam chưởng)'이다. 이는 '란쌍'에서 온 말이다. 그런데 남쯔엉과 란쌍은 서로 그리 가까워 보이지 않는다. 그 이유는 발음과 표기에서 몇 개의 과정을 거쳤기 때문이다. 란쌍의 태국식 발음은 '란창' 또는 '란짱'이다. 태국을 많이 오가는 중국인에 의해 '란창'은 '난짱(Nan Zhang, 南掌)'으로 표기되었고, 베트남인은 그 한자만을 받아들여 쓴 것이다. 이에 비해 비엔티안을 지칭하는 '만상'은 중국어 발음(완샹 wan xiang)과 관계가 없는 것 같다. 베트남어 발음 '반 뜨엉(Vạn Tượng)'이 비엔티안과 가깝다. 그런데 이 만상에조차 란쌍이 가진 100만 코끼리라는 의미가 깃들어 있다.

란쌍은 14세기 중반에 건국되었다. 루앙프라방에 있던 한 무앙의 왕자가 변란을 피해 캄보디아의 수도로 가서 성장했고 캄보디아 공주와 결혼했다. 이들 사이에서 태어난 아들 파응움(Fa Ngum)도 캄보디아 왕실에서 자랐다. 북부의 제 무앙 경략을 지휘할 기회를 가졌던 파응움은 루앙프라방을 근거지로 하여 나라를 세웠다(1353). 란쌍의 출현은 이 지역에 소승불교가 본격적으로 전파되는 계기가 되었다고 평가되며 이런 종교적 성취에는 파응움의 아내인 크메르인 왕비의 역할이 컸다고 본다(Stuart-Fox 1997: 10).

란쌍이 등장함으로써, 14세기 대륙부 동남아시아는 '따이의 시대'로 불러도 좋을 만큼 따이인의 활약이 두드러졌다. 버마에서는 따이계의 샨족이 아바 왕조를 세웠고, 태국에는 수코타이에 이어 아유타야가 성립했으며 치앙마이의 란나 왕국도 번성하고 있었다. 동북쪽으로는 란쌍 왕국이 들어섰으니 캄보디아와 베트남, 참파를 제외하고 대륙부 동남아시아 대부분 지역을 따이인이 지배하게 되었다.

파응움의 시대는 1374년까지 계속되었고 이 기간동안 란쌍의 영역은 줄곧 확대되었다. 특히 북동 쪽으로의 진출이 두드러졌다. 파응움은 코랏 평원 지대를 개척해 라오인을 이주시키기도 했다.[22)]

그러나 이런 과정에서 증대되는 인력, 재정 동원이 적절히 통제되지 못하면서 왕을 향한 불만이 터져 나오기 시작했다. 그가 여색을 탐했다는 점도 인심을 잃은 이유로 흔히 지적된다. 파응움은 뛰어난 군사 지도자였음이 틀림없지만 국가 통치의 기틀을 마련하는 작업은 힘에 부쳤던 것 같다. 이와 관련해서 스투아트 폭스는 중요한 지적을 하고 있다. 그것은 토착 라오 귀족층과 크메르인 사이의 갈등이었다(Stuart-Fox 1997: 10). 파응움을 따라온 크메르인은 라오인 입장에서 보자면 점령자였다. 크메르인이 라오인을 자극했던 경우가 많았을 것이고 파응움은 이 불화를 조정하는 데 실패했다. 그는 추방되었고 왕위는 큰아들에게로 넘어갔다.

루앙프라방은 경제적 측면에서 볼 때 몇 가지 이점이 있었다. 이곳은 메콩 강변에 자리 잡고 있어서 일정 정도의 인구 부양이 가능했다. 육로

---

22) 태국 동북부에 위치한 이곳은 19세기 말에서 20세기 초, 프랑스에 의해 태국 영토의 일부로 인정되었다. 현재 태국에 의해서 '이산(Isan)'이라고 불리는 곳이다. 태국 전체 인구의 1/3이 거주하는 코랏 평원에는 라오족이 많기 때문에 민감한 사안들을 야기한다. 이 문제에 대해서는 조홍국의 「태국의 내부 식민주의와 이산(Isan) 정체성에 관한 연구」(2004)를 참고할 만하다.

로 베트남과 태국을 연결하는 위치에 있었던 것도 루앙프라방의 발전에 일조했다. 메콩의 수로는 캄보디아로 통했다. 그러나 이 모든 조건은 단지 제한된 규모의 것이었을 뿐이다. 메콩 옆이라고 하지만 메콩 하류나 짜오프라야 유역, 그리고 홍하 델타처럼 생산력이 높은 넓은 평야가 있지 않다. 그래서 강력한 국가의 출현을 기대하기 힘들었다. 육로를 통한 교역도 규모가 크지 않았다. 쇠퇴하는 캄보디아와의 교류라는 것도 해양에 접한 다른 국가들의 대외 교역 규모에 비하면 보잘것 없었다. 단지, 아유타야의 번성에 힘입어 라오스의 특산물인 코끼리, 벤조인 등 임산물이 수출 품목으로 주목받았을 뿐이다.

파응움 시대에 라오스에서는 불교가 발전했다. 그의 장인인 캄보디아 왕이 불교 경전들과 함께 선물한 것이라고 전해지는 프라방(Pra Bang) 불상은 스리랑카에서 온 보물이었다. 파응움은 이를 불교 신앙의 구심점으로 삼고자 했다. 그런데 그는 이 불상을 수도에 안치하지 못하고 비엔티안에 두어야 했다. 전설에 따르면, 캄보디아로부터 운반되어 오던 이 불상이 비엔티안에서 더 이상 북쪽으로 가지 않으려고 했다는 것이다 (Evans 2002: 16). 이는 파응움이 정치와 종교 양면에서의 절대 권력을 아직 확보하지 못했음을 의미한다.

파응움의 뒤를 이은 삼센타이 왕(Sam Saen Thai, 1373-1416) 지배기에 라오스는 번영의 시기를 맞았다. 중국어의 영향으로 보이는 '삼센타이'는 '30만 명의 따이'라는 뜻이다. 이 왕이 즉위한 지 얼마 되지 않은 1376년의 인구 조사에서 파악된 라오족 성인 남성이 30만 명이었기 때문에 그의 이름이 삼센타이가 된 것이라고 한다. 비 라오인 성인 남자의 수는 40만 명이었다(Wyatt 1984: 83). 삼센타이의 인구 조사 결과에서 주목할 것은 사람 숫자보다 인구 비율이다. 그의 지배기 란쌍 인구 구성에서 라오인의 비율이 반을 넘지 못했다. 이런 현상은 라오스 역사에서 하나의 전통으로 굳어진다. 20세기에 들어서도 라오스의 정치에는 라오인과 비

라오인 사이의 인구 비율이 중요한 변수가 됨을 보게 될 것이다.

왕은 각 무앙 및 아유타야, 캄보디아와도 혼인 관계로 연결되어 있었다. 대부분의 무앙은 전통적 지배자에게 위임되었지만, 주요 지역은 왕자들이 관할했다. 중국에도 사절이 갔다.

삼센타이 왕 사후 수십 년에 걸치는 왕위 계승 분쟁을 수습하고 권좌를 차지한 인물은 삼센타이와 아유타야 출신 여성 사이에서 태어난 아들이었다. 그는 비엔티안을 통치하던 왕자였지만 루앙프라방에서 왕위에 올랐다(1442). 그런데 동쪽에 있는 베트남에서는 영토의 확대에 유난히 집착했던 레 왕조가 들어서 있었기 때문에 란쌍의 부흥은 힘들어 보였다. 베트남의 타인똥은 라오스를 공략하기 시작했다. 타인똥이 현 베트남의 응애안으로부터 서쪽으로 진출하여 베트남에 인접한 라오스 땅을 차지한 후 내지로 편입한 곳이 소위 쩐닌부였다. 이곳의 무앙 지배자들은 루앙프라방에 지원을 요청했고 그에 응해 파견된 란쌍 군대가 베트남군을 공격했다. 베트남군은 기다렸다는 듯이 반격을 가해 루앙프라방을 점령했다. 그러나 란쌍은 다시 반격에 나서 루앙프라방을 탈환했고 베트남군은 라오스에서 철수했다. 이후 란쌍은 베트남과 우호적인 관계를 유지했지만 그 대가로 쩐닌에 대한 베트남의 지배권을 인정해야 했다.

## 불교 발전

란쌍은 16세기 내내 전성기를 누렸다. 특히 불교의 발전을 위해서 애썼던 몇몇 왕의 치세는 돋보인다. 16세기를 시작한 비쑨 왕(Vixun, 1501-1520)은 비엔티안에 있던 프라방 불상을 1512년 란쌍의 수도로 옮겨왔다.

비쑨 왕 때에 쿤보롬 전설이 문자로 정리되었다. 이는 베트남 레 왕조의 타인똥 시기에 락롱꾸언으로부터 시작되는 역사서가 편찬되고 유교를 사회의 중심 이념으로 적극 활용했던 노력과 비슷하다. 즉 국가 구성원이 동일한 조상으로부터 나왔음을 강조하고 불교라는 종교 속에서 하나가 되는 것이다. 같은 넝쿨의 조롱박 안에 소수민족도 함께 있었다는 신화 내용은 란쌍 구성원 사이의 일체감 형성에 공헌했다. 여기에 더해서 쿤보롬과 같은 지배자의 존재는 란쌍처럼 일계적 왕권이 유지되어 온 경우 왕실의 신성성을 강화하는 원천이기도 했다.

포티사랏 왕(Phothisarat, 1520-1547)은 기존의 정령 신앙, 힌두 신앙을 금지하고(1527) 관련 건축물들을 파괴하였다. 대신 그는 불교 사원을 많이 세웠다. 포티사랏 왕은 비엔티안에도 궁궐을 건설하고 이곳에 거주하면서 다음 대에 수도가 옮겨져 가는 기반을 마련하였다. 주변의 태국, 베트남, 란나, 캄보디아 등과 평화 관계가 유지되었다. 특히 란나의 공주와 혼인한 자신의 아들 셋타티랏(Setthathirath)을 란나 왕국의 왕으로 앉히는 데 성공함으로써 한때 란쌍 왕의 지배 영역은 현 태국 북부에까지 이르렀던 적도 있었다. 따이 세계에서 널리 알려진 보물 에메랄드 불상

┃ 탓루앙 (비엔티안, 2008. 2)

▎왓쌩통 (루앙프라방, 2008. 2)

(Pra Keo)[23]은 쎗타티랏이 란나에서 라오스로 옮겨 온 것이다.

쎗타티랏 왕(1547-1571)은 1563년에 비엔티안으로 수도를 옮겼다. 라오스 불교의 상징인 탓루앙(That Luang) 사원이 건설된 것은 이때였다. 에메랄드 불상도 비엔티안에 안치되었다. 수도는 비엔티안으로 옮겼지만, 이전 수도에 남아 있을 주민들의 감정에 대한 쎄타티랏의 배려는 남달랐다. 건국 이래의 보물인 프라방 불상을 이곳에 두기로 하니, 여태껏 쌩동쌩통(Xiang Dong Xiang Thong)이라 불리던 이 도시의 이름은 '프라방이 있는 땅'이라는 의미의 '루앙프라방'이 되었다. 왓쌩통(Wat Xiang Thong) 사원을 건설한 것도 이 도시에 대한 배려로 이해할 수 있다(Stuart-Fox 1997: 12).

---

[23] 홀에 따르면 벽옥(碧玉)으로 만들어진 이 불상은 1436년 치앙라이(Chiangrai)에서 발견되었다고 한다. 처음에는 루앙프라방으로 옮겨지고, 1564년에 비엔티안으로 갔다가 18세기 말에 태국으로 넘어갔다(Hall 1958: 380). 현재 방콕의 왕실 사원에서 세계 각국의 방문자를 맞이하는 보물이다.

▎ 셋타티랏 (비엔티안, 2008. 2)

라오스는 셋타티랏 왕 지휘 아래 버마와의 전쟁에서 분투했다. 버마의 신흥 뚱구 왕조와 벌어진 싸움에서 셋타티랏은 아유타야와 협조했다. 뚱구의 군대에 의해 아유타야가 점령되는 등 따이 진영이 열세에 놓일 때도 란쌍 왕국만은 버마의 공격을 견뎌 내며 독립을 유지했다. 위기에 처한 아유타야를 돕기 위해 셋타티랏은 직접 원병을 이끌고 버마군과 싸웠다. 버마의 역공을 받아 수세에 몰릴 때 그는 게릴라전을 구사해 가며 끝까지 저항했다. 이 때문에 셋타티랏 왕은 라오스인에게 영웅적 지도자로 기억되고 있다.

셋타티랏 왕 사망 후 버마 군대가 비엔티안을 점령했다(1574). 그의 후계자들은 다시 독립했고(1591) 이듬해 루앙프라방까지 통합했지만, 왕위 쟁탈전으로 인해 란쌍 왕국은 혼란에 빠졌다.

수린야봉사 왕(Surinyavongsa, 1637-1694)의 치세가 시작되면서 라오스는 안정된 모습을 되찾았다. 왕은 청장년층의 인구(라오족)를 50만 명 정도로 파악하고 있었다(Wyatt 1984: 121). 삼센타이 왕이 실시한 14세기 인구 조사 결과에 비해 20만 명이 늘어난 숫자이다. 왕은 주로 궁궐 안에서 종교적 의식을 주관하는 신성한 존재로 머물렀다. 그러나 간혹 궁궐 밖 출입을 하며 왕의 권위를 과시하기도 했다. 바타비야의 반 디에 멘(van Diemen) 총독이 라오스 왕에게 보낸 서한을 전달하러 왔던 네덜 란드 상인 부이스토프(Gerrit van Wuystoff)는 1641년 비엔티안 외곽의 한 사원에서 본 왕의 행렬을 다음과 같이 전하고 있다:

> 흰색 코끼리를 탄 왕이 도심으로부터 와서 우리 천막 앞으로 지나갔다. 우리는 다른 사람들이 하듯 길 위에 무릎을 꿇었다. 그는 23세 정도의 젊은이였다. 약 300명의 군인이 창과 총으로 무장한 채 그의 앞에서 행진했다. 무장한 사람들을 태운 코끼리 몇 마리가 몇 명의 악사를 앞세우고 그의 뒤를 따랐다. 이어서 2,000여 명의 군인이 더 왔고, 왕의 다섯 부인을 태운 16마리의 코끼리가 뒤따랐다. 모든 행렬이 지나간 뒤에야 우리는 천막으로 돌아왔다.[24]

부이스토프에 따르면, 이 나라에는 왕을 제외하고 세 명의 권력자가 있었다. 첫째는 군사령관으로서 비엔티안의 책임자였다. 다음은 남부 지역 지배자, 세 번째는 대외 업무 및 궁정 대소사를 관장하는 인물이었다. 이외에도 다섯 명으로 구성된 최고 재판 기관이 있었다고 한다(Hall 1958: 377).

그러나 서양 교역자와 선교사에게 라오스는 접근하기 힘든 땅이었다. 육로는 너무 멀고 메콩을 거슬러 올라가는 물길은 험했다. 라오스는 여전히 고립된 땅이었다. 부이스토프와 함께 온 예수회 선교사 레리아(Leria) 신부는 5년간 이곳에 머물며 선교에 노력했으나 허사였다. 불교는 여전히 번성하고 있었다. 부이스토프에 따르면 "국가의 모든 부는 승단에 집중된 듯했고, 캄보디아나 버마로부터 온 승려가 독일 황제의 군사보다 많았다"[25]고 한다.

---

24) René de Berval(ed.), *Kingdom of Laos* (Saigon: France-Asie, 1959), pp. 55-56.
25) J.-C. Le Josne, *Gerritt van Wuysthoff et Ses Assistants: Le Journal de Voyage au Laos (1641-42)* (Metz, 1986), p. 167, Stuart-Fox(1997), p. 13에서 재인용.

## 분열

수린야봉사 왕 사망 후 란쌍은 비엔티안과 루앙프라방 왕국으로 분열되었다. 그런데 이 과정에서 양측이 다 정통성을 주장할 수 있게 됨으로써 이후 양 정권 간 통합을 힘들게 만들었다. 수린야봉사 왕이 살아 있을 때 하나밖에 없던 그의 아들은 고위 관료의 아내와 간통한 죄로 처형되었다. 손자가 너무 어렸던 관계로 왕위는 그의 사위에게 넘어갔다가 남부를 지배하던 실력자에게 찬탈되었다(1700). 그러자 당시 베트남에 망명해 있던 수린야봉사의 장조카 사이옹후에(Sai Ong Hue)가 찬탈자를 몰아내고 왕위에 올랐다. 이 인물의 할아버지이자 수린야봉사의 아버지가 수린야봉사보다 두 대 전에 왕이었으므로 그 왕으로부터 치면 장손이 왕좌를 차지한 것이다. 수린야봉사의 손자들이 있었지만, 그들은 1700년에 루앙프라방으로 도망가 있었다.

사이옹후에는 수린야봉사의 손자에게 왕위를 양보할 생각이 없었다. 신변에 위협을 느낀 왕자는 더 북쪽으로 달아났고, 거기서 한 무앙 지배자의 도움을 받아 루앙프라방을 탈환한 후 왕위에 올랐다(1707).

어느 쪽이 정통성을 갖는가는 누구도 자신 있게 말할 수 없게 되었다. 양측은 서로를 인정하는 가운데 한 왕실 가족이 지배하는 두 개의 국가로 존속했다. 이런 경과 때문에 베트남 조정이 루앙프라방과 비엔티안의 왕국을 두고 부르는 남장과 만상이라는 이름에 모두 '란쌍'의 자취가 보이는 것이다. 이후 비엔티안 왕국 남부에서 참파싹이 독립했다. 세 개의 국가가 경쟁하는 가운데 18세기 내내 라오스는 버마, 태국, 베트남의 간섭을 받으며 약소국으로 전락해 갔다.

삼국 간의 균형은 1778년 딱신의 태국 군대가 참파싹과 비엔티안을 점령하면서 깨졌다. 비엔티안은 그동안 버마와 협조하는 정책을 유지하면서 루앙프라방을 압박해 왔는데 이것이 태국의 '응징' 이유였다. 루앙프라방은 태국에 의해 란쌍의 적자로 인정되었다. 다음 세기에 프랑스의 지배가 시작될 때까지 루앙프라방이 라오스의 중심으로 이해되는 것은 이 때문이다. 게다가 비엔티안은 왕실의 권위를 상징하는 에메랄드 불상과 프라방 불상(1705년에 이곳으로 다시 옮겨졌음)을 태국에 빼앗겼기 때문에 16세기 이래 란쌍 왕국의 중심부로서의 권위가 실추되었다.

　태국의 지배를 인정하지 않던 베트남에서 볼 때 루앙프라방과 비엔티안은 다른 나라였다. 베트남이 19세기 루앙프라방에 관해 '열전'에 남긴 기록을 간추려 보면 다음과 같다. "성인 남자의 수는 2만 명 이상이며, 문신을 즐겨 하고, 시장에서의 거래에는 은이 주로 사용되나 은 대신 라전(螺錢)을 쓰기도 했다. 병기를 주조하는 공장이 없어서 창검과 총은 외국에서 사들였다. 황금, 구리, 철, 백포, 고급 라카, 황랍, 꿀, 유황, 염초, 코끼리, 코뿔소 등이 특산물이었다." 비엔티안에 대해서는 기술이 좀 더 자세하다. "코끼리가 많아 수도에만 300마리가 있으며, 금이나 은, 동으로 코끼리를 주조해 불교 사원에 봉안했다." 비엔티안 성 안에는 큰 불교 사원이 있었음도 '열전'은 전하고 있다. 사람들은 주상가옥에 거주하며, 그 가옥 아래에 가축을 치는 습속도 베트남의 사서는 그리고 있다. 혼인은 남자가 여자의 집으로 가서 하룻밤을 지낸 후 여성이 마음으로 받아들인 후에라야 진행시킨다 했고, 시장에서 거래는 라전을 화폐로 사용하며, 산물로는 육계(肉桂)와 상아, 코뿔소 뿔, 면포 등이 있었다. 라전은 글자만으로 보면 고둥(螺, 혹은 소라나 소라고둥?) 껍질로 만든 화폐이지만 어떤 것인지는 잘 설명되어 있지 않다. 매년 강에 큰 나무를 세워 그곳에 고둥이 서식하면 따는데, 많이 모으면 집안이 번창하고 그렇지 않으면 쇠한다고 했다.

## 아누 왕(Anou, 1804-1827)의 저항 운동

비엔티안은 18세기 말 태국의 영향권 내에 있었지만, 베트남과의 관계는 우호적이었다. 응우옌푹아인은 사이공에 근거지를 마련한 후 비엔티안에 지원을 요청했다. 비엔티안은 이에 응해 베트남 내전 내내 응우옌푹아인을 도왔다. 이는 떠이썬을 향한 비엔티안의 적대감 때문이기도 했다. 떠이썬은 비엔티안에 입공을 요구했던 적이 있다. 비엔티안이 거절하자 떠이썬 군대가 비엔티안을 공격했다. 비엔티안 성이 함락되고 약탈이 이어졌다. 라오스군의 분투로 떠이썬 군은 퇴각했지만 비엔티안이 떠이썬에 적대감을 가질 이유는 충분했다. 응우옌 왕조 건국 이후 두 국가 사이에는 외교 관계가 수립되었다. 베트남 측의 주장에 따르면 비엔티안은 3년에 한 번 공물을 보냈다고 한다.

베트남과의 관계를 공고히 하는 데 가장 노력을 많이 기울였던 인물이 아누 왕이었다. 사람들은 그를 '짜오 아누 왕'이라고 많이 부른다. 베트남의 기록에는 그를 일러 '소아노(召阿弩)'라 하는데, 여기서 '소'는 '짜오'를 표기한 한자이다. '짜오'란 따이 세계에서 무앙의 수장을 의미한다고 말한 바 있다. 아누는 왕자 시절 버마와의 전투에서 많은 공을 세웠다. 이런 능력을 인정받아 그는 태국에 의해 왕으로 임명되었다.

아누 왕은 저항의 지도자로 칭송받는다. 베트남인의 관찰에 의하면, 그는 태국뿐만 아니라 베트남과 관계 속에서도 왕국의 독립을 위해 노력한 인물이었다. 그는 선대에 시작된 응우옌 왕조와의 우호적 관계를 계승한 위에 양측 사신의 왕래를 최소한 3년에 한 번씩으로 정례화했다. 이는 태국 세력을 견제하는 수단이었다. 동시대 캄보디아의 짠 왕처럼 양국으로부터 왕으로 책봉을 받는 데는 이르지 않았지만 베트남의 후원은 방콕의 간섭을 억제하기에 충분했다. 이에 더 나아가 그는 15세기에 베트남에 빼앗겼던 쩐닌 반환을 계속 요구하였다. 베트남 조정에서는 이런저런 핑계로 답을 회피하면서 시간을 끌기만 했으나 쩐닌 문제를 두고 베트남을 압박하는 아누 왕의 외교적 노력은 돋보인다. 루앙프라방 및 치앙마이와 연계하여 태국에 대항하는 연합 전선을 구축하려는 시도도 있었다. 이는 비록 실현되지 않았지만 그 노력은 높이 평가되어야 할 것이다. 아울러 그는 민심 통합을 위해 불교를 적극 후원했다. 그의 시대에 만들어진 시사켓(Sisaket) 사원은 '후기 라오 건축의 보석'으로 일컬어진다(Stuart-Fox 1997: 15).

아누 왕이 태국 군대를 공격한 때는 1827년이었다. 그런데 군사력이 절대적으로 열세인데도 불구하고 왜 아누 왕이 태국을 공격했는가를 놓고는 해석이 분분하다. 베트남 조정이 남긴 기록에 따르면 아누 왕은 딸을 태국 왕에게 시집보낸 바 있다. 여기서 태어난 아들이 태국의 왕위 계승권자가 되었지만, 태국 왕과 태국 여성 사이에서 태어난 왕자의 음모로 자신의 딸과 외손자가 살해되었다. 아누 왕의 행동은 이에 대한 복수였다고 한다. 또 다른 이유로 베트남 사서는 태국의 영향력을 제거하고자 하는 비엔티안의 노력을 들고 있다. 태국 왕이 아누 왕의 신하 하나를 라오스의 한 소국 수장에 봉하니 아누 왕이 그를 응징하고 지위를 박탈했다. 이 과정에서 내전이 발생했고, 태국이 반 아누 왕 세력을 지원했기에 양국 간 전쟁으로 확대되었다는 것이다. 이에 더해서 영국 함대가 곧 방콕을 공격할 것이라는 잘못된 정보가 아누의 판단을 그르쳤다는 이유도 추가되며(Hall 1958: 382), 태국이 라오스의 공격에 대응해 군대를 출동시키면 버마에서 영향력을 행사하고 있던 영국이 간섭할 것이라는 기대 때문이었다는 주장도 있다(Stuart-Fox 1997: 15). 아누 왕의 군대는 태국군 주둔지를 공격해서 500여 명을 살해했다. 태국은 만여 명의 병사를 동원해 비엔티안을 공격했다. 아누 왕은 베트남으로 피해 도움을 요청했고 민망 황제는 지원했다.

베트남 군대와 함께 돌아온 아누 왕은 비엔티안 성을 탈환했다. 그러나 아누 왕의 욕심이 과했던지, 그는 메콩 너머로 퇴각해 있던 태국군을 단독으로 공격했다. 일시적인 승리는 있었지만, 다시 태국군의 반격을 받았다. 무력 충돌보다는 협상으로 문제를 해결하려던 베트남 조정은 아누 왕의 무모함에 염증을 느끼고 지지를 철회하기에 이르렀다고 '열전'은 전한다. 그리고 아누 왕이 민심을 잃고 있었음도 철군 이유에 추가된다. 이런 이유들은 지원을 끊은 베트남이 다소 과도하게 부풀린 측면도 있다. 단지 아누 왕이 사력을 다해 태국으로부터 독립하려 했던 모습은 베트남의 기록에서 충분히 엿볼 수 있다.

아누는 베트남이 조공국을 버리지 않으리라 판단했을지도 모르지만, 당시 민망 황제는 조공국보다 영토에 관심이 더 많았다. 아누 왕을 버리면 조공국 하나를 잃게 되나, 그 대신 쩐닌을 확보하게 될 것이라는 계산이 작용했음이 틀림없다. 이는 아누를 돕는 과정에서 쩐닌을 다시 얻게 된 민망 황제가 "화살 한 개도 잃지 않고 쩐닌을 얻었다"고 기뻐했다는 '열전'의 기록에서도 확인된다.

아누 왕은 태국군과 싸우다 쩐닌으로 도망쳤다. 그는 베트남 황제에게 지원을 호소했지만 성과가 없었다. 쩐닌의 라오 수장 노이(Noi)라는 자가 그를 태국군에게 넘겼다(1828). 방콕에서 그는 쇠창살 우리에 갇혀 지내다 1835년 사망했다고 한다. 베트남 사관은 아누의 사망으로 반뜨엉(비엔티안) 왕국이 망했다고 적고 있다. 민망은 '배신자' 노이를 사로잡아 수도로 끌고 가 처형함으로써 아누 왕에 대한 의리를 지킨 것처럼 보였다. 그러나 실제는 쩐닌 지배를 공고히 하기 위해 토착의 라오 지배자를 제거한 것이다.

태국군은 16세기부터 300여 년간 왕도였던 비엔티안을 없애버리고자 했다. 도시는 파괴되었고 주민은 소개되어 다른 곳으로 옮겨졌다. 라마 1세가 돌려준 바 있던 프라방 불상은 다시 방콕으로 갔다. 이주시킨 라오인을 가장 많이 식민한 곳은 코랏 고원이었다. 태국은 방콕에서 볼 때 비엔티안보다 더 가까운 이곳에 라오인을 옮겨 관리하고자 했다. 인구가 희박하고 삼림이 우거진 이 지대를 개간하고자 하는 목적도 있었다. 코랏 고원 지대에 라오인이 갑자기 많아지고 그들이 코랏의 주인이 되기 시작하는 것을 '코랏 고원의 라오화(Laoisation)'라고 보는 시각도 있다 (Evans 2002: 30).

## 루앙프라방의 선택

프랑스가 들어오기 전까지 루앙프라방 왕국의 위상은 불안정했다. 태국의 간섭은 거의 속국 취급이나 다름없었고, 한때 비엔티안의 공격을 받아 루앙프라방이 파괴되기도 했다. 베트남 조정의 관찰에 의하면, 이 왕국이 때로는 베트남에 사절을 보냈지만, 또 한편으로는 중국의 보호 아래로 들어가려는 모습도 보였다. 이는 태국의 독점적 지배에서 벗어나고자 하는 노력으로 해석해야 할 것이다.

그러나 루앙프라방이 회생할 기미는 보이지 않았다. 해양으로부터 고립된 지역이 이제는 더 이상 정치 중심지로 발전할 수 없음이 증명되는 듯했다. 베트남에 응우옌 왕조가 수립된 후 루앙프라방은 종종 사절을 보냈고, 비엔티안이 붕괴된 이후에는 라오스 쪽에서 오는 유일한 사절로서 베트남 황제에게 환영받았다. 베트남에 보내는 조공 품목과 수량, 사절의 수 및 여정까지도 정해졌다. 민망 황제가 마흔 살 생일을 기념하여(1830) 대대적으로 치른 행사에는 루앙프라방에서 온 사신 일행이 캄보디아 사절보다 윗자리에 배치되는 우대를 받기도 했다. 그러나 루앙프라방은 내부 문제와 태국의 간섭 때문에 베트남으로의 사절 파견을 거르기 일쑤였다. 그래서 1838년에 베트남을 찾은 루앙프라방의 사신 일행이 받아들여지지 않은 후 관계는 끊어진 것으로 베트남의 기록은 전하고 있다.

비엔티안이 멸망한 후 베트남이 다시 내지화한 쩐닌은 라오스 쪽에서 씨엥코앙(Xieng Khoang) 또는 푸안(Phuan, 씨엥코앙의 성도)이라고 부르는 곳이다. 이 지역을 통해 라오인은 베트남으로 넘어가 해양으로 진출하려고 했으나 여의치 못했고, 오히려 베트남인이 라오스 쪽으로 영토를 확대하는 교두보가 되었다. 루앙프라방과 비엔티안 모두 동쪽으로 이 지역을 접하고 있다. 베트남의 세력 확대를 우려하던 태국은 루앙프라방과 비엔티안의 주민 중 푸안 쪽에 가까이 있던 사람들을 코랏 평원으로 이주시켰다.

1830년대부터 1860년대 초까지의 루앙프라방은 비교적 안정된 시기를 보낸 것으로 평가된다. 태국에는 조공국으로서의 역할을 다했다. 루앙프라방 조정은 베트남과 중국에도 사절을 보내기는 했지만 태국을 자극할 만한 정도까지는 나가지 않았다. 쩐닌에 대해서는 1850년대 베트남이 프랑스와의 전쟁에 몰두해 있는 틈을 타 다시 지배권을 확대했다. 태국과의 우호적인 관계 속에서 라오스의 보물 프라방 불상이 루앙프라방으로 돌아왔다. 1705년 비엔티안으로 옮겨간 이래 150년 만에 제자리로 돌아온 이 보물은 루앙프라방 왕실의 권위를 높여 주었다. 이 시기 루앙프라방을 방문했다가 사망해 라오스에 묻힌(1861) 프랑스인 박물학자이자 탐험가인 앙리 무오(앙코르왓의 위용을 세계에 널리 알린 인물로 유명함)에 따르면 루앙프라방은 '7,000-8,000명 정도가 사는 쾌적한 작은 도시(delightful little town)'였다.[26]

그런데 중국 정세가 불안정한 것이 문제였다. 중국 남부에서 태평천국의 난이, 라오스와 인접한 운남에서는 무슬림의 반란이 일어났다. 1860년대부터 중국에서 피난민, 반란군 잔당이 라오스로 들어오기 시작했다. 시간이 흐름에 따라 비적화된 중국인은 라오스 도처를 휘젓고 다녔다.

---

26) Henri Muhot, *Travels in the Central Parts of Indo-China(Siam), Combodia, and Laos* vol.2(1864. Adamant Media Corporation, 2005), p.137.

1870년대에 들어서 중국인 비적떼는 왕성을 위협할 정도가 되었다. 후원국 태국은 1850년대부터 서양 세력에의 대응과 개혁에 골몰하고 있었으므로 라오스를 돌아볼 겨를이 없었다. 그나마 라오스에 남아 있던 태국 군대도 1880년대 중국인 비적의 공격을 받아 궤멸되니 루앙프라방은 고립무원이었다.

　루앙프라방의 왕은 프랑스를 보호자로 받아들이기로 결심했다. 베트남을 점령한 이후, 중국에 이르는 메콩 수로를 확보하고자 했던 프랑스는 루앙프라방 왕실의 바람을 받아들였다. 그래서 루앙프라방은 프랑스의 보호국이 되었다. 태국의 항의가 뒤따랐다. 프랑스는 루앙프라방뿐만 아니라 비엔티안을 포함한 메콩 이동 지역 전체가 라오스의 영토임을 선언했고 1893년에는 짜오프라야 강에 군함을 출동시켜 태국을 압박해 동의를 얻어냈다. 베트남이 간섭하던 쩐닌을 라오스의 영토로 프랑스가 인정한 것은 루앙프라방으로서는 큰 수확이었다.

## 제4장
# 태국 - 개방의 전통과 '자유'

### 아유타야 왕국의 발전

아유타야 왕국(1350-1767)은 태국 역사상 수명이 가장 길었던 나라로서 대륙부 동남아시아 역사에서 큰 자취를 남겼다. 한국과도 직간접적인 접촉이 있었다. 왕조라고 하지 않고 왕국이라 하는 이유는 다음과 같다. 이 나라의 역사 속에서 이성(異姓) 실력자에 의한 두세 번의 찬탈이 있었고 이전 왕실의 부흥은 없었다. 그러니 실제로는 몇 개의 왕조가 부침한 것이나 마찬가지였다. 그런데 새롭게 수도를 옮기는 일도 없었고 정치 체제가 바뀌거나 큰 사회적 변화가 뒤따르지 않았다.

람캄행 대왕 사후 수코타이가 쇠퇴하고 있었을 때 짜오프라야 강 유역에는 아유타야 왕국이 등장했다. 이 왕국의 건설자는 라마디파띠 왕(Ramadhipati, 1350-1369)이었다. 아유타야의 시작은 라오스에서 란쌍이 건국되기 2년 전의 일이다. 라마디파띠는 원래 치앙마이의 한 왕자로서 몬족 수장의 딸과 결혼했다. 이후 그는 몬족의 라보를 장악하였고 수코타이를 압박하면서 짜오프라야 강 유역 전체를 지배하는 강자로 성장하였다.

수도인 아유타야는 짜오프라야 강 중류에 자리 잡고 있다. 이곳은 농업 생산력이 높고 강을 따라 바다로 통하기도 쉬웠다. 아유타야 시기 타이인의 지배 영역은 수코타이 때에 비해 확대되었다. 란쌍 왕국의 등장으로 인해 동북쪽으로의 진출은 방해를 받았지만 캄보디아와 치앙마이, 그리고 말레이 반도 방면으로의 팽창은 계속되었다. 수코타이보다 앙코르 지역에 가까이 위치한 아유타야는 집요하게 캄보디아를 공격했다. 마침내 1431년에 아유타야의 군대가 캄보디아의 수도 시엠립을 점령했다.

아유타야는 중국의 명나라와 우호적인 관계를 유지하려고 노력했다. 이런 노력이 중국의 직접적인 지원을 끌어낸 것은 아니지만 주변국 사이에서 아유타야의 권위를 높여 주는 효과는 있었다. 중국과의 친선 관계는 이 나라와의 교역을 보장받는 것이었기 때문에 왕실 재정에 크게 도움이 되었다. 수코타이에 이어서 아유타야도 중국에 신경을 많이 쓴 것을 보면, 태국인이 "[강대국과의] 외교에서는 누구에게도 지지 않는다"(Hall 1958: 152)는 평가는 적절하다.

라마디파띠 왕은 법 체제를 정비한 인물로 알려져 있다. 태국의 관습법을 마누 법전의 내용과 결합하여 만들어 낸 각종 법률은 19세기에 근대법에 기초한 개혁이 시작될 때까지 태국 사회의 법적 근간이 되었다. 법률 정비 작업은 1세기 뒤 트레이록 왕(Trailok, 1448-1488) 대에 이르러 대략 완성되었다. 라마디파띠의 법은 통치 체제, 관료제, 노예 제도, 일부다처제, 이혼, 뇌물 수수, 공금 횡령, 사회적 위계 등에 관한 규정이 포함되어 있다. 쟁송이 해결되지 않는 경우 왕이 판결한다는 람캄행 시대와는 달리 이제 성문 법전에 따라 법을 집행하는 시대가 된 것이다.

왕이 직할지를 통치하고 귀족이나 토착 지배자가 지방 및 그 외곽의 속국을 관할하는 국가 형태는 아유타야 시대에도 이어졌다. 그러나 지방은 이전 시대보다 중앙의 간섭을 더 받게 되었다. 왕 아래의 고위 관료들이 지방을 권역별로 나누어 통치하게 되었기 때문이다. 관료층은 크게 둘로 나뉘었는데, 군사는 칼라홈(kalahom)이라 불리는 장관이 담당하고 문관은 마핫타이(mahatthai)라는 장관이 통솔하였다. 마핫타이 아래로는 수도, 궁정, 농업, 재정을 담당하는 부서들이 있었다. 이 중 재정을 담당하는 부서는 외국 무역 업무까지 수행했기 때문에 이의 우두머리인 프라클랑(phrakhlang)의 권력은 컸다. 때때로 프라클랑이 수상의 역할을 하기도 했다. 칼라홈이 아유타야를 중심으로 하여 남부 지역을 관할하고, 마핫타이는 북부를 맡았다. 아유타야에서는 부왕(副王 uparat)이 있었다. 왕위 계승 분쟁을 없애기 위해 고안된 이 제도는 왕이 생전에 왕위 계승권자를 임명하여 부왕으로 삼는 것이다. 반드시 장자가 계승권자는 아니었다. 왕의 동생이 부왕이 되는 경우도 많았다. 하지만 이런 제도에도 불구하고 왕이 죽은 후 피비린내 나는 분쟁은 사라지지 않았다.

아유타야의 경제적 기반은 농업이었다. 짜오프라야 강 유역에서 생산되는 쌀은 국부의 원천이었다. 이 때문에 짜오프라야 유역 개발과 경작을 위한 인력 공급은 아유타야 왕실의 큰 관심사였다. 이 왕국이 존속했던 동안 발생했던 버마와의 크고 작은 전쟁은 인력 쟁탈전이었다. 특히 '몬족 빼앗기' 싸움은 치열했다. 아유타야가 승리하는 경우 버마 동남부의 몬족은 끌려가서 짜오프라야 강 유역에 식민되고, 반대의 경우에는 아유타야 내 몬족이 버마 지역으로 옮겨졌다. 식민과 개발의 과정에서 아유타야의 경작지는 짜오프라야 강 하류까지 확대되었고, 18세기에 연속적으로 출현하는 두 왕조의 수도는 이 강 하류 톤부리와 방콕이었다.

왕실의 재정을 고려한다면, 대외 교역이 농업보다 중요했다. 무역은 아유타야의 대표적인 사업이었고, 개방적인 태국 경제의 속성을 만들었다. 그런데 교역의 주체가 중국인, 아랍인, 인도인 등 외국인이라는 것이 아유타야 경제의 개방적 면모를 더욱 부각시켰다. 왕실은 이들을 감독하기만 하였다. 조흥국의 연구에 따르면, 고려 말과 조선 초에 아유타야로부터 상인들이 왔고 우리 사절이 아유타야로 파견되기도 했다.[27] 건국 이후

---

27) Cho, Hungguk, "Early Contacts between Korea and Thailand," *Korea Journal* (Seoul, 1995) vol. 35 No. 1.

조선이 대외 교역에 소극적이 되면서 이 관계가 이어지지 못한 것은 아쉬우나, 당시 일본, 중국, 조선 등지를 오가며 교역 대상을 찾아다니던 아유타야의 적극성은 주목할 만하다. 이런 전통은 계속 이어져서 16세기에 들어 서양인과의 접촉으로 대외 교역의 범위가 확대되었다. 수도 아유타야는 국제적인 도시로 발전했다. 1687년의 한 지도를 보면 짜오프라야 강이 휘감아 도는 아유타야 시 남쪽에 베트남인, 중국인, 일본인, 포르투갈인, 네덜란드인이 사는 구역이 따로 마련되어 있었다.[28]

삭띠나(sakdi na) 제도는 토지와 인력을 함께 묶는 장치였다. '삭띠'는 '힘'을, '나'는 '경작지'를 의미한다. 토지에 대한 권한은 왕에게 있었고 왕은 그 토지를 백성에게 신분에 따라 분배하되 영구 상속은 허용하지 않음이 원칙이었다. 가장 낮은 등급인 노예에게는 '삭띠나 5'가 부여되었고, 자유농은 '삭띠나 25', 공공 장인은 '삭띠나 50', 하급 관료는 '삭띠나 50-400'이 부여되었으며, 고급 관료는 '삭띠나 400'에서 시작해 각부 장관이 되면 '삭띠나 10,000'에까지 이르렀다(Wyatt 1984: 73). '삭띠나 1'이 어느 정도의 넓이인지는 분명치 않다. 토지의 질이나 생산력에 따라 차이가 있을 수밖에 없다. 부여된 토지는 3-4대 뒤에 국가로 귀속되었다. 농민은 국가로부터 토지를 받는 대신 일정 기간 노역을 제공했다. 노역 중에서 관리들의 토지를 대신 경작해 주는 일은 중요했다. 상위 계층 사람들에게는 토지를 경작해 줄 자유농이 함께 배당되기 마련이었다. 그래서 자유농은 지방 관리나 실력자들에게 예속되는 경향이 강했다.

---

28) Anthony Reid, *Southeast Asia in the Age of Commerce* vol. two(Yale University Press, 1993), p. 62.

## 버마와의 전쟁과 나레수언 왕 (Naresuan, 1590-1605)

아유타야의 안정은 16세기 초 버마에 뚱구 왕조가 들어서면서 위협받기 시작했다. 양국 사이의 싸움은 흰 코끼리가 원인이 되었다고 한다. 아유타야 왕이 소유한 흰 코끼리를 버마 왕이 갖고 싶어 뚱구 군대가 출동했다는 것이다. 대륙부 동남아시아에서 흰 코끼리가 부처를 상징하는 성물로 인식되었다는 사실을 감안한다면 충분히 있을 수 있는 일이다. 버마 군대는 치앙마이 방면으로 먼저 진군한 후 거기로부터 남하하여 아유타야를 공격했다. 아유타야는 1564년 항복했다. 짜끄라팟 왕을 비롯한 아유타야의 백성이 대거 버마로 끌려갔다. 왕자가 버마 군대에 의해 새 왕으로 임명되었다. 이 부자는 얼마 되지 않아 함께 저항 운동을 벌였다. 그러나 버마의 공격을 받아 아유타야는 다시 점령되었다(1569).

버마와의 전쟁은 아유타야에서 나레수언이라는 영웅을 탄생시켰다. 짜그라팟 부자가 제거된 후 버마가 세운 왕의 아들이었던 나레수언은 한때 버마에 볼모로 잡혀 있었다. 그러나 지혜와 용기를 겸비한 이 걸출한 인물은 적지 버마에서도 눈에 띄는 지도자로 성장했다. 아유타야로 돌아와 왕위에 오른 그는 버마의 재지배 기도와 캄보디아의 도전을 물리쳤다.

나레수언 왕의 군사적 자신감은 대단했다. 일본이 조선을 공격해 전쟁이 벌어졌다는 소식이 나레수언 왕의 귀에 들어갔다. 이미 버마의 공격이 예상되고 캄보디아와도 전운이 감돌 때였음에도 불구하고 그는 중국에 사절을 보내 자기의 군대로 조선을 돕겠다고 했다. 이 사실은 『명사』의 '외국'에 관한 열전 중 '섬라' 조에 전한다. 비슷한 시기 중국을 두 번 방문했던 조선 사절 이수광도 나레수언의 제안을 알고 있었음이 『지봉유설(芝峰類說)』에 보인다.

나레수언 사망 후 17세기 태국의 정치는 복잡하기 이를 데 없는 왕위계승 분쟁의 연속이었다. 그렇다고 해서 아유타야의 국력이 약해진 것은 아니었다. 버마는 수도를 페구에서 뚱구로 옮기면서 스스로 고립되는 국면으로 접어들었고, 캄보디아도 부흥의 기미가 보이지 않던 시절이라 아유타야는 외국과의 전쟁이 거의 없었다. 교역이 성하고 여러 나라의 외국인이 왕래했다. 권력 투쟁은 중국인은 물론 일본인, 말레이인, 서양인, 아랍인 상인과 용병 집단까지 각 권력 집단과 연계되어 벌어지고 있었다(Wyatt 1984: 106-107). 이러한 국제성은 태국 정치의 특색이기도 한데, 너무 지나쳐 태국인의 감정을 자극하게 되는 경우도 있었다. 그 좋은 사례는 나라이 왕(Narai, 1656-1688) 때 있었던 사건이었다. 나라이는 왕이 되는 과정에서 외국인의 도움을 많이 받았다. 그리스인으로서 영국 동인도회사를 거쳐 아유타야에 와 있다가 나라이 왕을 도왔던 콘슨탄틴 파울콘(Constantine Phaulkon, 1647-1688)은 이 시기 태국 역사에서 주목할 만한 자취를 남겼다. 기독교도로서, 기독교도 일본 여성과 결혼한 그는 상업적 재능도 뛰어났지만 종교적 사명감도 강했다. 아유타야에서 프라클랑, 즉 재정 및 대외 교역을 관장하던 부서 책임자로 일하던 그는 나라이 왕 시대에 수상으로 임명되었다. 프랑스 선교사들과 접촉이 빈번하던 파울콘은 프랑스와 외교 관계를 수립하고 나라이 왕을 개종시킨 뒤 태국을 기독교 국가로 만들겠다는 꿈을 키웠다. 아유타야 조정과 루이 14세 사이에 사절이 오고 갔으며 슬그머니 프랑스 군함도 들어왔다. 파울콘의 권한이 점차 강해지는 가운데 프랑스 선교사의 활동이 많아지고 프랑스 군대까지 출현하게 되자 아유타야 귀족층과 승단의 불만이 폭발했다. 1688년에 나라이 왕이 병으로 잠시 수도를 비운 사이 쿠데타가 일어났다. 파울콘은 체포되어 공개 처형되고 프랑스와의 관계는 막을 내렸다. 물론 이것이 외국 또는 서양 세계와의 관계 단절을 의미하지는 않았다. 단지 외국과의 관계는 "통제할 수 있는 범위 내에서 또는 전통적인 수준에서"(Wyatt 1984: 118) 이루어져야 했다. 나라이 왕계는 끊어지고 다른 귀족이 왕좌를 차지하였다.

## 아유타야의 멸망과 톤부리 왕조

다음 세기에는 다시 아유타야와 버마 사이의 대결이 시작되었다. 이는 18세기 중반에 버마에서 꼰바웅 왕조가 탄생했기 때문이다. 수차례의 공방전이 전개되었지만 버마는 신흥 국가였고 아유타야는 건설된 지 이미 400년이 넘은 나라였다. 버마군은 1767년에 아유타야를 점령했다.

버마군을 물리치는 데 주도적인 역할을 한 인물은 딱신(Taksin, 1734-1782)이었다. 그는 태국으로 이주해 온 중국 광동성의 조주(潮州) 출신 아버지와 태국인 어머니 사이에서 태어난 사람으로서, 유력자의 양자로 들어가 군사 실력자로 성장했다. 이름은 신(Sin)인데, 딱(Tak) 지방을 통치하던 인물이었다고 해서 딱신이라고 불렸다. 버마군을 물리친 이외에도 그는 비엔티안을 함락시켰고, 원래 캄보디아의 남부 영토였던 하띠엔을 점령했다. 아유타야는 멸망했으되 태국은 딱신 치하에서 강력한 국가로 거듭났다. 새 왕조는 수도를 짜오프라야 강 하류에 있는 톤부리에 두었다. 그의 성공에는 중국인, 특히 태국에서 다수를 차지하고 있던 조주 출신 중국인의 지원이 큰 역할을 하였다. 아울러 그의 정복 활동에도 타이인의 이해관계만이 아닌 중국인 간의 역학 관계가 작용하기도 했다. 예를 들어 딱신이 하띠엔까지 점령한 것은 샴 만에서 교역 주도권을 놓고 태국의 조주 출신 중국인과 하띠엔의 광동 출신 중국인 사이에서 벌어진 싸움의 결과였다는 분석이 가능하다.[29]

딱신의 세력이 급속도로 성장한 데에는 중국인의 역할이 컸지만, 그의 치세가 단명했던 것도 중국인 탓이었다고 할 수 있다. 중국인에 대한 타이인의 견제 심리가 작용했기 때문이다. 상대적으로 '미천한' 혈통도 그

---

29) Sakurai Yumio, "Eighteenth-Century Chinese Pioneers on the Water Frontier of Indochina," Nola Cooke, Li Tana(ed.), *Water Frontier, Commerce and the Chinese in the Lower Mekong Region, 1750-1880* (Lanham: Rowman & Littlefield, 2004), p. 45.

의 단명에 한몫했다. 사회적 위계 질서, 세습적 신분 질서가 수백 년 동안 공고해진 태국 사회에서 딱신 같은 이의 등장은 예외적인 현상이었다. 와이엇의 다음과 같은 기술은 음미해 볼 만하다:

> 어떤 면에서 그는 국외자였으며 벼락 출세자였기에 비록 사회 주변부의 혼혈 태생으로 최고의 자리까지 올라갔음에도 불구하고 늘 그 사회의 외곽에 위치해 있다고 느껴야 했다. 샴 사회에서 그의 뿌리는 매우 얕아 한 세대밖에 되지 않았다. 아유타야의 우산 아래서 그리고 이제는 딱신의 보호 아래서 샴을 움직여 왔던 오랜 가문들은 평화와 번영이 회복되자 자신들의 이해관계 좇기를 계속하기 시작했다. 딱신은 그들이 자신에 관해 속삭이는 소리를 들었음이 틀림없고 […] (Wyatt 1984: 144)

딱신의 몰락 원인으로 흔히 그의 '광기'도 이야기되어 왔다. 젊은 시절 3년 동안 불교 수행을 했던 그는 독실한 신앙인이었다. 불교계의 개혁에도 관심을 가졌던 그는 태국 역사상 승단의 정화를 위해 애쓴 군주 중의 하나로 평가된다. 이런 그가 말년에 불교 수양에 깊이 빠지면서 자신을 해탈의 단계로 들어선 불교 성인으로 자처하며 과대망상 증상을 보이는 가운데 미쳐갔다는 것이다. 그가 진짜로 미쳤는지 아닌지는 논외로 하더라도, 평민 출신으로서 갑자기 국가의 최고 자리까지 오른 경우 주변 사람이 손을 써 볼 도리가 없는 돌출적 행동을 하는 사례는 역사 속에서 종종 발견할 수 있다. 중국 명나라의 건설자 홍무제가 문자와 관련된 트집을 잡아 수많은 국내외 지식인을(조선 관리들도 포함) 죽였다. 일본의 도요토미 히데요시가 조선과 중국을 정벌하겠다고 무모한 전쟁을 일으켰다. 만약 정변으로 정권이 바뀌었다면 이들은 '정신병자'로 규정되기에 충분했다. 흥미롭게도 이들은 해당 사회에서 가장 큰 가치로 인정되는 덕목에서 자신이 최고라는 믿음을 키웠다. 중국에서는 문자, 일본에서는 무력에서 자기 능력이 누구보다 앞선다는 것을 과시함으로써 혈통의 약점을 보완하려 했다. 딱신이 최고라고 인정받고 싶었던 분야는 불교였던 것 같다.

열등감과 불안감, 중국인 혼혈로서의 정체성 혼란, 종교적 열정과 착각이 결합된 들뜬 정신 상태가 사실 미친 상태일 수도 있다. 그래서 일반적으로 이야기되듯 딱신이 미쳤다는 진단이 아주 틀린 것은 아니라고 필자는 생각한다. 더군다나 왕을 신 그 자체로 인식하던 전통을 갖고 있던 동남아시아 사회에서 딱신이 자신을 불교 성인으로 간주했다는 것은 전혀 이상한 일이 아니라는 주장도 있다(조흥국 2001: 42-45). 하지만 왕의 종교적 권위는 사회적으로 인정받을 만한 혈통이 뒷받침되어야 한다. 귀족과 승단이 몰래 보내는 멸시와 비웃음 속에서 그는 '미친 사람'이 되어가지 않을 수 없었을 것이다.

딱신의 뒤를 이은 인물은 아유타야의 귀족 짜오프라야 짜끄리(Chaopraya Chakri, 1737-1809)였다. 그에 의해서 수립된 왕조가 현재에도 이어지고 있는 방콕 왕조이다. 딱신은 체포되어 몽둥이로 맞아 죽었다고 전해진다.

## 방콕 왕조 (1782-현재)

짜끄리 또는 라따나꼬신 왕조라고도 부르는 방콕 왕조의 전통 시대 부분은 전반기와 후반기로 나누어 서술하겠다. 전반기는 지금까지 해 오던 대로 정치, 경제, 사회, 문화 방면으로 나누어 기술하고 후반기는 뛰어난 두 왕 몽꿋과 쭐라롱꼰의 행적을 중심으로 살펴보려 한다. 이 시기에는 왕과 왕실, 귀족의 역할이 중요했기 때문이다. 두 왕에 대한 비교적 자세한 고찰에서 우리는 왜 태국이 동남아시아에서 유일하게 독립을 유지할 수 있었던 지를 이해할 수 있게 될 것이다. 흔히 이야기되듯이 동남아시아에서 경쟁하던 영국과 프랑스가 완충 지대를 만들기 위해 태국을 독립 국가로 남겨둔 것이 아니었다. 제국주의 시대에 강대국들이 자발적으로 식민지 간 완충지대를 만든 사례는 어디에도 없다.

새로 들어선 방콕 왕조는 적극적인 팽창 정책을 추진했다. 버마로부터 공격을 막아냈을 뿐만 아니라, 역으로 공세를 펼쳐 버마를 압박했다. 동쪽으로는 라오스 지배를 강화하고 캄보디아에 절대적인 권한을 행사하였다. 라마 1세(1782-1809) 때에 캄보디아 왕은 거의 유명무실한 존재가 되어 방콕에서 임명하는 섭정이 실권을 행사하고 있었다. 이에 반발한 캄보디아의 짠 왕이 베트남과 가까워지고 급기야 베트남이 캄보디아를 차지하여 베트남 내지로 만드는 작업을 시작했다. 그러나 라마 3세(1824-1851)는 캄보디아 저항군을 도와 베트남군을 철수시키고 친태국 인물인 두옹을 권좌에 앉힘으로써 캄보디아 지배권을 유지했다. 북쪽의 치앙마이는 13세기부터 란나 왕국으로서 존속해 왔으나 라마 1세는 이 지역을

▌태국 왕궁 (2000. 1)

합병했다. 말레이 반도 방면으로의 진출도 적극적이었다. 태국은 파타니 지배를 공고히 하고 페를리스, 케다, 끌란딴, 뜨렝가누 등 말레이 반도 북부 4개 술탄국을 흡수하였다.

버마와 영국 간의 전쟁(1824-1826) 결과, 영국이 버마 남부를 지배하기 시작하면서 태국은 영국과 접촉해야 했다. 그러나 강력한 영국에 무모하게 맞설 태국이 아니었다. 영국의 사절 버니(Henry Burney)와 1826년에 통상 협정이 체결되었다. 이 협정 내용에는 왕의 무역 독점 제한, 교역세 감면 등 태국에 불리한 조항이 있었으나 태국 왕은 영국의 요구를 기꺼이 받아들였다.

방콕 왕조의 통치 체제는 아유타야 시대와 유사했다. 왕과 부왕이 최고 실력자로 정점에 있었고, 그 아래 마핫타이, 칼라홈, 프라클랑 등의 자리는 왕의 측근으로 채워졌으며, 이들은 혼인으로 연결되어 견고한 귀족층을 형성했다. 아랍 혈통으로 알려진 분낙(Bunnag) 가문은 아유타야 때부터 국제 무역을 관장하면서 성장했는데, 방콕 시대의 정치사에서 여러 번 결정적 역할을 수행하게 된다.

왕위 계승 문제를 둘러싸고 정왕과 부왕 사이의 긴장 관계는 여전했으나 왕실의 역량이 내전으로 소진되는 경우는 없었다. 라마 1세 때의 부왕은 모반 혐의로 제거되어 왕위는 장자에게 안정적으로 넘어갔고, 라마 2세(1809-1824) 때의 부왕은 왕보다 5년 전에 사망했다. 라마 2세의 장자가 왕위를 계승하여 태국의 영토 확장이 극에 달하게 되는 라마 3세(1824-1851) 시대를 열었다.

왕권의 안정은 19세기 전반기 태국의 번영을 가져왔다. 왕실의 권위도 높아져서 왕자들이 조정의 주요 부서를 이끌기 시작했다. 이들은 새로운 문물에 적극적인 관심을 보여 기독교에도 배타적이지 않았고 외국어, 법률, 기술, 의학 방면에서 새로운 지식을 쌓아 태국의 근대화 과정에서 큰 역할을 수행하게 된다. 동시대 아시아의 어떤 나라 왕실 젊은이들과도 비교되는 모습이다.

　방콕 시대 태국의 경제 발전은 가히 폭발적이었다고 할 수 있다. 중국인의 입김이 너무 강했던 탓에 딱신 정권이 실패했다고 했지만, 그렇다고 해서 방콕 왕조가 중국인의 활동을 억압한 것은 아니었다. 중국인은 방콕 왕조의 정치에서도 여전히 영향력을 행사하고 있었으며, 경제 분야에서 주도적 역할을 담당하고 있었다. 버니 사절과의 통상 조약으로 왕실의 독점 무역은 많이 제한되었으나 영국을 비롯한 외국 선박의 왕래가 잦아졌고, 태국 배의 외국 진출도 활발해졌다. 짜오프라야 강 유역에서 생산되는 쌀은 중국인의 인구가 늘어난 싱가포르, 그리고 동남아시아 각 교역 중심지로 팔려 나갔다. 중국 유일의 대외 교역장이었던 광동도 태국 쌀의 대량 소비처였다. 교역이 활발하고 외국과의 왕래가 빈번해지면서 서양 선교사의 방문이 많아졌지만 조정은 이들의 활동에 별로 제약을 두지 않았다.

　방콕 조정은 인력의 확보와 통제에 비상한 관심을 기울였다. 성인 자유민에게는 자신이 속한 주인과 거주지 이름을 몸에 새겨 넣었다. 영구적 주민등록증이라고 할 수 있는 이 제도는 가혹해 보인다. 그러나 국가가 인민 통제를 강화해 나가는 것이 인간사의 보편적인 추세임을 감안한다면 '선진적'인 고안물이라고도 할 수 있겠다.

　방콕 왕조 시기에는 문화 방면에서도 뛰어난 업적이 많이 생산되었다. 라마 1세와 라마 2세의 문학적 재능에 힘입은 바도 크지만, 인도 서사시 『라마야나』와 중국의 『삼국지』를 비롯한 아시아 각국의 고전이 태국어로 재창조되었고 불교 경전들도 새롭게 번역되었다. 특히 『라마야나』의 태국판인 『라마끼엔』의 가치는 컸다. 라마 1세가 직접 관여해서 생산한 이 작품은 와이엇의 말을 빌리자면 "인도 글을 단순히 번역해 낸 것이 아니라 샴의 전통 속에 그것이 순응되는 방식으로 인도 고전 문화를 재해석한 것"(Wyatt 1984: 153)이었다. 라마 3세가 왓포(Wat Pho) 사원을 수리하면서 당시 태국인의 생활상, 산물, 천문, 종교, 심지어 태국 마사지까지를 포함하는 각종 주제들을 새기거나 그려 넣은 것은 태국인의 자기 것 또는 전통적인 것에 대한 발견과 정리이자 자신감의 표현이었다.

## 라마 4세의 치세 (1851-1868)

몽꿋(Mongkut)이라는 이름으로 더 잘 알려진 라마 4세는 인류 역사가 낳은 뛰어난 군주 중의 한 명이다. 군주로서의 기본이 되는 정치적 능력에 더해 그는 종교적 신실함과 자제력, 학문적 호기심, 용기, 안목, 절충 능력, 희생 정신을 두루 갖추었다.

원래 라마 2세의 적장자로 태어난 그는 라마 2세가 사망할 무렵 가장 유력한 왕위 계승권자였다. 그러나 경쟁자가 있었으니 그는 라마 2세의 장자이기는 했지만 서출이었던 이복형이었다. 20세의 몽꿋에 비해 당시 36세로서 라마 2세를 도와 국정을 두루 경험했고, 자신의 지지 기반이 확고했던 이복형이 왕위에 오를 가능성도 있었다. 왕위 계승자 결정 과정에서 진통이 예상되었다. 몽꿋이 제거될 가능성도 적지 않았다. 어느 왕자든 뛰어난 왕이 될 자질이 충분했기에 이들 중 누구 하나도 포기하기 어려웠던 라마 2세의 고민은 컸다. 마침내 그는 두 아들이 모두 왕 노릇을 할 가능성이 높은 방법을 찾아냈다. 몽꿋은 출가하라는 아버지의 지시를 따랐다. 왕위는 이복형에게로 넘어갔으니 그가 라마 3세였다.

몽꿋은 정치에 관심을 끊고 종교적 수양과 학문 연마에만 몰두했다. 이런 선택은 그에 대한 음해와 압박을 무디게 했고, 앞으로 그가 국가를 누란의 위기에서 구할 지혜를 축적하는 기회를 마련해 주었다. 몽꿋은 여러 곳을 여행하고 다양한 계층의 사람들을 만났다. 그는 팔리어를 익혀 불경 원전을 연구하는 열성적 승려였으며, 불교의 잘못된 관행을 바로 잡으려는 개혁자이기도 했다. 그는 실론의 불승들과 토론했고, 프랑스와 미국에서 온 선교사들과 접촉하며 기독교 교리를 배웠으며 서양의 문물을 제대로 이해하려고 라틴어와 영어도 배우는 열정을 보였다. 서양 과학 및 수학도 배웠던 그는 특히 천문학에 관심이 컸다. 우리에게 익숙한 영화 '왕과 나' '애나 앤 킹'의 주인공이 바로 몽꿋이다.

몽꿋이 왕위 계승자로 결정되는 과정은 다음과 같았다. 라마 3세의 즉위와 더불어 임명되었던 부왕은 1832년에 사망했고 그 뒤를 이어서 부왕이 된 인물은 1848년에 부정 의혹으로 처형되었다. 라마 3세에게는 정식 왕비와의 사이에서 난 아들이 없지만 다른 왕자들은 있었다. 왕위는 그의 아들 중 한 명에게 넘어갈 수도 있었고 몽꿋의 형제들도 잠재적인 경쟁자였다. 이때 결정적인 역할을 한 인물이 칼라홈과 프라클랑을 겸직하고 있던 딧 분낙(Dit Bunnag)이었다. 왕이 사경을 헤매고 있는 가운데 새 왕을 결정하는 회의를 위해 모인 사람들 앞에서 딧 분낙은 당시 47세이던 몽꿋 지지를 선언했다. 와이엇의 지적대로 "누구든 몽꿋의 권리에 도전하려는 자가 있다면 프라클랑[딧 분낙]과 먼저 싸워야 했다."[30] 막강한 힘을 갖고 있던 분낙 가의 대표가 확실한 행보를 보이고, 그 결정에 정당성이 결여된 것도 아니었기 때문에 다른 경쟁자들이 승복함으로써 왕위 계승 문제는 신속하게 마무리되었다. 경쟁자 중의 하나였던 몽꿋의 동생은 부왕에 임명되었다.

라마 4세가 즉위한 지 얼마 되지 않아 제2차 버마-영국 전쟁에서 영국이 승리했다(1852). 이제 바야흐로 영국의 압력이 태국을 향할 차례였다. 아편전쟁(1840-1842)을 계기로 중국에서 주도권을 장악하고, 버마를 굴복시켰으며, 싱가포르와 말레이 반도 등지에서 자유롭게 활동하던 영국인은 1826년 버니 조약의 내용보다 더 많은 '자유'가 태국에서 필요했다.

---

30) David Joel Steinberg(ed.), *In Search of Southeast Asia, A Modern History* (Sydney: Allen & Unwin, 1989), p. 118.

홍콩 총독으로 있던 바우링(John Bowring)은 영국의 사절로 임명되어 방콕을 찾았다. 그가 들고 온 조약 초안에는 가혹한 내용들이 담겨 있었다. 불평등 조약의 3대 요소인 치외 법권, 협정 관세, 최혜국 대우 요구는 상대가 거부할 것을 예상하고 내미는 전쟁 전 단계의 외교 카드일 뿐이다. 조약 초안에는 이 3대 조항뿐만 아니라 영국의 아편 무역 허용도 포함되어 있었다.

바우링 사절을 맞는 몽꿋의 태도는 한 국가의 지도자가 왕실 또는 국가의 명운이 걸린 상황 앞에서 어떻게까지 자기를 낮출 수 있는가를(품위를 지키면서도) 보여 주는 사례로서 소개할 만하다.

먼저 그는 자기의 영어 실력을 동원하여 다음과 같은 편지를 직접 바우링에게 썼다. 편지의 내용보다도 그 안의 틀린 맞춤법, 문법, 그리고 잘못 선택된 단어 등을 주목할 필요가 있다. 완전하지 못한 영어나마 상대방의 언어를 사용하는 성의를 보임으로써 막강한 권한을 갖고 있던 전권 대사의 호감을 사고자 하는 이 왕의 노력이 엿보이는 편지다. 원문 그대로 보는 것이 묘미가 있다:

My gracious friend

It give me today most rejoyful pleasure to learn your Excellency's arrival here [....] Please allow our respects according to Siamese manners. Your Excellency's residence here was already prepared. We are longly already for acceptance of your Excellency.[31]

몽꿋은 직접 바우링에게 담배와 술을 권하고 영어로 대화하는 파격도 시도했다. 이를 위해서 그는 미국 선교사들을 앞에 놓고 수차례 예행연습

---

31) John Bowring, *The Kingdom and People of Siam* (Oxford University Press, 1969), vol. one, 앞표지 이면.

까지 했을 정도였다. 영국이 내민 조약의 내용에도 기꺼이 서명했다(바우링 조약, 1855). 조약의 내용대로 하자면 왕실뿐만 아니라 귀족에게도 경제적 손실이 왔다. 왕은 어떤 형태로든 귀족의 손실을 보상할 방안을 강구했다. 예를 들어 전통적으로 중국인에게 위임되어 운영되던 아편, 도박장, 술, 복권 등에 대한 징세 청부제(tax farm)를 강화하여 이로부터 세수를 늘려 손실 보전을 위한 자금으로 사용한다는 것이었다. 이는 윤리 기준에서는 비판받을 소지가 다분하다. 하지만 국가 존폐가 걸린 위기 앞에서 그 정도는 양해되는 것이 당시 태국의 분위기였다.

라마 4세의 조정은 이후 영국뿐만 아니라 프랑스, 독일, 미국, 이탈리아, 벨기에, 덴마크와도 유사한 조약을 체결했다. 여러 국적의 서양인이 고문관으로 초빙되어 각 부서에서 활동했다. 서양 국가들과의 교류 확대와 서양인 전문 관료의 채용은 각국의 상호 견제를 유도하기 위함이기도 했다. 그러나 이러한 의도의 실현이 용이한 일은 아니어서 종종 강국들의 의심을 사 태국 조정이 궁지에 몰리게 될 위험도 컸다. 영국은 말레이반도에서 태국의 영향력을 제한했으며, 프랑스는 태국의 캄보디아 지배권을 부정했다. 이런 것들은 태국의 '자유'[32]를 유지하기 위해 치러야 할 최소한의 대가였다.

개방은 되었지만 몽꿋의 치세는 아직 개혁의 시대는 아니었다. 전통적인 지배자를 비롯하여 기존의 사회 계층 구조는 그대로 남아 있었다. 단지 방콕을 중심으로 한 몇몇 지역만 새로운 시대로 진입하는 중이었다. 서양식의 문물 즉 화폐, 도로, 의료, 교육, 인쇄술 등이 도입되었고 결혼, 노예 제도를 손보는 일이 시작되었다. 전통 사회를 깨뜨리는 개혁의 추진은 다음 왕인 라마 5세의 몫이었다.

---

[32] '타이(Thai)'는 자유를 의미한다.

# 라마 5세 (1868-1910) - 쭐라롱꼰 (Chulalongkorn)

쭐라롱꼰 왕자 (1861. 태국 국립박물관, 2015. 2)

쭐라롱꼰은 몽꿋이 왕위에 오른 지 2년 뒤(1853), 그러니까 몽꿋의 나이 49세 되던 해에 출생했다. 나이 차이로만 보자면 부자가 아니라 조손 관계라고 할 정도였다. 나이 많은 아버지의 원숙한 배려 속에서 쭐라롱꼰은 후계자 수업을 받았다. 몽꿋을 주인공으로 하는 영화들에서 나오는 태국 왕실의 여교사 안나 레오노웬스(Anna Leonowens)는 실재 인물로서, 그녀의 주 임무는 쭐라롱꼰 왕자 교육이었다. 타고난 재질이 뛰어난 데다가 태국 전통 교육과 서구식 교육을 두루 받았고 아버지의 일을 옆에서 보고 배우며 자란 이 왕자는 누구도 부정할 수 없던 몽꿋 왕의 후계자였다. 아버지와 더불어 부왕에 올랐던 숙부는 1866년에 사망했다.

쭐라롱꼰의 즉위는 1868년의 예기치 못한 사건 때문이었다. 천문학에 관심이 많았던 몽꿋이 일식을 관찰하고자 왕자 및 각국 인사들과 함께 떠났던 여행에서 말라리아에 걸린 것이다. 이 병으로 몽꿋은 사망하고 왕자는 사경을 헤맸다. 결정권은 또다시 분낙 집안으로 돌아갔다. 추앙 분낙(딧 분낙의 아들)은 쭐라롱꼰 왕자가 후계자임을 천명했다. 그리고 만약의 사태가 발생하면 이전 부왕의 장남인 위차이찬(Wichaichan)이 몽꿋의 뒤를 잇기로 결정되었다. 다행히 쭐라롱꼰 왕자는 회복되었다. 분낙은 몽꿋의 부탁대로 최선을 다해 섭정의 임무를 수행했다. 왕자에 대한 교육도 충실히 이루어졌다. 분낙은 왕자의 견식을 넓혀 주기 위해 자바, 인도 등을 여행할 기회까지 제공했다. 쭐라롱꼰 왕자는 20세가 되던 해에 정식으로 왕위에 올라 라마 5세가 되었다.

이때부터 본격적인 개혁이 시작되었다. 왕 앞에서 사지(四肢)로 기는 예법이 금지되고 노예제 폐지를 위한 작업에 들어갔으며 자유민의 강제 노역을 폐지하고 군대, 세제, 법체제가 개편되었다. 보통교육 제도가 도입되었으며 방콕을 중심으로 해서 동서남북 사방으로 철도가 건설되었고 증기선이 도입되었다.

라마 5세가 즉위했을 무렵에는 그를 도와 개혁을 추진할 세력이 충분히 형성되지 못하였다. 일부 젊은 왕자라든가 왕의 지인, 분낙 가문의 경쟁자들이 쭐라롱꼰 주위에서 개혁을 주도했다고는 하나 그들의 힘은 미약했고 귀족들의 세력은 아직 강했다. 새 왕의 정책은 너무 급진적이고 서구적인 것으로 인식되기도 했다. 개혁안이 쏟아져 나오기 시작한 지 얼마 되지 않은 1875년에 부왕 세력과 무력 충돌 일보 직전까지 갔던 것은 급진적 개혁에 대한 보수 세력의 반발이 컸기 때문이었다. 쭐라롱꼰은 개혁의 속도를 조절할 줄 알았다. 그러나 필요할 경우에는 신속하고 과감하게 저항 세력을 제압했다.

왕권을 강화하는 가운데 그에게 큰 힘이 되어 주었던 사람들은 그의 동복·이복 형제들이었다. 이 왕자들은 몽꿋과 섭정 분낙의 배려로 쭐라롱꼰과 함께 공부했거나 왕이 된 후 쭐라롱꼰이 공부를 시키고 서양으로 유학 보냈던 사람들이었다. 쭐라롱꼰 자신처럼 태국의 전통 교육과 서구 교육을 겸하여 받은 이 왕자들은 전통과 현대를 조화시키는 태도를 중시했다. 왕실 보호와 태국 근대화에 공동의 책임 의식이 있던 이 젊은이들은 태국의 행정, 사법, 문학, 역사, 군사, 기술 과학 등 다양한 분야의 지도자로 포진하면서 태국의 근대화를 이끌었다. 담롱(Damrong) 왕자는 교육과 행정 분야 개혁에 탁월한 업적을 남겼고 태국의 근대 역사학 발전에도 공헌했다. 외교 분야에서는 데바웡지(Devawongse) 왕자의 활약이 눈부셨으며, 라비(Rabi) 왕자는 태국 근대법 도입에서 주도적인 역할을 하였다.

왕자의 역할이 커지면서 귀족 세력이 점차 배제되었다. 예를 들어, 쭐라롱꼰 왕은 분낙 집안이 지배하던 프라클랑을 두 개로 나누어 재정부와 외교부로 분리시켰다. 그리고 자신의 형제들을 두 개 부서의 수장으로 앉혔다. 이러한 작업은 1880년대 추앙 분낙과 부왕이 차례로 사망하면서 더 속도가 붙었다. 쭐라롱꼰 시대는 '왕자의 시대'라 불러도 손색이 없다.

표면적으로 볼 때 라마 5세 때에는 많은 영토를 상실했다. 이미 1860년대부터 캄보디아에 종주권을 행사하지 못했고, 이후 바탐방과 시엠립을 캄보디아에게 내주어야 했다. 라오스 지배권도 프랑스에 넘어갔다. 말레이 반도 쪽으로는 페를리스, 케다, 끌란딴, 뜨렝가누를 영국에 할양해야 했다. 와이엇의 계산으로는 태국이 456,000㎢의 땅을 잃었다고 한다. 이는 태국의 판도가 가장 확대되었던 라마 3세 때 영토 면적의 반이나 되는 크기였다(Wyatt 1984: 208). 태국이 독립을 유지할 수 있었던 이유는 개혁 노력만 아니라 이렇듯 광대한 넓이의 땅을 영국, 프랑스에 과감하게 내어 준 데서도 찾을 수 있다. 하지만 자세히 보자면 이는 영토 할양이 아니다. 지배 영역 내지는 판도 내에 있는 다양한 국가에 대한 종주권의 포기였을 뿐이었다.

축소된 태국인의 세계는 쭐라롱꼰의 개혁 아래서 일체화되어 갔다. 지방은 새로 개편된 행정 체제에 의해 전통의 세습적 수장이 아닌 중앙에서 임명된 자가 지배하게 되었다. 그들은 대부분 왕이 파견한 왕자들이었다. 중앙에서 지방을 파악하게 되면서 어느 지역이 태국에 속하고 어느 지역이 주변의 영국이나 프랑스 판도가 되느냐를 명확히 할 필요성이 생기고 이에 따라 근대적인 지도가 작성되었다. 그 지도를 기반으로 하여 '하나의 영토'라는 개념이 태국인 사이에 생기기 시작했다.

흥미로운 사실은, 일반적으로 알려진 것처럼 태국이 '땅'을 잃기만 하지 않았다는 것이다. 큰 권력 범주들 사이에 애매하게 존재하던 수많은 따이 또는 비 따이 소국은 예로부터 태국의 직접 지배를 받지 않는 자율적인 '국가들'이었다. 쭐라롱꼰의 조정은 영토 지도 안에 이 '국가들'의 땅을 집어 넣었다.[33] '국가들'이 태국 내의 '지방들'로 전락했음을 의미하는 것이다. 이무렵 치앙마이가 태국의 영토 내로 완전히 흡수되었고, 라오인이 많이 거주하던 코랏 평원도 내지화 되었으며 말레이 반도의 푸껫 지역도 태국의 지도 안에 들어왔다.

---

33) Thongchai Winichakul, *Siam Mapped, A History of Geo-Body of a Nation* (University of Hawaii Press, 1994), pp. 105-106.

제5장
# 버마 - 통합을 향한 노력

몽골의 침입을 물리친 후 버마에는 대략 세 개의 거대 권력이 출현했다. 첫째는 아바(Ava) 왕조였다. 샨족이 건설한 국가이기 때문에 이를 샨 왕조로 여길 수도 있겠다. 그러나 앞서 몽골 군대와의 전쟁을 다루면서 설명한 대로 이 왕조는 버마화된 샨인이 중심이 되었고 기층민 중 다수가 버마족인 데다가 아바의 역대 왕이 스스로 파간의 후예라고 자처할 만큼 버마성이 강했다.

상부 버마가 아바 왕조의 지배 아래 있었다면, 하부 버마는 다시 몬족이 차지했다. 람캄행의 사위로서 이 지역을 지배하고 있던 수장 와레루(Wareru)가 하부 버마를 통합했고 중심지를 페구[34]에 두었다. 이를 페구 왕조라고 칭한다.

마지막으로, 뚱구 왕조(1587-1752)가 있었다. 몽골과의 전쟁 이후 차욱스 평원의 버마족은 동쪽으로 이동하여 시땅(Sittang) 강 유역 뚱구(Toungoo)에 자리를 잡았다. 이들은 점차 강성해져 14세기 중에 독립국가로 행세하기 시작했고, 16세기에 버마 전역을 차지했다.

---

34) 초기에는 마타반(Martaban)이었다가 1369년 페구로 옮김.

## 페구 왕조

세 개의 권력이 분립된 상태가 2세기 정도 지속되는 동안 가장 활발한 발전을 보이던 국가는 하부 버마의 농업 생산력을 확보하고 바다와 가까웠던 페구였다. 특히 신소부 여왕(Shinsawbu, 1453-1472), 그리고 여왕의 사위로서 그녀 사후 왕위를 계승한 담마제디 왕(Dammazedi, 1472-1492)의 치세는 경제, 종교의 발전이 두드러졌다.

신소부 여왕 재위기의 대외 교역 발전은 1402년경 말레이 반도 남단에 성립된 말라카 왕국의 존재에 힘입은 바가 크다. 이 해상 왕국은 과거의 스리비자야처럼 동서 교역을 중계하고 향료 무역을 독점하면서 성장했다. 페구는 동서를 오가는 인디아, 아라비아, 유럽 교역상이 들르는 기착지가 되었고, 동남아시아 교역상의 방문도 적지 않았다.

해상 교역과 농업 생산에서 얻어지는 부는 종교적 상징물의 조성에 쏟아 부어졌다. 그 대표적인 것이 지금도 남아서 버마인의 신앙심과 건축 기술을 웅변하는 쉐다곤(Shwe Dagon) 파고다이다. 전설에 따르면 이 파고다는 기원전 6세기경에 부처의 머리카락 같은 보물들을 안치하여 만든 것이라고 한다. 애초에 20여 미터였던 것이 몇 차례의 증축을 거쳐서 신소부 여왕 때 100여 미터로 높아졌다. 여왕은 40kg 정도 되는 자신의 몸무게만큼의 황금을 희사하여 만든 얇은 금판으로 파고다의 외벽을 장식하게 했고, 그녀의 후계자 담마제디 왕은 자신의 몸무게만큼의 금을 네 번 희사해 현재의 모습을 완성했다. 금판 총 8,688개, 다이아몬드 5,448개, 2,317개의 루비, 사파이어, 토파즈(topaz 黃玉) 및 거대한 에메랄드를 갖고 있는(김성원 1998: 191-194) 이 탑은 보물덩어리 그 자체라고 할 수 있다.

승려 출신이었던 담마제디는 불교 개혁을 추진했다. 능력 있는 승려들을 실론으로 보내 불교 교리를 배워 오게 하고 그들을 앞세워 불교계를

쉐다곤 파고다 (2009. 2)

정화했다. 강화된 기준으로 승려의 자격을 다시 심사하고 기준에 이르지 못하는 승려는 환속시켰다. 그 결과 교단의 분위기가 쇄신되었을 뿐만 아니라 승단이 차지하고 있던 토지를 대거 회수할 수 있었다. 상부 버마도 마찬가지였지만 하부 버마도 늘 승단의 토지 집적이 문제가 되었다. 불심을 과시하기 위해 왕과 귀족이 승단에 토지를 기증하곤 했는데, 이러다 보면 왕실이 통제할 수 있는 토지가 줄어들 뿐만 아니라 노동력 역시 승단으로 흡수될 수밖에 없었다. 승단이 비대해지면 부패하고, 그 비호 아래서 생존을 모색하려는 사람이 많아져 자격 미달인 승려의 숫자가 늘어났다. 버마의 역사 속에서 종교 건축물 건설, 승단에의 보시 같은 행위가 왕의 권위를 높이는 수단으로 많이 나타나지만, 기존의 왕들이 보시한 토지를 회수하는 작업은 개혁적 성향을 가진 왕의 업적으로 중시된다. 단순히 토지를 회수한다는 그 자체로서가 아니라 막강한 승단을 압도하는 능력과 이 과정에서의 승단 정화라는 종교적 공헌이 왕의 국가 경영 능력으로 인정되는 것이다.

## 뚱구 왕조 (Toungoo, 1587-1752)

버마는 상부 버마의 버마족에 의해서 다시 하나로 통합되었다. 페구는 종교와 경제가 발전하고 정치도 비교적 안정되었지만, 영역의 확대가 상부 버마 쪽으로는 좀처럼 이루어지지 못했다. 시땅 강 유역에 자리 잡은 뚱구 왕국은 따빈시웨띠 왕(Tabinshwehti, 1531-1551) 때 비약적으로 발전하면서 아바를 압도하고 시땅 강을 따라 내려와 페구를 정복했다(1539). 일반적으로 뚱구 왕조를 일러 '부흥 뚱구(Restored Toungoo)'라고 하는데, 이는 뚱구 왕조가 몬족을 점령한 후 남부에 수도를 두고 있다가 다시 뚱구로 돌아간 해를 왕조의 정식 기점으로 삼기 때문이다.

버마의 통합에는 서양 무기가 큰 역할을 했다. 총과 대포뿐만 아니라 포르투갈 용병이 따빈시웨띠의 통일 및 지배 영역 확대 작업에 참여했다. 따빈시웨띠가 아유타야를 공격할 때는 180여 명의 포르투갈 포병이 그의 군대에서 활동하고 있었다(Cady 1964: 191).

아유타야에 대한 공격은 계속되었다. 따빈시웨띠의 후계자 바인나웅 왕(Bayinnaung, 1551-1581)은 두 차례(1564, 1569) 아유타야를 점령했다. 란나와 란쌍 왕국도 16세기에 버마의 지배를 수용해야 했다.

통일 버마의 통치 방식은 파간의 것을 그대로 재현한 듯했다. 따빈시웨띠 왕은 몬족과의 화합을 꾀했다. 두 민족 사이의 혼인이 장려되었고 왕 스스로 머리 모양을 비롯해 의상이나 즉위식 등의 의례에서 몬 양식을 채용했다. 이런 태도는 바인나웅 왕 시기에도 계속 이어졌다. 그는 아예 수도를 뚱구에서 페구로 옮겼다. 바인나웅 왕이 두 번이나 아유타야를 점령할 수 있었던 데에는 몬족의 도움이 컸다.

그러나 두 왕의 적극적인 몬족 포섭 노력에도 불구하고 몬족의 반란은 끊임없이 이어졌다. 여기에 아유타야가 다시 강성해지면서 버마를 위협하게 되니 뚱구 왕조로서는 몬족의 중심부인 페구에서 내외의 도전을 이겨내기가 버거워졌다. 그들은 뚱구로 돌아갔다가(1587) 다음 세기에 북쪽 아바로 수도를 옮겼다(1635).

뚱구 왕실이 상부 버마로 돌아간 이유는 16세기부터 동남아시아 해상에서 내왕이 잦아진 서양인을 잠재적 위협 세력으로 간주했기 때문이기도 했다. 그들을 피해 안전한 내륙으로 들어간 것이다. 이 결과, 해양을 통한 외부와의 접촉은 거의 단절되었다. 버마의 자발적 고립은 19세기까지 줄곧 바다 쪽으로 진출한 태국과는 비교되는 모습이다.

뚱구 왕실이 몬족과의 융합을 포기하고 페구를 떠난 후 남부 버마는 중앙으로부터 멀리 떨어진 변방 지역으로 남았다. 중앙에서 파견되는 관리가 있었지만 그들의 지배는 통치라기보다 착취에 가까웠고, 효율적인 통제 능력을 발휘하지도 못했다. 이 사이에 시리암(Syriam) 등 해안 지대에는 외국 상인, 선교사가 자유로이 왕래했고 그들의 상관이 들어섰다. 영국과 프랑스는 이곳의 질 좋은 목재, 노동력, 기술, 입지 조건에 주목해 선박 제조창을 두기도 했다.

뚱구 왕조의 종말은 이곳 남부에서 시작되었다. 몬족이 반란을 일으켜 버마족 지배자를 살해하고 유럽인의 선진 무기를 탈취한 후 북진하여 아바를 점령했다(1752).

## 꼰바웅 왕조 (Konbaung, 1752-1885)

버마족의 반격은 꼰바웅 지역의 세습적 지배자인 묘투지 집안 출신의 알라웅파야(Alaungpaya)라는 인물에 의해서 지도되었다. 일단 강력한 지도자를 만나면 버마족은 폭발적인 힘을 발휘한다. 그들은 버마 전역을 다시 통일했고, 그 여세를 몰아 태국을 공격했다. 아유타야는 또 함락되었다. 그러나 버마의 지배는 오래가지 않았다. 딱신의 활약으로 태국은 독립했다. 이후 버마와 태국 사이의 공방전이 19세기 초반까지 계속되었다.

양국 간 분쟁의 가장 큰 원인은 몬족 통제권을 누가 가지느냐 하는 것이었다. 알라웅파야가 남부 버마를 장악하는 과정에서 피비린내 나는 복수극이 전개된 바 있다. 파간 왕조 때부터 천 년 가까이 진행되어 온 버마족과 몬족의 관계는 역사 속에서 화해와 융합을 위한 다양한 노력이 있었음에도 불구하고 전혀 개선되지 않았던 것처럼 보였다. 적대감은 알라웅파야 때에 절정에 달했다. 살육의 폭풍이 지나간 후 새 왕조의 지배자가 아량을 베풀어 몬족을 회유하려 했을 때조차 몬족은 버마인보다 차라리 타이인의 지배를 받기 원하는 지경에 이르렀다. 몬족이 대거 태국으로 달아났다. 이들을 놓고 버마와 태국 사이에서 분쟁이 끊이지 않았던 것이다.

꼰바웅 왕조 때는 알라웅파야를 이어 걸출한 왕 신뷰신(Hsinbyushin, 1763-1776), 보도파야(Bodawpaya, 1781-1819)가 등장하면서 18세기 중반부터 19세기 초반 버마의 역사를 역동적인 모습으로 만들어 나갔다. 알라웅파야가 버마를 통일한 뒤 3대 신뷰신 왕은 아유타야를 점령했고 중국 운남에 접한 지역의 여러 소국에 대한 지배권을 놓고 청나라와 전쟁(1766-1770)을 벌여 이겨냈다. 비슷한 시기에 베트남의 떠이썬 왕조도 청군에게 승리했으니, 이러한 결과는 베트남이나 버마가 총, 대포 같은 유럽의 선진 무기를 중국보다 먼저 입수하고 활용할 기회가 많았기 때문이었다.

알라웅파야의 아들로서 제6대 왕에 오른 보도파야 왕은 세 차례나 태국에 대공세를 가하면서 이 나라를 압도하려는 버마의 전통적인 욕구에 집착했다. 그러나 방콕 왕조는 호락호락하지 않았다. 단지 보도파야 왕으로서는, 태국을 수세에 밀어 놓고 이라와디 하부의 몬족을 배타적으로 통제할 수 있는 권리가 확보되었다는 것이 소득이었다고 할 수 있다. 보도파야 왕은 끊임없는 전쟁으로 자신의 인력과 재력 동원 능력을 과시했다. 신앙심이 깊었던 그에게 전쟁은 부처의 세계를 실현하는 전륜성왕의 행위로 인식되었다. 그는 보살을 자처하기도 했다.

보도파야 시대 버마의 저돌적인 대외 팽창 정책은 인도를 지배하고 있던 영국 세력과 충돌을 야기했다. 버마 중심부에서 볼 때 아라칸은 서쪽 변방에 있던 주요 조공 국가였다. 이 나라는 때로는 독립하고 때로는 버마에 복속하면서 존재해 왔는데, 보도파야 왕 때 아라칸에서 반란이 일어났다. 이를 진압하러 갔던 보도파야의 군대는 아라칸 너머 영국이 지배하고 있던 인도의 시따공(Chittagong)까지 저항군을 추격했다(1811). 영국이 예민해졌다.

영국은 버마에게 명확한 국경선을 설정하고 그 선을 존중할 것을 요구했다. 하지만 버마 입장에서 국경선이란 매우 생소한 개념이었다. 버마 왕이 볼 때, 자기의 지배 영역에 아라칸 왕국이 포함된다면 아라칸 백성 지배권은 버마에 있었다. 선을 넘고 안 넘고는 문제가 아니었다. 더군다나 시따공으로 넘어간 사람들이 그곳을 근거지로 하여 줄곧 저항 운동을 전개했고, 버마로부터 독립한 후 영국을 후견인으로 받아들이고자 하였으니 버마로서는 시따공에 있는 아라칸 저항군을 내버려 둘 수 없는 노릇이었다.

그래도 보도파야 왕 시기에는 양국이 신중했다. 본격적인 충돌은 보도파야의 아들 바지도 왕(Bagyidaw, 1819-1838) 때 발생했다. 바지도의 군대는 인도의 아삼과 마니푸르까지 공격했다. 영국의 함대가 이라와디 강 하류로 향했다. 이렇게 해서 벌어진 전쟁이 제1차 버마-영국 전쟁(1824-1826)이었다. 버마가 패했다. 전쟁의 결과로 맺어진 얀다보 조약(1826)은 버마의 수도에 영국인 주재관(resident)을 두기로 했다. 그리고 버마는 아라칸과 테나세림을 영국에 양도해야 했다.

주재관의 위상을 놓고 영국과 버마 왕실의 해석이 달라서 갈등을 빚었다. 영국은 주재관이 해당 지역에서 실질적 지배자로의 권한을 행사해야 한다고 생각한 데 비해 버마 조정은 주재관을 단지 외국에서 파견된 조언자 정도로만 여겼다. 이 차이에서 오는 갈등은 심각했다. 영국인이 불교 사원에 신발을 벗지 않고 들어간다든지 버마의 전통을 무시하는 행동으로 버마인을 자극할 때도 버마 측의 대응은 단호했다. 심지어 살해당하는 영국인도 있었다. 왕이 영국인을 접견할 때 알현하는 자가 절을 해야 하는 버마 전통 의식을 고집하는 것도 태국의 경우와 비교해 융통성이 없어 보인다.

그렇다고 해서 버마에만 책임을 물을 일은 아니었다. 영국은 버마와의 관계에서 명백한 목표가 있었다. 영국이 버마에 관심을 가진 이유는 버마 왕실 독점의 티크림(林)과 루비 광산, 석유에도 눈독을 들이고 있었기 때문이었다. 또한, 영국인은 버마를 통해서 중국의 배후 시장인 운남으로 들어가려고 했다. 운남으로 가는 길을 확보하는 것은 아시아에서 프랑스와의 경쟁을 의미하기도 했다. 프랑스 역시 육로를 통해 중국 배후로 들어가는 길을 찾고 있었기 때문에 영국은 버마에서 운남으로 가는 길을 확보하려고 서둘렀다. 그러나 버마는 이 길에 대한 영국 측의 요구에 좀처럼 응하지 않았다. 결국, 영국으로서는 버마 왕실이 존재하는 한 운남으로의 통로를 자유롭게 사용할 방도가 없다는 결론을 내리게 되었다. 이 길이 경제적 이익뿐만 아니라 외교적으로도 얼마나 영국에 중요했는지는 1860년대에 버마 내지 통과 협상을 맡은 한 관리의 다음과 같은 주장에 잘 나타나 있다:

가장 중요한 것은 그 어떤 다른 유럽 세력도 버마와 중국 사이에 끼어들지 못하게 하는 것이다. 이 나라에의 우리 영향력은 반드시 절대적이어야 한다. 이 나라 자체는 큰 중요성이 없지만, 중국 서부 지역에 사는 다양한 사람들과의 원활한 접촉이야말로 국가적으로 중요한 목표이다. 버마에서 아무도 우리보

다 더 큰 영향력을 행사할 수 있어서는 안 된다.[35]

버마가 왜 태국처럼 융통성을 발휘하여 중국으로의 통로를 개방하지 못했는가라는 의문이 남는다. 그러나 융통성의 활용은 상대방의 의도에 따라서 성공할 수도 있지만 체면만 구길 가능성도 많다. 버마와 태국을 놓고 영국의 집착 정도는 달랐고(태국은 중국과 접하고 있지 않음), 두 국가의 민족 구성과 역사적 경험이 달랐다. 버마는 반수를 넘지 않는 버마족이 우수한 문화를 보유한 몬족을 비롯해 샨, 카렌, 카친 등 주변 민족을 아우르며 유지되던 국가였고 태국은 타이족이 중심이 되어 주변의 소수민족을 지배하던 국가였다. 버마와 영국 사이의 1차 전쟁에서 테나세림이, 2차 전쟁으로 하부 버마가 영국에 넘어가게 되자(1852) 꼰바웅 왕실의 권위는 추락한 상태였다. 여기에 상부 버마를 관통하는 길을 내줄 경우 버마 왕실을 향한 제 민족의 도전이 시작될 것은 불을 보듯 뻔했다. 게다가 영국인은 왕실 재정원이었던 티크림과 루비 광산을 탐내고 있었다. 왕실 입장에서 보면 이 품목들을 포기하는 것은 재정 손실만이 아니라 왕실의 권위 실추를 의미하기도 했다.

마지막 왕 티보(Thibaw, 1878-1885)가 저지른 살육극은 영국에 좋은 구실을 제공했다. 오랫동안 수도원 생활을 한 독실한 불교 신자임에도 불구하고 이 왕은 권좌에 오르자마자 자기 자리를 위협하는 사람이라고 생각되는 형제들과 친척 80여 명을 살해했다.

영국군은 수도를 점령했고(제3차 버마-영국 전쟁, 1885) 티보 왕은 폐위되어 사람들이 보는 가운데 수레에 실려 인도로 끌려갔다. 버마인의 자존심은 손상되었고, 영국인에 대한 적개심도 컸다. 하지만 힘없는 왕은 더 이상 왕이 아니었기 때문에 그를 위해 싸우려는 자는 없었다. 티보

---

35) Salisbury to Governor General Lawrence, December 10, 1866, Lawrence Papers, F90/27, India Office, Sardesai (1997), p. 116에서 재인용.

왕이 폐위된 후 버마는 인도의 일개 주로 편입되었다.

## 꼰바웅 왕조의 여러 면모

꼰바웅 왕조의 정치 체제는 뚱구 왕조의 것과 유사했다. 왕 아래로는 장관 회의체가 있었고, 지방은 묘투지가, 그리고 그 외부의 이민족 지역에서는 땍투지(taikthugyi)라 불리는 세습 권력이 해당 지역을 통치했다. 왕위 계승에서 장자 상속제의 전통은 여전히 확립되지 않았고, 왕의 아들이나 형제 중에서 실력자가 왕위를 차지했다. 왕위 계승 때마다 권력 투쟁과 살육이 벌어지는 일은 반복되었다. 태국처럼 부왕 제도가 있기는 했으나 부왕이 권력 승계에서 우선권을 가지지는 않았다.

꼰바웅 시대가 되면서 조정은 남쪽 해안을 통한 해상 교역에 거의 관심을 가지지 않았다. 교역은 주로 이라와디 강을 통한 남북 무역과 중국 운남이나 인도와의 육상 거래가 다였다. 버마의 중요한 수출품은 면화였으며, 인도의 아편이 버마를 거쳐 중국으로 들어가기도 하였다.

이라와디 델타가 농업 생산 잠재력을 지니고 있음에도 불구하고 전통 시대에는 개발이 제대로 이루어지지 않았다는 것이 일반적인 견해이다. 이는 베트남과 태국에서 19세기 동안 메콩 및 짜오프라야 하류가 적극적으로 개발되던 모습과 대조적이다. 이 두 나라에서 수도가 과거에 비해 남쪽으로 내려오고 있었던 데에 반해 버마의 수도는 상부 버마 차욱스 평원 또는 이라와디 중류 주변을 맴돌고 있었다.

왕, 귀족, 평민, 노예 등으로 이루어진 계층 사회는 그대로 유지되었다. 남자는 일정 기간 승려가 되어 사원에서 교육받는 전통도 변함없었다. 왕은 전쟁을 하고 사원을 건축하며 백성은 끊임없이 왕의 요구에 동원되었지만, 왕이 만들어 준 거대한 황금 사원을 찾는 성실한 신앙인이었다.

하지만 18세기 말부터 버마 사회에서는 중요한 변화가 일어나고 있었다. 이 문제에 관해서는 리버만의 연구가 주목할 만하다. 그는 이 시기 이라와디 하류 지역이 현저히 버마화 되었다는 사실을 강조한다. 그동안 버마 왕조들은 몬족과의 융합을 시도해 왔지만, 꼰바웅 시대에 들어서 화해가 아닌 동화 정책이 시도되었다. 아울러 버마족의 남쪽으로의 이주가 활발했다. 리버만의 추론에 의하면, 만일 1400년 즈음에 이라와디 강 주변 사람들 중 약 60%가 자신은 버마족이라고 여겼다면 1830년경에는 그 수치가 90% 이상으로 올라갔다는 것이다. 버마 왕실이 남부에 관심이 별로 없었다는 종래의 견해가 재고되어야 할 필요가 있음을 암시한다. 이외에도 불교의 정화 작업이 이루어져 불교의 형태가 단일화되고, 버마 문학 작품들이 쓰이고 교육되었으며, 이민족 간의 결혼, 의복 통일 작업이 적극적으로 이루어졌다. 특히 리버만은 유랑 극단의 존재를 중시했다. 이들에 의해 중앙의 이데올로기가 전국으로 전달되면서 버마 사회가 단일화되어 가고 있었다(Lieberman 2003: 187-206).

## 민돈 왕(Mindon, 1853-1878)의 개혁

제2차 버마-영국 전쟁은 랑군(양곤)을 지배하던 버마 관리를 징벌하고 영국과의 관계를 경색시킨 버마 조정의 책임을 묻겠다는 영국의 공격으로 시작되었다. 영국 해군은 1853년 랑군을 지나 상부 버마로 진격하면서 꼰바웅 조정을 압박했다. 이러한 상황에 직면해 조정이 허둥대는 사이에 쿠데타가 일어났으니, 당시 강경책을 고수하던 파간 왕(Pagan, 1846-1852)이 폐위되고 대신 왕위에 오른 인물이 민돈 왕이었다.

혼히 민돈 재위기를 '개혁의 시대'라고 평가한다. 태국의 몽꿋 왕 지배기에 대략 상응하는 민돈 왕 시대에는 수많은 개혁 조치가 발표되었다.

묘자 제도를 폐지하고 세금 수취 제도를 정비했으며 근대 교육 기관 설립, 유학생 파견, 공장 건설, 증기선 구매, 행정 제도 개편, 다자적 국제 관계 수립을 위한 외교 노력, 불교 종단 정화와 불교 국가로서의 위상 제고 등 민돈 왕이 실시했던 개혁적 정책은 이루 말할 수 없이 많다.

그러나 그를 개혁 군주라고 부르기 힘든 것은 결과가 미미했기 때문이다. 아울러 그는 정통성 문제에서 자꾸 발목이 잡혔다. 그는 대영 강경파인 전 왕을 쿠데타로 폐위한 장본인이었다. 누구도 부정할 수 없는 정통성을 바탕으로 즉위한 태국의 몽꿋 왕과는 시작부터 달랐다. 태국은 왕과 귀족층이 단합하여 근대화와 독립 유지를 위해 노력했지만 민돈 왕의 조정은 불안정한 상태에서 친영국적인 정책으로 정권을 유지했다. 왕실 독점 품목을 축소하고, 관세율을 낮추었으며 영국 주재관의 위상을 인정하는 등 왕실의 기득권을 대폭 양보하는 유화 정책을 폈지만 이는 융통성 있는 정책이라기보다 영국의 압력에 굴복해서였거나 비위를 맞추기 위한 굴종적인 태도로 이해되는 경우가 많았다.

민돈 왕실이 추구했던 다자적 외교 정책은 영국의 경계심을 자극해 결과적으로 민돈 왕의 입지를 약화시켰다. 프랑스, 이탈리아 등을 끌어들여 영국을 견제하려던 그의 의도는 긍정적으로 평가될 만하며 전략적으로도 타당해 보였다. 예를 들어 그는 중국으로 가는 길 개척에 프랑스가 참여할 것을 제안했다. 하지만 이를 좌시할 영국이 아니었다.

초기의 적극적인 근대화 정책이 좌절되고 왕권에의 도전이 수차례 발생했으며, 샨족을 비롯한 여러 민족의 반란이 일어나고 영국의 압력이 거세지면서 민돈 왕은 위축되었다. 영국의 간섭은 노골적이어서 버마 왕실의 신무기 구매까지도 금지할 정도였다. 아들들이 쿠데타를 일으켰고 왕세자가 살해당했다. 무엇보다도 영국이 남부 해안 지대를 차지하고 있던 형편에서 해상 교통이 차단된 것은 치명적이었다. 18세기부터 상부 버마로의 쌀 수급을 담당했던 남부 이라와디 델타로부터의 격리는 수도 만달레이의 경제 형편을 어렵게 했다. 재위 말기 민돈 왕은 버마 역사 속에서 이전의 군주들이 그래왔듯이 종교적인 활동에 더 많이 관심을 가졌다. 그의 노력으로 '세계불자대회(1872)'가 만달레이에서 개최되었다.

# 리뷰

 몽골의 침입을 경험한 이후 19세기까지 대륙부 동남아시아에는 세 개의 강국이 등장했다. 베트남은 줄곧 중국으로부터 공격을 받았지만 늘 성공적으로 그 공격을 막아내거나, 설사 식민지화되었어도 금세 국권을 회복했다. 베트남은 남쪽으로 참파를 멸하고, 캄보디아의 영역이었던 사이공·메콩 델타까지 팽창했다. 새로운 땅의 베트남화 작업도 19세기 중에 활발히 추진되었다. 태국은 늘 중국과는 우호적이었다. 이는 태국 대외 정책의 특징으로 여겨지기도 하지만, 국경을 접하지 않은 국가에의 상호 여유로움에 기인했다고도 할 수 있다. 이웃한 버마, 캄보디아, 라오스, 말레이 국가들과는 전쟁의 연속이었다. 14세기 이후 짜오프라야 강을 따라 남하하면서 태국의 판도는 점차 확대되었고 19세기에 방콕 왕조는 태국 역사상 가장 큰 영역을 지배하게 되었다. 파타니를 비롯한 말레이 반도 중북부와 13세기 이래 존속하던 란나 왕국이 태국의 일부가 되었다. 버마는 18세기 중에 하부 버마의 몬족 자치를 종결시키며 이 지역의 버마화를 이루었다. 꼰바웅 왕조는 동쪽으로 태국에 공세적 위치에 서며 서쪽으로는 영국의 지배지인 인도의 아삼 지역까지 진출하는 적극성을 보였다.

 영토가 확대되었고, 주민족(비엣족, 타이족, 버마족) 문화가 주변 이민족 지대로 확산되고 있었으며 오랫동안 삼국의 종교 또는 이념적 근간이었던 불교와 유교가 기층 사회로 스며들면서 18-19세기에 국가 영역 내의 문화적 통합이 활발해지고 있었음을 우리는 볼 수 있었다. 약소국으로 전락한 라오스와 캄보디아에서조차도 아누 왕, 짠 왕, 두옹 왕처럼 자주권 회복을 위해 분투하고 불교 발전을 위해 노력한 지도자들이 나왔다.

대륙부 동남아시아의 '강한 국가들(powerful states)' 중 어느 나라가 식민지화되고 어느 나라가 독립을 유지했는가는 해당 국가에 접근한 서양 제국의 의도에 달렸다. 왕실을 비롯한 지배층의 대응 노력이 얼마나 효율적이었느냐의 차이도 분명 있었지만, 더 중요한 것은 외세의 의지였다. 베트남과 버마는 프랑스와 영국의 분명한 점령 의도가 있었고, 태국에서는 영국이나 프랑스가 전쟁 비용을 감수하면서까지도 차지해야 할 매력을 찾아내지 못했다. 이 '외세'의 의도에 따라 내부의 대응 능력도 다르게 나타날 수밖에 없었다. 아시아에서 일본과 태국이 독립을 유지하고 자발적 개혁으로 근대화를 이룬 것은 미국, 영국, 그리고 프랑스가 이들 나라를 점령하겠다는 적극성을 보이지 않았다는 사실과 관련 있다. 외세의 눈길에서 비교적 자유로울 때 내적 대응은 여유롭게 진행될 수 있으며 성공한 정책이 부각되기 마련이다. 반대로 상대의 소유 욕구가 명백할 때 해당 국가 내부의 각종 대응은 허둥댈 수밖에 없었다. 프랑스는 중국 배후 시장으로의 진출이 필요했으며 그 통로로 베트남, 캄보디아, 라오스를 확보해야 했다. 영국이 같은 이유로 차지하고 싶어 했던 것은 버마를 거치는 배타적 육상로였다.

국권을 상실했느냐 아니면 독립을 유지했느냐를 가지고 19세기 각국의 대응 방식이 성공적이었느냐 실패였느냐를 평가할 수 없다. 결과론적 평가는 해당 국가나 지역, 그리고 인류 사회의 과거와 현재를 인식하고 미래를 전망하는 데 별로 도움이 되지 못한다. 우리는 국권의 상실 여부만 놓고 19세기 대륙부 동남아시아 국가 중 태국이 버마, 베트남에 비해서, 그리고 캄보디아와 라오스에 비해서 뛰어난 나라였다고 확언할 수 없다. 베트남으로부터 버마에 이르기까지 대륙부 동남아시아의 각 나라는 자신들의 방식대로 발전하고 변화해 가고 있었고 지도자들의 노력 또한 컸다. 무엇보다 그들은 내적 통합 작업에 적극적이었다. 영토의 확대와 조정, 종교 정화, 문화적 통합, 상부 이데올로기의 확산 등은 19세기의 강력한 국가들에서 보이던 공통적인 모습이었다. 대륙부 동남아시아의 19세기 역사는 국권 상실의 여부와 그 과정보다 각국에서 나타난 새로운 변화에 더 초점이 맞추어져야 한다. 이 새로운 변화는 대륙부 동남아시아인 스스로 만들어 내고 있던 역사였다.

# IV

## 도서부 동남아시아의 변화

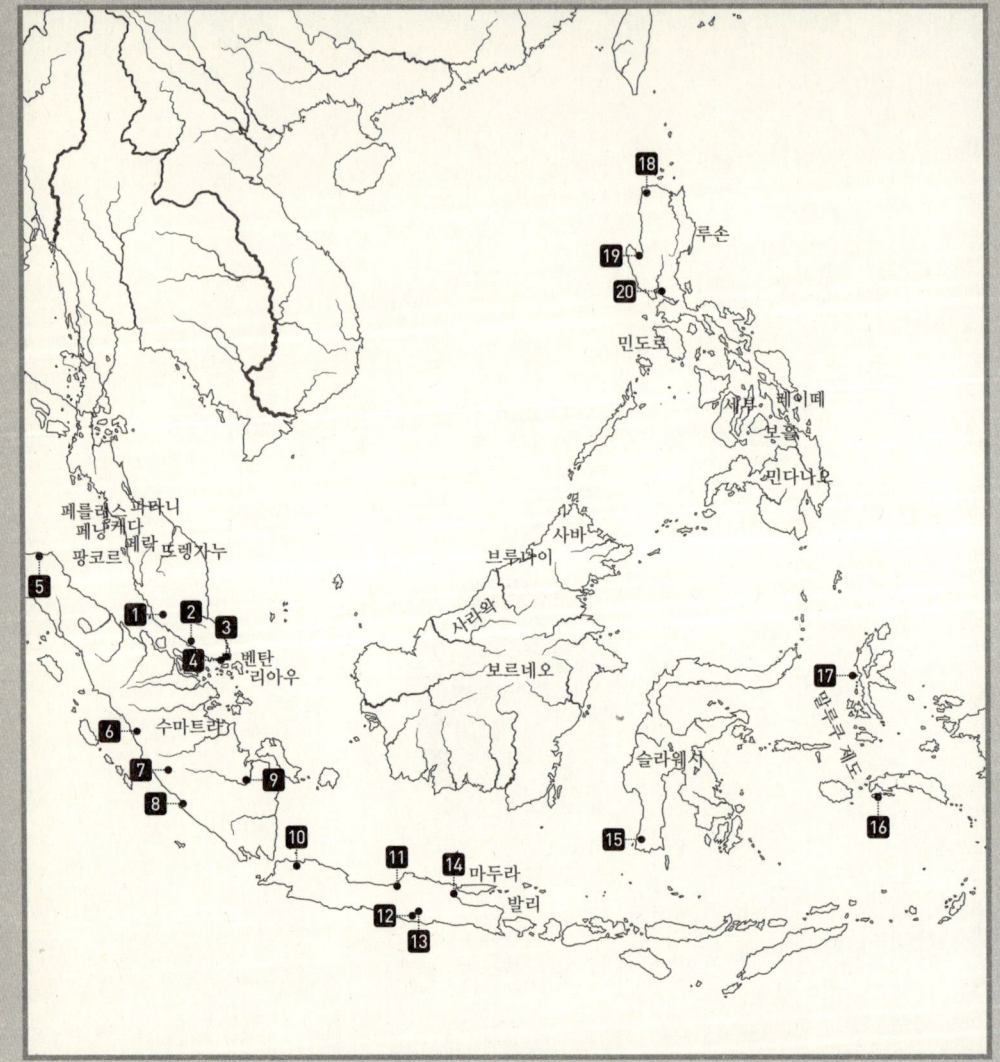

1 쿠알라룸푸르
2 말라카
3 조호르
4 싱가포르
5 파사이
6 빠당
7 미낭까바우
8 벵쿨루
9 팔렘방
10 바타비야
11 세마랑
12 족자카르타
13 솔로
14 수라바야
15 마카사
16 암본
17 테르나떼
18 일로코스
19 팡가시난
20 마닐라

# 제1장
# 말레이시아 - 타협과 공존의 역사

**'황금의 땅'**

말레이시아는 대륙부와 도서부에 걸쳐 있는 나라이다. 말레이 반도 중남부 지역과 보르네오 섬(칼리만탄 Kalimantan)의 북부가 현 말레이시아의 영토이다. 말레이인의 역사 중심지가 말레이 반도이기 때문에 말레이시아를 도서부로 분류하는 데에는 다소 문제가 있어 보이기도 한다. 그러나 영토의 중요한 일부인 사라왁(Sarawak)과 사바(Sabah)가 보르네오 섬에 있다는 점이 고려되어 말레이시아는 도서부 동남아시아로 분류된다. 게다가 말레이시아는 대륙부 동남아시아 국가들보다는 도서부 국가인 인도네시아, 싱가포르, 브루나이 등과 인종적, 역사적, 문화적 공통점을 많이 가지고 있다.

현재의 말레이시아 영역 중 말레이 반도에서 인간이 살기 시작한 때는 오래되었지만, 역사의 자취나 국가의 기원은 모호하다. 고대 그리스인의 기술에서 보이는 이른바 '황금의 땅'이 이곳을 지칭한다고 하는 주장도 있는데, '황금' 이외의 것에 대한 기록은 찾아볼 수가 없다. 각종 삼림 자원이라든가 광물 자원(황금, 주석)이 풍부하고 무역풍 지대에 위치하기 때문에 이곳이 동남아시아의 여타 지역 및 인도와 일찍부터 교섭이 있었음은 의심할 여지가 없다. 단지 자료는 인멸되고 역사의 모습을 구체화할 유물들이 아직 발견되지 않았을 뿐이다.

란카수카와 탐브라링가는 기원후 2세기경부터 출현했다고 이미 말한 바 있다. 중국인이 남긴 기록으로 존재 여부와 위치가 확인되는 국가는 '랑아수(狼牙脩 Lankasuka)' '적토국(赤土國)' '단단(丹丹 또는 單單)' 등으로서, 각각 파타니, 끌란딴, 뜨렝가누 등지에 있던 나라로 추정된다.[1] 이들은 6세기경부터 중국의 사서에 등장하는데, 이는 중국 남조 국가들이 남방과의 교류에 관심을 가졌기 때문이다.

이 나라들이 고대 국가의 체제를 갖추었다고 보기 어렵고, 현 말레이시아 사회와의 연계성을 증명하기에도 부족하다. 무엇보다도 이름은 있되 역사에서 가장 중요한 '사람'에 대한 기록을 찾을 수 없다. 태국의 역사가 13세기부터 시작되었다고 이야기할 때 현재의 태국 땅에 13세기 이전에 존재하던 모든 소국을 태국 역사의 일부라고 간주하기 힘든 것과 마찬가지이다. 말레이시아는 1400년 초 말라카 왕국이 건설되면서야 역사의 장에 등장한다.

## 말라카 왕국 (Malacca, 1402? - 1511)

말라카 왕국 건국자는 '팔렘방의 한 왕자인 파라메시바라(Paramesvara)'였다고 한다. 그가 스리비자야 왕계의 왕자인지는 분명하지 않다. 팔렘방이 자바의 공격에 무너지자 그는 추종자들을 거느리고 새 정착지를 찾아 말레이 반도 방면으로 이동했다.

파라메시바라는 말레이 반도 남쪽에 있는 떼마섹(Temasek)이라는 섬에 자리를 틀었다. 그는 이곳을 '사자의 도시' 또는 '사자의 나라'라는 뜻

---

1) Barbara Andaya Watson and Leonard Y. Andaya, *A History of Malaysia* (University of Hawaii Press, 2001), p. 22.

의 '싱가푸라(Singapura)'라 불렀으니, 오늘날의 싱가포르이다. 1402년 무렵 그는 말라카로 근거지를 옮겼다. 이때부터 말라카는 스리비자야를 계승하는 해상 국가로서 비약적인 발전을 보이기 시작했다.

안다야는 말라카 왕국의 성공 원인을 다음과 같이 네 가지로 나누어 정리하고 있다(Andaya 2001: 44-45).

첫째, 말라카는 국제 교역상들의 안전을 보장하는 데 주력했다. 말라카 해협은 예로부터 해적이 들끓는 곳으로 유명했지만 말라카 지배자들은 이들을 적절히 통제하고 교역상을 보호했다는 것이다. 이 성공에는 흔히 '오랑 라웃(orang laut)'이라고 칭하는 해상민의 역할이 컸다. 이들은 바다가 생활의 터전으로, 해상에서 생활하는 경우도 많았다. 또한, 이들은 해상 교역과 관련된 각종 직업에 종사하였고 말라카 해군의 주요 구성원이기도 했다. 하지만 때에 따라서는 해적질도 하는 사람들이 오랑 라웃이다. 파라메시바라 때부터 말라카는 이들 해상민과의 유대 관계를 잘 유지한 것으로 평가된다.

둘째, 말라카는 교역 기반 시설 건설에 충실했다. 외국 상인의 상품을 보호하기 위해 지하 창고까지 건설될 정도였다.

셋째, 말라카의 법 및 행정 체계가 정교하고 효율적으로 짜여 있었다. 제3대 술탄 때 만들어지기 시작했다는 '말라카 법'에는 해상 교역 활동에 관련된, 예를 들어 선장과 선원의 임무, 선상 범죄에 관한 규정이 세밀하다.

세계 각국에서 온 교역상으로 붐비던 국제도시 말라카에는 상인뿐만 아니라 노동자, 기술자, 종교인, 중개업자도 모여들었다. 말라카에서 각 민족은 해당 민족 지도자에 의해서 관리되었다. 이 관리자를 일러 '샤반다르(syahbandars)'라고 했다. 샤반다르는 항구 관리장이라는 말이다. 보통 네 명의 샤반다르가 두어졌다. 인도인 두 명, 자바인, 중국인이 한 명이었다. 인도인 집단은 둘로 나누어졌다. 인도 북서부 출신으로서 동남아시아와의 해상 무역에 가장 적극적이었던 구자라티(Gujarati) 사람들이 한 집단을 형성했다. 그다음에는 인도 북동부의 벵갈 및 남부에서 온 사람과 버마의 페구, 수마트라의 파사이 등지로부터 온 교역상이 다른 한 집단을 형성했다. 자바인 샤반다르는 자바, 팔렘방, 보르네오, 말루쿠, 필리핀 등지에서 온 사람을 맡았고, 중국인 샤반다르의 관리 대상은 중국, 참파, 유구, 일본에서 온 상인들이었다.

왕 아래로는 재상이 있었다. 븐다하라(bendahara)라고 부르는 이 재상직은 몇몇 유력 가문이 독점했다. 븐다하라 툰 페락(Tun Perak)이 활약했던 15세기 중반에 말라카는 최전성기를 맞은 것으로 평가되고 있다. 말레이 반도를 장악한 말라카 왕국은 아유타야와 맞서는 강국으로 성장했고 향료 무역을 독점하면서 비약적으로 발전했다. 븐다하라 이외에 뜨믕공(temenggong)은 수출입 세금을 거두는 관리자이자 치안 조직의 수장이었다. 말라카의 대외 교역에서 븐다하라, 뜨믕공, 샤반다르가 세 개의 핵심적인 직책이었다고 할 수 있다.

안다야는 말라카에서 이루어지던 국제 교역의 모습을 다음과 같이 재구성했다:

배가 항구에 도착하면, 선장은 그의 샤반다르에게 보고하고, 그[샤반다르]는 다시 최고 장관인 븐다하라에게 알렸다. 그런 다음 샤반다르는 선장에게 코끼리를 제공해 지정된 창고로 짐을 옮겨 보관하게 한다. 거래가 이루어지기 전에, 물건 가격과 선박의 도래지에 따라 통관세를 지불하게 하였다. 추가로 왕, 븐다하라, […], 뜨믕공, 샤반다르에게 줄 선물도 필요했다. […] 지불이 끝나면 상품은 판매될 수 있었다. 일반적으로, 배 위에서 말라카 상인과 선장 또는 교역상 사이에 가격 흥정이 이루어진다 […].

안다야가 나열한 것 외에 말라카가 흥기할 수 있었던 이유는 몇 가지가

▮ 복원된 말라카 왕궁 (말라카, 2006. 11)

더 있다.

첫째, 13세기 말에 자바에서 성립된 마자파힛 왕국이 말라카 성립 무렵에는 전성기가 지나 있었다. 자바의 해상 통제력이 약화되었다는 것은 말라카로서는 향료 제도와의 원활한 왕래가 가능해졌음을 의미했다. 말라카는 향료 무역을 통제함으로써 큰 이익을 볼 수 있었다. 십자군 전쟁(1096-1291)을 통해 유럽인이 아시아의 향료를 알게 되었고, 그 수요가 증가하고 있었다.

둘째, 중국과의 우호적인 관계 유지였다. 이러한 전통은 스리비자야 시기로부터 이어지던 것으로서, 말라카의 주요 고객인 중국인이 양국의 선린 관계를 중개했다. 중국과 좋은 관계를 맺는 일은 아유타야의 공세로부터 말라카를 보호해주는 존재가 확보됨을 의미했다. 말라카가 수립된 1400년대 초에는 중국에서 명 왕조가 들어서 있었다. 『명사』 '열전' 중 '만랄가(滿剌加)' 조에 따르면 명 영락제(永樂帝, 1403-1424) 원년에 말라카로 사절이 파견되었고, 이를 반긴 파라메시바라('拜里迷蘇剌')가

답례사를 보냄으로써 양국 왕실의 교류가 시작된 것으로 되어 있다. 명에서는 정화(鄭和)가 지휘하는 선대를 외국에 파견하였는데, 말라카에서 이 방문객들은 극진한 대접을 받았다. 『명사』에 따르면, 남방의 여러 나라 중에서 말라카가 가장 빈번하게 명 조정에 사절을 보냈다. 심지어 1410년에 파라메시바라 왕이 처자 및 신하 540여 명을 이끌고 직접 수도 남경을 찾았다고 『명사』는 전한다. 말라카 왕이 중국의 수도를 방문한 기록이 세 번 『명사』에서 발견된다.

셋째, 이슬람교로의 개종을 들 수 있다. 이슬람교는 13세기부터 동남아시아에 본격적으로 퍼지기 시작했다. 물론 그 이전부터 아랍인 이슬람교도가 동남아시아를 왕래했지만, 그들은 선교에 열정적이지 않았다. 인도에 무갈 제국이 흥기하고 동남아시아에로의 내왕이 빈번한 구자라티 상인이 개종하고서야 동남아시아에 이슬람교 전파가 본격화되었다.

동남아시아, 특히 교역에 관심이 있는 해안 지대의 지도자들에게 이슬람교는 별다른 저항 없이 받아들여졌다. 개종은 국가 번영에 도움이 되었다. 서쪽으로부터 오는 인도, 아랍 상인은 같은 이슬람교도에게 더 큰 호감을 갖기 마련이었다. 파라메시바라는 적극적으로 이슬람교를 받아들이고 전파했다. 이러한 태도가 이슬람 세계에서 오는 상인들로 하여금 말라카를 선호하게 만들었다. 말라카 왕은 이슬람권 수장의 호칭인 '샤(shah)'를 칭하기도 했다.

말레이 반도가 가진 자원 조건도 말라카 번영에 한몫을 했다. 수출 품목이 되는 수산, 임산, 농산 자원이 풍부했던 외에 말라카에서는 주석이 많이 생산되었다. 말레이 반도의 주석 생산은 19세기부터 서양 세계에 본격적으로 알려졌지만, 말라카 왕국 때에도 주석은 외국인으로부터 주목받는 산물이었다. 주석 채취가 얼마나 많았던지 『명사』에서 "사람들이 모두 [주석('錫)] 채취와 물고기 잡는 일을 업으로 삼고 있다"고 할 정도였다. 심지어 주석은 '말라카의 수출 품목 중 국내에서 생산되었던 유일한 품목'이었다고도 한다(Reid 1988: 115).

## 포르투갈과의 전쟁

동남아시아에서 1511년은 중요한 해였다. 이해부터 서양인이 동남아시아에 본격적으로 진출했다. 그 근거지가 말라카였다. 바스코다가마가 희망봉을 돌아 인도 항로를 발견한 지(1498) 13년만인 1511년에 말라카가 망했다.

유럽인이 아시아에 온 이유를 사르데사이는 '3g를 찾아서'라고 정리한다. '3g'란 glory, gospel, gold를 말하는데, 유럽인의 도래는 해상 탐험을 지원한 왕과 왕실의 영광(glory)을 고양하고, 이방인에게 하나님의 말씀(gospel)을 전하며, 부(gold)를 획득하기 위함이었다는 것이다(Sardesai 1997: 64). 여기서 가장 중요한 것은 'gold'였다. 그런데 이는 아시아의 황금이 아니라 '향료'를 의미했다. 십자군 전쟁의 종결은 향료에 대한 유럽인의 갈망을 더 강하게 만들었다. 아랍의 배후인 아시아에 진출해 향료를 확보한다면 일확천금이 보장될 것이었다. 아울러, '이교도'로부터 향료 무역 주도권을 빼앗는 일은 종교적 사명이라고 여겨지기도 했다.

'향료(香料, spices)'는 명확한 정의가 필요하다. 역사 용어로 향료, 즉 스파이스란 세 가지 산물을 가리킨다. 정향, 육두구, 그리고 육두구 껍질을 말린 메이스가 향료이다. 영어로는 각각 클로브(clove), 너트멕(nutmeg), 메이스(mace)이다. 한자로는 '丁香(정향)'과 '肉荳蔲(육두구)'가 있지만 메이스를 지칭하는 글자는 따로 없다. 이 세 가지 향료가 산출되는 곳은 인도네시아와 필리핀 사이에 있는 몰루카스, 즉 말루쿠 제도의 몇몇 섬이었다. 산지가 한정되고 뱃길이 멀었기 때문에 향료가 귀했던 것이다. 이곳이 향료 산지로 유명했기에 말루쿠 제도는 '향료 제도

(Spice Islands)'라고도 불렀다. 간혹 후추를 향료라고 여기기도 하는데 이는 옳지 않다. 후추 역시 유럽인에게 매력적인 산물이기는 했다. 그러나 후추는 '향료'가 아니다. 후추의 산출지는 인도로부터 베트남에 이르기까지 널리 퍼져 있기 때문에 향료만큼 희소가치가 높지 않았다. 그리고 후추에는 향료가 품고 있는 고급스러운 향미가 없다. 후추는 향료가 아니라 향신료의 한 가지이다. 앞서 말한 세 가지의 향료와 후추를 묶어 향신료라 부르는 경우도 있는데 이도 오류이다. 향신료는 향료와는 전혀 다른 단어이다. 필자가 늘 옆에 두고 참고하는 이희승의 『국어대사전』(민중서관, 1976)에 의하면, '향신료(香辛料)'는 '음식물에 맵거나 향기로운 맛을 더하는 조미료. 곧 겨자·고추·후추·새앙·파·마늘 등 식물의 뿌리·줄기·잎·열매 등을 원료로 함.'이라고 정의되어 있다. '맵거나(辛) 향기로운(香)' 재료가 향신료인 것이다. 그런데, '맵거나 향기로운'이란 표현을 '맵거나 또는 향기로운'이라고 여겨 정향, 육두구, 메이스 등 향기로운 산물을 향신료에 포함시킬 수 있다고 여기는 사람도 있다. 그런데 이희승이 나열한 겨자부터 마늘까지는 모두 매운 식품이다. 즉 향신료는 향기가 있되 매운 식품이다. 같은 사전에는 내가 열거한 향료 중 두 개의 산품이 나온다. '정향'은 약재이며, '정향유'는 '향미료(香味料)'로 쓰인다고 되어 있다. '육두구'는 '약용 또는 조미료로서 용도가 큼'이라고 했다. 즉 이 사전에서 정향이나 육두구는 향신료와는 관계가 없는 것으로 되어 있다. 우리가 지금 논하는 '향료'에 관한 정의는 이 사전에 없다. 단지 '향료'를 '향을 만드는 감, 무슨 물건을 만드는 데 섞어 향내를 내는 감' 정도로만 이 사전은 설명하고 있다. 그런데 이 사전에는 '향료 제도'라는 항목은 있다. 그러나 그 설명은 그냥 '몰루카 제도'라고만 되어 있다. 왜 '향료 제도'인지는 설명이 되고 있지 않은 것이다. 그런데 이 사전에서 '몰루카 제도'를 찾으면 그런 단어는 없고 대신 '몰루카스 군도'가 나온다. 약간 표현만 다를 뿐 두 단어는 한 가지이다. 몰루카스 군도를 이

사전은 '세계적인 향료 산지로 유명함'이라고 소개한다. 여기서 말하는 '향료'가 같은 사전의 '향료' 항목에서 말한 '향을 만드는 감, 무슨 물건을 만드는 데 섞어 향내를 내는 감'은 아닐 것이다. 이 사전에서 육두구의 원산지가 '몰루카 제도'라 했고 정향나무의 원산지는 '몰루카스 제도'라고 했다. 향료 (제도), 정향, 육두구, 몰루카스 (제도, 군도) 등 개별은 있으되 그것들이 서로 연결이 되지 않고 있음이 드러난다. 그만큼 '향료'는 우리에게 낯설었고, 현재도 우리 주변에 흔하지 않다. 그러니 향료를 두고 이해 방식이 아직도 각인각색인 것이다.

향료를 찾아 나선 포르투갈인은 1510년 인도 서부의 고아(Goa)를 점령해 동방 진출의 첫발을 디뎠다. 그런데 인도에서는 향료가 생산되지 않을뿐더러 구하기도 쉽지 않았다. 말라카가 존재하는 한 향료 산지로의 자유로운 접근은 불가능하다는 것이 포르투갈인이 내린 결론이었다. 포르투갈령 고아의 책임자였던 알부께르끄(Alfonso de Albuquerque)는 18척의 전선에 1,400명의 군인을 태우고 말라카로 향했다.

당시 말라카는 건국 후 100년이 넘어 전성기를 지나 있었다. 좋지 않은 증상은 여러 곳에서 나타났다. 왕은 무고한 븐다하라를 죽였고, 그 븐다하라의 딸이었던 왕비는 자기 아들에게 양위하도록 강제하여 남편을 퇴위시켰다(Andaya 2001: 59). 외국인의 기록에도 말라카의 부정적인 모습이 등장하기 시작했다. 이 무렵 말라카를 방문했던 유럽인 바르테마(Ludovico di Varthema)가 "말라카 주민은 피조물 중 가장 나쁜 족속이며, 살해당할 수 있다는 우려 때문에 외국인은 자기 배 위에서 잠을 잔다"고 할 정도였다. 그에 따르면 말라카보다 아체가 더 건전하게 발전하고 있었다(Hall 1958: 193).

말라카는 포르투갈의 공격을 맞아 두 달 동안 잘 버텨냈다. 말라카가 보유한 화력도 만만치 않았는지, 알부께르끄의 기록에 의하면 말라카 함락 이후 수거한 대포가 수천 문에 이르렀다고 한다. 이 대포들은 태국, 버

▌포루투갈 요새 안의 묘비 (말라카, 2006. 11)

마, 중국으로부터 수입했거나 자체적으로 제작한 것이었다(Reid 1993: 220-221).

포르투갈 군대는 중국인 등 말라카 내부의 비이슬람권 구성원을 포섭하여 그들로 하여금 내응하게 함으로써 승리할 수 있었다. 이제 포르투갈이 동서 무역의 패자로 등장하게 되었다.

1511년은 앞으로 동아시아 역사에서 중요한 역할을 하게 될 기독교가 소개되기 시작한 해로도 의미가 크다. 포르투갈군을 따라 말레이 반도에 상륙한 선교사들은 인도네시아 여러 섬을 따라 동쪽으로 이동하여 향료 제도에 이르렀고, 다시 거기서 일본에까지 들어갔다. 기독교의 아시아 선교 역사에서 유명한 사비에르(Francis Xavier, 1506-1552) 신부의 활동도 말라카로부터 시작되었다. 필리핀에는 16세기 중반 스페인이 들어왔기 때문에 포르투갈 선교사들은 이곳을 우회해 일본으로 들어갔다. 그리고 그들은 임진왜란 시기에 일본군을 따라 조선 땅까지 밟았다.

역설적으로 보이는 것은, 포르투갈의 세력 거점인 말라카 및 이웃 수마

▎사비에르 신부 (말라카, 2006. 11)

트라에서 기독교 선교가 성공하지 못하고 자바에서도 마찬가지였던 데 반해, 멀리 떨어진 말루쿠 제도나 일본에서 선교의 성과를 보게 되었다는 사실이다. 이는 이슬람교의 전파 정도와 관련된다. 이즈음 말레이 세계는 대부분 이슬람화되어 있었다. 이곳에서 기독교의 전파 진척은 극히 미미했다. 그러나 아직 이슬람화가 진행되지 않았거나 약했던 도서부 동남아시아 동부에서 복음의 전파가 용이했다. 말라카 함락 이후 최근까지도 말루쿠 제도 내 말루쿠 같은 곳에서 기독교도와 무슬림 간의 갈등이 심한 것은 이 지역이 비슷한 시기에 전해진 두 종교 사이의 경쟁 공간이 되었기 때문이다.

  말라카는 포르투갈 군인, 상인, 관리, 선교사의 활동 중심지였지만 이 중심지는 이슬람 세계 속의 고립된 섬과 같았다. 포르투갈의 말라카 점령이 주변 말레이 사회에 준 영향은 적었다.

## 말라카 이후

말라카 왕국이 멸망하면서 말레이 세계 역사 서술은 주인공을 누구로 잡을 것인가에 문제가 생긴다. 홀 이래 서양 학자에 의해 정리된 동남아시아 역사서에서는 하나같이 말라카의 멸망을 계기로 말레이시아의 역사는 포르투갈을 비롯한 네덜란드, 영국의 지배사로 대치된다. 독자들은 수많은 유럽 군인, 정치가, 사업가, 외교관, 종교인의 말레이 정복사 내지는 경영사에 압도당할 수밖에 없다. 역사의 주체가 말레이인에서 유럽인으로 넘어가 버리는 것이다. 이는 마치 한국사를 서술하면서 일본에 의한 한반도 점령 시기를 일본의 한반도 경영사로 치환하는 행태와 동일하다. 포르투갈인이 통치하던 곳은 말라카 항구 주변의 도시에 국한되어 있었다. 포르투갈은 유럽으로부터 동남아시아에 이르기까지 교역로상의 도시들을 확보하고자 했으며, 말라카는 그중의 하나였을 뿐이다.

말라카를 제외한 나머지 말레이 세계에서 말레이인의 역사는 계속되고 있었다. 최근 말레이시아 국내외 학자들이 주목하고 있는 것은 이 연속성이다. 한 가지 대안은, 1511년 이후 서술의 초점을 말라카에서 각 지방으로 옮기는 것이다. 왜냐하면 말라카를 탈출한 왕과 왕자들이 각지로 흩어져 말레이 반도, 수마트라 여러 도시 국가의 수장이 되었기 때문이다. 말라카의 마지막 술탄 마흐무드(Mahmud Syah, 1488-1530)가 현 싱가포르 동남쪽의 벤탄(Bentan) 섬으로 망명해 포르투갈에 대한 저항 운동을 시작했다. 이후 그는 수마트라 동부로 옮겨갔고, 그를 계승한 아들이 최종적으로 정착한 곳이 말레이 반도 남단의 조호르(Johor)였다. 그 밖에도 말레이 반도 북서부의 페락(Perak), 수마트라의 아체에서도 말라카 왕실 출신 인사들이 수장이 되었으며, 말라카의 전통은 이들에게로 이

어지는 것으로 인식된다.[2]

　이들 소국, 즉 안다야가 말하는 말라카의 '후계자들(heirs)'은 해상 교역 중심지로서의 주도권을 두고 포르투갈의 말라카와 경쟁했다. 특히 조호르는 네덜란드와 협조해 포르투갈령 말라카를 적극적으로 견제하면서 다음 세기에는 말레이 반도 내의 새로운 교역 중심지로 성장했다.

　여기에 중국의 기록을 첨가한다면 말레이 중심 역사의 연속성은 더욱 견고해진다. 『명사』에는 포르투갈이 말라카를 정복한 이후 선박의 내왕이 적어졌다고 되어 있다. 포르투갈의 말라카 점령에 협조했던 중국인을 제외한다면, 말라카 국제 사회의 대부분을 차지한 바 있던 이슬람교도들이 편안한 마음으로 말라카를 찾기가 쉽지 않았을 것이다. 포르투갈은 교역 자체에만 관심이 있었지 체계적인 해상 교역 도시의 건설에는 별다른 노력을 기울이지 않았다. '이교도'에게의 배타적 태도, 자의적인 세금 징수, 부정부패 등은 같은 유럽인에게조차 혐오의 대상이었다. 사비에르

▎포르투갈 대포 (바타비야 박물관, 자카르타, 2005. 8)

---

2) Andaya (2001), pp. 60-78; 다뚝 자이날 아비딘 빈 압둘 와히드 외 저 소병국 역, 『말레이시아 史』(서울: 오름, 1998), pp. 51-64.

신부가 말라카를 떠날 때 자기 옷에서 말라카의 먼지를 털어 내며 다시는 이곳을 밟지 않겠다고 다짐한 것도(Sardesai 1997: 66) 이러한 분위기 때문이었다.

『명사』는 이슬람 교역상이 말라카 대신 교역의 중심지로 택한 곳이 아체('啞齊')였다고 한다. 아체의 해군은 16세기 내내 말라카를 공격해 포르투갈인을 괴롭혔다. 이는 아체에 정착한 말라카 왕실 구성원들의 포르투갈인을 향한 보복성 공격이면서, 아체가 교역 중심지가 되기 위한 노력이기도 했다. 여기에 조호르까지 경쟁에 뛰어들었다. 아체의 말라카 공격은 종교적 이유 때문이기도 했다. 말라카의 기독교도를 공격하기 위해 아체는 인도를 넘어 이슬람권 국가들과 연계하기도 하였다. 1558년에 300여 척의 함대와 15,000명의 병력이 동원된 아체의 말라카 원정에는 터키에서 온 400여 명의 포병이 가세하기도 했다(Hall 1958: 199).

16세기 말레이 세계에서는 말라카가 쇠퇴하는 가운데 처음에는 아체가 번영했고, 17세기에는 조호르가 네덜란드와 협조하면서 말레이 반도의 교역 중심지가 되었다. 네덜란드는 1641년 조호르의 도움을 받아 말라카를 점령했다. 그러나 네덜란드인에게는 자바에 건설한(1619) 바타비야를 발전시키는 일이 우선 과제였다. 조호르 시대에는 말레이 역사서 『스자라 멜라유(Sejara Melayu)』[3]가 편찬되었다. 이는 포르투갈인 똠 삐레(Tome Pires)가 16세기에 쓴 『수마 오리엔탈(Suma Oriental 동방제국기)』과 더불어 말레이 세계에 관한 중요한 역사 자료이다. 조호르의 번성은 1699년까지였다. 이해에 말라카 계열의 왕이 살해당하고 븐다하라가 왕위에 오르는 사건이 발생했다. 내전이 뒤따랐고 조호르는 쇠약해졌다.

다음 세기는 '부기스인(Bugis)의 시대'라고 할 정도로 말레이 세계에서 이 민족의 활동이 두드러졌다. 부기스인은 슬라웨시에 살던 사람들로

---

[3] 이 책에서는 술탄의 가계가 파라메시바라에 닿아 있음이 강조되고 있다. 게다가 파라메시바라의 혈통을 알렉산더 대왕('Raja Iskandar Zulkamain')과 연결하고 있다.

서, 예부터 해상 활동이 두드러져 '바다의 유목민'이라고도 불린다. 그들은 뛰어난 항해술을 보유하고 있었으며, 유능한 교역자였고, 용맹한 전사였다. 슬라웨시에서 17세기부터 말레이 반도, 수마트라로 이동하던 부기스인은 18세기에 들어 조호르 세력이 약화되고 말레이 반도 각 지역의 소국이 서로 경쟁하는 가운데 용병으로 활동하였다. 그러다가 마침내 그들은 조호르를 접수하였다. 부기스인은 왕위를 차지하지는 않았지만, 왕위 결정자로서의 역할을 했으며 이러한 현상은 말레이 반도 각 국가에서 광범하게 나타났다. 외래자 부기스인은 현지 말레이인과의 관계에서 조심스러운 태도를 보였다. 그들은 정복자라기보다는 협조자로서의 자세를 견지했고, 현지인과 마찰이 심각해질 경우에는 스스로 물러나는 모습을 보이기도 했다. 예를 들어 1754년에 부기스인은 조호르의 새로운 수도이며 교역 중심지였던 리아우(Riau)에서 말레이인과 갈등이 일어나자 다른 곳으로 전원 이동했다. 하지만 이미 부기스인이 교역 활동에서 차지하고 있던 비중이 컸기 때문에 이 여파로 리아우의 경제가 마비되는 지경까지 이르렀다(Andaya 2001: 100).

그럼에도 부기스인에 대한 말레이인의 적대감은 집요했고, 그에 따른 충돌도 잇달았다. 조호르-리아우가 다시 부기스인에 의해서 장악되자 술탄은 네덜란드 동인도회사에 지원을 요청하였다. 이에 응한 네덜란드의 적극적인 공세로 부기스인은 축출되었다(1784).

## 말레이국연방(FMS, Federated Malay States)으로의 길

네덜란드가 부기스인을 제거하는 데 나서기로 한 것은 말레이 세계에서 영국의 세력이 확대되는 조짐이 있었기 때문이었다. 네덜란드 동인도회사는 18세기 중반을 지나면서 점차 쇠락해 가고 있었고, 인도에 기반을 둔 영국 상인들이 중국으로 가는 해로상의 중간 기지를 건설하기 위한 움직임을 보이기 시작했다. 말레이 세계에서 가장 번영하는 교역 중심지였던 리아우는 영국이 관심을 가질 만한 곳이었다. 네덜란드 동인도회사는 리아우를 먼저 장악하려던 참이었는데, 마침 조호르-리아우의 술탄이 동인도회사의 개입을 요청한 것이다. 덕분에 네덜란드 동인도회사는 '조호르-리아우를 부기스인의 압제로부터 구해 낸' 해방자라는 칭송까지 들으면서(Andaya 2001: 108) 리아우에 영향력을 행사할 수 있게 되었다. 이 시기 영국은 점차 동쪽으로 진출해서 1786년부터 말레이 반도 서북쪽 섬 페낭(Penang)에 무역 기지를 건설하기 시작했다.

유럽에서 나폴레옹 전쟁이 일어나자 영국의 동남아시아 진출 속도가 빨라졌다. 네덜란드는 나폴레옹의 공격을 받아 정복되었고, 왕은 영국으로 망명했다. 네덜란드 왕은 아시아에서의 권리를 영국에 위임했다(1795). 영국은 대담하게 동남아시아 경영에 착수해서 케다(Keda)의 술탄으로부터 페낭을 조차해 영국 상관을 설치했고, 네덜란드로부터 말라카와 바타비아를 접수했으며, 향료 제도에 이르기까지의 제해권을 장악했다.

케다의 술탄이 페낭을 영국에 양도한 것은 자발적이었다. 태국에서 방콕 왕조가 들어선 이래 말레이 반도 북단에 있던 파타니, 케다, 페락, 끌란딴, 뜨렝가누 등에 타이인의 압력이 거세졌다. 전통적으로 태국의 왕조는 말레이 소국들에 대한 지배를 유지하려 노력해 왔고, 말레이 술탄들은 태국에 조공을 바치면서 정권을 유지했다. 태국과 특정 술탄국 사이에 외교 관계가 수립되면, 술탄이 태국 왕에게 보내는 것 중에 분가마스(bunga-mas)라고 부르는 예물이 있다. 이는 금과 은으로 만든 나뭇가지 모양의 정교한 세공품으로서, 술탄의 복종을 표시하고 태국 왕의 보호를 요청한다는 상징물이다. 그러나 대체로 말레이 술탄국들은 태국에 시달려 왔다. 특히 18세기 말에 방콕 왕조가 적극적인 팽창 정책을 펼치면서 말레이 술탄들의 위기의식은 고조되었다. 케다의 술탄은 태국 왕보다 영국 왕을 보호자로 선택하는 것이 낫다고 생각했던 것이다.

영국은 페낭을 기반으로 하여 1819년에 싱가포르를 건설하기까지 말레이 반도에서의 영향력을 꾸준히 확대해 나갔다. 1824년에는 영국과 네덜란드 간의 합의(런던 협약)에 의해 수마트라, 자바 등 현재의 인도네시아에 해당하는 곳은 네덜란드가, 말레이 본토는 영국이 관할하기로 결정되었다. 페낭, 말라카, 싱가포르는 한데 묶여 해협식민지(Straits Settlements)[4]로 탄생했다(1826). 이때까지 영국의 관심은 무역로 확보였을 뿐이었다. 이미 해로상의 거점을 장악했으면 영국은 그것으로 충분했다.

▌분가마스 (말레이시아 역사 박물관, 2006. 11)

영국이 해협식민지 배후에 있는 말레이 국가들에 관심을 가지기 시작한 것은 19세기 후반부터였다. 그 이유는 주석에 있었다. 주석을 이용한 함석 제조 기술이 발전함에 따라 말레이 반도의 주석 채굴업은 황금알을 낳는 사업이 되었다. 특히 미국의 남북전쟁(1861-1865)은 주석 수요를 폭증하게 했다.

주석 광산 운영에는 세 집단이 관련되어 있었다. 첫째는 주석 광산을 소유한 술탄이었고, 둘째는 그것을 운영하는 영국 자본가였으며, 셋째는

---

[4] 이 단어는 '해협정착지' 혹은 '해협거류지'가 원 의미에 가까운 번역이겠으나, 우리에게는 '정착지'나 '거류지'가 낯선 단어인 데다가 'Settlements'의 실체가 식민지에 가깝기 때문에 '해협식민지'라고 불러도 무방할 것 같다. 식민지(植民地) 즉 colony란 자기 나라 '사람을 심는(植民) 땅(地)'이라는 의미로서 국가의 적극적인 역할이 필수적이다. 정착지 또는 거류지는 이주민의 자발성이 강조된 단어이다.

제1장 말레이시아 - 타협과 공존의 역사 _297

주석 광산에서 일하는 중국인 이주민이었다. 출신지별로 묶이게 마련인 중국인 이주 노동자는 수가 증가하면서 광산 내에서 심각한 분쟁을 야기했다. 파벌 사이의 유혈 충돌은 다반사로 일어났다. 출신지별 모임 외에 천지회 같은 비밀 조직까지 종횡으로 엮여 술탄 계승 분쟁 같은 말레이 내부의 문제에까지 중국인이 개입하면서 이들의 영향력은 술탄국의 치안 능력으로서는 통제가 불가능할 정도로 커졌다.

이런 상황은 안정적 투자를 바라는 자본가들로 하여금 영국이 개입해야 한다는 목소리를 높이게 했다. 술탄들과 일부 중국인 지도자도 자신들의 이권이 심하게 침해되지 않는 선에서 강력하고 안정적인 정권이 나타나면 좋겠다고 생각하게 되었다. 해협식민지 정부 입장에서는 배후의 정치적 불안이 페낭, 말라카, 싱가포르에 파급되는 사태를 우려하지 않을 수 없었다.

특히 1870년대에 들어 말레이 반도 북서부 페락에서 중국인에 의한 문제가 연속적으로 발생했다. 페락의 술탄 라자 압둘라는 해협식민지 총독에게 도움을 요청하는 편지를 썼다. 중국인 역시 영국의 개입에 동의했다. 세 당사자는 1874년에 페락의 팡코르(Pangkor) 섬에서 회동했다. 술탄은 영국이 주재관을 파견하는 데 동의했다. 말레이의 '종교'와 '전통'만을 손상하지 않는 범위 내에서 주재관은 페락에서 모든 권한을 행사할 수 있게 되었다. 팡코르 조약을 계기로 말레이 반도 내 각 술탄과 영국 사이에 동일한 조약이 체결되었다. 최종적으로, 이들 술탄국과 해협식민지가 한데 묶여 '말레이국연방'이 만들어졌다(1896). 연방 수장의 직함은 '총주재관(resident general)'이었다.

아직 말레이국연방에는 포함되지 않았지만 보르네오 섬 북부의 사라왁(Sarawak)과 사바(Sabah)는 특수한 형태로 영국인의 지배를 받고 있었다. 이곳은 원래 브루나이 술탄이 지배하던 곳이었다. 그런데 영국인 제임스 브루크(James Brooke, 1803-1868)가 브루나이의 술탄에 의해 라자로 임명되어 영국인과 현지민, 그리고 중국인이 어우러지는 독특한 국가로 발전하고 있었다. 브루크는 점차 영토를 확대하여 한때 보르네오 북부 즉 현재의 사라왁과 사바 지역 대부분을 지배하는 세력으로 성장했다. 그러나 사바는 1888년 '영국 북보르네오회사(British North Borneo Company)'가 차지했다.

제2장
# 싱가포르 - 도시국가의 신모형

## 건설

싱가포르는 1819년에 스탬포드 라플스(Thomas Stamford Raffles, 1781-1826)에 의해 만들어졌다. 싱가포르 섬은 말레이 반도 남쪽 끝에 있는 조호르 주의 술탄 궁에서 빤히 바라보일 정도로 반도에 가까이 붙어 있다. 이 섬에는 남쪽으로 흘러 바다로 나가는 강이 있고, 그 강을 타고 들어가면 양항이 자리하고 있다.

싱가포르는 인도와 중국 사이 바닷길의 요충지에 위치한다. 비록 큰 국가로 발전하지 못했으나 워낙 뛰어난 입지를 가진 싱가포르는 새로운 국가 건설을 꿈꾸는 실력자들의 방문을 종종 받았고, 일정 수준 이상의 정치권력이 등장하기도 했다. 인도네시아 마자파힛 왕조 시대의 14세기 서사시 '나가라컬타가마(Nagarakertagama)'에는 투마식(Tumasik, 또는 떼마섹 Temasek)이 등장하고, 같은 세기 중국 원나라의 왕대연(汪大淵)이 지은 『도이지략(島夷誌略)』에는 싱가포르 해협을 지칭하는 '용아문(龍牙門)' 조에 '단마석(單馬錫)'이 언급되니 이것이 바로 투마식이다. 주민은 해적질을 생업으로 삼는 약탈국으로 묘사되어 있다.[5] 말라카 왕국을

---

5) 汪大淵 原著 蘇繼廎 校釋, 『島夷誌略校釋』(北京: 中華書局, 1981), pp. 213, 217; 유인선, 「싱가포르 150년사 (1819-1969): 어촌에서 독립 국가로」, 양승윤 외, 『싱가포르』(한

▌조호르에서 바라본 싱가포르 섬 (2000. 12)

건설했던 파라메시바라가 이 섬을 '싱가푸라'라 이름 짓고 한동안 머물면서 국가 건설을 모색했던 적도 있었다고 이미 이야기한 바 있다.

영국은 바타비야를 네덜란드에 다시 내어준(1818) 뒤 동서 무역에 필요한 새로운 기항지가 필요했다. 새 항구는 네덜란드인의 근거지 바타비야나 적어도 네덜란드인의 해상 활동을 압박할 수 있는 전략적 요충지에 위치하면 더 좋았다. 영국은 페낭과 말라카를 이미 영유하고 있었지만 두 항구는 바타비야와 먼데다가, 말라카는 포르투갈이 남긴 바람직하지 않은 잔재가 너무 많이 남아 있었다.

말레이 세계에 해박한 지식을 갖고 있던 라플스는 이 섬을 알고 있었을뿐더러 투마식의 명성도 기억하고 있었다. 라플스가 찾았을 때 이곳은 옛 명성의 흔적은 거의 찾을 수 없는 작은 섬에 불과했다. 종종 해적이 되기도 하는 해상민 오랑 라웃이 물고기를 잡으며 이곳에서 살고 있었다.

---

국외국어대학교 출판부, 1998), p. 13.

조호르에 속해 있던 이 섬은 당시 조호르와 리아우가 이미 수 세기 동안 교역 중심지로 발전해 오고 있었기 때문에 조호르로 치자면 수도 근처의 방기된 섬에 불과했다.

라플스는 이곳을 책임지고 있던 조호르 소속의 한 뜨믕공으로부터 섬의 개발권을 얻어냈다. 그런데 그 대가로 뜨믕공에게는 일정의 생활비와 보상금을 지급하기로 했기 때문에 종종 이 거래는 라플스가 뜨믕공으로부터 섬을 구매한 것으로 이해되기도 한다. 조호르 술탄은 이 거래를 불법적인 것으로 간주했다. 조호르의 후견 세력이었던 네덜란드도 반발하고 나섰다.

이러한 국면을 라플스는 조호르 내 술탄 계승 분쟁을 이용해 타개하려 했다. 당시 조호르의 술탄에게 후세인이라는 형이 있었다. 그는 술탄 계승 분쟁에서 밀려났던 인물이었다. 라플스는 후세인을 조호르의 지배자로 선언하고 그를 싱가포르로 불러들였다. 이는 조호르의 수도를 싱가포르로 옮기겠다는 발상이었다.

이런 억지가 조호르 술탄과 네덜란드인에게 통할 리 없었다. 그럼에도 불구하고 후세인의 존재는 적어도 영국인에게는 이 새로운 항구 도시를 입수하고 경영하는 데 중요한 법적 정당성을 부여했다. 새로운 술탄에게 보상금과 연금이 지급되었다. 술탄궁도 건설되었다. 그래서 영국은 뜨믕공이 아니라 조호르의 합법적 지배자인 술탄으로부터 이 섬을 '구매'했다는 주장을 할 수 있게 되었다. 네덜란드의 항의는 1824년에 맺어진 런던 협약으로 무마시킬 수 있었다.

라플스는 이 섬을 싱가포르라 이름 짓고 자신이 구상해 온 이상적인 신도시를 건설하기 시작했다. 양항이 만들어지고 도로, 금융, 교육 시설이 들어선 새로운 도시에서 자유 무역이 보장되었다. 각국의 상선이 모여들었다. 싱가포르는 빠르게 아시아의 교역 중심지로 성장했다. 게다가 1869년에 수에즈 운하가 개통되면서 동서로 왕래하는 선박 숫자가 늘어나자 싱가포르의 중요성은 더 커졌다. 라플스가 "서양에서 몰타(Molta, 지중해의 무역 거점)의 역할이 아시아에서는 싱가포르의 것"(Hall 1958: 433)이라 한 공언이 실현되어 가고 있었다.

## 다민족 사회

조그만 섬 위에 안정된 다민족 사회를 만들어 냈다는 것은 라플스의 가장 큰 업적이다. 그는 자신을 포함한 영국인과 이곳에 살고 있던 말레이인의 힘만으로는 도시 건설이 불가능하다는 현실을 인정했다. 라플스는 중국인, 인도인, 말레이인, 자바인, 그리고 부기스인까지 싱가포르로 끌어들였다. 그는 각 민족의 거주 지역을 따로 구획해 분리하되 상호 협조, 견제하며 공존하게 하고 각자의 문화와 전통을 유지할 수 있도록 배려했다.

특히 싱가포르에는 중국인의 진출이 두드러졌다. 싱가포르 건설을 위해 노동력이 필요했다. 영국인과 말레이인 사이의 소통을 담당할 통역자로 중국인(주로 동남아 화교)이 긴요했으며, 식품을 비롯한 생활용품을 공급하고 자본을 끌어들이는 데도 중국인의 역할이 컸다. 전통의 속박이나 토착 관습의 방해가 없을 뿐만 아니라 영국인의 합리적인 행정 체계가 뒷받침되는 새로운 땅에서 중국인은 자신들의 능력을 마음껏 발휘하며 성장할 수 있었다.

싱가포르는 동남아시아 한가운데 위치한 교통의 요지인 데다가 동남아시아 개별 국가의 정치권력을 초월하는 중국인 세계의 중심지였다. 이 중국인 세계는 동남아시아는 물론 중국 본토까지 연결되는 광대한 네트웍을 의미한다. 흔히들 중국에서 있었던 아편전쟁의 경과만 놓고 영국인이 중국인에게 아편을 먹인 듯 인식한다. 하지만 아편 무역에는 영국인만이 아니라 싱가포르의 중국인도 많이 참여하고 있었다. 심지어 동남아시아와 중국을 잇는 아편 무역은 중국인이 장악하고 있었다는 주장도 있는데, 싱가포르의 중국인이 바로 그 주역이었다.[6]

싱가포르의 발전에는 이렇듯 동남아시아와 중국을 연결할 능력이 있었던 중국인의 역할이 절대적이었다. 영어를 공용어로 삼고, 이민 집단의 풍속, 전통, 교육 등을 존중하는 정책으로 인하여 중국인이 모국어를 잊지 않으면서도 영어를 통해 자유자재로 영국인, 유럽인과 소통할 수 있었던 것도 국제 경제에서 싱가포르 중국인의 경쟁력을 높일 수 있었던 힘이었다.

싱가포르의 출현은 안다야의 표현을 빌리자면, "말레이 세계의 역사에서 말레이인이 주도하는 중개 교역항 시대의 종언"(Andaya 2001: 115)이었다. 중국인과 영국인이 그 역할을 대신하는 시대로 들어갔음을 의미했다. 하지만 지금도 이어지고 있는 다민족 공존 및 상호 존중의 전통을 고려할 때, 싱가포르는 말레이 민족 주도의 무역항을 대신해서 다민족 공동체가 주도하는 무역항 시대를 열었다고 하는 것이 정확할 것이다. 그리고 이는 과거 스리비자야, 말라카 전통의 구현이라고 볼 수 있다.

## 정치적 변천

싱가포르가 성립되었던 1819년에 라플스가 처음 획득한 권한은 싱가포르에 영국 상관을 설치하는 것이었다. 이후 술탄, 뜨뭉공과의 협상을 통해 영국은 지배 범위를 확대해 나갔다. 그리고 1824년의 런던 협약을 통해 싱가포르에서 영국의 배타적 지배권이 확립되었다. 싱가포르는 규모상 주재관이 지배하는 곳이었고 동인도회사 소속이었다. 술탄과 뜨뭉공

---

6) Carl A. Trocki, "The Internationalization of Chinese Revenue Farming Networks," Nola Cooke, Li Tana(2004), pp. 160-161.

은 영국이 제공한 풍부한 연금과 예우에 만족하고 지배권을 포기했다.

   싱가포르는 1826년에 페낭, 말라카와 더불어 항구 도시로만 구성된 해협식민지의 일원이 되었다. 세 개의 도시 중 가장 괄목할 만한 성장을 보이던 싱가포르는 1832년에 해협식민지의 중심지로서 행정적으로는 인도 총독 직할 식민지였다. 그러다가 1858년에 동인도회사가 해체되면서 영국 식민지성 관할 지역이 되었다.

   영국이 1870년대부터 말레이 반도의 내지에 개입하기 시작하자 싱가포르의 위상은 또 한 번 변화를 겪게 되었다. 해협식민지와 말레이 반도는 별개의 것으로 인식되어 왔다. 그런데 영국의 직접 지배가 배후지로 확대되면서 싱가포르는 말레이 반도로 들어가는 관문이자 무역항이 되었다. 싱가포르의 정치적 지위는 위축되었다. 비록 식민지이기는 했어도 건국 이래 싱가포르는 독립된 국가로서의 성격이 강했다. 그러나 이제 싱가포르는 쿠알라룸푸르에 있는 총주재관의 통제 아래 놓이게 되고, 싱가포르의 경영은 말레이국연방의 운영이라는 전체적 고려 속에서 이루어지게 되었다.

제3장
# 브루나이 - 술탄 외교의 전통

 브루나이의 초기 역사에 관한 정보는 전무하다시피 하다. 단지 중국 사서에 몇몇 기록이 남아 있을 뿐이다. 현재로서는 이 자료들에 의거해 과거사를 구성해 보는 수밖에 없다.
 이 나라를 가리키는 명칭은 조여괄(趙如适)의 『제번지(諸蕃志)』에 '발니(渤泥)', 『송사(宋史)』에 '발니(浡尼)'라고 나온다. 『명사』에서는 또 다른 한자어 '발니(浡泥)'를 쓰지만 모두 '뽀니'라는 중국어 발음으로서 '보르네오' 혹은 '브루나이'를 발음하는 글자이다. 앞의 두 기록을 종합해 보면 태평흥국(太平興國) 2년(977)에 이 나라에서 송나라에 사절을 보냈다고 하니 이것이 두 나라 접촉의 시작이다. 두 책에는 왕, 주거 환경, 전쟁 모습, 음주 방식, 사용하던 종이, 필기도구 등이 상세히 그려져 있다. 그러나 역사적 의미를 가지는 기록은 별로 없고, 사실 여부의 확인도 쉽지 않다. 야자로 만든 술을 마신다거나 빈랑을 씹는 습속 같은 것은 동남아시아의 일반적인 면모일 뿐이고, 혼인 절차나 장례 의식 같은 기사도 역사가의 관심을 끌 만큼 독특하다거나 사료로 이용될 수 있을 정도로 믿을 만해 보이지 않는다.
 단지 조여괄의 기록에 "왕의 복색이 대략 중국과 비슷하다"거나 "교역을 중시하는 풍습이 있다"고 하는 데서 대외 교역이 브루나이에서 발전했고, 중국과의 내왕도 많았을 뿐만 아니라 중국에 호감도 강했음을 짐작할 수 있다.

　브루나이는 지리적 여건상 자바에서 흥기하는 왕조들과 경쟁해야 했다. 중국에 사절을 보내고 우호적 관계를 유지하고자 했던 것은 자바를 견제하고자 함이었다.

　중국과의 접촉을 고려한다면 이미 10세기에 이곳에 중국인이 이주해 와 살고 있었다는 이야기도 된다. 왜냐하면, 중국과의 교섭에 중국어나 한자 구사 능력이 필요했고, 그 일은 중국인에게 의존해야 했기 때문이다.

　브루나이가 송 조정에 사절을 보낸 이후 브루나이와 중국과의 관계는 줄곧 우호적이었던 것 같다. 『명사』에 의하면, 홍무(洪武) 3년(1370)에 중국에서 먼저 사절을 보내 조공을 권했다 하며, 이에 응해 브루나이의 사절이 오기 시작해 영락(永樂) 3년(1405)에는 브루나이의 왕이 왕비와 자제들을 이끌고 중국을 방문했다고 한다. 왕의 일행은 복건의 천주(泉州)로 들어왔고, 오랜 여정을 거쳐 3년 뒤 수도 남경에 도착했다. 『명사』에는 이렇게 여정이 늘어진 이유가 중도 곳곳에서 환대를 받았기 때문이라고 되어 있다. 그러나 자세한 내막은 알 수 없다. 태국과 말라카의 사례에서 소개했듯이 왕이 중국을 직접 찾는 일은 동남아시아에서 종종 있던 일이었다. 그런데 이렇듯 왕비며 자제들을 모두 이끌고 긴 여행을 한 사례는 브루나이 왕의 경우가 최초였다. 그 뒤에 곧 말라카의 건국자 파라메시바라가 1410년에 처자 및 신하 500여 명을 이끌고 중국을 방문했다고 말한 바 있다. 『명사』에 의하면 브루나이 왕은 남경에서 사망했다. 그 묘소는 아직도 남경에 있으니 적어도 명나라로 볼 때는 왕이 친조한 것이 분명하다.

　결과적으로 왕이 목숨까지 바쳐야 했던 이 여행은 성공적이었다. 영락제는 극진히 브루나이 왕을 대접했고 브루나이의 보호 세력임을 자처했다. 왕은 사망했지만 왕자는 일행과 더불어 중국 군대의 호위를 받으며 귀국해 왕위에 올랐다. 중국에는 3년에 한 번 조공 사절을 보내기로 했

■ 브루나이 왕릉 입구 (남경, 손민환 촬영, 2010. 1)

다. 왕으로 책봉을 받으면 적어도 중국의 황제 아래 태국, 말라카, 베트남, 참파 등의 왕과 동격으로 간주되는 것이니, 브루나이 왕실의 외교는 수확이 있었던 셈이다.

　명의 약속을 확인하고 이를 과시하고자 함이었는지 브루나이의 왕은 나라 안에 있는 성스러운 산에 기념비를 세워 달라고 했고, 영락제는 "[…] 예부터 천도(天道)를 받들고 성교(聖敎)를 듣고자 먼 데서 황제의 궁정을 직접 찾아온 자들은 있으나 처자, 형제, 친척, 신하들을 모두 이끌고 와 황제 앞에 신하 됨을 청하고 엎드린 자는 발니(浡泥) 국왕 한 사람뿐이다[…]"라는 내용이 새겨진 비석을 세우고 '장령진국지산(長寧鎭國之山)'이라 봉했다고 한다.

　브루나이 왕은 모친을 포함한 가솔을 이끌고 다시 영락제를 찾았으니(1412) 이는 양국 사이 우호 관계의 절정이었다. 이후 조공 사절은 물론 양국 상인의 왕래가 그치지 않았다. 중국인의 활동도 활발해 브루나이 조정에서 고위직 관리로 활동했던 인물에 관해 『명사』는 기록하고 있다.

명말에는 중국 남부 광동과 복건에서 들끓던 해적이 대거 브루나이로 이동하기도 했다.

중국의 기록에 의문점은 몇 가지 있다. 우선, 왕이 대를 이어 이처럼 오래 외유를 하는 것이 과연 가능한 일이었겠는가이다. 게다가 왕비와 왕자 등 왕실의 핵심 인물이 모두 함께 여행을 했다는 말인데, 이런 경우라면 한 왕국이 유지될 수 있었을 것 같지 않다. 1412년의 방문단에는 왕의 모친까지 포함된 가솔이 따라갔다고 하니 '친조'라기 보다 망명 집단의 중국행 같아 보이기도 한다. 그리고 현재 브루나이에서 정리된 역사 속에서 이 시기 중국을 방문했다는 왕이 누구였는지는 명확히 밝혀지지 않고 있다.

시기적으로 보아 명과의 교류가 빈번하던 15세기 이후 브루나이에 이슬람교가 들어와 있음직도 하지만 『명사』에서는 이를 전혀 언급하고 있지 않다. 그런데 『수마 오리엔탈』의 저자 똠 삐레는 브루나이의 왕이 "최근 개종을 했다"고 전한다.[7] 브루나이는 이 세기에 전성기를 구가하며 지배 영역을 북부 보르네오는 물론 동북부 쪽으로 필리핀 일부 지역까지 확대하였다(Sardesai 1997: 306).

그러나 이런 팽창은 오래가지 못했다. 16세기에는 필리핀에 스페인인이 들어왔기 때문이다. 단지 브루나이가 북부 보르네오 지역에서 다방면의 대외 접촉을 유지하며 맹주 역할을 해 나간 것은 분명한 것 같다.

이 나라가 다시 주목받게 되는 것은 19세기에 영국인 제임스 브루크가 보르네오로 들어와(1839) 개인 왕국을 세우면서부터였다. 그의 협상 대상이 브루나이 국왕이었다. 브루크는 브루나이 국왕의 신임을 얻어 가면서 현 사라왁 지역을 획득해 자신의 영지로 만들어 나갔다. 브루크의 나라는 형식적으로는 브루나이 술탄의 지배를 받았다. 그래서 브루크 본인

---

7) M. C. Ricklefs, *A History of Modern Indonesia Since c. 1200* (Stanford University Press, 2001), p. 10.

과 아들, 손자는 술탄보다 한 단계 낮은 라자 칭호를 썼지만 실질적으로는 독립국이었다. 보르네오 동북부의 사바 지역은 '영국 북보르네오회사'가 매입했다(1888). 브루나이는 사라왁과 사바 사이에 낀 소국으로 전락했다가 1904년에 영국이 주재관을 두면서 주권을 상실했다. 그러나 왕실은 여전히 존속했다.

제4장
# 인도네시아 - 단일 공동체로의 여정

## 마자파힛 (Majapahit) 왕국 (1293-1527?)

원나라의 해상 원정군을 몰아낸 비자야 왕자는 자기가 피신해 있던 동부 자바 브란타스(Brantas) 강 동쪽의 마자파힛이라는 곳을 수도로 정했다. 찬탈자를 응징하고 중국의 도전까지 물리치면서 성립된 이 신흥 왕조는 인도네시아 역사상 가장 강력한 국가로서의 면모를 드러냈다. 계보상으로는 마자파힛이 싱고사리의 부흥 왕조라고도 할 수 있기 때문에 이 나라를 일러 '싱고사리-마자파힛'(Hall 1958: 72)이라 부르기도 한다. 마자파힛은 최후의 힌두-불교 국가였다. 이 나라는 14세기에 융성의 극점에 이르며 후반부터 급속도로 쇠퇴하는데, 마자파힛의 운명과 더불어 힌두교와 불교가 공존하는 왕국은 자바에서 사라지고, 인도네시아 전 지역은 이슬람화되었다.

마자파힛은 싱고사리의 팽창 정책을 계승하여 자바와 수마트라를 동시에 지배했던 왕조였다. 그밖에도 보르네오 섬과 순다 지역 등 주변의 여러 섬 및 서부 해안 지대까지 지배권을 행사했던 관계로 마자파힛은 현 인도네시아를 구성하는 정치적 단일 공동체의 원형으로 간주된다. 20세기에 수카르노를 비롯한 민족주의 운동 지도자들이 '자바 동쪽의 태평양에 연한 섬들로부터 서쪽 수마트라 끝까지가 하나의 정치적 운명 공동체이며, 그것은 네덜란드에 의해서가 아니라 이미 그 이전부터 존재하던 것'이라는 주장을 할 수 있게 만든 근거가 마자파힛 왕국의 존재였다.

가자 마다 재상(Gaja Mada, 1330-1364)이 하얌 우룩 왕(Hayam Wuruk, 1350-1389)을 보필하던 때가 마자파힛의 전성기였다. '자바 역사의 황금기'라고 불리는 이 시대에 귀중한 문학 작품들이 창작되었고 수많은 사원이 건설되었다. 특히 프라판짜(Prapanca)의 서사시 '나가라컬타가마'는 사료로서의 가치도 큰 작품이다.

인도네시아사의 권위자인 리클레프스가 지적하듯 마자파힛은 국가 내부의 모습이 구체적으로 알려진 바가 적으며, 역사를 신뢰도 있게 구성할 수 있는 사료가 적다(Ricklefs 2001: 21-22). 일찍이 홀도 "프라판짜가 묘사하는 위대한 마자파힛은 실재했을까?"라는 의문을 던지면서 마자파힛의 거대성이 과장되었을 수도 있다는 의견을 제시한 바 있다(Hall 1958: 78). '나가라컬타가마' 같은 문학 작품은 많이 전해지지만 건축물 중에서 대작이 없는 것 또한 마자파힛의 규모와 역량에 의문을 던지게 한다. 조심스럽게 홀은 마자파힛의 실질적 지배권은 동부 자바, 발리, 마두라 정도였을 것이라고 추측한다(Hall 1958: 78). '나가라컬타가마'에서 나오는 마자파힛의 영역 범위는 가자 마다 시대의 지리학적 지식의 반영일 뿐이라는 베르그(C. C. Berg)의 단정도 홀은 소개한다. 다른 나라의 역사에서도 보아 왔듯 고대 국가에서 선언되는 영역이란 조공국의 확보 범위였을 뿐이다. 게다가 이 시절 수마트라 쪽으로는 이슬람교가 들어오고 있었고 발리에는 힌두 문화가 확고했기 때문에 수마트라와 발리까지를 마자파힛의 영역이라 한다면 마자파힛을 마지막 '힌두-불교' 왕국이라 여기는 통설은 억지스러워진다. 어쩌면 마자파힛은 '상상 속의 제국'일 수도 있다.

그러나 이 나라는 적어도 자바에서 출현했던 가장 강력한 국가였음은 분명하며, 영향력의 범위도 이전 어느 국가보다 넓었다. 또 자바 바깥 지

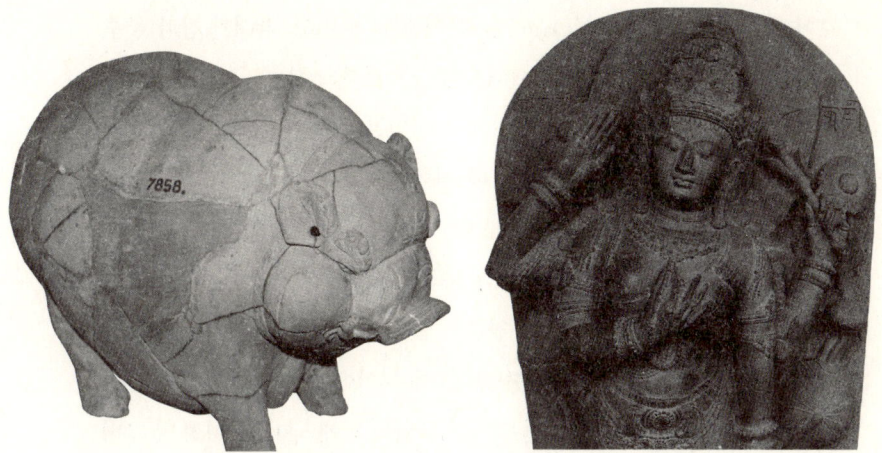

▎마자파힛 유물들 (인도네시아 국립박물관, 2005. 8)

역 통합 시도가 눈에 많이 띈다. 마자파힛의 전성기였던 14세기 전후의 예술품들을 보면 정교하고 안정되었음을 알 수 있다. 거대한 건축물이 남아 있지 않은 것은 경건한 신앙 태도를 강조하는 이슬람 문화가 퍼져가고 있었기 때문이라고 생각된다. 14세기 말부터 빈번해진 이슬람 세력의 반란이 우상 파괴적 행동을 수반했던 것도 종교 건축물이 남아 있지 않은 한 이유가 되었을 것이다.

마자파힛의 건국자 컬타라자사(Kertarajasa, 비자야 왕자)는 컬타나가라의 아들이 아니라 유력한 왕족 중의 한 명이었다. 컬타나가라에게는 왕자가 없었고 딸만 넷이 있었는데, 컬타라자사 왕은 이 네 여성과 혼인했다고 한다. 그런데 홀은 그녀들이 컬타나가라의 친딸이 아니라 외교적 목적으로 데려온 외국의 공주들로서 일종의 수양딸이라고 주장했다 (Hall 1958: 72-73).

컬타라자사가 혼인한 컬타나가라의 네 딸은 서쪽 수마트라의 멜라유, 동쪽에 있는 발리, 북동의 마두라, 더 북쪽으로 바다 건너 참파에서 온 공주였다. 이들의 출신지 분포는 마자파힛의 국제 관계 범위를 상징한다.

수마트라 공주 다라 페탁(Dara Petak)이 첫째 딸이고, 막내가 참파 공주 가야트리(Gayatri)인데, 이런 서열은 중앙으로부터 볼 때의 친소 관계를 나타낸다고 할 수 있다. 수마트라 공주가 낳은 아들이 1309년에 컬타라자사를 계승하는 마자파힛의 2대 왕 자야나가라(Jayanagara)였다. 참파 공주가 낳은 딸은 1328년에 자야나가라를 계승하게 된다.

흥미롭게도 네 명의 여성 중 자바 출신은 없다. 다시 말하면 컬타라자사는 모두 자바 외부의 여성과 결혼한 것인데 이것은 마자파힛 왕국의 '범인도네시아성'으로 해석될 수 있다. 물론 이에 반대하는 입장도 있었다. 수마트라 공주가 낳은 어린 왕자가 왕위를 잇게 되자 이 여성 및 그녀 주변의 수마트라인이 권력을 쥐게 되었고 자바인의 반발이 거세게 일어났다. 특히 1319년에 있었던 자바 귀족 쿠티(Kuti)에 의한 반란은 위협적이어서 수도가 점령되었을 정도였다. 이 반란을 진압하고 왕실을 안정시킨 인물이 젊은 근위군 장교 가자 마다였다. 그런데 자야나가라 왕이 가자 마다의 아내를 빼앗는 우를 범하고 말았다.

가자 마다는 왕실의 의사를 매수해서 왕을 암살했다(1328). 자야나가라 왕은 후사가 없었기 때문에 왕위 계승권은 참파 공주가 낳은 딸 트리부바나(Tribhuvana)에게 돌아갔다. 자바 귀족과 결혼한 몸이었던 그녀는 왕위에 올랐다. 1350년에 그녀의 아들 하얌 우룩이 왕위를 계승할 때까지 가자 마다가 마자파힛의 실질적 지배자였다.

여왕이 즉위하고서 마자파힛의 팽창이 시작되었다. 발리, 향료 제도, 말레이 반도, 수마트라가 마자파힛의 지배 범위 안으로 들어왔다. 컬타라자사 왕과 가자 마다가 자바를 벗어난 '범인도네시아' 정책을 견지했음은 분명한 것 같다. 수마트라 혈통의 왕을 보호하고, 참파 계열의 공주와 그 아들을 왕위에 앉히는 가자 마다의 결정은 '범인도네시아'의 정신으로 이해될 수 있다. 가자 마다가 막강한 권력을 쥐고 있었음에도 불구하고 왕위를 넘보지 않았다는 것도 인도네시아 사람들이 그를 존경하는 이유이다.

　마자파힛이 번성할 수 있었던 경제적 기반은 농업과 교역이었다. 농업이 안정적인 인구 부양을 가능하게 했다면 교역은 부의 원천이었다. 마자파힛은 향료 무역을 독점했다.

　그런데 말레이-인도네시아 세계에 이슬람 세력이 성장하면서 마자파힛의 위상을 흔들기 시작했다. 특히 말라카 왕국의 출현은 마자파힛의 운명에 검은 그림자를 드리웠다. 수마트라가 말라카의 영향권 안으로 들어갔다. 자바 전역에 이슬람 국가들이 생겨나기 시작했다. 마자파힛은 이들 이슬람 왕국 중 자바 동북부 해안 지대의 데막(Demak)에게 멸망당했다.

　데막이 마자파힛을 이기고 인도네시아, 적어도 자바의 지배자로 등장한 것은 아니었다. 마자파힛이 멸망한 해로 알려진 1527년은 이미 말라카를 멸망시킨 포르투갈이 동남아시아의 해상을 지배한 지 15년이나 지난 해였다. 포르투갈의 위협과 내전에 시달리던 데막도 곧 사라졌다.

## 마타람 왕국

주목할 만한 새로운 권력 중심이 자바 중부에서 성장했다. 이곳은 과거 8-9세기에 사일렌드라와 마타람의 중심지였던 곳이다. 새로운 왕국은 다시 마타람으로 불렸다. 마타람 왕국은 자바에 존재하던 여러 술탄 왕국 중 가장 강력했다. 이 나라는 네덜란드 동인도회사와 경쟁했으며 술탄 아궁(Agung, 1613-1645)은 1628-1629년 사이에 바타비야를 공격해 네덜란드인을 궁지에 빠뜨리기도 했다.

　포르투갈과 영국이 말레이 반도에서 내지 국가들과의 충돌을 피했던 데 비해 네덜란드는 배후지에 '덜 무관심'했다. 네덜란드는 해상 무역 독점에만 만족하지 않고 배후지에서의 이윤 획득에도 집착했다. 그래서 동인도회사와 마타람 간 충돌이 잦았다. 동인도회사가 문을 닫을 때까지 한 세기 반에 걸친 두 세력 간의 분쟁은 궁극적으로 양측 모두의 역량을 고갈시켰다는 평가도 나온다.[8]

## 연합 동인도회사의 성립

네덜란드 무역상들이 동남아시아에 관심을 가진 것은 16세기 중반부터였다. 이윤 획득을 확신한 그들은 1602년에 네덜란드 동인도회사를 결성했다. 이 회사는 영국 동인도회사(English East India Company)와 구별되어 'V.O.C.'로 불린다. 회사 이름이 '연합 동인도회사(United East India Company)'를 뜻하는 네덜란드어 'Vereenigde Oostindische Compagnie'였기 때문이다. 이 회사는 군대와 법 제도까지 갖추고 있었다.

연합 동인도회사는 바타비야를 근거지로 하여 태어난 또 하나의 국가였다. 암스테르담을 본떴고, 과거 네덜란드에 있던 지명을 따라 이름 붙인 바타비야는 세련된 계획도시였다. 연합 동인도회사의 수명은 180여 년이나 되었기 때문에 이 회사의 인생은 인도네시아 역사의 일부라고 해도 무방하다.

회사의 이름이 암시하듯 연합 동인도회사(이하 '동인도회사')는 자본가들의 연합적 성격을 가진다. 그래서 이 회사가 가장 우선시하는 것은 이윤이었다. 영국 동인도회사가 체면치레나마 기독교 전파나 문명화의 사명 같은 것을 표방했던 데 비해 네덜란드의 동인도회사는 철저하게 이윤추구의 고려 속에서 운영되었다. 홀의 표현을 빌리자면 '싸게 사고 비

---

8) Colin Brown, *A Short History of Indonesia* (Sydney: Allen & Unwin, 2003), p. 44.

싸게 파는'(Hall 1958: 260) 것만이 이 회사의 관심사였다. 일본이 17세기에 접어들어 기독교도를 박해하고 서양인을 모두 내쫓았을 때에도 유독 동인도회사 소속 네덜란드인만이 남아 있을 수 있었던 것은 그들이 철저하게 상행위에만 자신의 활동 범위를 한정시켰기 때문이었다.

초기 동인도회사의 가장 큰 관심은 향료 무역을 독점하는 일이었다. 이를 위해 동인도회사의 군대는 방해가 된다고 여겨지는 것은 철저하게 제거했다. 포르투갈이 말라카에서 쫓겨났고, 이미 향료 제도에 들어와 있던 영국인은 네덜란드인에게 암본에서 학살당한 후 수 세기 동안 동남아시아를 포기한 채 인도 경영에만 매달렸다. 자바 서북부의 반텐, 슬라웨시 섬 남부의 마카사 등은 이슬람 상인들의 교역 중심지였으나 17세기 동안 네덜란드 동인도회사에 의해 모두 파괴되었다. 슬라웨시의 부기스인이 대거 말레이 반도로 이주한 이유는 이 시기 네덜란드의 편을 든 부기스인과 마카사인 사이의 갈등이 심화되었기 때문이었다. 동인도회사는 더 높은 가격 형성을 위해 향료 생산량을 제한하거나 재배지를 축소하기도 했다.

향료를 독점한 이후 네덜란드인은 내륙으로 눈길을 돌렸다. 자바인에게 동인도회사는 새롭게 등장한 거대 세력이었다. 동서양의 대결이라든지 민족적 감정 같은 것이 끼어들 여지는 적었다. 강한 권력에는 보호를 요청하는 세력들이 찾아가게 마련이었다. 바타비야의 동인도회사를 보호자로 하는 후견인-피후견인 관계들이 만들어졌다. 네덜란드는 이런 관계를 적절하게 이용하면서 바타비야 배후지로의 영향력을 확대해 갔다.

동인도회사가 고안해낸 제도는 동남아시아의 전통적 조공과 서양식 교역 개념을 조합한 것이었다. 대표적으로 '강제운반'과 '강제구매' 제도가 있었다. 공납량이 할당되면 곡물을 비롯한 생산 작물은 현지 수장의 지휘 아래 자바인의 노동력을 이용해 바타비야로 옮겨져(강제운반) 최저 가격으로 매입된다(강제구매). 이 상품은 다른 지역과의 교역에 활용되었다.

 가장 지독해 보이는 이윤 추구 방식은 다음과 같았다. 정향 생산으로 유명한 말루쿠 제도의 테르나떼(Ternate) 섬에서 농민들은 정향 대신 벼나 사고(sago, 야자의 일종으로서 녹말을 만드는 원료로 쓰임)를 경작해야 했다. 향료 가격 상승을 위해 향료 생산을 줄이고 다른 작물을 심게 한 것이다. 그런데 쌀 생산량은 수요에 비해서 턱없이 부족했다. 부족한 쌀은 수입해야 했다. 정향 생산이 없으니 농민은 돈이 모자랐다. 쌀 공급을 독점하고 있던 동인도회사는 농민에게 비싼 값으로 쌀을 팔았다. 술탄 이하 과거 정향 무역에서 이득을 챙기던 지배 집단은 반발했으나 진압 또는 회유되고, 생활고에 시달리게 된 기층민은 해적이 되어야 하는 지경으로 내몰렸다(Hall 1958: 260-261).

## 중국인

동인도회사의 세력 확대에는 중국인의 역할이 컸다. 네덜란드인의 힘으로만은 내지인 지배가 불가능했다. 언어가 통해야 했고 현지 사정에 밝아야 했으며 현지인을 다루는 효과적인 방법을 알고 있어야 했다. 중국인은 이런 조건들을 갖추고 있었다.

 동인도회사의 초대 총독이며 바타비야 건설을 책임졌던 코엔(Jan Pieterszoon Coen)은 중국인을 받아들여 유럽인과 현지인 사이의 매개자로 육성하려 했다. 비타비야에는 중국인만이 사는 거리가 조성되었다. 중국인은 일정 수준의 독립된 사법권을 보장받으면서 세금 징수 업무를 대행하고 강제운반을 관리하는 실질적 권력자로 성장했다. 네덜란드인의 시각에서 보자면 '적절한 노동력'이 부족한 자바에서 '부지런한' 중국인은 무역에 필요한 환금 작물을 재배하는 데에도 유용했다. 교역에서 현지인과의 소통과 중개 업무를 중국인이 맡았다. 도박장을 운영하고 일정 금액을 정부에 지급하는 징세 청부 제도의 주인공이던 중국인은 고리대금, 입도선매 등의 수단을 통해서도 부를 축적했다. 그들은 밀수, 아편 거래, 폭력, 매춘 등의 사업에도 간여하기 시작했다.

중국인을 우려의 눈으로 바라보던 네덜란드인과 네덜란드인의 '신용'을 의심하던 중국인 사이의 긴장감은 고조되기 시작했다. 급기야 네덜란드인이 불법 행위를 자행하는 중국인을 붙잡다가 노예로 팔아버릴 것이라는 소문이 돌면서 중국인이 먼저 네덜란드인을 공격했다. 이에 대한 대응으로 동인도회사 측은 중국인을 무차별 학살했다(1740). 바타비야에서 중국인 만여 명이 살해당했다고 한다.

이 사건을 통상 '바타비야의 분노(Batavia Fury)'라고 부른다. 분노의 주체와 대상은 네덜란드인과 중국인 양측 모두였고, 단지 더 힘이 있는 쪽이 더 많이 살해했을 뿐이었다. 이 충돌은 바타비야에서만 끝나지 않았다. 중국인은 바타비야를 탈출하여 다른 지역의 중국인과 연합하거나 말레이 세력과 연계하면서 폭력 충돌의 범위는 확대되었다. 이 대결을 일러 '중국인 전쟁(The Chinese War, 1740-1741)'이라고 부르기도 한다 (Brown 2003: 60).

동인도회사가 중국인의 도움 없이 현지민을 지배하기 어렵다는 사실을 깨닫는 데에는 시간이 얼마 걸리지 않았다. 다시 중국인 우대 정책이 실시되었고 중국인의 영향력은 더 커지고 확대되었다. '바타비야의 분노'나 '중국인 전쟁'으로부터 중국인 우대 정책까지의 경과는 "[인도네시아에서] 화인[중국인]들은 자신들에게 시련과 고통을 강요했던 시기가 지나가면 더욱 그 위상이 강화된다는 역설이 항상 성립한다"[9]는 주장을 뒷받침하는 전형적인 사례였다고 할 수 있다.

---

[9] 신윤환, 「인도네시아의 화인: 경제적 지배와 정치적 배제 사이에서」, 박사명 외, 『동남아시아의 화인』(서울: 전통과 현대, 2000), p. 453.

## 마타람 왕국의 쇠퇴

중국인 문제는 마타람 왕국의 위상을 약화시키는 계기가 되었다. 동인도회사와 중국인들 간의 전쟁이 전개될 때 마타람은 중국인 편을 들었다. 중국인이 이긴다면 동인도회사 견제가 더 쉬워질 것이라는 계산 때문이었다. 중국인이 패한 이후 마타람은 대가를 치러야 했다. 동인도회사는 마타람을 두 개로 분할했다(1755). 한 국가는 중심지를 솔로에 두고, 또 한 중심지는 족자카르타에 두었다. 이후 두 국가는 다시 분열되어 마타람이란 나라는 거의 사라졌다. 하지만 마타람의 전통을 잇는 술탄들이 현재까지도 솔로와 족자카르타에 남아서 일정 정도 권력을 행사하고 있다.

동인도회사가 마타람을 압도하게 되었다고 해서 자바 전역에 회사의 지배권이 확보된 것은 아니었다. 그건 동인도회사가 원하는 바도 아니었다. 자바 곳곳은 여전히 해당 지역의 실력자들에 의해 지배되고 있었다. 이는 수마트라에서도 마찬가지였다. 아체는 후추 무역을 통제하면서 독립 국가로 번영하고 있었고, 수마트라 고원 지대의 미낭까바우 역시 빠당 항구를 통해서 외국과의 교역을 지속하던 독립 국가였다. 이 세기에는 영국도 점차 인도네시아 군도 쪽으로 진출하기 시작해서 수마트라 남부 벵쿨루에 무역 기지를 두고 있었다. 발리와 보르네오에는 독립 왕국들이 존재하고 있었다.

마타람의 쇠퇴는 동인도회사의 몰락에 일조했다. 동인도회사는 마타람을 분할하고 지배권을 현저히 축소시킨 이후 40여 년을 더 존속하다가 도산했다(1799). 도산의 기미는 이미 중국인과의 전쟁을 치르고 마타람을 약화시킨 후부터 나타나기 시작했었다. 흔히 동인도회사의 도산 원인으로 다음과 같은 것들이 나열된다. 첫째는 동인도회사의 부패, 그로부터 비롯된 비합리적인 운영이다. 둘째, 영국이 점차 동쪽으로 진출하기 시작하면서 중국 시장이 잠식당하기 시작했다는 이유가 추가된다. 셋째는 이 세기 동안 동인도회사의 관할 범위가 너무 확대되었다는 것이다. 관할 범위가 확대되면 행정과 법률의 적용 범위가 넓어진다. 18세기 후반의 동인도회사 경영자들은 상행위를 통한 절대 이윤 확보만을 추구한다는 선배들의 합리성을 너무 벗어나고 있었다. 넓은 지역에서의 서투른 행정이 비용을 증대시키고 빈번해진 군사 행동에 지출되는 비용이 승리로 얻어지는 이윤보다 많아지다 보면 재정이 악화되기 마련이다. 본국이 영국과의 전쟁(1780-1784)에서 패하자 아시아에서 영국의 활동이 활발해진 대신 네덜란드는 위축되기 시작한 것도 동인도회사의 쇠퇴 원인이 되었다. 이런 형편 속에서 프랑스 대혁명이 일어난 후 유럽 시장이 급속도로 냉각되면서 적자를 견디지 못한 동인도회사는 도산했다. 바타비야가 건설된 지 180년이 된 해였다.

## 네덜란드 식민 지배의 시작

동인도회사가 문을 닫자 자바 경영은 네덜란드 정부가 직접 챙기기로 했다. 식민지 건설의 꿈을 안고 바타비야에 부임한 인물은 열렬한 나폴레옹 지지자인 다엔델스(Hermann Willem Daendels, 1762-1818)였다. 그에게는 새로운 세상의 건설이라는 이상이 있었다. 그는 인도네시아, 적어도 자바를 근대 국가로 변모시켜 보고자 했다. 봉건적 구습을 타파하고 새로운 자유주의적 시장 질서를 구축하는 것이 다엔델스의 바람이었다. 바타비야를 중심으로 한 중앙집권적 국가 건설을 목표로 했던 그의 눈에 술탄을 중심으로 한 소국들의 존재는 인도네시아 특유의 정치 형태라기보다는 전쟁, 음모, 무질서의 상징일 뿐이었다. 강제운반은 폐지되었고, 직접 통치 지역이 확대되었다. 자바 전역은 중앙 정권의 직접 지배를 받는 아홉 개 행정 단위로 나누어졌고, 토착 지배자들은 봉급을 받는 중앙 정권의 대리인으로 전환되었다. 법 제도에서도 변화가 생겼다. 식민지 법은 자바의 전통 관습법(아닷 adat)과 적절히 조화하는 방식으로 운용되었다. 자바의 북쪽 해안 지대를 따라 동쪽의 수라바야로부터 바타비야까지 1,200km에 이르는 도로가 닦여진 것도 이때였다. 군대도 더 필요했다.

다엔델스 (바타비야 박물관, 2005. 8)

그러나 이런 정책의 실현에는 돈과 인력이 필요했다. 본국에서의 재정 지원은 한정되어 있던 데다가 영국 해군의 해상 봉쇄도 위협적이었다. 필요한 돈을 마련하기 위해 그는 토지를 매각하거나 임대했고 쌀 교역을 독점했다. 도로 및 군사 시설 건설을 위해서는 강제 노동이 불가피했다. 지금도 자바인에게 다엔델스가 건설한 도로는 대혁명의 간접적 유산이거나 개혁의 결과물이 아니라 고통의 산물로 기억되고 있다. 개혁적 성향을 지닌 인물임에도 불구하고 다엔델스는 호의적이지 못한 재정 여건, 본국의 불안한 정정, 영국의 압박 등 악재가 겹쳐서 자신의 이상을 온전히 구현할 수 없었다. 그는 1810년에 본국으로 소환되었다.

### 스탬포드 라플스 (Thomas Stamford Raffles, 1781-1826)

이 무렵 영국군은 바타비야 점령을 준비하고 있었다. 앞서 말한대로 나폴레옹에 쫓겨 영국으로 피신한 네덜란드 국왕은 해외 식민지 관할권을 모두 영국에 위임했기 때문이었다.

영국군이 바타비야를 점령한 후 식민 지배를 책임진 인물은 갓 서른을 넘긴 라플스였다. 그의 식민지 경영 방식, 계몽주의적 실험, 현지 문화에 대한 이해와 애착, 전통 유산 보존 노력 등은 긍정적으로 평가된다. 훗날 싱가포르를 건설하기도 한 그는 식민지 시기를 논하는 역사가들로부터 칭송되는 식민주의자일 뿐만 아니라 피식민지인들로부터 착취자로 평가되지 않는 독특한 인물이다. 설사 그가 아무리 가혹한 착취자였다고 할지라도 화산재에 덮인 채 밀림에 묻혀 있던 보로부두르 사원을 복원해 내고, 자바의 역사를 정리해 출간한(*The History of Java*, 1817) 공로만으로도 그의 과오는 상쇄되고도 남음이 있다.

말레이 세계의 언어와 문화에 해박한 지식을 갖고 있던 라플스는 1805년 페낭에서 동남아시아에서의 활동을 시작했다. 당시는 나폴레옹주의자였던 다엔델스가 자바를 경영할 때였는데, 라플스의 눈에 비친 네덜란드의 자바 지배는 비합리적이고 폭력적이었다. 설사 의도는 좋았다고 할지라도 다엔델스의 실험은 현실적인 한계에 부딪히면서 현지인의 부담감을 가중시키기만 했다. 라플스는 자유주의자였고 시장주의자였으며, 더 나아가 식민지와 피식민지의 공생·공영을 추구하는 이상주의자였다. 그는 1811년 총독 대리(lieutenant governor)로 임명되어 자바에 부임했다.

라플스 역시 자바 전체를 직접 지배하에 두고 전통 지도자들을 지방 관리로 전환하고자 했다. 이는 다엔델스의 방식과 유사하지만 라플스는 더욱 정교한 행정 체제를 도입하였다. 이 과정에서 그는 다엔델스가 존중하려 했던 전통 법 아닷을 무시했다는 평가도 받는다. 하지만 이는 공정한 법 체제를 확립하려는 의도에서 비롯된 것이었다. 전통 지배자나 식민지 관료를 막론하고 그들의 자의적인 법 집행을 방지하고자 라플스는 노력했다. 사형 집행에도 그는 신중한 태도를 보였다.

강제운반 제도를 폐지하려는 노력이 경주되었다. 라플스는 현물을 매개로 한 수취 체제를 바꾸어 현금이 도는 시장 경제로의 전환을 도모했다. 자바인은 스스로 작물을 선택해 심을 수 있게 되었고 판매도 자유로웠다. 여기에서 얻어지는 현금으로 농민은 세금을 내고 상품을 구매했다. 이런 정책은 자바를 영국의 상품 시장으로 전환하려는 의도였다는 비판을 들을 만하다. 그러나 작물 선택권을 보장하고 그것을 내다 팔 자유를 부여함으로써 자바 농민의 자율성을 확대했다는 긍정적 평가도 받는다. 라플스는 보로부두르 사원의 발굴과 수리를 주도하고 재정적 지원을 아끼지 않았다. 그는 자바를 사랑하는 데서 더 나아가 자바 문화에 존경심까지 가지고 있었다.

하지만 개혁에 돈이 많이 들어가기는 다엔델스 때와 마찬가지였다. 다엔델스는 부족한 재원을 충당하려고 자바인을 쥐어짰지만 라플스는 인도에 있는 동인도회사의 금고 문을 자꾸 두드렸다. 영국인 사이에서 불만이 터져 나오기 시작했다. 나폴레옹 전쟁 이후 네덜란드의 왕정이 복고되자 자바는 다시 네덜란드인에게 넘겨야 한다는 주장이 제기되면서 라플스는 인도네시아를 떠났다.

### 자바 전쟁 (1825-1830)

네덜란드의 지배가 재개된 이후(1816)에도 라플스가 시작한 시장경제 정책은 한동안 지속되었지만 그 시행 과정에서 많은 문제가 발생했다. 농민 지배권이 약화된 술탄과 토착 귀족의 불만은 점차 고조되었고 농민은 농민대로 부담이 늘어났다. 지방 실력자로부터 완전히 자유로워지지도 못한 농민들은 여전히 국가에 조세도 납부해야 했다. 현금이 필요한 농민은 유통망을 장악하고 있던 상인들(주로 중국인)의 압력으로 낮은 가격에 생산물을 팔든가 선대제의 덫에 걸려 피해를 입는 경우가 많았다. 이런 현실 앞에서 농민 사회는 동요하기 시작했다. 직접 지배를 실시한다는 정부와 이에 저항하는 토착 지배자들 사이의 갈등과 절충이 개혁의 방향을 잃게 하면서 혼란과 불안을 가중시키기도 했다. 자바인의 불만은 커졌다. 게다가 1821년에는 대흉작이었고, 이듬해에는 족자카르타 근처 메라피(Merapi) 화산이 폭발하는 바람에 민심은 더욱 흉흉해져 있었다.

자바 전쟁은 1825년 족자카르타에서 시작되었다. 족자카르타의 한 왕자 디포네고로(Dipo Negoro, 1785-1855)의 주도로 식민 정부와의 전쟁이 벌어졌다. 이 전쟁은 5년간 지속되면서 사망자만 20만 명 정도가 나왔다. 디포네고로는 전 왕 사후 가장 유력한 후계자였지만 네덜란드의 개입으로 술탄의 직위가 전 왕의 어린 아들에게로 돌아간 바 있기 때문에 이에 대한 디포네고로의 반발이 전쟁을 촉발했다고 흔히 이해된다. 하지만 전쟁이 5년이나 끈 데에는 자바인의 누적된 불만이 작용했다. 긴 전쟁

▍디포네고로 체포 모습 (바타비야 박물관, 2005. 8)

끝에 가까스로 휴전에 합의했으나 식민지 정부는 휴전 회담장에 나온 디포네고로를 체포하여 유배시켰다.

식민 정부의 통치 기구로서 위상은 떨어질 대로 떨어진 데다가 전쟁으로 재정 상태는 엉망이 되었다. 수마트라의 미낭까바우에서는 무슬림 극단주의자들과의 전쟁이 이미 1821년부터 시작되어 1832년까지 간헐적으로 지속되고 있었다. 식민지 본국은 벨기에의 독립운동을 저지하는 전쟁을 치르느라 힘들어하고 있었다.

이즈음 네덜란드 정가에는 자신이 식민지 경영의 적임자라 자처하고 다니는 인물이 있었다. 그는 반 덴 보쉬(Van Den Bosch)였다. 이 사람의 주장으로는, 난국을 타개할 유일한 방법은 '더욱 효율적인' 식민지 경영밖에 없었다. 그는 자신에게 맡긴다면 식민지 재정은 물론 본국 재정까지도 흑자로 돌릴 수 있다고 호언했다. 돈을 벌게 해 준다는 달콤한 말에 많은 사람이 그를 지지했다. 반 덴 보쉬와 지지자들의 합작으로 탄생한 것이 서구 식민지 경영사상 가장 정교하면서도 가혹한 '강제경작제도'였다.

## 강제경작제도 (Cultivation System)

영어 단어로만 놓고 보자면 'Cultivation System'은 '경작제도'로 번역되어야 한다. 그러나 단어 대 단어 번역으로는 원래의 뜻을 살리지 못하기 때문에 '경작제도' 앞에 '강제'라는 말이 붙을 필요가 있다. 일반적으로는 'Cultivation' 대신 'Culture'라는 단어를 쓰기도 하는데 둘 다 '경작' 또는 '재배'라는 뜻이 있다. 브라운은 '컬티베이션 시스템'이 정확하며, '컬쳐 시스템'은 네덜란드어 'Cultuurstelsel'의 오역이라는 견해를 피력하고 있다(Brown 2003: 83). 흥미로운 것은 컬쳐든 컬티베이션이든 어느 경우에도 이 단어가 두 가지 의미를 가진다는 사실이다. 한 가지는 '경작' 또는 '재배'이고, 또 한 가지는 '훈육' 내지는 '교화'이다. 즉 '컬티베이션(또는 컬쳐) 시스템'이란 자바 농민에게 식민지 정부가 할당하는 작물을 재배하게 하고 일정 기간의 노동을 강제한다는 개념일 뿐만 아니라 그런 노동을 통해 자바인을 훈육하고 교화한다는 것이기도 하다. 자바인은 게으르기 때문에 노동의 가치를 가르칠 필요가 있다는 의식이 이 단어에 반영되어 있다.

이 제도에 의하면, 농민은 자신의 논밭 1/5에 식민 정부가 지정한 커피, 사탕수수, 쪽, 담배, 차 등의 환금 작물을 심어야 했다. 이 땅에서 농민은 1년 중 120일 이상 노동해야 하며, 나머지 시간에도 환금 작물 재배와 관련된 노역에 수시로 동원되어야 했다. 겨울이라는 휴식기가 없는 동남아시아에서 농민은 체력과 건강을 유지하기 위해 적절한 여가와 오락 활동을 발전시켜 왔다. 체력 소모가 많은 더운 기후 탓에 절대 노동량이 온대 기후 농민의 노동량보다 적은 것처럼 보인다. 그러나 온대 기후대 농민은 추운 겨울과 무더운 여름 동안 휴식 기간이 있다. 이 기간을 제외하면 온대 기후대 농민이 경작지에서 보내는 노동 시간은 1년 중 반도 되지 않으며 집중적 노동 기간은 1년 중 1/3을 넘기 힘들다. 이에 비해 동남아시아의 농민은 거의 한 해 내내 경작지에서 일하며 놀기를 반복한다. 하루 중 노동 시간도 농번기 온대 기후대 농민의 그것에 비해 짧고 노동의 강도를 여간해서 높이지 않는다. 전체 노동량을 놓고 볼 때 온대 기후대 농민의 것이 많은지, 동남아시아 농민이 더 많이 일하는지는 비교하기 쉽지 않다. 자바 농민에게 1년 중 최소한 1/3을 노동하도록 강제하고, 나머지 기간에도 정부가 지정한 환금 작물 재배지에서 일하게 하니 이는 노동 가치 교화나 훈육이 아니라 혹독한 착취였다.

재정 수지를 개선하겠다는 보쉬의 장담은 실현되었지만 그 대가는 자바 농민의 체력이며 생명이었다. 환금 작물 경작으로 인해 쌀 생산지가 줄어들어 식량이 부족해졌다. 병으로 쓰러지고 아사하는 자가 속출하기 시작한 1830년대 중반 자바 농민의 모습을 한 네덜란드 관리는 다음과 같이 그리고 있다: "길거리나 농장에서 우리는 사람을 만날 수 없다. 단지 걸어 다니는 해골만을 볼 뿐이다. 그들은 매우 힘겹게 이동하며, 그러다가 종종 쓰러져 죽는다."[10]

자바의 참상은 네덜란드 본국에도 알려지기 시작했다. 전 식민지 관리에 의해 쓰여 1860년에 출판된 『막스 하벨라(Max Havelaar)』라는 책은 식민 지배에 신음하는 자바인의 고통을 상세하게 전했고, 네덜란드 지식인 사이에서 큰 반향을 일으켰다.

식민 지배 정책에 비판이 거세졌다. 강제경작제도를 폐지해야 한다는 목소리가 높아졌다. 진보적으로 보이는 이런 움직임의 중심에는 19세기 중반 네덜란드 사회를 구성하는 양심적인 지식인층이 자리 잡고 있었다. 그런데 이런 운동이 힘을 얻은 이유는 네덜란드 부르주아지의 호응이 있었기 때문이었다. 그들은 국가 주도의 산업이 개인 또는 부르주아지에게 넘어가야 한다고 생각하고 있었다. 식민 지배에서도 강제경작제도 같은 국가 주도의 경영이 아니라 자본가의 사적 경영이 우선시 되어야 한다고 그들은 주장했다. 이들의 노력으로 강제경작제도는 1870년에 공식적으로 폐지되었다.

## 자유의 시대

강제경작제도가 폐지된 후부터 1900년까지를 일반적으로 '자유의 시대'

---

10) 서부 자바에 대한 L. Vitalis 보고서, C. L. Penders(ed. and trans.), *Indonesia: Selected Documents on Colonialism and Nationalism, 1830-1942* (University of Queensland Press, 1977), p. 24, Brown(2003), p. 86에서 재인용.

또는 '윤리정책(Ethic Policy)'의 시대라고 부른다. 자본가가 자율적으로 자본을 투자하고 경영하게 된 이 시대에는 네덜란드 본국의 상품도 적극적으로 수입, 판매되었다. 네덜란드 지배기 전체를 놓고 본다면 초기의 교역에서 그 다음에 착취, 그리고 이제는 상품 판매의 대상으로 인도네시아의 위상이 변한 것이다. 다른 측면에서 보자면 라플스의 계획이 약 반세기 늦게 실현된 것이라고도 할 수 있다. 의료 시설이 확대되고 교육 기관이 많이 세워진 것도 이 시기의 변화이다. 이때를 윤리정책의 시대라고 부르는 이유는 사회 기반 시설의 확대뿐만 아니라 토지 소유권을 현지인에게만 부여하고 유럽인과 중국인은 임차권만을 가진다는 획기적인 법이 시행되었기 때문이다.

그런데 이 자유주의적이고 '윤리적'인 여러 정책의 시행은 자바에만 한정되었다. 네덜란드인의 지배 중심지였던 자바는 네덜란드의 호의적인 태도 덕분에 일방적인 착취의 대상에서 개혁의 수혜지로 변모해 갔다. 그 대신 자바 이외의 지역은 네덜란드 식민지 영토 팽창의 희생이 되어야 했다. 이 과정에서 자바인은 네덜란드 군대의 선봉 역할을 담당했다. 자유주의 시대가 끝날 무렵 네덜란드의 식민지는 현재 인도네시아를 구성하는 영역 거의 전부를 포괄하게 된다.

가장 핵심적인 사건은 아체 병합이었다. 수마트라 서북부에 중심부를 둔 아체는 자유주의 시대가 시작될 때까지 독립 술탄국이었다. 이는 영국과 네덜란드 양국에 의해서 인정되고 있었다. 라플스도 한때 아체를 방문해 이 나라가 독립국임을 확인한 바 있다. 영국과 네덜란드가 관할지를 명확히 했던 런던 협약에서도 아체는 독립국으로 남아 있었다. 이후 1871년에 영국과 네덜란드 사이에 맺어진 수마트라 조약에서도 아체의 독립은 확인되었다. 그럼에도 불구하고 네덜란드군은 1873년에 아체의 수도(반다 아체)를 점령했다. 이것이 앞으로 30여 년 지속될 아체 전쟁의 시작이었다. 술탄을 비롯한 정치 지도자들은 곧 사라졌지만 아체의 이슬람 지도자들이 주도하는 저항은 계속되었다. 이리하여 전쟁은 종교전의 양상을 띠게 된 면이 있다. 하지만 네덜란드 군대에는 자바인이 다수 참여하고 있었기 때문에 지역적 갈등의 골도 깊어졌다. 아체인에게 투쟁의 대상은 네덜란드만이 아니라 자바인도 포함되었다. 아체가 네덜란드 군대에 의해 완전히 '평정'된 것은 1903년이 되어서였다.[11]

---

11) 발리는 1906년에 점령되었다.

제5장
# 필리핀 - 기독교 국가로의 변화

스페인 사람들이 오기 전, 즉 16세기 이전의 필리핀 군도 내 형편을 캐디는 다음과 같이 표현한 바 있다: "필리핀 군도와 여타 동남아시아 세계 간의 관계는 역사적(historical)이라기보다는 인종적(ethnic)이었다(Cady 1964: 232)." 이는 필리핀이 주변 동남아시아 문명 세계와 격리되어 있었다는 얘기이며 주변국과의 관계에 관한 기록이 남아 있지 않다는 의미이다. 그러다 보니 국내의 역사도 특별히 알려진 바가 없다. 때문에 필리핀의 역사는 스페인 지배 이후에야 시작되었다고까지 이야기하는 경우도 있다. 필리핀이라는 국명 자체가 16세기에 동방으로의 항해를 지원했던 스페인의 필리페(Philipe) 황태자(훗날 필립 2세)를 기려 붙여진 것이니만큼, 언어 논리상으로 볼 때도 '필리핀(the Philippines)'의 역사는 스페인이 이 군도를 경영하면서 시작되었다는 주장이 타당할 수 있다.

지리적인 여건을 놓고 볼 때 필리핀은 여타의 동남아시아는 물론 중국 대륙과의 접촉이 힘들 수밖에 없었다. 북으로 타이완과 가까이 있고, 서남쪽으로는 보르네오 북부를, 동남쪽으로는 향료 제도를 바라보고 있으나 필리핀은 주변의 바다 수심이 깊고 거칠며 태풍의 영향도 많이 받아서 바깥 세계와 원활한 교류가 어려웠다. 스페인인이 이 섬을 찾은 때부터 19세기에 이르기까지 범선 항해에서 유난히 침몰 사고가 많이 기록되는 것도 필리핀 주변의 뱃길이 그다지 얌전하지 못하기 때문이다.

그러나 스페인 사람보다 앞서 거친 물길을 헤치고 이곳에 상륙했던 용기 있는 사람들이 있었다. 그들은 풍요로운 자연환경 속에서 안전하게 살아왔다. 그리고 외국과의 교류도 없지 않았다. 단지 인력을 동원하고 조직하는 권력의 출현이 늦었을 뿐이었다.

## 바랑가이 (barangay)

필리핀의 거주민은 대부분 부족 단위로 생활하고 있었다. 이 거주 단위를 바랑가이라고 부른다. 현재도 필리핀에서 이 단어는 촌락을 지칭하는 데 쓰인다. 촌락이라고 표현했지만, 수백 가구에서 많게는 천 가구에 이르는 대규모 거주 단위이다. 우리로 치자면 리(里)와 면(面) 중간 정도 크기라고 할 수 있다. 그런데 바랑가이는 배타성 내지 독립성이 강하다. 바랑가이는 출입구가 따로 있을 정도이다.

▎바랑가이 입구 (2003. 2)

'바랑가이'는 이곳 주민이 과거 인도네시아 방면에서 필리핀으로 이주할 때 타고 온 배이다. 수십 명에 이르는 몇 개 가족 단위의 이주민 집단은 험한 바닷길을 더불어 헤쳐 온 운명 공동체였다. 새로운 땅에 도착하면 배를 같이 타고 온 사람들은 그대로 한 마을을 이루었다. 배를 타고 이주할 때의 지도자를 다투(datu)라고 했는데, 이들이 촌락의 지도자가 되었다. 다투는 종교 의식의 주재자이기도 했다.

시간이 흐름에 따라 촌락 내부에서는 계층 분화가 일어났다. 빈부의 차이가 생기게 되고, 전쟁이 발발하면 그 결과로 포로들이 들어오면서 자유민과 노예의 구분이 생겼다. 노예가 다시 채무 노예와 일반 노예로 구분되는 것은 여느 동남아시아 국가에서와 마찬가지였다.

스페인 사람이 들어오기 전까지 바랑가이가 통합되어 초기 국가 권력이 나타나는 조짐이 있었다. 마젤란을 살해했다는 세부(Cebu)의 한 지도자 라풀라푸(Lapulapu)라든가 이슬람 술탄들이 이런 초기 권력체의 지도자였다. 그보다 앞서 이미 11세기에는 민다나오에서 다섯 차례 중국에 사절을 보냈다는 이야기도 전한다(Wolters 1999: 133).

중국인을 비롯한 주변 동남아시아 교역상의 내왕도 있었다. 이 책의 3부 제1장에서 언급했다시피 이곳에서 발견된 15세기 베트남의 도자기는 좋은 증거이다. 그보다 더 구체적인 증거는 13세기 『제번지』의 기록이다. 이 책에는 '마일(麻逸)'이라는 나라가 나온다. 석전간지조는 마일이 루손 옆 민도로(Mindoro) 섬이었다고 하고(石田幹之助 1945: 176), 월터스는 마일을 마잇(Mait)으로 보아 민다나오라고 비정하는 곳이다(Wolters 1999: 33). 조여괄이 『제번지』에서 전하는 마일의 모습은 다음과 같다:

[…] 천여 가구가 한데 모여 사니 […] 구리 불상들이 초야에 널려 있으나 어디서 온 것인지는 알지 못하고 […] 그 나라에 배가 입항하면 나라에서 관리하는

시장 앞에 정박하는데 […] 추장은 흰 우산을 사용하기 때문에 상인들은 반드시 이[흰 우산]를 선물하는 것을 교역의 관례로 삼는다.

흰 우산은 힌두의 영향을 보여 준다. 인도네시아, 말레이 방면으로부터 오랜 시간을 두고 인구 이동이 있었기에 힌두교가 들어왔을 것이다. 불교의 잔재도 보인다. 활발한 국제 무역도 소개되고 있다. 아울러 이 책에서는 마일의 상인들이 주변의 도서 지방을 다니면서 물자를 거래하는 모습도 전하고 있다. 조여괄은 '삼서(三嶼)'라는 나라도 소개하고 있다. 풍속은 마일과 비슷하고 교역이 발전했던 것으로 알려졌다. 위의 기록에 보이는 '천여 가구가 한데 모여 사니'라는 기술은 '삼서'에도 반복된다. 천여 가구가 모여 사는 거주 단위는 바랑가이다.

## 스페인의 도래

마젤란(Ferdinand Magellan, 1480-1521) 일행이 세부에 도착한 해는 1521년이었다. 이는 포르투갈이 말라카를 점령한 지 10년 뒤의 일이다. 마젤란은 이곳에서 현지인들에게 살해당했기 때문에 스페인의 필리핀 진출은 지연되었다. 그 뒤 1565년에야 레가스피(Miguel de Legaspi)가 지휘하는 원정대가 루손에 상륙하면서 스페인의 본격적인 필리핀 경영이 시작되었다.

스페인의 남미 정복 과정에서와 같은 피비린내 나는 학살이나 약탈극이 필리핀에서는 일어나지 않았다. 남아메리카에서의 기억에 스페인인 스스로도 진저리를 쳤던 바라 군인과 기독교 사제 모두 조심했기 때문이기도 했다. 그러나 더 근본적인 이유는 필리핀에서 별다른 저항이 없었던 데 있었다. 큰 정치권력이 존재하지 않았던 필리핀에는 스페인 입장에서 볼 때 파괴해야 할 장애물이 없었음을 의미했다. 약탈할 대상물도 눈에 뜨이지 않았다. 말라카를 점령했을 때 포르투갈이 대규모 병력을 동원해야 했던 이유는 말라카 왕국이라는 국가 권력이 존재했고 이 권력으로부터 향료 무역 통제권을 탈취할 필요가 절실했기 때문이었다. 이에 반해 소규모의 수장들이 지배하던 필리핀에서는 경제적 이권을 놓고 스페인이 경쟁을 벌일 상대가 거의 없었다. 루손을 장악할 때 몇몇 이슬람 지배자의 저항이 있긴 했다. 그러나 심각한 충돌로 발전하지는 않았다. 선주민 입장에서 보면 스페인 세력과 기독교의 신은 월등한 힘을 가진 권력자였고 우월한 숭배 대상이었다. 마젤란이 사망하게 된 충돌은 그 일행이 현지인의 분쟁에 끼어들어 한쪽 편을 들다가 발생한 우발적 사고에 불과했다.[12]

스페인은 국가 권력 및 그에 따른 일정의 국가 정체성이 형성되기 이전 단계의 사회에 들어와서 현지인과 외래인이 적당히 공존하는 형태의 국가를 만들어 냈다. 어찌 보면 19세기에 영국인이 싱가포르를 건설한 경우와도 유사하다. 하지만 영국이 경제적 고려를 우선시했던 데 반해 스페인의 필리핀 경영에는 종교적 사명감이 크게 작용했다. 무엇보다도 경영 대상의 규모가 싱가포르와는 비교할 수 없을 정도로 컸다.

스페인이 아시아에 진출한 동기도 역시 '3g'였다. 왕의 영광(glory)은 새로운 나라 이름을 필리핀이라 한 것만으로도 실현되었다고 할 수 있다. 신의 복음(gospel)은 이 땅을 기독교화하는 작업과 더불어 전해질 터였다. 포르투갈과 네덜란드, 영국 등 다른 경쟁국에 비해 종교 방면에서 스페인 사람들의 노력과 성취는 비교되지 않을 정도로 컸다. 이러한 복음 전파 사업이 이슬람 세력과의 부단한 충돌을 야기했다. 이는 스페인의 지배가 루손을 넘어 남부 지역으로 확대되면서 본격화되었다. 민다나

---

12) 유인선, 「필리핀의 역사와 문화 - 필리핀 근대사의 성립과 전개 과정」, 『아세아연구』 84호(고려대학교 아세아문제 연구소, 1990), p. 311.

오를 중심으로 한 무슬림과의 전쟁은 끊이지 않았다. 기독교화가 진행되기 시작한 루손과 이미 이슬람교가 널리 퍼져 있던 민다나오 사이의 갈등은 심화되었다. 그럼에도 불구하고 스페인으로서는, 300여 년의 지배로 인구 수천만 명의 기독교 국가를 만들어 냈으니 대단한 성공이라고 하지 않을 수 없다.

'3g'의 마지막 요소였던 경제적 이득(gold)에 대한 전망은 어두웠다. 기대했던 바와 달리 이곳에는 향료가 나지 않았다. 남미의 은처럼 값나가는 다른 자원도 없었다. 향료 제도는 이미 포르투갈이 장악하고 있었으니 그곳에의 진출도 무망했다. 단지 남은 희망은 중국과의 교역이었다. 사실 도서부 동남아시아에서 중국과 가장 인접한 나라는 필리핀이었다.

## 지배 체제

처녀지나 다름없어 보이는 이 땅에 스페인 사람들은 하나님의 나라를 건설하고자 했다. 지배 체제를 수립하기 위해 가장 먼저 고려된 사항은 얼마나 효율적으로 복음을 전할 수 있느냐의 문제였다.

필리핀 지배의 최고 책임자인 총독은 마닐라에 거주했다. 마닐라에는 요새와 성당이 건설되어 지배 구조의 중심부를 형성했다. 지방은 주(州, alcadia)로 나뉘고 주에는 몇 개의 푸에블로(pueblo, 邑)가 두어졌다. 그 아래로는 바랑가이 또는 바리오(bario)라고 부르는 촌락이 있다.

이 중에서 스페인의 필리핀 지배 방식이 특징적으로 구현되는 단위는 푸에블로였다. 푸에블로에서 가장 중요한 존재는 교회였다. 교회는 전도의 근거지이자 지방 통치의 주체였고 교육 기관이기도 했다. 스페인 통치자들은 여간해서 현지어를 습득하지 않았다. 푸에블로 단위까지 파견되는 관리의 숫자도 많지 않았다. 이에 반해 기독교 사제들은 현지어에

▍인트라무로스 (스페인군 요새, 마닐라, 2003. 2)

능통했다. 현지인 입장에서 보자면 그들이 접하는 스페인인은 사제뿐이었다고 해도 과언이 아니었다. 사제가 통치자였다. 때문에 '하나님은 하늘에, 왕은 스페인에, 총독은 마닐라에, 신부님은 어느 곳에나'[13]라는 말이 생겨난 것이다. 필리핀 사람이 모두 '종(鐘) 아래' 살게 되었다는 것도 마찬가지 의미이다. 푸에블로와 그 주변 촌락에서는(마닐라도 마찬가지였지만) 교회의 종소리에 맞추는 삶이 시작되었다. 교회 종소리를 듣고 깨어 일하러 나갔다가 종소리에 맞추어 집으로 돌아와 휴식하고 잠자리에 들었다. 아이들은 종소리를 들으면서 자라고 교육받았다.

필리핀은 종종 아시아 기독교도의 피난처가 되기도 했다. 한국의 기독교사와도 필리핀은 인연이 깊다. 16세기 말 임진왜란 시기에 일본으로 끌려간 조선인 중에서는 기독교도가 된 사람이 꽤 있었음은 잘 알려진 사

---

13) John Bowring, *The Philippine Islands* (London: Smith Elder, 1859), p. 315, Sardesai(1997), p. 72에서 재인용.

실이다. 다음 세기 전반기에 일본 막부가 기독교도를 박해하기 시작하자 일본인 기독교도들이 대거 마닐라로 망명했을 때 이 무리 중에는 조선인 기독교도도 여럿 포함되어 있었다고 한다.[14]

전통적 지배층이 촌락 단위에 그대로 존속했다. 푸에블로에는 현지인 지도자들이 주축이 되는 위원회 프린시팔리아(principalia)가 만들어졌다. 이 위원회에서 선출된 고베르나도실로(gobernadocillo) 또는 메이어(mayor)가 푸에블로의 대표자였다. 물론 실질적인 통치자는 푸에블로의 사제들이었다.

## 갈리온 무역

식민지 경영에서 이익의 획득도 당연히 고려되어야 할 사항이었다. 기본적으로 필리핀인에게 요구된 부담은 공세와 부역이었다. 이러한 항목들은 푸에블로 단위로 할당되었고 촌락 지배자들에게 징수가 위임되었다. 그러나 거두어진 세금과 징발된 노역은 주로 교구 사제의 주관 아래 푸에블로 범위 내에서 사용되게 마련이었다. 한 개의 푸에블로는 한 개의 독립된 교구를 형성했기 때문에 푸에블로 산하 각 촌락 안에 있는 토지는 많은 경우 교회 소유지이거나 스페인인 관료에게 할당된 영지였다. 이 때문에 마닐라의 식민 정부에까지 도달되는 세금의 양은 늘 부족했다.

식민 정부는 애초에 의도했던 대로 중국과의 교역을 시도해 보았으나 여의치 않았다. 중국 남부 해안에 창궐하던 해적이 장애였다. 게다가 포

---

14) Raymund Arthur G. Abejo, "Early Philippine-Korean Contact: Exiled Korean Catholics in the Philippines during the 17th Century," Yoon Hwan Shin & Chayachoke Chlasiriwongs(ed.), *Relations between Korea and Southeast Asia in the Past* (Bangkok: AUN/KISEAS, 2005).

르투갈과 네덜란드의 견제도 거셌다. 일본과의 관계는 한동안 우호적이었다. 그러나 스페인 사람들이 보이던 종교적 열의가 일본 정부를 불안하게 했다. 일본 내 기독교 박해 시기를 맞으면서 양국 관계는 종결되었다. 향료 제도는 물론이고 동남아시아에로의 접근도 스페인으로서는 힘겨웠다.

절망적인 상황에서 중개 무역이 대안으로 떠올랐다. 이는 남미와 아시아의 물자를 마닐라에서 교환하는 사업이었다. 상품을 싣고 마닐라와 멕시코를 오가던 배는 갈리온(galleon)이라고 부르던 범선이었다. 갈리온 무역이란 명칭은 여기서 나왔다. 멕시코의 아카풀코(Acapulco)에서 출발하는 갈리온에는 은이 실렸다. 배가 마닐라에 도착하면 아시아 각지에서 온 비단, 도자기, 약재, 면직물, 향료 등이 그 은과 교환되어 갈리온에 선적된다. 자본가들에게 갈리온 무역은 매력적인 투자 대상이었다. 종종 배가 침몰되어 파산하는 사람들도 생겼으나 항해만 무사하면 큰 수익을 남길 수 있었다.

갈리온 무역은 스페인인이 가경지를 확대하는 노력을 막았다. 해석하기에 따라서는 '착취의 확대'이기도 하고 '개발'이기도 한 이런 활동은 스페인이 필리핀을 지배한 지 200여 년 정도가 지나서야 비로소 시작되었다. 그때까지 필리핀은 전통 사회 구조를 거의 온전히 유지한 채 천천히 기독교 국가로 바뀌어 가는 중이었다.

### 대농장 (하시엔다 Hacienda) 경영

농촌의 모습이 변하고 계층 분화가 가속화되는 것은 18세기 말 대농장 경영이 시작되면서부터였다. 이 무렵 갈리온 무역은 쇠퇴했다. 그 이유는 동남아시아로 세력을 확대하려는 영국의 간섭을 받게 되었고, 스페인의 식민지들이 독립 움직임을 보이면서 남미의 정정이 불안정해졌기 때문이다. 갈리온 무역이 19세기 초에 종식되자 사업가들은 새로운 수입원을 찾아야 했다. 국제 시장을 겨냥한 환금 작물 재배가 시작되었다. 담배, 사탕수수, 쪽, 커피, 사이잘 삼 등이 주요 품목이었다.

대농장 경영에 투자할 수 있는 주체는 세 부류였다. 첫째는 국왕령 불하지 보유자였다. 둘째는 교회였다. 그리고 마지막으로는 마닐라에서 출현한 상업 자본가였다. 이 중 세 번째 부류는 주로 스페인인, 중국인, 중국인과 현지인 사이의 혼혈인 메스티조였다. 상업 자본가만 놓고 보자면 갈리온 무역과 대농장 경영은 단절된 현상이 아니었다. 갈리온 무역과 마닐라의 발전 과정에서 성장한 상업 자본이 농업 자본으로 전환한 것이라고 볼 수 있다.

그런데 이들 투자자는 농지와 단절되어 있었다. 스페인인 지주의 대부분은 부재지주였고, 교회령 역시 사제들의 손길이 일일이 미칠 수가 없는 형편이었다. 상업 자본가도 농촌에 거주하는 재지 지주가 되기는 힘들었다.

이러한 형편에서 지주와 소작인 사이를 매개하는 임대차농(잉낄리노 inquilinos)이 성장했다. 이들은 지주로부터 토지를 임차한 후 그것을 농민에게 다시 임대했다. 그렇게 해서 모은 돈으로 임대차농은 토지를 사들여 지주가 되었다. 대규모 토지에서 환금 작물을 경작하며 농민을 직접 통제하는 재지 지주층이 나타났다. 이들은 교육에 투자해 자녀를 마닐라뿐만 아니라 스페인을 비롯한 유럽 각지로 유학시켰다. 이렇게 해서 탄생한 이들이 '일루스트라도(ilustrados)'라 불리는 계몽지식인층이다. 높은 수준의 교육을 받았고 돈까지 있는 사람들이었다. 훗날 이들이 필리핀 민족주의 운동의 주체가 된다.

필리핀의 메스티조는 필리핀인으로서의 정체성이 유난히 강하다. 이는 스페인 당국의 초기 정책과 관련이 있다. 마닐라를 중심으로 거주했던 중국인은 스페인 정부가 엄격히 통제했지만 메스티조는 거의 현지인처럼 대우했기 때문이다. 식민 정부로서는, 갈리온 무역을 포함한 식민지 경제에서 중국인에게 의존하는 바가 큰 것은 사실이지만, 마닐라 건설 초기부터 중국인은 위험한 존재였다. 필요하다면 그들은 서슴없이 스페인군을 공격했고, 스페인 상선을 약탈했다. 중국인의 영향력이 커지자 18세기 중반에는 중국인 추방령도 여러 차례 내려졌다. 설사 중국인의 체류를 허용하더라도 그들의 거주지는 마닐라 주변에 한정되어 있었다. 중국인 통제가 강화될 때 중국인의 역할을 도맡아 하던 사람들이 바로 메스티조였다. 메스티조 가운데 부유한 자들이 나타나기 시작했고, 이들은 토지에 투자하여 대농장주로 변신했다. 농민들은 대부분 소작인으로 전락하고 토지는 소수의 지주에게 집적되는 현상이 18세기부터 급속도로 전개되었다.

갈리온 무역이 종결되었다고 해서 필리핀의 대외 교역이 위축되지는 않았다. 환금 작물 재배는 활발한 대외 교역과 세계 시장에의 참여를 전제로 한 것이었다. 그래도 오랜 관행 때문이었는지 스페인은 마닐라의 개항을 늦추어 왔다. 첫 환금 작물 수출로 기록되는 해는 담배와 쪽이 상품으로 선적된 1783년이었다. 그런데 마닐라 항을 개방하고 자유 무역 체제로 편입된 해가 1854년이었으니 스페인 식민 정부의 보호 무역 체제가 얼마나 오래 유지되었는지 알 수 있다. 아시아 각국의 개항 시점이 19세기 중반 전후인 점을 고려한다면 필리핀의 개항 역시 아시아적 모습에서 크게 벗어나지는 않았다고 할 수 있다. 개항을 계기로 대농장 경영은 더욱 확대되는 추세였다.

## 저항 운동

스페인 선교사들이 아무리 진지한 신앙인으로서의 사명감이 있고, 스페인 식민 당국이 아무리 남미의 기억을 교훈 삼아 조심스러운 식민지 경영을 해 나갔다고 하더라도 현지인과 크고 작은 충돌이 없을 수는 없었다.

가장 대표적인 것은 무슬림의 저항이었다. 이들에게 스페인의 존재는 이교도로 먼저 비쳐졌다. 스페인 입장에서도 마찬가지였다. 그들은 이미 유럽에서 무슬림과의 전쟁을 치렀던 터라 무슬림과의 충돌은 아시아에서의 또 다른 성전이었다. 스페인은 필리핀의 무슬림을 '모로(moros)'라고 불렀으며 무슬림과의 전쟁을 '모로 전쟁'이라 일컬었다. 양측의 공방전은 스페인 지배기 내내 전개되었다. 그래서 300여 년의 스페인 지배기는 곧 '모로 전쟁기'로 인식되기도 한다.

그밖에 17세기에 일어났던 저항운동들은 정령 신앙이 가지는 주술적 힘에 의존하는 집단에 의한 것이었다. 예를 들어 1621년 보홀(Bohol)과 레이떼(Leyte)에서 일어난 반란이 그러하다(Cady 1964: 254-255). 이러한 경우 두 개의 신앙 체계가 부딪친다는 점에서 '모로 전쟁'과 유사하다. 그러나 이런 반란은 종교적 동기 외에도 식민 초기의 가혹한 노동력 착취라든가 문화 충돌이 원인이 되기도 했다.

다음 세기의 저항은 더 조직적이고 강했다. 보홀에서 다고호이(Francisco Dagohoy)가 주도한 것과 팡가시난(Pangasinan), 일로코스(Ilokos)에서 있었던 드 라 쿠르즈(Juan de la Kurz Palaris)와 디에고 실랑(Diego Silang)의 봉기가 잘 알려져 있다.

다고호이의 봉기는 스페인인 사제들의 편협한 태도에 의해서 촉발되었다. 공무를 집행하다가 사망한 필리핀인 치안관이 교회 묘지에 매장되는 것을 교회에서 거부했다. 다고호이는 이 치안관의 동생이었다. 수천 명의 추종자가 그의 휘하에 몰려들었다. 이들은 스페인인 신부들을 살해

▌마닐라 만 (2003. 2)

하고 교회 토지 몰수를 주장했다. 저항운동은 수십 년(1744-1829)이나 지속되었다.

신부들에 대한 반발에서 비롯되었음에도 불구하고 다고호이의 봉기가 반교회 운동이 아니었다는 점은 흥미롭다. 다고호이와 추종자들은 기독교도의 의무에 충실했다. 저항 근거지인 산속에서도 그들은 독실한 기독교도였다. 단지 그들은 수 세기 동안 자기들을 지배해 온 스페인 신부들의 횡포와 해이해진 기강을 혐오할 뿐이었다. 필리핀인이 기독교의 참된 뜻을 지키는 주체가 되었음을 다고호이 반란은 보여 주고 있다. 훗날 민족주의 운동의 맹아가 필리핀인 사제들에 의한 교회 개혁 운동으로 나타난다는 것은 우연이 아니다.

드 라 쿠르즈, 실랑의 봉기는 좀 더 정치적이었다. 절대적 권력이라 믿어 왔던 스페인 식민 당국의 이미지가 와해되는 과정을 이 봉기들은 보여 준다. 결정적인 계기는 영국의 마닐라 점령이었다. 이 사건은 유럽에서 있었던 7년 전쟁(1756-1763) 때문에 적대 관계에 있던 영국과 스페인이 아시아에서 벌인 대결이었다. 영국이 1762년에 마닐라를 포위했을 때 팡가시난의 지사는 약 1,500명을 모아 마닐라 구원병으로 파견했다. 도중에 마닐라가 함락되었다는 소식이 전해지자 이 무리는 대부분 흩어졌다. 그런데 이들이 도처에서 반란의 씨앗이 되었다. 동원과 이동 과정에서 경험한 불만은 절대 권력자라고 믿어 왔던 스페인에 대한 환상의 붕괴와 결합되어 반발로 터져 나왔다. 자신들을 보호할 능력이 없는 대상에게 세금을 납부할 필요가 없다고 사람들은 생각하기 시작했다. 세금 과 공역 의무를 거부하고 스페인 고위 관료들을 추방해야 한다는 요구가 거세어졌다. 그 중 드 라 쿠르즈가 주도하던 저항은 가장 영향력이 컸다. 비슷한 시기 실랑의 반란도 영국의 마닐라 점령이 계기가 되었다. 공세 납부 거부뿐만 아니라 교회에의 개인적 봉사와 강제 노역 부담을 철회할 것이 요구되었다. 실랑 역시 스페인이 마닐라 방어에 실패했기 때문에 세금을 낼 필요가 없다고 주장했다. 드 라 쿠르즈와 실랑 모두 체포되어 처형당했다. 실랑의 아내 가브리엘라(Gabriela)는 남편이 죽은 후에도 몇 달간 더 저항군을 지도했다.

  이 세 반란은 변화하는 시대를 반영하고 있다. 토착인이 교회의 잘못, 스페인인의 잘못을 비판하면서 조직적으로 맞서 싸우기 시작했다. '필리핀의 역사'가 16세기부터 시작되었고, 스페인인이 설계한 이 세계가 300년 동안 하나의 '전통'이 되었다고 한다면 필리핀의 전통 시대는 종말을 향해 가고 있었다. 전통 파괴의 주체로 필리핀인이 나설 준비를 하고 있었다.

# 리뷰

 말레이 반도 남쪽에서 15세기 초에 출현한 말라카 왕국은 해상 교역을 통제하며 말레이 세계를 지배했다. 이슬람교로 개종한 말라카 왕실의 노력으로 도서부 동남아시아에 이슬람교가 광범위하게 퍼지는 계기가 마련되었다. 이보다는 훨씬 늦지만, 1819년에 건설된 싱가포르는 과거 스리비자야나 말라카 왕국처럼 동서 해양 교역의 중개지로서 중요한 역할을 하게 된다. 브루나이의 자취는 이미 10세기부터 나타났는데, 도서부 동남아시아 국가 중에서 중국과 가장 친밀한 관계를 오래도록 유지했던 국가였다. 몽골의 침입을 물리치면서 출현한 마자파힛은 14세기 중에 크게 발전하면서 자바를 넘어 현 인도네시아 영역을 대부분 아우르고 통합하는 노력을 보여 '인도네시아'의 원형이 된 나라로 평가된다. 필리핀은 싱가포르와 마찬가지로 서양인에 의해서 나라의 형태를 갖추었다.
 역사 속에 서양 세력이 차지하는 비중이 높다는 것이 도서부 동남아시아 각국의 공통점이다. 말라카는 1511년에 포르투갈에 망한 이래 네덜란드와 영국의 지배가 19세기까지 이어졌고, 브루나이 역시 네덜란드의 통제권 안에 있다가 19세기부터는 브루크 가와 영국 북보르네오 회사를 직접적으로 의식하며 살아야 했다. 네덜란드 동인도회사가 바타비야를 건설한 이래 인도네시아에는 늘 네덜란드인이 있었다. 필리핀을 제외하고 19세기까지 서양인이 지배하던 대상은 도시였지 영토가 아니었기 때문에 도서부 동남아시아 대부분은 전통 사회가 그대로 유지되기는 했다. 그렇다고 해서 이들 서양 세력을 압도하는 토착의 정치권력이 등장하지도 못했다.

　몽골의 공격이 있었을 때부터 서양인이 들어올 때까지 3세기 동안 우리는 도서부 동남아시아에서 역동적인 역사가 전개되고 있음을 보았다. 마자파힛과 말라카 왕국의 홍성이 그 사례들이다. 이 두 국가가 3세기 동안 차례로 번성하다가 몰락한 이후 16세기부터 19세기까지 또 다른 3세기의 역사를 필자는 서양 세력과 동남아시아 간의 상호 길항 작용으로 파악했다.

　전반적으로 보아 이 6세기 동안 도서부 동남아시아에서 주목되는 변화는 현재의 판도에 상응하는 국가의 범주들이 만들어져 가고 있었다는 것이다. 수많은 도서 지역으로 이루어져 있고 헤아리기 어려운 소국이 흩어져 있는 이런 곳에서 규모 있는 몇몇 영역의 형성은 중요한 변화였다. 마지파힛 왕국이 동쪽의 발리로부터 서쪽의 수마트라까지를 하나의 지배 영역으로 아울렀고(14세기), 다음 세기에는 말라카가 말레이 반도를 중심으로 하는 이슬람 공동체를 만들었다. 비록 외부인의 힘에 의해서이긴 했지만, 16세기에 '필리핀'이 등장했다. 이들 나라에 비해서 브루나이가 출현하는 시기는 매우 일렀으나, 현재의 영역이 과도하게 축소되어 있어서 국가 범주의 형성 시기를 브루크 가, 영국 북보르네오 회사가 개입하는 19세기 말까지 내려 잡아야 하지 않을까 한다. 싱가포르는 1819년에 명확한 영역이 만들어졌다.

　'도서부 동남아시아의 변화'를 다루고 있는 이 제4부의 서술 하한은 18세기 말-19세기 초 도서부 동남아시아에서 국가의 영역이 확정됨과 동시에 이들 국가가 제국주의 세력의 식민지로 전락하는 때로 잡았다. 이 변화 역시 서양인에 의해서 초래되었다고 할 수 있다. 그러나 필자는 이를 다른 측면에서 바라볼 필요가 있다고 생각한다. 말레이 지역 내의 통합은 영국인의 개입에 힘입은 바 컸지만, 우리는 말라카 이후 그 '후예들' 사이의 역사 공감대를 중시할 필요가 있다. 조호르에서 시작하고, 이어 말레이 각 술탄국에서 행해질 '말레이 역사' 편찬은 역사적 공감대의 형성과 확대에 공헌했다. 인도네시아에서 아체와 발리를 병합한 일련의 과정을 나는 '영역' 형성 과정이라고 긍정적으로 평가할 의사는 없고, 또 그것이 토착인에 의한 성취라고 과장할 생각은 더욱 없다. 단지, 인도네시아의 경우는 그렇게 '단일체'가 형성되면서 식민 지배로 들어갔다고 보면 충분하다. 그 과정에서 마자파힛의 기억이라든가 적어도 통합을 바라는 토착 인도네시아인의 역할 내지는 기대에 관한 연구는 좀 더 기다려야 할 것이다. 필리핀에서 영역은 스페인에 의해 이미 만들어졌지만 그 영역 위에 사는 사람들의 정서적 공감대 형성에는 시간이 필요했다. 여기에는 기독교의 역할이 컸다. 그런데 그 기독교는 스페인의 기독교가 아닌 필리핀인의 기독교였다.

# 부록

## 왕조 계보
## 동남아시아사 연표

# 왕조 계보

각국에서 주장하는 창시자 및 주요 왕만 정리했음

## 푸난

1. 카운딘야(1세기?)
⋮
4. 판시만(205?-225?)
⋮
13. 루드라바르만(514-539?)

## 참파

1. 구련(2세기 ?)
⋮
제봉아(?-1390)
⋮

## 베트남

| 반랑 시대 | 1. 락롱꾸언<br>~ 역대 훙브엉(?-기원전 208) |
|---|---|
| 어우락 국 | 1. 안즈엉브엉(기원전 208-179) |
| 남비엣 | 1. 무왕(武帝/찌에우다, 기원전 207-136?)<br>2. 문왕(文王, 기원전 136-125)<br>3. 명왕(明王, 기원전 125-112)<br>4. 애왕(哀王, 기원전 112-111)<br>5. 술양왕(術陽王, 기원전 111) |

| | |
|---|---|
| 응오(Ngô) | 1. 응오꾸옌(939-944)<br>⋮<br>4. 남떤브엉(954-963) |
| 딘(Đinh) | 1. 딘띠엔호앙(딘보린, 966-979)<br>2. 폐제(廢帝, 979-980) |
| 레(Lê) | 1. 다이하인호앙데(大行皇帝, 레호안, 980-1005)<br>⋮<br>3. 와조(臥朝, 1005-1009) |
| 리(Lý) | 1. 타이또(太祖 Lý Công Uẩn, 1010-1028)<br>2. 타이똥(太宗, 1028-1054)<br>3. 타인똥(聖宗, 1054-1072)<br>4. 년똥(仁宗, 1072-1127)<br>⋮<br>9. 찌에우황(昭皇, 1225) |
| 쩐(Trần) | 1. 타이똥(太宗, 1225-1258)<br>2. 타인똥(聖宗, 1258-1278)<br>3. 년똥(仁宗, 1278-1295)<br>4. 아인똥(英宗, 1293-1314)<br>⋮<br>12. 티에우데(少帝, 1398-1400) |
| 호(Hồ) | 1. 호꾸이리(1400)<br>2. 호한트엉(胡漢蒼, 1400-1407) |
| 레(Lê) | 1. 타이또(太祖 Lê Lợi, 1428-1433)<br>2. 타이똥(太宗, 1434-1442)<br>3. 년똥(仁宗, 1443-1459) |

| 레(Lê) | 4. 타인똥(聖宗, 1460-1497)<br>⋮<br>26. 히엔똥(顯宗, 1740-1786)<br>27. 찌에우퉁데(昭統帝, 1786-1788) |
|---|---|
| 막(Mạc) | 1. 막당중(莫登庸, 1527-1530)<br>2. 막당조아인(莫登瀛, 1530-1540)<br>⋮<br>5. 막머우헙(莫茂洽, 1562-1592)<br>⋮<br>10. 막낀호안(1638-1677) |
| 찐(Trịnh) 씨 | 1. 찐끼엠(鄭檢, 1539-1570)<br>2. 찐뚱(鄭松, 1570-1623)<br>⋮<br>10. 찐카이(鄭楷, 1782-1786) |
| 응우옌<br>(Nguyễn) 씨 | 1. 응우옌호앙(阮潢, 1558-1612)<br>2. 응우옌푹응우옌(阮福源, 1614-1636)<br>⋮<br>9. 응우옌푹투언(阮福淳, 1765-1775) |
| 떠이썬<br>(Tây Sơn) | 1. 꽝쭝 황제(光中, 1788-1792)<br>2. 응우옌꽝또안(阮光鑽, 1792-1802) |
| 응우옌 왕조 | 1. 쟈롱(嘉隆, 1802-1820)<br>2. 민망(明命, 1820-1841)<br>3. 티에우찌(紹治, 1841-1847)<br>4. 뜨득(嗣德, 1848-1883)<br>⋮<br>8. 함응이(咸宜, 1884-1885) |

| | |
|---|---|
| | 9. 동카인(同慶, 1885-1888) |
| | 10. 타인타이(成泰, 1889-1907) |
| | ⋮ |
| | 13. 바오다이(保大, 1926-1945) |

| 캄보디아 | |
|---|---|
| 앙코르 이전 | 1. 바바바르만(550?-600?) |
| | ⋮ |
| | 5. 자야바르만 1세(650?- ?) |
| 앙코르 시대 및 이후 | 1. 자야바르만 2세(802-850) |
| | 2. 자야바르만 3세(850-877) |
| | 3. 인드라바르만 1세(877-889) |
| | 4. 야소바르만 1세(889-900) |
| | ⋮ |
| | 9. 라젠드라바르만(944-968) |
| | 10. 자야바르만 5세(968-1001) |
| | ⋮ |
| | 13. 수리야바르만 1세(1002-1050) |
| | ⋮ |
| | 18. 수리야바르만 2세(1113-1150) |
| | ⋮ |
| | 22. 자야바르만 7세(1181-1218) |
| | ⋮ |
| | 25. 인드라바르만 3세(1295-1308) |
| | ⋮ |
| | 35. 스리 수리야바르만(포냐 얏, 1432- ?) |

⋮

앙짠(1516-1566)

⋮

쩨따 1세(1576- ?)

⋮

쩨따 2세(1618- ?)

⋮

쩨따 3세(1672- ?)

⋮

쩨따 4세(1675- ?)

⋮

앙엠(1704- ?)

⋮

쩨따 5세(1749-1755)

⋮

앙엥(1779-1797)

앙짠(1806-1835)

앙메이(1835)

앙두웅(1841-1860)

노로돔(1860-1904)

시소왓(1904-1927)

모니봉(1927-1941)

노로돔 시하눅(1941-1955)

노로돔 수라마릿(1955-1960)

노로돔 시하눅(1993-2012)

## 라오스

1. 파응움(1353-1373)
2. 삼센타이(1373-1416)
⋮
15. 비쑨(1501-1520)
16. 포티사랏(1520-1548)
17. 세타티랏(1548-1571)
⋮
29. 수린야봉사(1637-1694)
⋮
32. 사이옹후에(비, 1700-1735)
　끼짜랏(루, 1707-1726)
⋮
36. 인타 왕(비, 1792-1805)
　띠야오봉(루, 1781-1787)
37. 아누 왕(비, 1805-1828)
　아노우롯(루, 1791-1817)
38. 만타 토우랏(루, 1817-1836)
39. 수까 세움(루, 1836-1851)
40. 띠안타(루, 1851-1872)
41. 운캄(1872-1887)
42. 자까린(루, 1894-1904)
43. 시사방봉(루, 1904-1960)

| 태국 | | |
|---|---|---|
| 수코타이 | 1. 스리 인드라딧야(1238-?) <br> 2. 반 무앙(?-1279?) <br> 3. 람캄행(1279?-1298) <br> ⋮ | |
| 아유타야 | 1. 라마디파띠(1350-1369) <br> ⋮ <br> 8. 트레이록(1448-1488) <br> ⋮ <br> 16. 짜크라팟(1549-1569) <br> ⋮ <br> 19. 나레수언(1590-1605) <br> ⋮ <br> 24. 프라삿통(1630-1656) <br> ⋮ <br> 27. 나라이(1657-1688) <br> ⋮ <br> 33. 보로모라자 5세(1758-1767) | |
| 톤부리 | 딱신(1767-1782) | |
| 방콕 | 1. 라마 1세(1782-1809) <br> 2. 라마 2세(1809-1824) <br> 3. 라마 3세(1824-1851) <br> 4. 라마 4세(몽꿋, 1851-1868) <br> 5. 라마 5세(쭐라롱꼰, 1868-1910) <br> 6. 라마 6세(바지라웃, 1910-1925) <br> 7. 라마 7세(1925-1935) <br> 8. 라마 8세(아난다, 1935-1946) <br> 9. 라마 9세(1946- ) | |

| 버마 | | |
|---|---|---|
| 파간 – 아노라타 이전 | 1. 퓨소티(167-242) ⋮ 17. 포파 소라한(613-640) ⋮ 36 소까떼(992- ?) | |
| 파간 – 아노라타 및 이후 | 1. 아노라타(1044-1077) 2. 솔루(1077-1084) 3. 찬싯따(1084-1113) 4. 깐쑤 1세(1113-1167) ⋮ 7. 깐쑤 2세(1173-1210) ⋮ 11. 깐쑤 4세(1254-1287) ⋮ 14. 우짜나(1325- ?) | |
| 뚱구 | 1. 민찌뇨(1486) 2. 따빈시웨띠(1531-1551) 3. 바인나웅(1551-1581) ⋮ 14. 마하담마야자 디빠띠(1733-1752) | |
| 꼰바웅 | 1. 알라웅파야(1752-1760) 2. 나웅도지(1760-1763) 3. 신뷰신(1763-1776) ⋮ 6. 보도파야(1781-1819) 7. 바지도(1819-1838) 8. 타라와디(1838-1846) | |

|  | 9. 파간 민(1846-1853) |
|---|---|
|  | 10. 민돈 민(1853-1878) |
|  | 11. 티보(1878-1885) |

## 말라카

|  | 파라메시바라(1402?- ?) |
|---|---|
|  | 스리 마하라자(1424- ?) |
|  | 라자 이브라힘(1444- ?) |
|  | ⋮ |
|  | 마흐무드(1488-1511) |

## 인도네시아

| 스리비자야 | ? |
|---|---|
| 사일렌드라 | 1. 바누(?) (752?) |
|  | 2. 비쉬누(775?-782) |
|  | 3. 인드라(782-812?) |
|  | 4. 사마라툰가(812?-832?) |
| 마타람 | 시모(?) (674-?) |
|  | 산자야(732- 760?) |
|  | 판짜파나(760?-780?) |
|  | ⋮ |
|  | 파타판(819-838?) |
|  | ⋮ |
|  | 신독(929-947) |
|  | 스리 이사나뚱가비자야(947?- ?) |

| | |
|---|---|
| | ⋮<br>아이르랑가(1019-1049)<br>⋮<br>컬타자야(1216-1222) |
| 싱고사리 | 1. 켄 앙록(1222-1227)<br>⋮<br>5. 컬타나가라(1268-1292) |
| 마자파힛 | 1. 컬타라자사(1293-1309)<br>2. 자야나가라(1309-1329)<br>3. 트리부바나 여왕(1329-1350)<br>4. 하얌 우룩(라자사나가라, 1350-1389)<br>⋮ |
| 마타람 | 수타비자야 세노파띠(1582-?)<br>⋮<br>술탄 아궁(1613-?)<br>⋮ |

참고자료 : 유인선(2002); Chandler(2008); Hall(1958); Sardesai(1997), Wyatt(1984). 가장 자세하고 광범한 연표는 Hall(1958), pp. 47; 728-760에 있음.

# 동남아시아사 연표

| 연대 | 사건 |
|---|---|
| 기원전 3세기 | 반랑 멸망/어우락 건설(기원전 208), 남비엣 출현(기원전 207) |
| 기원전 2세기 | 찌에우다 황제(무제) 칭함(기원전 183), 어우락 멸망(기원전 179), 남비엣 멸망(기원전 111) |
| 1세기 | 쯩 자매 반란(40-43), 푸난의 존재 사료에 출현 |
| 2세기 | 참파 존재 사료에 나타나기 시작함, 말레이 반도 및 서부 자바에서 소국들 출현 |
| 3세기 | 사섭(137-226)의 교지 지배, 푸난 판시만의 전성기(205?-225?), 주응/강태의 푸난 방문(3세기 중반), 강승회에 의한 손권 불교 귀의(247), 푸난 사절 중국 방문(263) |
| 5세기 | 법현 인도에서 귀국길에 수마트라 또는 자바의 소국 방문(414) |
| 6세기 | 중국 양나라에 부남관 설치, 푸난 쇠퇴/첸라 흥기, 말레이 반도의 랑카수카/적토국 중국에 사절(6세기 중반/후반-7세기 초반) |
| 7세기 | 스리비자야 번영, 의정의 스리비자야 체류(671-2?, 690s), 안남도호부 설치(679) |
| 8세기 | 수진랍/육진랍(706), 산자야(마타람) 왕국(732?), 사일렌드라(775?), '곤륜사파' 하노이 공격(767), 보로부두르 건설(776 또는 778-824), 사일렌드라 첸라 공격(790) |
| 9세기 | 짠디멘듯(800?), 자야바르만 2세 즉위(802), 파간 왕조 출현, 사일렌드라 멸망/마타람 왕조 부활(832), 프레아코/바콩 사원 건설, 프람바난 사원 건설 |
| 10세기 | 베트남 독립(939), 브루나이 사절 중국 방문(977), 참파 인드라푸라에서 비자야로 수도 옮김(982?), 반떼이 스레이 건설(960s), 신독 왕 재위기(929-947), 마타람 왕국 동천 |

| 연대 | 사건 |
|---|---|
| 11세기 | 수리야바르만 1세(1002-1050) 타톤 공격, 리 왕조 성립(1009), 탕 롱 정도(1010), 아이르랑가 시대(1019-1049), 촐라 왕국 스리비자야 공격(1025), 아노라타 왕(1044-1077)의 타톤 점령, 베트남 문묘 건설(1070), 과거제 도입(1075), 국자감 설치(1076), 스독칵톰 비문, 베트남/참파/버마 역사 기록에 따라이인 나타나기 시작함 |
| 12세기 | 수리야바르만 2세(1113-1150) 앙코르왓 건설 시작, 미야쩨디 비문(1113) |
| 13세기 | 쩐 왕조 수립(1225), 수코타이 성립(1238), 스리비자야 멸망(1290), 마타람 멸망/싱고사리 건국(1222), 마자파힛 건국(1293), 운남 대리국 멸망(1253), 란나 건국(1259), 『대월사기』 편찬(1272), 파간 멸망(1287), 몽골의 동남아시아 각국 침입(베트남, 참파, 캄보디아, 버마, 인도네시아, 란나), 람캄행 비문(1292), 주달관 캄보디아 체류(1296-1297) |
| 14세기 | 란쌍 건국(1353), 가자 마다/하얌 우룩 시대(1350-1364), 라오스 최초 인구 조사(1376), 아유타야 건국(1350), 제봉아 즉위(1360) |
| 15세기 | 호꾸이리 찬탈(1400), 명의 베트남 점령(1404), 말라카 왕국 건설(1402?), 브루나이 국왕 일행 복건 도착(1405) 남경 도착(1408), 파라메시바라 일행 중국 방문(1410), 브루나이 왕 일행 중국 방문(1412), 레 왕조 건설(1428), 신소부 여왕 재위기(1453-1472), 아유타야군 시엠립 점령(1431), 캄보디아 프놈펜으로 천도(1434), 타인똥 치세(1460-1497), 타인똥 참파 공격(1471)/루앙 프라방 함락/쩐닌 획득 |
| 16세기 | 포르투갈의 말라카 점령(1511), 똠 삐레(『수마 오리엔탈』 저자) 말라카 도착(1512), 프라방 불상 루앙프라방으로 이동(1512), 마젤란 일행 세부 도착(1521), 막당중 찬탈(1527), 마자파힛 멸망(1527?), 포티사랏 왕 정령/힌두 신앙 금지(1527), 따빈시웨띠 왕 페구 정복(1539), 가스빠르 신부 캄보디아 방문(1556), 응우옌 호앙 남부로 이동/베트남 남북 분립 시작(1558), 아체 원정군 말라카 공격(1558), 란쌍 수도 루앙프라방에서 비엔티안으로 옮김(1563), 레가스피 일행 루손 상륙(1565), 명나라 해금 정책 해제(1567), 뚱구 왕조 아유타야 점령(1569), 뚱구 왕조 내륙으로 수도 이전(1587), 나레수언 왕 즉위(1590) 및 아유타야 독립, 아유타야 로벡 점령(1594) |

| 연대 | 사건 |
|---|---|
| 17세기 | 네덜란드 동인도회사 창립(1602), 성 토마스 대학 개교(1611), 바타비야 건설(1619), 보홀/레이떼 반란(1621), 로드 신부 베트남 도착(1624), 베트남 남북 전쟁 시작(1627), 마따람 왕국의 바따비야 공격(1628-1629), 아체 원정군 말라카 공격(1629), 라오스 수린야봉사 왕 치세(1637-1694), 네덜란드 동인도회사 말라카 점령(1641), 명나라 유민 3,000여명 베트남 귀부(1679), 콘슨탄틴 파울콘 처형(1688), 사이공에 쟈딘 부 설치(1698) |
| 18세기 | 프라방 불상 비엔티안으로 이동(1705), 루앙프라방/비엔티안 분열(1707), 중국인 막구 베트남 귀부(1710년경), 바따비야의 분노(1740-1741), 다고호이 봉기(1744), 꼰바웅 왕조 시작(1752), 마따람 분할(1755), 드 라 쿠르즈/실랑 봉기(1760s), 버마-중국 전쟁(1766-1770), 꼰바웅 왕조 아유타야 점령(1767), 톤부리 왕조(1767-1782), 떠이썬 운동 발발(1771), 딱신 군대 프놈펜 점령(1772), 프라방 불상 태국으로 이동(1778), 방콕 왕조 시작(1782), 삐노 신부·까인 왕자 프랑스 여행(1783-1789), 영국 동인도회사 페낭에 무역기지 건설 개시(1786), 떠이썬 왕조 수립(1788), 쟈딘 정권 수립(1788), 떠이썬 청군에 승리(1789), 네덜란드 동인도회사 파산(1799) |
| 19세기 | 응우옌 왕조 수립(1802), 보도파야 군대 시따공 진입(1811), 스탬포드 라플스 자바 부임(1811), 짠 왕 사이공으로 피신/베트남 군대 캄보디아 진공(1812), 네덜란드 자바 지배 재개(1816), 싱가포르 건설(1819), 민망 치세(1820-1841), 제1차 버마-영국 전쟁(1824-1825), 자바 전쟁(1825-1830), 얀다보 조약(1826), 버니 사절단 방콕 방문(1826), 해협식민지 형성(1826), 아누 왕 태국 공격(1827), 강제경작제도 개시(1830-1870s), 레반코이의 반란(1833-1835), 베트남의 캄보디아 병합(1835-1846), 빈딘에서 균전제 실시(1837), 사라와 제임스 브루크에 양도(1840s), 몽꿋 즉위(1851), 제2차 버마-영국 전쟁(1852), 캄보디아 프랑스에 보호 요청(1853-1863), 민돈 왕 재위(1853-1878), 마닐라 개항(1854), 바우링 조약(1855), 영국 동인도회사 해체(1858), 프랑스군 다낭 공격(1858), 프랑스군 사이공 점령(1859), 앙리 무오 루앙프라방 방문(1861), 프라방 불상 루앙프라방으로 돌아감(1860s), 수마트라 조약(1871), 세계불자대회(1872), 아체 전쟁(1873-1903), 팡코르 조약(1874), 청불 전쟁(1884-1885), 응우옌 왕조 주권 상실(1885), |

| 연대 | 사건 |
|---|---|
| 19세기 | 꼰바웅 왕조 멸망(1885), 프랑스령 인도차이나 성립(1887), 영국 북보르네오회사 사바 장악(1888), 프랑스 루앙프라방 지배권 확립(1893), 말레이국연방 성립(1896) |
| 20세기 | 브루나이 주권 상실(1904), 네덜란드 발리 점령(1906) |

# 참고 문헌

강희정 2010. 「6세기 扶南과 山東의 사르나트 양식 불상 - 남방해로를 통한 인도 불교미술의 東傳」, 『中國史研究』 제67輯.
김성원 1998. 『미얀마학 입문』. 부산외국어대학교출판부.
『舊唐書』. 京仁文化社, 서울, 1977.
『南齊書』. 京仁文化社, 서울, 1977.
다뚝 자이날 아비딘 빈 압둘 와히드 외 저 소병국 역 1998. 『말레이시아 史』. 오름, 서울.
『大南寔錄正編列傳初集』 1889. 慶應義塾大學言語研究所, 東京, 1962.
『大越史記全書』, 陳荊和 編校 1984. 東京大學東洋文化研究所附屬東洋學文獻センター.
『明史』. 京仁文化社, 서울, 1977.
樊綽 n. d. 『蠻書』. 藝文印書館, 北京, 1965.
베켈, 오스카 저 조흥국 역 1997. 『인도차이나』. 주류성, 서울.
『史記』. 京仁文化社, 서울, 1977.
石田幹之助 1945. 『南海に關する支那史料』. 生活社, 東京.
『宋史』. 京仁文化社, 서울, 1977.
송인서 1998. 「태국 국호에 대한 일 고찰」, 『江原史學』 13, 14 合輯.
『新唐書』. 京仁文化社, 서울, 1977.
신윤환 2000. 「인도네시아의 화인: 경제적 지배와 정치적 배제 사이에서」, 박사명 외 『동남아시아의 화인』. 전통과 현대, 서울.
오스본, 밀톤 저 조흥국 외 역 2000. 『한 권에 담은 동남아시아 역사』. 오름, 서울.
汪大淵 原著 蘇繼廎 校釋 1981. 『島夷誌略校釋』. 中華書局, 北京.
『元史』. 京仁文化社, 서울, 1977.
『梁書』. 京仁文化社, 서울, 1977.
義淨 n. d. 王邦維 校注, 『南海奇歸內法傳』. 中華書局, 北京, 1988.
義淨 n. d. 王邦維 校注, 『大唐西域求法高僧傳』. 中華書局, 北京, 2000.
유인선 1990. 「필리핀의 역사와 문화 - 필리핀 근대사의 성립과 전개 과정」, 『아세아 연구』 84호. 고려대학교 아세아문제 연구소.
_____ 1998. 「싱가포르 150년사 (1819-1969): 어촌에서 독립 국가로」, 양승윤 외 『싱가포르』. 한국외국어대학교 출판부.
_____ 2002. 『새로 쓴 베트남의 역사』. 이산, 서울.
응웬응옥투이 2014. 「19세기 조선·프랑스 관계와 베트남」. 인하대학교 석사학위논문.
이도학 1996. 『백제장군 흑치상지 평전』. 주류성, 서울.
張榮芳 外 1995. 『南越國史』. 廣東人民出版社, 廣州.

鄭士信 n. d. 『梅窓先生文集』. 서울대규장각 12395.
『조선왕조실록』 (CD). Seoul System Co. Ltd., 1995.
趙如适 n.d. 『諸蕃志』. 藝文印書館, 北京, 1967.
조흥국 2001. 「불교적 이상과 정치적 욕망: 18세기 말 태국 국왕들의 불교관 비교 연구」, 김영수 외, 『동남아의 종교와 사회』. 오름, 서울.
_____ 2004. 「절대군주제 시대 태국의 왕권」, 소병국 · 조흥국, 『불교군주와 술탄』. 전통과 현대, 서울.
_____ 2004. 「태국의 내부 식민주의와 이산(Isan) 정체성에 관한 연구」, 오명석 편, 『동남아의 지역주의와 종족 갈등』. 오름, 서울.
주달관 저 최병욱 역 2013. 『진랍풍토기』. 산인, 광주.
『芝峰類說』. 景仁文化社, 서울, 1970.
최귀묵 2010. 『베트남문학의 이해』. 창비, 파주.
최병욱 2001. 「17세기 제주도민들이 본 호이안과 그 주변」, 『베트남연구』 2.
_____ 2010. 「베트남의 캄보디아 병합(1835-1847) - 여왕 메이(Mei)의 처리 문제를 중심으로」, 『동남아시아연구』 20권 2호.
최상수 1966. 『한국과 월남과의 관계』. 한월교류협회, 서울.
『漢書』. 京仁文化社, 서울, 1977.
『後漢書』. 京仁文化社, 서울, 1977.

Abejo, Raymund Arthur G. 2005. "Early Philippine-Korean Contact: Exiled Korean Catholics in the Philippines during the 17th Century," Yoon Hwan Shin & Chayachoke Chlasiriwongs(ed.), *Relations between Korea and Southeast Asia in the Past*. AUN/KISEAS, Bangkok.

Andaya, Barbara Watson and Leonard Y. 2001. *A History of Malaysia*. University of Hawaii Press.

Aung-Thwin, Michael 1983. "Divinity, Spirit, and Human: Conceptions of Classical Burmese Kingship," Lorraine Gesick(ed.), *Centers, Symbols, and Hierarchies: Essays on the Classical States of Southeast Asia*. Yale University Southeast Asian Studies.

Bowring, John 1856. *The Kingdom and People of Siam* vol. one. Oxford University Press, 1969.

Boxer, C. R.(ed.) 1953. *South China in the Sixteenth Century*. The Hakluyt Society, London.

Brown, Colin 2003. *A Short History of Indonesia*. Allen & Unwin, Sydney.

Buttinger, Joseph 1968. *Vietnam: A Political History*. Praeger Publishers, New York.

Cady, John F. 1964. *Southeast Asia: Its historical Development*. McGraw-Hill, New York.

Chandler, David 2008. *A History of Cambodia*. Westview, Philadelphia.

Cho, Hungguk 1995. "Early Contacts between Korea and Thailand," *Korea Journal* vol. 35 No. 1.

Cœdès, George trans. by Sue Brown Cowing 1968. *The Indianized States of Southeast Asia*. University of Hawaii Press.

De Berval, René (ed.) 1959. *Kingdom of Laos*. France-Asie, Saigon.

Dror, Olga and Keith W. Taylor(trans./ed.) 2006. *Views of Seventeenth-Century Vietnam, Christoforo Borri on Cochinchina and Samuel Baron on Tonkin*. Southeast Asia Program Publications, Cornell University.

Eiland, Michael Dent 1989. "Dragon and Elephant: Relations between Viet Nam and Siam, 1782-1784." Ph.D. dissertation, George Washington University.

Evans, Grant 2002. *A Short History of Laos, the Land in Between*. Allen & Unwin, Sydney.

Gervaise, Nicolas trans. by John Villiers 1989. *The Natural and Political History of the Kingdom of Siam*. White Lotus, Bangkok.

Hall, D. G. E. 1958. *A History of South-East Asia*. Macmillan, London.

Hall, Kenneth R. 1985. *Maritime Trade and State Development in Early Southeast Asia*. University of Hawaii Press.

Hardy, Andrew et. al. 2009. *Champa and the Archaeology of Mỹ Sơn (Vietnam)*. National University of Singapore Press.

Kitagawa, Takako 2005. "Kampot of the Belle Époque: From the Outlet of Cambodia to a Colonial Resort," *Southeast Asian Studies*, vol. 42, No. 4.

Kuhn, Philip 2009. *Chinese Among Others*. Rowman & Littlefield, Lanham.

Lieberman, Victor 2003. *Strange Parallels: Southeast Asia in Global Context, c. 800-1830* vol. one. Cambridge University Press.

Mabbett, Ian and David Chandler 1995. *The Khmer*. Silkworm Books, Chiang Mai.

Maspero, Georges 馮承鈞 驛 1962.『占婆史』. 商務印書館, 臺北.

Miller, Robert Hopkins 1990. *The United States and Vietnam 1787-1941*. National Defense University Press, Washington.

Muhot, Henri 1864. *Travels in the Central Parts of Indo-China (Siam), Cambodia, and Laos* vol. 2. Adamant Media Corporation, 2005.

Osborne, Milton E. 1997. *The French Presence in Cochinchina and Cambodia*. White Lotus, Chiang Mai.

'Ramkamhaeng Inscription.'(English version provided by Dr. Craig Reyonalds, Australian National University, 1995)

Reid, Anthony 1988. *Southeast Asia in the Age of Commerce* vol. one. Yale University Press.

_____ 1993. *Southeast Asia in the Age of Commerce* vol. two. Yale University Press.

Ricklefs, M. C. 2001. *A History of Modern Indonesia Since c. 1200*. Stanford University Press.

Rooney, F. Dawn 1997. *Angkor, An Introduction to the Temples*. Passport Books, Chicago.

Sakurai, Yumio 2004. "Eighteenth-Century Chinese Pioneers on the Water Frontier of Indochina," Nola Cooke and Li Tana(ed.), *Water Frontier, Commerce and the Chinese in the Lower Mekong Region, 1750-1880*. Rowman & Littlefield, Lanham.

Sardesai, D. R. 1997. *Southeast Asia Past and Present*. Silkworm Books, Chiang Mai.

Steinberg, David Joel(ed.) 1989. *In Search of Southeast Asia, A Modern History*. Allen & Unwin, Sydney.

Stuart-Fox, Martin 1997. *A History of Laos*. Cambridge University Press.

Tarling, Nicholas(ed.) 1997. *The Cambridge History of Southeast Asia* vol. one. Cambridge University Press.

Thongchai Winichakul 1994. *Siam Mapped, A History of Geo-Body of a Nation*. University of Hawaii Press.

Vũ Khiêu et. al. 1976. *Thơ Chữ Hán Cao Bá Quát* (까오바꽛의 한시). Nxb Văn Học, HCM City.

Wolters, Oliver 1999. *History, Culture, and Region in Southeast Asian Perspectives*. Southeast Asia Program Publications, Cornell University.

_____ 1967. *Early Indonesian Commerce: A Study of the Origins of Srivijaya*. Cornell University Press.

Wyatt, David 1984. *Thailand, A Short History*. Yale University Press.

# 찾아보기

## ㄱ

가루다 159
가브리엘라 344
가스빠르 다 끄루즈 211
가야트리 314
가자 마다 312, 314, 362
가톨릭 19
갈리온 무역 338-340, 341
감숙성 139
강제경작제도 326, 328
강제구매 317
강제운반 317, 318, 321, 324
강태 52
객가(방) 41
계절풍 198
고려(국) 182, 244
고만(까오만) 93, 213
고면(까오미앤) 93
고베르나도실로 338
곤륜(사파, 자바) 67
공전 198
과거(제) 20, 87, 90, 172
관음보살 25, 160
광동(방) 26, 29, 30, 41, 46, 77, 79, 80, 86, 185, 198, 248, 253, 309
광서 26, 29, 46, 77, 79, 80, 86
광주(꽝쩌우) 65, 77, 79
교역의 시대 186
교지 56, 79, 82, 83, 174
『구당서』 94, 140
구련 56, 351
구자라티 284, 286
구진 56, 79, 82, 174

국사(國師) 88
국음 90, 202
국자감 87, 172
굽타(양식, 예술) 61, 69
균전제 178
기독교(도) 20, 21, 22, 36, 40, 97, 106, 186, 187, 192-194, 200-205, 211, 247, 252, 255, 290, 291, 294, 316, 317, 331, 334-339, 343, 347
까오바꽛 202, 204
깐쑤 1세 147
깐쑤 2세 147, 149
깐쑤 4세 148, 150
깜뽓 217, 222
꼬로아 75, 76, 85
꼰바웅 왕조 248, 266, 267, 271, 275
꽝남 56, 59, 62
꽝아이 62, 173
꽝쭝 황제 190, 191, 193
꾸옥응으 187
뀌년 57
끌란딴 252, 260, 282, 296
끼에우 전 202
낀족 73

## ㄴ

나가 48-50, 108, 114
나가리컬타가마 300, 312
나라이 왕 247
나레수언 246
나콘시타마랏 131, 135
남북 분립 184, 190, 193

남비엣(남월) 76-80, 90, 163, 180, 196
『남제서』 52
남조(南詔) 122, 123, 128, 140
남중국해 185
남진 58, 85, 128, 213
낫(신앙) 142-145, 225
네덜란드(인) 42, 185, 194, 233, 245, 292-297, 301, 302, 312, 315-319, 321-326, 328-330, 335, 339, 345
년똥 169
노로돔 왕 223
노비 91, 117, 172
노예(제도) 52, 53, 117, 133, 134, 218, 224, 225, 243, 245, 257, 259, 271, 319, 333
눙족 123

## ㄷ

다고호이 342, 343
다낭 201, 205, 206
다민족 22, 200, 303, 304
다엔델스 321-324
다이남 197
다이비엣 180
다투 333
닭싸움 52, 109, 120
담마제디 왕 263
당(나라) 63, 65, 66, 83, 84, 119, 140
『대남식록』 126, 213, 226
대륙부 동남아시아 7, 19, 47, 52, 67, 96, 113, 124, 127-129, 144, 149, 151, 164, 167, 208, 209, 227, 242, 246, 275-277, 281
대리(大理) 122
대승불교 19, 20, 22, 23, 53, 61, 65, 69, 82, 84, 108, 131, 143, 158, 207, 208
『대월사기』 90

『대월사기전서』 39, 67, 179, 180
더쟈민 낫 144
데막 315
데바라자(의식) 32, 33, 96-98, 104, 164
데바웡지 왕자 259
도서부 동남아시아 7, 19, 23, 47, 62, 63, 67, 187, 198, 281, 291, 336, 345, 346
도안티디엠 192
『도이지략』 300
도자기 60, 65, 119, 129, 179, 333, 339
동고 26, 27, 44, 74, 80, 81, 103
동남아시아 사령부 42
동도(東都) 172, 174
동썬 26
동인도회사(V.O.C.) 295, 296, 315-321
동인도회사(영국) 247, 304, 305, 324, 345
동주 81
동즈엉 56, 61
동티모르 20, 21
돼지싸움 52
두구 117, 118
두옹(왕) 221, 222, 251, 276
둔전 198
드 라 쿠르즈 342-344
드바라바티 123, 129
디에고 도 꾸또 211
디에고 실랑 342
디포네고로 325, 326
따빈시웨띠 왕 265
따이(인, 족) 123, 124, 127, 128, 135, 136, 138, 164, 165, 173, 224, 225, 227, 228, 230, 232, 236, 261
따프롬 사원 110, 111, 117
딱신 234, 248-250, 253, 266
딱투지 271

떠이닌 217
떠이썬 190-195, 198, 215, 236, 267
떼마섹 282, 300
똠 뻬레 294, 309
뚱구(왕조) 232, 246, 247, 262, 265, 266, 271
뜨는 벼 28, 118
뜨득 202, 222
뜨렝가누 252, 260, 282, 296
뜨믕공 284, 302, 304

## ㄹ

라따나꼬신 왕조 250
라마 1세 216, 238, 251, 253
라마 2세 252, 253, 254
라마 3세 222, 251-255, 260
라마 4세 254, 255, 257
라마 5세 257, 259, 260
라마끼엔 253
라마디파띠 왕 242, 243
라마야나 156, 253
라보 125, 126, 135, 242
라비 왕자 260
라오(족) 207, 224, 225, 227-229, 237-240, 261, 276
라오스 205-207, 224-226, 228, 229, 231-237, 239-242, 251, 260, 275, 276
라자 압둘라 298
라전(螺錢) 235
라젠드라바르만 101, 102
라풀라푸 333
라플스 300-304, 323, 324, 329
락롱꾸언 74, 163, 180, 229
락무앙 225
란나 135, 136, 227, 230, 231, 251, 265, 275
란쌍 181, 207, 210, 226-230, 232, 234, 235, 242, 243, 265
란카수카 63, 282
람캄행(대왕, 비문) 31, 127-131, 133-136, 164, 242, 243, 262
랑군 272
런던 협약 297, 302, 304, 329
레가스피 334
레러이 176, 177, 180
레리아 신부 233
레반주엣 216, 217
레반흐우 90
레 왕조 173, 176-179, 181, 182, 188, 229
레이떼 342
로드 신부 187
로마 48, 52
로벡 212-214
롤루스 양식 100
롭부리 103, 126
루손 21, 179, 280, 333-336
루앙프라방 181, 225-229, 231, 232, 234, 235, 237, 239-241
룩번띠엔 202
리꽁우언 85
리아우 295, 296, 302
리 왕조 85-90, 103, 158
리트엉끼엣 87
링가 23-25, 32, 48, 53, 94, 97, 98, 101, 154

## ㅁ

마누 법전 243
마니푸르 268
마닐라 336-341, 343, 344
마두라 312, 313
마윈 80, 81
마자파힛 23, 62, 64, 160, 161, 166, 285, 300, 311-315, 345-347

마젤란 333-335
마타람 66, 154-160, 165, 166, 315, 316, 320
마타반 168, 262
마하기리 낫 143
마하바라타 159
마핫타이 243, 244, 252
마흐무드 292
막구 185
막당중 182
막딘찌 169, 170
『막스 하벨라』 328
만달라 31
만달레이 274
『만서』 140
말라카(왕국) 194, 205, 212, 263, 282-287, 289-294, 296-298, 300, 301, 304, 305, 307, 308, 315, 317, 334, 335, 345, 346
말라카 법 283
말라카 해협 28, 47, 63, 283
말레이(계, 세계, 어, 인…) 21, 28, 48, 55, 59, 65, 93, 105, 112, 115, 212, 224, 247, 281, 291-298, 301, 303, 304, 315, 319, 323, 334, 345-347
말레이국연방 298, 305
말레이 반도 27, 28, 31, 49, 51, 52, 58, 63, 64, 96, 131, 135, 143, 145, 157, 187, 217, 243, 252, 255, 257, 260, 261, 263, 275, 281, 282, 284, 286, 290, 292-298, 300, 305, 314, 315, 317, 345, 346
말레이시아 19, 21, 26, 28, 41, 42, 281, 282, 292, 293, 297
말루쿠 제도 21, 65, 67, 287, 291, 318
망라이 136
메라피 화산 325
메루 산 23, 33, 48, 68, 97, 100, 106
메스티조 42, 340, 341

메이(여왕) 219, 221
메이스 287, 288
메콩(강) 31, 48, 93-96, 114, 118, 197, 209, 213, 217, 227, 228, 233, 238, 241, 271
메콩 델타 24, 29, 48, 62, 87, 98, 184, 185, 188, 189, 193, 194, 197, 202, 213, 214, 216, 217, 275
멕시코 339
멜라유 160, 161, 313
면전 138, 139
명(나라) 171, 173-176, 179, 182, 185, 249, 285, 286, 307-309
모로 전쟁 342
목면 117, 138, 139, 212
몬(어, 족) 48, 93, 103, 123, 126, 128, 129, 138-150, 152, 164-166, 224, 242, 244, 262, 265-267, 270, 272, 275
몬-크메르어 48, 93, 141
몰루카(스) 287-289
몰타 303
몽골 40, 57, 91, 112, 113, 127, 128, 136, 150-152, 161, 166, 169, 170, 262, 275, 345, 346
몽꿋 222, 254-259, 272, 273
묘자(제도) 148, 273
묘투지 149, 151, 266, 271
무갈 제국 286
무슬림 21, 62, 240, 291, 326, 336, 342
무앙 123, 124, 127, 134, 166, 226, 229, 234, 236
무역풍 27, 28, 59, 281
무제(한나라) 46, 79, 174
문묘 87, 88, 179
문신(습속) 39, 40, 235
미국 28, 29, 42, 255-257, 276, 297
미낭까바우 320, 326
미쎈 56, 57
미야쩨디 비문 147

미얀마 8, 138
미토 185, 214
민갈라제디 파고다 148
민도로 섬 333
민돈 왕 272-274
민망(황제) 197, 199- 203, 220, 237-239
민족주의 42, 43, 205, 311, 340, 343
민흐엉 41
밀교 156

## ㅂ

바람 아래 땅 28
바랏아유다 159
바랑가이 28, 332-334, 336
바리오 336
바바 42
바바바르만 93
바스코다가마 287
바우링(조약) 256, 257
바우바우지 탑 141
바인나웅 왕 265
바지도 왕 268
바켐 사원 107
바콩 사원 100, 101
바타비야 194, 233, 294, 296, 301, 315-319, 321-323, 345
바타비야의 분노 319
바탐방 96, 214, 216, 260
반 덴 보쉬 326
반떼이스레이 102, 103, 115
반뜨엉 226, 238
반랑 74, 75, 78, 80, 163, 180
발라푸트라 67
발리 22, 312-314, 330, 346, 347
밧짱 179
방콕 215, 216, 219, 231, 236-238, 244, 252, 253, 256, 257, 259

방콕 왕조 135, 250, 251-253, 267, 275, 296
백월 73-75, 77, 78, 180, 224
백제 54
버니(사절) 252, 253
버마(어, 인, 군, 족, 화) 7, 8, 19-21, 26, 29, 31, 38, 42, 43, 47, 52, 93, 96, 103, 105, 112, 117, 123, 124, 127-129, 135, 137-145, 147-152, 158, 165, 166, 205, 225, 227, 232-234, 236, 237, 244, 246-248, 251, 252, 255, 262-276, 284, 289
번작 140
법륜 25
베이온 70, 107-110, 114, 115
베텔 38, 39
베트남(군, 어, 인, 화) 6-9, 19, 20, 22, 24-26, 28-30, 35-39, 41, 42, 46, 49, 51, 53, 55-62, 65, 67, 73, 74, 76-91, 93, 96, 98, 103, 105, 111-113, 116, 122-124, 126, 146, 158, 163, 164, 166, 169-175, 178-206, 208, 213-222, 224, 226-230, 234-241, 245, 251, 267, 271, 275, 276, 288, 308, 333
벤탄 섬 292
벵쿨루 320
벼(농사) 28-30, 118, 139, 225, 318
보도파야 267, 268
보로부두르 23, 68-70, 154, 155, 323, 324
보르네오 섬 281, 298, 311
보리(크리스토포로) 188
보살 23, 25, 33, 53, 62, 70, 108-111, 132, 160, 208, 268
보홀 342
복건(방) 30, 41, 307, 309
부기스(인) 294, 295, 296, 303, 317
부남관 54
부다가야 146

부왕(副王) 244, 252, 255, 258-260, 271
부이스토프 233
부처 33, 49, 62, 68-70, 144, 145, 149, 210, 246, 263, 268
분가마스 296, 297
분낙 252, 255, 258-260
불교 19, 20, 22, 23, 25, 31-33, 40, 51, 53, 54, 61, 65, 68, 70, 82-84, 88, 90, 94, 102-104, 106, 108, 109, 112, 114, 115, 118, 128, 129, 131-133, 140, 142-145, 147-152, 154-158, 160, 164-166, 169, 170, 187-189, 207, 208, 210, 211, 221, 222, 225, 226, 228-231, 233, 235, 237, 249, 250, 253, 254, 263, 269, 270, 272, 273, 275, 276, 311, 312, 334
브라만 22, 49, 60, 96, 102, 115, 116, 146
브란타스 강 161, 311
브루나이 7, 19-21, 42, 281, 298, 299, 306-310, 345, 346
븐다하라 284, 289, 294
비단 52, 65, 110, 119, 140, 212, 339
비문 31, 45, 47, 63, 92-94, 96, 98-100, 110, 111, 113, 117, 129, 130, 132-135, 138, 147, 157, 164, 208, 211
비쉬누 23, 33, 53, 97, 98, 106, 155, 159, 164
비쉬누 왕 68, 155
비쑨 왕 229
비아댜푸라 48
비엔티안 135, 225, 226, 228-241, 248
비엔호아 185, 193, 214
비자야(왕자) 23, 47, 57, 58, 63-67, 72, 153, 156-161, 165, 166, 168, 181, 283, 285, 304, 311, 313, 345
비자야(지명) 57, 58
비취 118

빈딘 57, 189, 190, 193, 198
빈떼 운하 217
빠당 320
삐노 드 베엔느 194

## ㅅ

『사기』 29, 46, 180
사라왁 281, 298, 299, 309, 310
사르나트 54
사마라툰가 68
사마천 29, 30, 32, 46, 78, 180
사바 281, 298, 299, 310
사비에르 신부 290, 291, 293
사섭 82, 83
사이공 24, 53, 119, 184, 185, 188, 189, 192-194, 196, 199, 204, 205, 213, 214, 216, 217, 221, 236, 275
사이옹후에 234
사일렌드라 7, 23, 28, 47, 66-70, 94, 95, 98, 143, 153-156, 165, 315
삭띠나 245
산스크리트어 53, 65, 92, 94
산자야 66, 67, 154-156, 165
살윈 강 143, 144
삼센타이 228, 229, 232
삼탑로 96, 149
삼 형제(떠이썬) 190, 193, 198
삼 형제(샨) 151, 152
상림현 56
상부 메콩 95, 114
상부 버마 143, 166, 262, 264-266, 270-273
상아 60, 118, 186, 212, 235
상황(제도) 89, 90, 91, 172
샤반다르 283, 284
샨(족) 43, 123, 138, 143, 150-152, 165, 227, 262, 270, 273

샴(인, 족) 124-126, 249, 253
샴 만 28, 48, 217, 248
섬라 126, 127, 246
서부고원 55
석비 45
세계불자대회 274
세부 333, 334
세타티랏 231, 232
소마 48, 49, 50
소수민족 89, 178, 180, 182, 192, 193, 200, 204, 220, 224, 230, 270
소승불교 20, 103, 104, 131, 142-144, 147, 148, 165, 188, 207, 208, 210, 221, 225, 226
손권 83
솔로 320
송(나라) 85-87, 98, 105
『송사』 98, 99, 146
수라바야 322
수리야바르만 1세 103, 104, 144, 158
수리야바르만 2세 23, 33, 99, 104-106, 112, 124, 125
수린야봉사 232, 234
『수마 오리엔탈』 294, 309, 362
수마트라 23, 28, 47, 64-67, 115, 157, 158, 160, 166, 187, 284, 290, 292, 295, 297, 311-315, 320, 326, 329, 346
수마트라 조약 329
수미산 23
수에즈 운하 302
수진랍 94, 95
수코타이 31, 122, 126-136, 143, 164, 166, 207, 225, 227, 242, 243
수티 61
순다(인, 해협) 28, 43, 47, 63, 311
술탄(국) 21, 252, 283, 292, 294-300, 302, 304, 309, 310, 315, 318, 320, 321, 324, 325, 329, 333, 347

쉐다곤 263, 264
쉐지곤 144, 145
스라스랑 110
스록 219, 220, 221
스리비자야 23, 47, 63-67, 153, 156-160, 165, 166, 263, 282, 283, 285, 304, 345
스리인드라딧야 130
스리크세트라 141
『스자라 멜라유』 294
스페인 21, 42, 185, 212, 290, 309, 331-344, 347
슬라웨시 294, 295, 317
승단 144, 150, 165, 211, 233, 247, 249
시따공 268
시땅 강 143, 265
시리암 266
시바 23, 33, 48, 51, 53, 94, 97-102, 104, 107, 115, 155, 160, 164
시사켓 사원 237
시엠립 23, 58, 95, 96, 102, 107, 210, 211, 214, 216, 243, 260
시엠립 강 107, 110, 120
식읍 148
신농씨 74, 180
『신당서』 64, 156
신독(왕) 157, 158
신라(승) 65, 70, 84
신뷰신 267
신소부 여왕 263
신아라한 143, 144
실론 128, 144, 147, 148, 255, 263
싱가포르 7, 19-21, 28, 41, 42, 205, 253, 255, 281, 283, 292, 297, 298, 300-305, 323, 335, 345, 346
싱고사리 160, 161, 166, 311
싸후인 62
싼 안토니오 212

쌀 28, 29, 133, 186, 198, 212, 244
씨엠코앙 240

## ㅇ

아궁 315
아난다 사원 146
아노라타 143-145, 149, 151, 152, 158, 165
아누 왕 236-238, 276
아닷 322, 323
아라칸 140, 143, 147, 149, 150, 268
아랍인 212, 244, 247, 286
아르주나비바하 158
아바(왕조) 227, 262, 265, 266
아삼 268, 275
아세안 19, 43
아유타야 126, 129, 134, 135, 207-210, 212, 213, 227-229, 232, 242-250, 252, 265-267, 284, 285
아이르랑가 158, 159, 165
아체 37, 289, 292, 294, 320, 329, 330, 347
아체 전쟁 329
아카풀코 339
아편 255-257, 271, 303, 304, 319
안나 레오노웬스 258
안남(국왕, 도호부) 84, 86, 170, 174, 182, 191, 196, 206
『안남지략』 170
안즈엉브엉 76, 77
알라웅파야 266, 267
알부께르끄 289
암본 317
앙리 무오 240
앙코르(왓, 톰) 22, 23, 32-34, 37, 40, 49, 55, 67, 68, 70, 95, 96, 98-100, 102, 104-116, 118, 120, 124, 125, 127, 129-131, 164,

207, 209, 211, 216, 240, 243
야소바르만 1세 101, 107
얀다보 조약 268
양(나라) 54
『양서』 52, 60, 61
양자강 28, 73
어우락 75-79, 163, 180
에메랄드 불상 230, 231, 235
여성 군인 37
여왕 37, 49, 80, 221, 263, 314
여전사 121
영국 북보르네오회사 299, 310
『영남척괴』 180
영락제 285, 307, 308
오나라 52, 82, 83
오랑 라웃 283, 301
오령 76
오방 41
옥야 219
옥에오 48
옥하관 187
와레루 262
와양 158
왓쌍통 231
왓포 253
왓푸 93
왕대연 300
왕릉 35
요니 24
욤 강 129
우동 212, 213, 214, 215, 222
우안거 132
운남 26, 29, 31, 95, 122, 123, 127, 128, 133, 136, 138, 139, 140, 145, 146, 149-151, 240, 267, 269, 271
원(나라) 57, 91, 112, 113, 128, 150, 151, 160, 161, 169
『원사』 112

월상 62, 196
유교(유학) 19, 20, 36, 38, 40, 83, 87,
    88, 90, 97, 163, 166, 169, 170,
    172, 174, 175, 177, 179, 180,
    182, 183, 187, 188, 199, 220,
    229, 275
유구 284
육두구 287, 288, 289
육진랍 94, 95
윤리정책 329
응암무앙 135
응애안 57, 192, 193, 229
응오꾸옌 85
응오씨리엔 180
응우옌낌 183
응우옌딘찌에우 202
응우옌반후에 190, 192, 193
응우옌 왕조 195, 196, 197, 200, 202,
    203, 206, 215, 236, 239
응우옌주 202
응우옌짜이 173, 176, 177
응우옌호앙 183, 196
의정 64-66
이라와디(강) 29, 93, 137, 139, 140,
    141, 143, 149, 164, 267, 268,
    271, 272, 273
이산(Isan) 227
이수광 81, 187, 246
이슬람 19, 20, 21, 22, 23, 38, 39, 40,
    51, 62, 106, 187, 188, 286,
    290, 291, 293, 294, 309, 311,
    312, 313, 315, 317, 329, 333,
    335, 336, 345, 346
이형인 116
인도(문화, 인) 19, 21-24, 27-29, 33,
    37-39, 46, 47, 49, 51, 53-55,
    59, 61, 62, 64, 65, 68, 69, 82,
    83, 106, 108, 133, 140, 143,
    145-147, 149, 156-159, 194,
    198, 244, 253, 259, 268, 270,
    271, 275, 281, 283, 284, 286-
    289, 294, 295, 300, 303, 305

인도네시아 7, 19-22, 26-28, 37, 38,
    41-43, 47, 116, 153, 156, 158,
    161, 162, 166, 281, 287, 290,
    293, 297, 300, 311-316, 320,
    321, 324, 329, 333, 334, 345,
    347
인도차이나 반도 28, 48, 55, 70, 82, 86,
    94, 96, 114, 181
인드라 33, 100, 145, 146
인드라바르만 33, 99, 100, 101, 114
인드라푸라 56
인트라무로스 337
일남 46, 56, 79, 82, 174
일로코스 342
일루스트라도 340
일본(인) 6, 7, 19, 20, 25, 36, 42, 79,
    97, 126, 185, 186, 187, 201,
    212, 245, 246, 247, 249, 276,
    284, 290-292, 317, 337-339
『일본서기』 54
일주사 25
임읍 55, 56
임진왜란 187, 290, 337
잉낄리노 340

## ㅈ

자바(인) 23, 28, 43, 62, 64, 66-70, 95,
    101, 115, 153-161, 165, 166,
    187, 258, 282-285, 291, 294,
    297, 303, 307, 311, 312, 314,
    315, 317, 318, 320-325, 327-
    330, 345
자바 전쟁 325
자야나가라 314
자야바르만 2세 95, 96, 98, 99, 164
자야바르만 5세 102
자야바르만 7세 23, 107-112, 132, 148
장갈라 159, 160
장원 89, 171, 178

쟈딘(정권) 184, 193, 194, 195, 200, 206
쟈롱 195, 197, 200, 202, 219
저수지 96, 99, 102, 110, 164, 208
적토국 282
전륜성왕 97, 132, 145, 268
점성(도) 28, 55, 113
정향 287-289, 318
정화 286
제1차 버마-영국 전쟁 268
제2차 버마-영국 전쟁 255
제2차 세계대전 42
제3차 버마-영국 전쟁 270
『제번지』 306, 333
제봉아 57, 171
제석천 33, 145
제임스 브루크 298, 299, 309
조공(국, 질서, 체제) 31, 59, 86, 134, 181, 208, 215, 216, 238, 239, 240, 268, 296, 307, 308, 312, 317
조선(인) 35, 107, 130, 174, 177, 182, 186, 187, 191, 201, 244, 245, 246, 249, 290, 337, 338
조완벽 36, 187
조주(방) 41, 43, 248
조타(찌에우다) 76, 78
조호르 292-296, 300, 301, 302, 346
족자카르타 320, 325
종실 89-91, 166, 170, 171, 175
주달관 38, 92, 109-120, 127, 132, 164
주상가옥 35, 36, 52, 60, 235
주석 119, 281, 286, 297, 298
주응 52
주재관 268, 269, 273, 298, 304, 305, 310
중국(어, 제, 화) 6, 7, 19, 22-28, 30, 34, 37-43, 45-49, 51-57, 60, 62-65, 67, 76-88, 90, 93-95, 97, 98, 100, 105, 110, 114, 115, 117, 119, 122, 123, 126, 128, 138, 139, 143, 146, 148, 151, 158, 160, 163, 166, 169, 170, 171, 173-176, 179-182, 185-187, 190, 191, 196, 198-201, 205, 209, 217, 228, 229, 239-241, 243, 245, 246, 248, 249, 253, 255, 267, 269-271, 273, 275, 276, 282, 284-286, 290, 293, 296, 300, 303, 304, 306-309, 311, 321, 331, 333, 336, 338, 345
중국인 6, 21, 38-43, 45, 52, 57, 63, 64, 73, 77-84, 92, 99, 109, 114, 116, 118-120, 129, 138, 140, 178, 185, 186, 192, 193, 199, 200, 204, 209, 212, 217, 226, 240, 241, 244, 245, 247, 248, 250, 253, 257, 282- 285, 290, 293, 298, 299, 303, 304, 307, 308, 318-320, 324, 329, 333, 340, 341
증기선 199
진랍 92-95, 208
『진랍풍토기』 38, 113, 164
진사제명비 179
진시황 77
징세 청부 257, 319
짜끄라바딴 132, 146
짜끄라팟 왕 246
짜끄리 왕조 214, 250
짜끼에우 56
짜오프라야 강 29, 93, 96, 103, 120, 124, 126, 128, 129, 133, 135, 141, 144, 164, 207, 228, 241, 242, 244, 245, 248, 250, 253, 271, 275
짠디멘둣 70
짠디믈레리 160
짠디자고 160
짠 왕 215-217, 219, 221, 236, 251, 276,
쩌런 199

쩐닌 181, 229, 236, 237, 238, 240, 241
쩐 왕조 88-91, 170, 171, 173, 175-177
쩐흥다오 91, 169, 170
쭐라롱꼰 250, 258-261
쯔놈 90, 91, 166, 172, 191, 192, 202
쯔엉썬 96, 105
쯩 자매 80, 81
찐끼엠 183
찐드윈 강 139

## ㅊ

차욱스 139, 147, 149, 151, 262, 271
찬싯따 145-147, 149, 165
참인 58, 59, 62, 117, 212, 218
참파 7, 24, 25, 28, 47, 55-62, 67, 82, 85-87, 93, 94, 96, 100, 105, 107, 111-115, 124, 125, 163, 166, 169, 170-173, 181, 182, 185, 186, 188, 196, 217, 227, 234, 275, 284, 308, 313, 314
참파 공주 61, 314
참파싹 93, 234
채무 노예 117, 218, 333
『천남여가집』 180
청(나라) 45, 53, 61, 62, 74, 78, 95, 143, 144, 179, 185, 186, 190, 191, 193, 194, 206, 215, 217, 222, 229, 232, 236, 237, 257, 267, 295, 296, 298, 308, 317, 319, 363
청불 전쟁 206
청해 고원 95, 143
쳰라 22, 54, 56, 67, 70, 92, 93, 94, 95
촐라 64, 158
치앙라이 231
치앙마이 127, 135, 227, 237, 242, 243, 246, 251, 261

친(족) 138
침향 60, 186

## ㅋ

카렌 138, 270
카운딘야 49, 50, 76
카친 138, 270
카티나 132
칼라홈 243, 244, 252, 255
칼리만탄 281
캄보디아(인) 7, 19, 20, 22, 23, 26, 40, 42, 43, 48, 49, 52, 55, 58, 59, 62, 70, 85, 86, 92-94, 96-100, 103-105, 108, 109, 111-125, 127-135, 138, 143, 144, 147, 158, 163, 164, 166, 181, 184, 185, 189, 197, 203, 205-223, 225-230, 233, 236, 239, 243, 246, 247, 248, 251, 257, 260, 275, 276
캄퐁 219
컬타나가라 160, 161, 313
컬타라자사 313, 314
케다 252, 260, 296, 297
케디리 159, 161
코끼리 53, 55, 60, 94, 98, 99, 110, 121, 126, 134, 145, 149, 212, 226, 228, 233, 235, 246, 284
코랏 평원(고원) 96, 111, 227, 238-240, 261
코리도어 41
코뿔소 뿔 60, 118, 186, 212, 235
코엔(총독) 318
코친차이나 82, 206
콘스탄틴 파울콘 247
쿠빌라이 150, 151, 160, 161, 166, 169
쿠알라룸푸르 305
쿤보롬 224, 225, 230
쿨렌(산) 95-98, 106

크라 지협 28, 63, 149
크메르(어, 인) 22, 24, 48, 87, 93-96, 102, 103, 105, 106, 116, 117, 141, 188, 200, 208, 217, 224, 227

### ㅌ

타이(어, 인, 족) 8, 11, 43, 119, 120, 122-130, 133, 164, 166, 207, 248, 257, 267, 270, 275, 296
타이완 19, 331
타인똥 177-179, 181, 229
타인호아 171, 172, 176, 177, 180, 183, 188
타톤 103, 143-145, 165
탐브라링가 63, 282
탓루앙 230, 231
탕롱 86, 87, 172, 180, 183, 186, 190, 192, 195, 204, 205
태국(군, 인) 7, 8, 19-22, 26, 28, 29, 31, 32, 41-43, 49, 52, 63, 93, 115, 116, 119, 120, 122-124, 126, 127, 129, 133, 135, 164, 190, 193, 197, 201, 203, 205, 207, 209-212, 214-219, 221, 222, 224-228, 230, 231, 234-244, 246-255, 257-261, 266, 267, 269-273, 275, 276, 282, 289, 296, 297, 307, 308
터키 294
테나세림 147, 268, 270
테르나떼 318
톤레삽(호) 93-96, 114, 118, 164
톤부리(왕조) 135, 214, 215, 244, 248
통킹 172, 206
트랜스젠더 116
트레이록 왕 243
트리부바나 314
티벳 48, 83, 93, 139, 141
티보 270

티에우찌 201, 202
티엔무 사원 189
틸루인만 145

### ㅍ

파간(왕조) 128, 139, 141-152, 165, 166, 207, 225, 262, 265, 267, 272
파라메시바라 282, 283, 285, 286, 294, 301, 307
파사이 284
파야오 135, 136
파응움 226-228
파타니 63, 252, 275, 282, 296
파타판 67, 154, 155
판시만 51, 53
팔렘방 64, 65, 282, 284
팡가시난 342, 344
팡코르 조약 298
페구(왕조) 135, 143, 144, 145, 247, 262, 263, 265, 266, 284
페낭 194, 205, 296-298, 301, 305, 323
페라나칸 42
페락 284, 292, 296, 298
페를리스 252, 260
평양시사 188
포르투갈(인) 21, 185, 186, 211, 212, 218, 245, 265, 287, 289, 290-294, 301, 315, 317, 334-336, 338, 345
포티사랏 230
포파 산 142
푸난 7, 22, 28, 47, 48, 51-55, 63, 65-67, 76, 82, 92-95, 98, 108, 129, 133, 143
푸쑤언 190, 192
푸안 240
푸에블로 336-338

풍카코안 81, 187
퓨(어, 족) 11, 139, 140, 141, 142, 147, 164, 165
프놈 48, 210
프놈펜 48, 53, 62, 209, 210, 212-217, 220
프라방 불상 228, 229, 231, 235, 238, 240
프라삿톰 101
프라클랑 244, 247, 252, 255, 260
프라판짜 312
프람바난 155, 156
프랑스 7, 42, 59, 185, 187, 194, 197, 198, 201, 202, 204-206, 223, 227, 235, 239, 240, 241, 247, 251, 255, 257, 260, 266, 269, 273, 276, 321
프랑스령 인도차이나 206
프롬 139
프린시팔리아 338
피마나카스(하늘궁) 107, 110
피무앙 225
피종 47
필리페 황태자 331
필리핀 7, 19, 20, 21, 22, 28, 38, 42, 116, 179, 284, 287, 290, 309, 331-347

## ㅎ

하노이 24, 25, 67, 85, 179, 195, 198, 204, 206
하띠엔 185, 188, 248
하리푼자야 123, 129, 136
하부 메콩 95
하부 버마 143, 262-264, 270, 275
하얌 우룩 312, 314
한국 7, 8, 9, 19, 20, 23, 25, 38, 54, 65, 126, 170, 187, 242, 292, 337
한(나라) 79

한노법 172
『한서』 46, 47
한전법 172
할린지 139
해남(방) 41
해운관 18, 56, 59
해적 64, 185, 283, 300, 301, 309, 318, 338
해협식민지 297, 298, 305
향료 65, 67, 159, 285, 287-289, 315, 317, 318, 336, 339
향료 무역 263, 284, 285, 287, 315, 317, 335
향료 제도 157, 159, 285, 287, 288, 290, 296, 314, 317, 331, 336, 339
향신료 288
호꾸이리 171-174, 177, 178, 191
호쑤언흐엉 192
호이안 41, 185-187, 213
호한창 173
홍강 123
홍덕판도 178
홍하(델타) 24, 29, 57, 75, 76, 85, 88, 89, 123, 177, 186, 188, 196, 197, 228
환금 작물 318, 327, 340, 341
황금의 땅 47, 281
황지국 46, 47
후견인-피후견인 30, 103, 134, 317
후에 189, 195, 197, 205, 220
후한 80, 81
『후한서』 55, 80
훙브엉 74, 75, 180
흰 코끼리 145, 149, 246
힌두 19, 20, 22-25, 48, 51, 53, 61, 94, 97, 102, 106, 112, 114, 119, 143, 146, 154-158, 160, 165, 166, 188, 207, 210, 230, 311, 312, 334